논술교육과 토론

논술교육과 토론

〔개정·증보판〕

논술교육과 토론

정 기 철

도서출판 역락

논술교육과 토론

과거의 교육은 주로 지식을 전달하는 데 초점을 두었다. 따라서 선생님들은 칠판에 깨알같은 글씨를 몇 번이고 쓰고 지워야만 했고, 학생들은 공책에 그것을 받아 적고 책에 빨간색, 파란색 볼펜으로 밑줄을 긋고 선생님의 불러주는 내용을 받아 적어야 했다. 수업시간에 토론을 한다든지, 선생님께 질문하는 것은 허락되지 않았다. 학교나 집에서 교과서나 참고서가 아닌 다른 책을 읽으면 영락없이 문제아로 찍혔다. 학생들은 그저 대학입시를 위해 문제를 풀고 공식을 외우는 기계가 되어야만 했다.

그러나 이제는 사정이 달라졌다. 매체변화는 사회변화를 가져왔고 사회변화는 인간의 사고 구조와 능력의 변화를 재촉하고 있다. 예전에는 말 잘 듣는 학생을 요구했지만 이제는 창의력이 있는 능동적이고 때로는 도발적인 사회인을 원하고 있다. 암기에 의해 형성된 경직된 지식은 이제 별 가치가 없다. 물론 지식이 필요 없다는 것은 아니다. 그러나 이제 지식은 살아있는 것이어야 하고 그 지식을 바탕으로 새로운 세계를 꾸준히 창조해 나가야만 한다.

머리 속에 들어 있는 지식은 아무런 가치가 없다. 그 지식이 밖으로 표출되어 일상생활을 영위하는데, 또는 일상생활을 변화시킬 수 있을 때에만 지식은 진정한 지식이 될 수 있다.

따라서 이제 학교 수업은 학생들의 사전 지식을 최대한 활용하여 토론과 글쓰기를 포함한 다양한 활동으로 이루어져야한다. 이제 교육은 지식을 암기하여 머리 속에 저장하는 데에서 끝나는 것이 아니라 지식을 자기 것으로 만들고 지식을 표현하고 표현하는 과정에서 다양한 의견을 접하고 다양성 속에서 자신의 삶을 스스로 구축할 수 있도록 도와주는 교육이어야 한다.

최근 대학 입시 제도가 학생들의 다양한 능력을 측정하고 논술, 심층 면접, 구술고사를 채택하고 있는 이유가 바로 '고도의 지식정보화 사회'인 21세기를 이끌어 갈 학생을 기르기 위해서이다. 그리고 이러한 입시제도는 학생의 사고력, 창의력을 '표현'을 통해서 평가하겠다는 교육의 목적을 달성하기 위한 것이라 할 수 있다.

'표현'의 중심에는 논술이 있다. 논술 이외에 심층면접과 구술고사가 있지만 이러한 것들 역시 논술교육을 통해 심화될 수 있다. 즉, 논술교육을 통해 세상을 보는 거시적인 안목과 비판적 분석력, 근거가 탄탄한 주장과 설득력을 향상시킬 수 있다는 것이다. 한마디로 심층면접과 구술고사 등 말하기 역시 논술이라는 글쓰기 교육을 통해 과학적이고 심도있게 훈련할 수 있다는 것이다.

그러나 논술에는 왕도가 없다.

논술 능력은 풍부하고 깊이 있는 독서를 바탕으로 하여 꾸준한 훈련을 거쳐야 쌓을 수 있다. 그리고 이러한 과정 속에서 '삶은 무엇인가? 어떻게 살아야 하는가?'에 대해 스스로 꾸준히 질문하고 그 답을 모색하여야 한다.

서 문

논술교육과 토론

　논술은 단순히 글쓰기 능력을 평가하자는 것이 아니다. 글쓰기 기교를 보자는 것은 더더욱 아니다. 논술은 그 자체가 교육의 목표이며, 교육의 과정이고, 교육의 결과이다. 다시 말한 다면 논술문 속에는 학생의 삶에 대한 철학과 혼이 깃들어 있어야 한다. 그래서 논술은 철학 이며, 문학이고, 삶의 역사이다.

　이 책은 좀 더 효율적이고 과학적인 논술교육을 위해 쓴 것이다. 물론 이 책 한 권으로 논술교육을 다 이룰 수는 없다. 이미 말했지만 논술교육은 단 며칠, 몇 달 안에 몇 권의 책으로 이루어질 수 있는 것이 아니다. 그것을 알면서도 방황하고 있는 논술교육을 위해, 방황하다 못해 끝내 포기하거나 외면하는 논술교육의 현실을 바로 세우기 위해 쓴 것이다. 따라서 이 책을 통해 논술교육의 기본방향을 세울 수 있을 것이다.

　책의 구성을 언뜻 보면 앞뒤가 없는 것처럼 보일 것이다. 목차를 보면 그렇다. 그러나 이러한 구성은 효율적인 논술교육을 위한 것이다.

　이 책은 크게 세 마당으로 나눌 수 있다. 첫째 마당은 논술교육의 중요성과 논술문 쓰기의 큰 틀을 먼저 보여주고자 했다. 둘째 마당은 실제로 논술문을 쓰기 위한 과정을 순서대로 펼쳐 보였다. 그리고 셋째 마당에서는 논술문의 세부적인 요소들을 꼼꼼히 따졌다. 따라서 이 책을 차례대로 읽으면 먼저 논술문의 특성과 큰 틀을 머리 속에 둔 다음 세부적인 논술문 쓰기를 이해할 수 있을 것이다.

　끝으로 이 책이 나오기까지 많은 분들이 도움을 주셨음을 밝히고 싶다. 가르침이 무엇인지 깨달음을 주셨던 많은 은사님들이 계셨기에 이 책을 쓸 수 있었다. 특히 박요순, 류구상, 김균태, 김종구, 민영대, 박영환, 강정희, 신익호 교수님은 이 책의 내용 하나 하나를 설계하고 집필하는 능력을 제게 주셨다. 그리고 고등학교 교사 시절, 작문의 중요성을 간파하시고 작문교육을 맡기셨던 정천영 교장선생님의 배려는 잊을 수가 없다.

　이 분들도 빼놓을 수 없다. 대학에 와서『대학작문실습』을 펴낼 때 같이 공부하고 작업한 대학 동기 이기종 선생, 자료를 정리하는 데 손을 빌려주신 김혜경, 조은일 선생, 자료 입력 에 시간을 내준 최영란, 윤 미 양에게도 고마움을 표한다. 그리고 도서출판 역락 이대현 사장님에게도 이 자리를 빌려 감사의 말씀을 드린다.

2003. 8.
오정골에서 저자

목 차

목 차

목 차

셋째마당　논술교육의 실제

목 차

첫째 마당 : 논술교육의 큰 틀 이해하기

첫째 마당 : 논술교육의 큰 틀 이해하기

제1장 논술과 논술고사

논술은 자신이 가지고 있는 기본 지식을 바탕으로, 주어진 문제를 자신의 가치관에 따라 주관적으로 해석하여 나름의 해결책을 제시하는 글을 뜻한다. 다시 말하면, 논술이란 주어진 문제에 대하여 자신의 견해나 주장을 내세우고 합리적인 근거를 밝혀 읽는이를 설득하는 글을 말한다.

따라서 논술은 '누구나 자신의 수준에 맞게 쉽게 접근할 수 있는 글'로 이해하기도 한다. 다시 말해 논술은 초등학생이라 하더라도 나름의 지식과 판단능력, 적당한 논거를 제시할 수 있으면 쓸 수 있는 글이라고 인식하고 있다. 이러한 인식은 논술의 문제들이 누구에게나 물어 봐도 나름의 의견과 주장이 나올 정도의 일상적이고 평범한 성격을 지니고 있기 때문이다.

그러나 논술은 아무나 쉽게 쓸 수 있는 글이 아니다. 효율적인 논술을 쓰기 위해서는 구체적인 시사문제를 바탕으로 원인을 분석하고, 문제를 해결할 수 있는 명료한 주장을 세우고, 주장에 대한 타당한 논리를 내세우는 능력이 필요하다. 거기에 논술도 한 편의 완성된 글에 해당하므로 일반적인 글쓰기 능력도 필요하고, 논증의 하위 양식이기에 섬세한 논증력도 갖추어야 한다.

특히 대학 입시 제도의 하나인 논술 고사를 대비하기 위해서는 다양한 요건을 갖추어야만 한다.

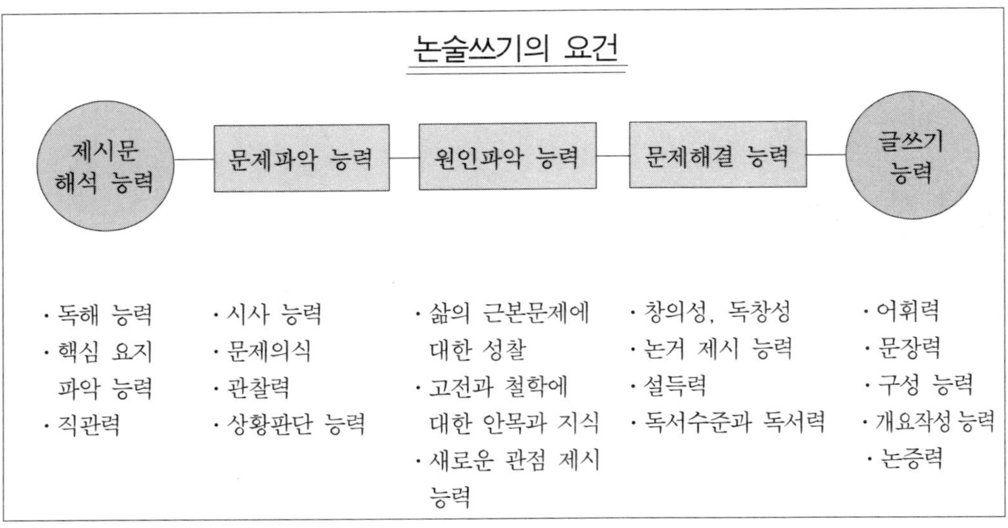

첫째, 논술 고사를 대비하기 위해서는 '제시문 해석 능력'을 갖추어야 한다. 논술 고사는 대부분 제시문을 통해 논술의 내용을 한정해주고 논술의 방향을 제시한다. 따라서 논술을 쓰기 전에 제시문을 읽어내는 독해 능력이 바탕이 되어야 하며, 제시문의 핵심 요지를 파악하여 논술문의 내용을 결정하는 능력도 갖추어야 한다. 뿐만 아니라 논술의 전체 내용을 결정하는 직관력도 필요하다. 구체적으로 말하면, 제시문을 읽은 직후, 쓸 내용을 직관적으로 머리에 떠올리게 되는데 이 때 머리에 떠올린 내용이 논술의 큰 뼈대가 된다. 그런데 제시문을 읽은 직후 떠오른 내용은 잘못을 느껴도 잘 수정되지 않는다. 따라서 제시문을 읽은 직후 효율적인 내용을 머리에 떠올려야 하는 데 이것이 바로 직관력이다.

둘째, 문제 파악 능력도 필요하다. 문제 파악 능력을 기르기 위해서는 사회 전반의 시사에 대한 관심을 가져야 한다. 가령, "핵과 인류의 안전"이라는 주제로 논술을 쓸 때 '북한의 핵'을 시사 문제로 다루는 것이 효과적일 수 있다. 따라서 논술을 쓰기 위해 면밀한 관찰력과 문제 의식을 가지고 사회 전반의 시사 문제에 대한 관심과 지식을 갖추어야 한다.

셋째, 원인 파악 능력을 갖추어야 한다. 여러 가지 사회 문제들이 왜 일어났는가, 또는 왜 일어날 수밖에 없는가에 대한 파악 능력을 갖추어야 논술을 쓸 수 있다. 그런데 이 원인 파악 능력은 간단히 체득할 수 있는 것이 아니라 매우 복잡하고 복합적인 지식과 능력을 갖추어야 한다. 원인 파악 능력이 없는, 즉 원인에 대한 지식과 기술(記述)이 없는 논술은 논술이 아니라 '주장하는 글'이요, 그런 글은 당연히 설득력이 없는 공허한 외침에 불과하다.

　원인 파악 능력을 향상하기 위해서는 먼저 삶의 근본 문제에 대한 성찰과 의식이 필요하다. 논술 문제의 내용은 한마디로 우리가 어떻게 하면 인간답게, 행복하게 살 수 있는가로 집약된다. 즉, 논술은 삶의 근원적인 문제를 드러내고 그에 대한 성찰과 올바른 의식 체계를 답하는 것이라 할 수 있다. 따라서 삶이란 무엇인가 라는 근원적인 질문을 바탕으로 삶에 대한 의식과 이해도를 높여야 한다. 그러기 위해 고전(古典)과 철학(哲學)에 대한 안목과 지식을 넓혀야 한다. 최근 논술 문제에서 고전의 비중이 높아지는 이유는 고전에 삶에 대한 근원적인 질문과 규범적인 내용이 담겨져 있기 때문이다. 그리고 그 질문과 내용들은 일정 비율 철학과 관련이 있다. 어떻게 살 것인가 하는 문제는 철학에서 출발하기 때문이다. 논술 경시대회나 논술 고사 출제 위원들 중 상당수 철학 교수들이 참여하는 이유도 바로 여기에 있다. 고전과 철학에 대한 안목과 지식을 넓혀 삶에 대한, 삶의 문제에 대한 새로운 관점을 제시하는 능력을 키워야 한다.

　넷째, 문제 해결 능력을 길러야 한다. 논술이 다른 글과 다른 점은 바로 설득력 있는 해결책을 제시하는 데 있다. 다시 말해 논설이 다른 글과 다른 점은 항상 풀어야 할 문제점이 있다는 것이고, 동시에 그 문제를 창의적이고 독창적인 방법으로 해결 방식을 제시하는 것이 논술이라고 할 수 있다. 따라서 새로운 관점을 가지고 문제를 해결하는 데 적절한 논거를 제시하는가, 해결 방식이 명료한가, 그와 동시에 읽는이를 설득하는 힘은 있는가 등이 논설 평가의 기준이라고 할 수 있다.

　문제 해결 능력을 키우기 위해서는 상당한 독서 수준과 독서력을 갖추어야 한다. 적절한 논거를 제시하는 일, 명료한 해결 방식을 선택하는 일, 읽는이를 설득하는 일은 풍부한 독서력과 독서 수준에 의해서만 가능하기 때문이다.

　다섯째, 글쓰기 능력을 배양해야 한다. 논술 역시 여러 가지 글 중의 하나이다. 따라서 일반적인 글쓰기의 절차를 몸에 익혀야 하고, 어휘력·문장력·구성력·개요 작성 능력 등도 갖추어야 한다. 그러나 논술은 일반 글쓰기와 같으면서도 다른 점이 있다. 그 다른 점의 중심에는 논증력, 논증적인 기술 능력이 있다.

　논술도 일반적인 글의 한 종류이므로 설명, 묘사, 서사의 기술 방식이 모두 동원되며, 역시 마찬가지로 문체·수사법 등 일반적인 글이 갖추어야 할 모든 것을 갖추어야 한다. 그러나 논술을 논술답게 하는 것은 논증이고, 논증의 힘이다. 그것은 논술이 논증문의 하위 단위이기 때문이다. 논증이 빠진 기술을 논술이라고 할 수 없는 이유가 여기에 있다. 그렇다고 다른 기술 방식이나 문체·수사법을 몰라도 된다는 것은 아니다. 글쓰기에서 대부분을 차지하는 것은 설명의 방식이다. 논술에서도 예외는 아니다. 논술 역시 설명을 바탕으로 한다. 따라서 논증력을 갖추기 이전에 설명 방식을 몸에 충분히 익혀야 한다.

1. 2 논술 교육의 필요성

논술에서 가장 중요한 것, 또는 논술 교육에서 궁극적으로 얻을 수 있는 것은 체계적인 사고와 논리적인 사고이다. 따라서 '고도의 지식 정보화 사회'인 현대 사회를 살기 위해서는 논술 교육을 통해 체계적인 사고와 논리적인 사고를 얻는 일이 필수적이다.

특히 5지 선다형 문제 풀기와 단답형 문제 풀기 중심의 교육 현상에서 교육의 본래 기능을 획득하기 위해서는 논술 교육이 꼭 필요하다. 5지 선다형 문제 풀기나 단답형 문제 풀기 중심의 교육은 단편적인 사고만을 길러줄 뿐이다. 그러나 교육은 단편적 지식과 단편적 지식에서 오는 순간적인 선택력을 기르는 것이 목적이 아니다. 그러한 단편적 사고를 하나로 묶어 전인적인 인간을 육성하는 것이 교육의 근본 목적이다. 그리고 단편적인 지식을 하나의 전인적인 교육 내용으로 묶는 데 필수적인 것이 바로 체계적인 사고와 논리적인 사고이다.

뿐만 아니라 창의성이 강조되는 현대 사회에서 논술 교육은 절대적으로 필요한 교육 내용이다. 가령, 청소년들이 선호하는 직업이 '연예인', 또는 '컴퓨터 관련 업종'이라고 하는 데 이들 직업은 무엇보다 창의성이 중요하다고 할 것이다. 그러나 청소년들이 선호하는 이들 직업들이 창의성만 가졌다고 제대로 할 수 있는 것들이 아니다. 오히려 창의성의 바탕이 되는 논리적 사고와 창의성과 창의성을 연결하는 체계적인 사고들이 완성되었을 때 창의성은 빛을 발휘할 수 있다. 체계성과 논리성이 구비되지 않은 창의성은 창의성이 아니라 공상이고 망상일 뿐이기 때문이다.

"인생은 끊임없는 선택의 과정이다"라는 말이 있다. 이 말은 우리가 일생을 살아가면서 꾸준히 무엇인가를 선택해야 한다는 것을 나타낸 말이다. 덧붙인다면 인생의 성공 여부는 그 선택을 잘하였느냐 아니면 잘하지 못했느냐가 결정한다는 말이기도 하다. 따라서 성공적인 인생을 살기 위해서는 선택 능력을 길러야 한다. 이 선택 능력은 바로 체계적 사고와 논리적 사고에 의해 기를 수 있다.

물론, '감(感)'이 선택의 기준이 되거나 영향을 주는 경우도 있다. 그러나 '감'을 바탕으로 내린 선택은 올바른 것이 될 수 없으며 우리를 오래도록 만족시킬 수 없다. 그리고 그 '감'이라는 것도 사실 무의식 속에는 그

동안 쌓은 체계적인 사고와 논리적인 사고 능력에 의한 것일 때가 많다.

최근에는 컴퓨터와 컴퓨터 공간(대표적으로 인터넷을 들 수 있다)의 발달과 확충으로 인해 우리의 사유 방식이 크게 변화하고 있다. 구체적으로 말한다면, 컴퓨터 자판을 사용한 글쓰기와 인터넷의 익명성(匿名性)에 의해 우리의 사유 방식은 기존의 것과는 사뭇 다른 양상을 나타내고 있다. 즉 즉흥성, 가벼움, 뒤틀림 등으로 대표되는 사유방식의 변화는 여러 측면에서 변화를 예고하고 있고 그 변화는 이미 시작되었다.

이러한 변화를 바람직한 인간의 삶을 영위하고 창조하는 쪽으로 끌어들이기 위해서는 더욱 체계적인 사고와 논리적 사고가 강조되어야 한다. 컴퓨터가 만들어 낸 또 다른 공간이 찰나적이거나 즉흥적이어서는 안 된다. 인생은 결코 찰나적이거나 즉흥적일 수 없다. 거기에 인터넷 공간 사용자들만의 광범위한 은어(隱語) 사용과 '자살 사이트'와 같은 불건전한 사이트 운영과 접속은 커다란 사회 문제가 되고 있다. 이렇게 왜곡된 의식은 청소년에게 건전한 비판의식과 논리적 사고력이 부족하기 때문이다. 따라서 다양하고 새로운 문화가 끊임없이 창조되는 현 사회에서 논술 교육을 통해 비판 의식과 논리적 사고력을 함양하여야 한다.

끝으로 대학 생활에 필요한 과제 작성과 수업 발표문 작성을 위해서도 논술 교육은 필수적이다. 대학은 초·중·고와는 달리 기존의 지식을 폭넓고 깊게 이해하고 습득하는 일과 동시에 습득한 지식을 바탕으로 논리적으로 표현·발표하는 일이 중요시된다. 논술은 대학 생활에 필요한 지식 습득과 표현·발표하는 논리적인 능력을 갖추는 데도 매우 효율적이다.

이러한 실용적인 이유만으로 논술 교육이 필요한 것은 아니다. 이미 앞에서 말했듯이 논술의 근간이 되는 체계적 사고, 비판적 사고, 논리적 사고, 종합적 사고는 '고도의 지식정보화 사회'인 현 삶에, 그러한 사회를 살고 있는 현대인들에게 삶을 조직하고 만들어 가는 데 필수적인 요소이다.

1. 3 논술은 강화되는가?

종종 논술 고사가 계속될 것인지에 대한 질문을 받는다. 올해부터 서울대학교가 논술고사를 보지 않는다는 정보를 듣고 이러한 질문을 하는 것 같다. 이에 대한 답변을 먼저 하자면 "안 본다. 그러나, 본다."라고 답할 수밖에 없다.

서울대는 올해부터(2002년도 입학생부터) 논술고사를 치르지 않기로 하였다. 그러나 이러한 결정은 논술고사의 필요성을 느끼지 못해서가 아니라 오히려 논술고사의 필요성을 더 강하게 느끼고 있기 때문이다. 서울대는 입시 시험 형태의 논술고사는 보지 않지만 이미 작년부터 논술경시대회를 개최하고 있다. 뿐만 아니라 구술고사, 면접의 비중을 높이고 있다.

입시 제도로서 논술고사는 여러모로 대학 측에 부담을 주는 것이 사실이다. 시험 출제 및 보안, 채점위원 관리 문제뿐만이 아니라 채점의 객관성에 대해 학생과 학부모들로부터 끊임없이 의심의 눈총을 받게 된다. 서울대는 일단 이러한 위험 부담을 벗어나면서도 논술의 비중을 높이기 위해 논술 경시대회와 논술과 유사한 성격을 지닌 구술고사·면접 등의 제도를 도입하고 있는 것으로 보인다. 즉, 입시 제도로서 논술고사는 없어지지만 실질적으로 논술은 강화하였다.

이제, 논술고사를 단순히 입시 수단으로 생각하는 태도부터 고쳐야 한다. 논술은 21세기를 살아갈, 체계적이고 논리적인 사고를 하는 인간, 종합적인 사고를 할 줄 아는 인간형으로 교육하기 위해 도입된 입시 제도이다. 즉 21세기는 단편적인 사고 방식으로는 살아갈 수 없는 시대임을 의미하며, 또한 각 분야의 지식을 종합할 줄 아는 사람이 성공할 수 있음을 말하고 있다.

우리 나라는 그 동안 미분화된 지식 위주의 교육에 중점을 두었다. 그 결과 학식은 있어도 기본적인 판단력이 부족한 인간을 양산하고 말았다. 뿐만 아니라 '산업화'를 부르짖으면서 인간과 삶에 대한 탐구와 성찰을 게을리 하였다. 산업화를 통해 '선진국'이 되겠다는 물질적 계획은 세웠지만, 선진국이 되기 위한 정신적 성찰에는 관심을 기울이지 못했다.

이러한 결과로 인간의 존엄성은 무시되었고, 인간은 산업화를 추진하는 하나의 부속품에 지나지 않게 되었다. 인간이 사회의 중심이 되어 행복한 삶을 누려야 함에도 불구하고, 인간은 물질의 노예가 되었으며 감정 대립과 반목 속에서 불행한 삶을 연명하는 존재로 전락하고 말았다.

따라서 교육을 통해 인간다운 인간, 행복한 삶을 영위하기 위한 방법을 추구하게 되었고 이를 위해서 인간과 삶에 대한 총체적인 능력을 함양하는 데 주의를 기울이게 되었다. 이러한 탐색의 결과 1994년 프랑스식 논술고사를 채택하게 되었다.

프랑스식 논술은 종합적인 사고 능력을 배양하기 위한 실천적 행위이다. 즉 어떠한 사물과 사건, 현상에 대한 체계적인 분석과 창의적이고 논리적인 해결 방안을 제시하게 함으로써 지식은 물론 사고의 깊이까지를 점검하는 총체적인 입시 제도인 것이다.

아직까지는 논술이 하나의 입시 과목 정도로 인식되고 있지만 앞으로는 종합적인 사고력과 창의력을 묻는 다양하고 깊이 있는 논술로 발전할 것이 분명하다. 가령, 다음과 같은 유형이 좋은 예가 될 것이다.

【문제】 이 그림은 프랑스 화가 마르셀 뒤샹(1887 ～ 1968)의 1919년 작품인데, 그 해는 레오나르도 다빈치가 죽은 지 400년 되는 해로, '모나리자' 그림 엽서를 발행한 때였다. 그 그림에다 화가는 연필로 수염을 그려 넣고서 "L. H. O. O. Q"라고 썼다. 이것을 불어로 연이어 읽으면 "Elle a chaud cul(그녀의 엉덩이는 뜨겁다)"는 뜻이 된다. 이 그림을 보고 연상되는 것을 쓰라. (일본. 오까야마 대학)

1. 4 논술 채점의 기준

논술에는 정답이 없다. 따라서 논술을 채점하는 일정한 기준이란 있을 수 없다. 단지, 논술 교육의 방향을 잡기 위해서 보편적이고 기본적인 논술 채점 기준을 살펴볼 필요는 있을 것이다.

논술 채점의 기준은 크게 다섯 가지로 나눌 수 있다. (1) 구성력 : 논술 전체의 구조 – 서론·본론·결론의 짜임새 (2) 논리력 : 체계적인 사고와 합리적인 판단력으로 글을 전개하고 해결 방안을 제시했는가 (3) 표현력 : 문장력을 중심으로 표현 능력이 있는가 (4) 예증력 : 논리적인 주장을 도출하기 위해 인용한 자료나 예화 등의 적절성과 풍부성 (5) 기타 : 맞춤법 및 글씨, 한자 사용의 정확성 등이 그것이다.

그러나 모든 대학이 동일한 채점 기준을 가지고 있는 것은 아니다. 각 대학마다 출제 의도 및 채점 기준을 달리하고 있다. 각 대학의 채점 기준을 살펴보면 논술을 어떻게 쓸 것인가 방향을 잡을 수 있을 뿐만 아니라 논술이란 무엇인가를 좀더 명확히 알 수 있을 것이다. 주요 대학이 제시한 채점 기준은 다음과 같다.

〔서울대〕

  1) 지시 사항을 제대로 지켰는가?
  2) 논제를 제대로 파악하였는가?
  3) 논거를 제시하면서 구체적인 논의를 전개하고 있는가?
  4) 논리적인 구상이 이루어졌는가?

〔서강대〕

  1) 논지가 요구하는 내용이면서 합당한 주장인가, 사고의 깊이는 어느 정도인가.
  2) 논거가 타당하고 참신한가, 또한 제시문에서 적절히 찾아 썼는가.
  3) 문장과 문장, 단락과 단락의 연결이 논리적인가.
  4) 서론, 본론, 결론이 유기적으로 구성되어 있는가.
  5) 정확하고 풍부한 단어, 자연스럽고 적절한 길이의 문장을 구사하고 있는가.

〔성균관대〕

  먼저 논제에서 요구한 두 사항, 즉 제시문의 요지와 논거를 간략히 밝히는 것과 현실과 관련하여 그것에 관한 자신의 의견을 논하는 것을 얼마나 충족시켰는가가 평가의 우선적 기준이다. 그리고 나서 채점의 공정성을 확보하기 위하여 문장력(10점), 논리성(10점) 및 독창성(10점)의 채점 영역별로 등급 기준과 감점 요인을 정하고 논술의 수준에 따라 상, 중, 하의 3등분으로 구분한 다음에 종합적으로 평가한다.

〔이화여대〕

　　대학 교육에 필요한 기본적 자질을 갖추었는지에 주안점을 두고 답안에 대한 채점과 평가를 하도록 한다. 좀더 구체적으로 말하면, 우리말을 올바르게 사용하고 표현할 수 있는 능력, 제시문에 대한 폭넓은 이해와 창의적 사유를 통하여 자신의 주장을 논리적으로 서술할 수 있는 능력, 그리고 전공 이수에 필요한 기본적인 문제 해결 능력 등을 측정하는 데 주안점을 둔다. 답안은 제시문의 내용을 기초로 한 것이어야 하며, 논의의 전개도 제시문에 대한 분석을 바탕으로 이루어진 것이어야 한다.

　　채점은 표현력과 사고력의 두 측면에서 이루어진다.

표현력(10점) : 기본적인 맞춤법, 국어 구사 능력, 문법과 어휘의 적합성 및 활용, 수사 능력 등의 관점에서 평가한다.

사고력(15점) : 글의 논리적 일관성, 주장의 선명성 및 설득력, 주장을 뒷받침하기 위한 적절한 사례와 논변, 전체적 사고의 깊이와 밀도 등의 관점에서 평가한다.

〔한양대〕

1) 형식 영역 - 정해진 필기구 사용여부, 분량, 원고지 사용법, 맞춤법, 띄어쓰기 준수 여부 등을 평가하는 영역

2) 창의적 영역 - 창의적 내용, 개성적 표현, 수험생 자신의 견해 등을 포함하고 있는지 평가하는 영역

3) 논리성 및 내용 영역 - 논제 파악의 정도, 문제에 주어진 조건의 이행 정도, 논리성, 합리성, 명료성, 타당성 여부를 평가하는 영역

〔부산대〕

가) 내용 : 50%

1) 물음의 초점을 정확하게 파악하고 있는가?

2) 제시문을 정확하게 해석하고 있는가?

3) 논거로 제시한 예가 적절하고 참신한가?

4) 글의 흐름이 논리적이고 자연스러운가?

　　　　5) 자기 주장을 분명하게 제시하고 있는가?
　　　나) 구성 : 20%
　　　　　1) 서론과 본론과 결론을 형식적으로 구분하고 있는가?
　　　　　2) 단락과 단락을 유기적으로 연결하고 있는가?
　　　　　3) 단락의 수는 논술된 내용에 적절한가?
　　　　　4) 단락별 분량을 적절하게 배분하고 있는가?
　　　다) 분량 : 14%
　　　　　1) 완결된 문장이 있는 줄의 끝을 기준으로 계산한다.
　　　　　2) 줄 단위로 지우거나 건너 뛴 경우는 빼고 계산한다.
　　　　　3) 1,400자를 넘거나 1,200자에 모자라는 경우는 감점한다.
　　　　　4) 연필로 쓴 부분은 분량 계산에서 제외한다.
　　　라) 표현 : 16%
　　　　　1) 어휘의 사용이 적절한가?
　　　　　2) 맞춤법과 띄어쓰기가 정확한가?
　　　　　3) 문장이 정확한가?
　　　　　4) 원고지 사용법이 정확한가?

　　주요 대학의 채점 기준을 살펴보면 크게 형식적 측면과 내용적 측면으로 나누어 상세하게 그 기준을 정해 놓고 있음을 알 수 있다. 각 대학마다 조금씩 다르나 일반적인 논술 평가 영역을 채점 기준으로 삼고 있음을 알 수 있다.

　　형식면에서는 어휘 사용의 적절성, 맞춤법, 띄어쓰기, 원고지 사용법, 글의 분량 등을 준수하고 있는가와 동시에 구성력을 살피며, 내용면에서는 주장(주제)의 명확성, 논거의 적절성, 사고의 독창성, 논리의 타당성, 구성 방식의 적절성 등을 채점 기준으로 제시하고 있다.

　　즉, 외형적으로는 문법에 맞는 글을 요구하고 있으며, 내용적으로는 종합성을 갖춘 논리성과 설득력 그리고 창의적인 사고를 채점 기준으로 삼고 있는 것이다.

1. 5 사이버 세계와 논술 쓰기

　　컴퓨터와 컴퓨터 공간의 발달과 확충으로 독특한 '사이버 세계'를 구축하고 있다. 그러나 사이버 세계의 글쓰기는 긍정과 부정의 시각을 동시에 포함하고 있다.

　　먼저 사이버 세계 글쓰기의 특징은 '구어와 문어의 결합'이라 할 수 있다. 즉 '말하듯이 쓴다'는 기술(記述)의 통용이다. 일상 생활에서 사용하는 구어체와 글을 쓸 때 사용하는 문어체의 경계가 없어지고, 말하는 것처럼 글을 쓰는 기술이 통용되고 있는 것이다. 구어와 문어의 결합이 새로운 글쓰기의 언문일치를 의미하는 것인지, 아니면 상황에 따른 다양한 층위의 글쓰기 몰락으로 바라볼 것인지는 아직 더 지켜보아야 할 것이다.

사이버 세계 글쓰기의 두 번째 특징은 '기존 정서법 무시'이다. 사이버 세계에서는 경제성의 원칙과 자판 사용의 편리성 때문에, 그리고 직접 대면하지 않은 상황의 어색함을 피하기 위해 기존의 정서법을 무시한 글쓰기가 이루어지고 있다.

> 방가(반갑다) / 방가워요(반갑습니다, 반가워요) / 벙개(번개) / 칭구(친구)
> 말임다(말입니다) / 울(우리) / 담에는(다음에는) / 일욜에(일요일에) / 넬,
> 낼(내일) / 조아지구(좋아지고) / 존(좋은) / 시로(싫어) / 열시미, 열씨미
> (열심히) / 아닙니까아(아닙니까) / 속았당(속았다) / 잼없덩(재미없다)

이와 같은 표기는 국어 표기의 기본 원칙을 철저히 왜곡하고 있거나, 기본적인 의사소통을 저해하는 요인이 되고 있다. 예전에도 은어(隱語)를 사용하지 않았던 것은 아니다. 그러나 예전의 은어 사용은 낱말 차원의 것이었으며, 사용량도 극히 제한되었다. 하지만, 컴퓨터 통신상의 위와 같은 언어 왜곡 현상은 문장 차원으로 확대되었으며, 사용층 역시 광범위하다. 즉 일상 생활의 언어사용을 크게 위협하는 단계로 접어들고 있다.

이러한 '기존의 정서법 무시' 현상은 매우 심각한 문제이다. 정서법에 맞춰 글을 쓴다는 것은 단순히 올바른 낱말사용의 의미를 넘어서 사고의 정확성과 깊이를 좌우하는 근원적인 힘을 가지고 있다. 따라서 정서법에 맞는 글을 쓰도록 노력하여야 할 것이다.

세 번째, 사이버 글쓰기의 도상 문자 사용도 심각하게 논의해야 할 문제이다.

> (가) -_- -_-; O_o @_@ *_* !_! ?_? ^_^
> (나) ㅜㅜ ㅠㅠ TT YY / ㅜ.ㅜ ㅜ_ㅜ T.T T_T Y.Y Y_Y

컴퓨터 자판기에 있는 다양한 도상 기호들을 사용한 위와 같은 도상 문자의 사용을 글쓰기가 가지고 있는 단점을 극복하고 있다는 시각으로 볼 것이냐, 아니면 이러한 도상 문자 사용 역시 언어의 왜곡 현상으로 볼 것이냐 하는 것 역시 시급히 논의하여 새로운 시대의 문자 사용 규칙을 확립하여야 할 것이다.

이러한 논의에서 빠뜨리지 말아야 할 것은 한글은 세계에서 가장 풍부한 표현력을 가지고 있는 언어라는 점이다. 다른 나라 사람들이 손짓, 발짓으로 또는 얼굴 표정을 사용하여 말하지만 우리는 언어로도 나타내고자 하는 모든 것을 표현할 수 있기 때문에 약간은 무감각한 표정으로, 그리고 몸짓을 사용하지 않고서도 의사소통을 이룰 수 있다. 이러한 풍부한 표현력을 가진 언어를 사용하지 않고 도상 문자를 사용함으로써 오히려 풍부한 표현력을 잃어버릴 수도 있다는 점을 생각해야 한다.

그러나 사이버 세계의 글쓰기가 더욱 문제가 되는 것은 짧은 문구 쓰기이다. 사이버 세계의 즉흥적인 글쓰기는 채 익지 않은 사고를 표현하는 것이 대부분이어서 짧은 문구 쓰기가 난무하고 있다. 다시 말하면 사이버 세계의 글쓰기는 체계적이고 종합적인 글쓰기가 되지 못하고 있다는 것이다. 앞에서 밝힌 바와 같이 새로운 세기에는 체계적이고 논리적인 사고, 종합적이고 총체적인 사고 능력을 갖추어야 함에도 불구하고 사이버 세계의 글쓰기는 단편적이고 비종합적인 사고를 양산해 내고 있는 것이다.

과연 컴퓨터의 발달과 사이버 세계의 확대는 21세기를 사는 우리들에게 새로운 문화를 안겨 줄 것인지, 아니면 왜곡된 글쓰기 세계로 함몰시킬 것인지 더 지켜보아야 하겠지만 사이버 세계의 글쓰기를 바로 잡기 위해서라도 논술 교육은 꼭 필요한 교육 내용인 것이다.

제2장 논술 고사의 유형과 기술 요령

논술고사에는 크게 두 유형이 있다. 하나는 글을 준 다음 일정한 분량으로 요약하는 '요약하기'와 주제나 자료를 주고 논술문을 쓰는 '논술문쓰기'가 있다. '논술문쓰기'는 다시 글제만 주는 '단독형'과 글이나 도표, 그림 등을 제시하고 그에 관련된 논술문을 쓰게 하는 '제시형'이 있다.

최근의 논술고사 출제 경향은 글을 제시하고 그 글과 관련된 논술문을 쓰게 하는 '제시형'이 일반적이다. 따라서 '제시형' 논술문쓰기를 집중적으로 학습할 필요가 있다. 그러나 요약하기나 단독형 논술문쓰기를 학습에서 제외해서는 안 된다.

요약하기는 제시형 논술문쓰기에서 제시문을 읽는 방법의 바탕으로 삼을 수 있고, 단독형 논술문쓰기는 제시형 논술문쓰기의 입문 단계에서나 또는 주제가 심화되는 중간 중간에 연결 과정에서 활용할 수 있다. 즉 실제 논술교육에서 먼저 제시문을 요약하여 제시문의 내용과 출제 의도를 파악하는 일을 먼저하고 그 다음 단독형 논술문쓰기를 적절하게 병행하여야 효과적인 학습을 이룰 수 있다.

이 장에서는 '요약하기'와 '논술문쓰기'를 차례대로 살펴 논술의 큰 틀을 이해하고자 한다.

2. 1 요약하기

요약하기는 논술교육에서 매우 중요하다. 논술을 위해 다양한 독서를 해야하고 독서 결과를 지식으로 만들기 위해서는 글의 핵심을 정리하여야 한다. 왜냐하면 인간은 읽은 글의 내용을 모두 기억할 수 없으며 체계적으로 기억하지도 못하기 때문이다. 독서 활동에서 요약하기를 하면 필요한 지식을 쉽게 기억할 수 있으며, 글을 쓸 때 쉽게 꺼내 활용할 수 있다.

요약하기는 실질적으로 문단 수준에서 글 전체 수준으로 발전해 나간다고 할 수 있다. 문단에서 중심 생각을 찾는 일이 먼저이고 문단의 중심 생각들을 다시 덩어리지어 삭제와 변형의 원리를 거쳐 글 전체의 중심 생각을 찾고 그것을 조합하여 문장을 만드는 것이 요약하기의 과정이라고 할 수 있다.

중심 생각 찾기가 곧 요약하기인가 하는 물음을 가질 수 있다. 중심 생각 찾기와 요약하기는 서로 다르면서도 같다. 일반적인 글읽기에서 중심 생각을 찾는 것은 요약하기 자체일 수도 있고 아니면 중심 생각 찾기가 요약하기의 바탕이 될 수 있다. 이는 글의 내용과 성격에 따라 다르다. 즉 글의 내용이나 성격에 따라 중심 생각 찾기가 요약하기 될 수 있고 중심 생각 찾기가 요약하기의 바탕이 되어 과정의 한 단계가 될 수도 있다는 것이다.

문장 수준의 요약하기는 네 단계의 과정을 거치는 것으로 이해할 수 있다.

첫째, 구체적인 용어를 일반적인 용어로 결합하는 '상위 개념화 하기' 단계이다. 국어 교육에서 사용하는 일반적인 용어로는 '하의어들을 상의어로 결합'하는 단계이다. 즉, 구체적으로 제시된 단어나 표현들의 상위개념의 한 단어로 분류하는 단계이다.

둘째, 덜 중요한 내용을 삭제하는 '삭제하기' 단계이다. 상위 개념을 파악하면 무엇이 그 문단의 중심 낱말, 중심 소재인지를 파악할 수 있게 된다. 그러면 그 중심 낱말이 사용된 문장을 기준으로 그 문장의 하의어가 사용된 문장이나, 예시 또는 부연 설명한 내용, 문장들을 삭제하는 것이다.

셋째, 내용을 정확히 이해하기 위해 일반적인 진술로 기술하기 위한 '선정하기' 단계이다. 이 때 효과적으로 사용될 수 있는 방법이 '육하원칙'을 적용하여 문장을 만드는 것이다. 여섯 개의 항목을 만들고 그 곳에 각각 '누가', '언제', '어디서', '무엇을', '어떻게', '왜 하였나'를 기입하고 문장을 이 항목에 대입하는 것이다. 이 때 해당 내용이 없을 때에는 '×'를 하고, 항목에 해당하는 내용이 있을 때에는 그 내용을 적는다. 그 다음 그 항목들 중에서 핵심이 되는 부분에 표시를 하고 그것을 바탕으로 간단한 문장을 만들어 본다.

넷째, 앞의 '선정하기'에서 활동한 문장을 다른 표현을 써서 기술하는 '창조하기'의 단계이다. 이 단계는 많은 학생, 꽤 능숙한 읽는이도 어려워하는 단계이다. 이 단계의 활동을 효과적으로 수행하기 위해서는 핵심어들만을 뽑아 그것을 문장으로 만들어 구두로 말하게 하는 방법 등을 채택할 수 있다. 글을 보지 않고 핵심어만을 보고 자신의 표현으로 문장을 만드는 훈련을 거치다 보면 '창조하기'를 효율적으로 이룰 수 있을 것이다.

이러한 네 단계를 중심으로 중심 생각 찾기, 요약하기에 대해 구체적인 지도를 수행해 보자. 단, 이미 앞 장에서 언급한 내용들은 삭제하거나 아주 간단히 요약할 것이다.

2. 1. 1 핵심어 찾기

핵심어(key word)란 문장이나 문단의 중심 내용을 담고 있는 낱말을 의미한다. 핵심어 찾기를 하는 목적은 글의 중심 내용을 찾기 위한 것이지만, 이 핵심어 찾기를 통해서 주요한 내용을 구조화하고 잘 기억하는 효과를 얻을 수 있다. 즉 글의 중요한 내용·정보 등을 찾고 그것을 적음으로써 그 내용이나 정보가 주는 사실을 강조하고 잘 기억함으로 해서 다음 글 읽기에서 필요한 내용·정보를 잘 회상(recall)하기 위한 것이다.

핵심어 찾기는 글읽기에서 중심 생각을 찾기 위해서만 사용되는 것이 아니라 일상 생활에서 듣거나 본 내용·정보 등을 잘 기억하기 위해서도 사용된다. 흔한 예로 기자들이 기사를 채록하기 위해서 말하는 사람의 말을 다 적을 수 없으므로 중요한 내용만을 간추려 적기 위해서 핵심어 적기를 한다. 또는 전화를 하거나 받으면서 상대방이 한 이야기나 자신이 한 이야기를 잊지 않고 기억하기 위해, 또는 상대방의 말을 반박하기 위해, 자신이 꼭 해야 할 말을 강조하기 위해 전화기 옆의 메모지에 낱말들을 쓰는 것을 경험하게 되는데 이 때 메모지에 쓰는 낱말이 '핵심어'이고 이러한 행동이 '핵심어 찾기'라고 할 수 있다.

문장이나 문단에서 무엇이 핵심어인가를 찾는 요령은 몇 가지가 있다.

> ① 반복되어 강조되는 낱말
> ② 문장을 해석하는 데 단서가 되는 낱말
> ③ 사용된 낱말 중에서 가장 포괄적인 의미를 담고 있는 낱말
> ④ 문장을 다시 설명하거나 바꾸어 쓰기 위해 필요한 낱말
> ⑤ 개념을 정의할 때 피정의항의 중심이 되는 낱말

글쓴이는 나타내고자 하는 무엇을 효과적으로 전달하기 위해 구체적인 내용을 뒷받침하게 된다. 가령, 교육 기관을 설명하기 위해서 '초등학교·중학교·고등학교·대학교' 등 구체적인 의미를 담고 있는 낱말로 뒷받침하거나, 여름 과일을 설명하기 위해서 '수박·참외·복숭아·포도' 등과 같은 구체적인 과일로 여름 과일을 뒷받침한다.

따라서 상의어와 하의어를 분류하고 그것들 간의 관계를 파악하는 일은 어휘력을 향상하고, 낱말의 의미를 정확하게 이해하는 데 필요할 뿐 아니라 문장이나 문단에서 중심적인 생각을 찾아내는 데에도 반드시 필요한 활동이 되는 것이다.

그리고 서론이나 본문의 첫번째 문단에서 그 글의 핵심이 되는 낱말의 의미를 정의하게 되는데 이 때 피정의항에서 가장 중심이 되는 뜻을 나타내는 낱말을 찾는 것은 그 글의 전체 의도나 의미 범위를 파악하는 데 도움이 된다.

가령, '사랑이란 귀중히 여겨 아끼는 마음이다'라는 문장에서 핵심어는 '아끼는'이다. 이처럼 개념을 정의하는 문장에서 핵심어는 서술부나 서술어 바로 앞에 위치하는 것이 일반적이다. '귀중히 여겨'는 핵심어 '아끼는'을 꾸미는 덧붙는 말이다. 즉 '귀중히 여겨'라는 말은 '사랑'이라는 낱말을 정의하지 못한다.

이렇게 문장에서부터 핵심어를 찾는 활동이 끝나면 반드시 핵심어의 뜻을 다시 말하는 활동이 필연적으로 따라야 한다. 핵심어의 뜻을 다시 말하는 데에도 두 가지 유형이 있을 수 있다. 하나는 문장 수준의 활동이다. 즉 '사랑'이라는 낱말을 정의하는 데 '아끼는'을 핵심어로 찾았다면, '사랑은 아끼는 마음이다'라고 문장으로 기술하는 것이다. 또 하나는 문단 차원의 활동으로 문단을 듣거나 읽고 핵심어를 찾은 다음 핵심어를 중심으로, 핵심어가 의미하는 것을 간단한 문장으로 다시 말하게 하는 것이다.

핵심어를 쓰고, 그 핵심어를 구로, 다음에는 문장으로 기술하게 하면 핵심어가 확대되어 문장으로 기술되는 과정을 볼 수 있고 이 과정을 이해함으로써 핵심어를 문장으로 기술하는 활동을 더욱 효과적으로 진행할 수 있다.

2. 1. 2 삭제하기

중요한 것을 가려 뽑는다는 것은 역으로 필요 없는 것, 덜 중요한 것을 삭제한다는 말이다. 우선 문장을 요약하기 위해서는 필요 없는 내용, 덜 중요한 내용을 삭제할 필요가 있다.

문장에서 중요한 부분과 덜 중요한 것을 가리기 위해서는 '문장지도'에서 학습했던 문장 성분을 떠올릴 필요가 있다. 문장 성분에는 필수 성분인 주어·서술어·목적어·보어와 부속 성분인 관형어, 부사어가 있다고 하였다. 즉 주요 성분인 주어·서술어·목적어·보어는 문장에서 중심이 되는 생각을 나타내는 부분이고 관형어, 부사어는 덜 중요한 부분이라고 이해할 수 있다.

물론 관형어, 부사어 중에서도 글쓴이가 나타내려고 하는 의도나 정서를 담은 것이 있다. 그리고 그 문장에서 나타내려고 하는 핵심 부분을 담은 것도 있다. 가령,

영희는 학교에 10시에 간다.

라는 문장을 '영희는 간다'라든지 '영희는 학교에 간다'라고 중심 내용을 정리할 수 없는 경우가 있다. 즉, 다른 아이는 모두 9시에 학교에 가는데 영희만은 10시에 학교에 간다는 것을 나타내려는 의도가 있다면, '10시에'는 삭제하여서는 안 될 부분이다.

모든 문장에 핵심어(key word)가 있지만 핵심어를 찾는 일정한 공식은 있을 수 없다. 모든 문을 하나의 열쇠로 딸 수 없듯이 모든 문장을 하나의 핵심어, 또는 일정한 공식으로 대입할 수는 없다. 따라서 문장 성분을 중심으로 핵심어, 중심 생각을 찾을 수 있지만, 그 문장이나 앞뒤 문장에서 말하고자 하는 의도를 파악하여 핵심어나 중심 생각을 찾아야 한다.

문맥상의 의미를 생각하지 않고 내용을 삭제한다면 다음 (가) 문장은 문장 (나)처럼 삭제하여 기술할 수 있다.

(가) 키가 후리후리 크고, 몸이 날씬하며, 늙어서 얼굴이 새하얗고, 코가 유난히 높으며, 눈이 큰 나전 칠기의 무역왕인 그 사람은, 왕골로 엮어 만든 구식의 낡은 의자에, 뒤로 젖혀 기대어 앉아서, 미국의 베스트셀러 〈케인호의 반란〉이란, 빨간 표지로 예쁘게 장정한 두툼한 소설책을, 돋보기를 끼고, 여느 때와는 달리 간간이 미소 지으며 퍽 흥미롭게 읽고 있다.

(나) 그 사람은 의자에 앉아서 책을 읽고 있다.

이러한 삭제하기를 활동하기 위해 몇 개의 색연필을 준비하는 것도 좋다. 즉, 빨간 색연필로는 필요 없는 부분에 줄을 긋고, 나머지 부분에서 포괄적인 의미를 담고 있는 부분, 앞뒤 문장 기술의 대상이 되는 부분은 파란 색연필로 밑줄을 그어 표시한다. 그리고 삭제하기도 어렵고 중심 내용으로 삼기에도 어려운 부분은 노란 색연필로 표시하여 다음에 개요를 작성할 때 적절히 사용하게 한다.

2. 1. 3 소주제문 찾기

소주제문 찾기는 문단 수준의 활동이다. 문단은 하나의 소주제문과 그를 뒷받침하는 하나 이상의 문장으로 이루어진다. 그리고 이 소주제문을 중심으로 문단의 중심 생각이 기술된다. 따라서 소주제문을 찾는 활동은 중심 생각을 찾는 활동과 매우 유사한 성격과 과정을 거친다.

문단에 소주제문을 배치하는 방법에는 크게 다섯 가지가 있다. 이를 간단하게 도식으로 나타내면 다음과 같다.

▽ : 소주제문이 문단의 첫 문장에 있는 경우 (두괄식)
△ : 소주제문이 문단의 끝 문장에 있는 경우 (미괄식)
◆ : 소주제문이 처음과 끝 문장에 있는 경우 (양괄식)
■ : 소주제문이 문단 가운데 있는 경우 (중괄식)
○ : 소주제문이 기술되지 않은 경우

문단에서 어느 문장이 소주제문인가. 소주제문은 가장 포괄적인 의미를 담고 있는 문장이며, 글쓴이의 의견, 주장이 실려 있는 문장이다.

그러나 글은 항상 글쓴이의 의견과 주장만이 있는 것이 아니다. 글의 내용적 성격은 크게 '사실'과 '의견'으로 나눌 수 있다. '사실'은 객관적인 사실의 전달, 의견 제시를 위한 근거 자료, 독자 설득을 위한 타당한 자료를 해설적으로 제시하기 위한 것이고, '의견'은 글쓴이의 주관적인 생각과 느낌을 주장하거나 설득하기 위한 것이다. 글 쓰는 이는 자신이 내세우고자 하는 의견이나 주장을 강조하고 설득력을 높이기 위해 이를 뒷받침할 만한 사실들을 근거로 제시한다. 그렇게 함으로써 자신의 주장을 더욱 분명하고 신뢰감있게 하는 것이다.

그러면 실제 예문을 통해 핵심어 찾기와 소주제문 찾기를 하여 보자.

【예문 가】

(가) 사람은 사회적 존재이다. 사람이 사회 생활을 제대로 누려 나가기 위해서는 끊임없이 다른 사람들과 어울려야 한다.
(나) 사람과 사람의 어울림에서 가장 중요한 역할을 하는 것은 언어이다. 언어는 생각과 느낌을 전달해 주는 도구로서, 사람들 사이의 관계를 형성시켜 줄 뿐 아니라, 사회를 보존하고 발전시키는 역할을 한다.
(다) 만일에 모든 사람이, 집안 식구들이나 이웃 사람들과 단 하루라도 말을 하지 않고 지낸다고 가정해 보자. 나아가서, 온 세계 인류가 하룻동안 완전히 의사 소통을 중지한다고 생각해 보자. 아침에 일어나 꿀 먹은 벙어리처럼 멀뚱멀뚱 쳐다만

본다. 텔레비전도, 라디오도 침묵을 지킨다. 물론, 전화통도 울리지 않고, 신문도 배달되지 않는다. 이처럼 인간 사회에서 언어가 사라지고 나면, 결국 인간의 모든 활동은 마비되고 정지된다는 것을 우리는 쉽게 짐작할 수 있다.

(중학교 국어 1 - 2, 심재기, 〈언어와 생활〉)

【예 문 나】

(가) "남산 위에 저 소나무 철갑을 두른 듯 ..." 이렇게 시작되는 애국가의 둘째 절에서 알 수 있듯이, 소나무는 우리 나라를 상징하는 나무라고 해도 지나치지 않다. 학자들의 연구에 따르면, 한반도에 소나무가 자라기 시작한 때는 6000년 전쯤이라고 하니, 한민족과 소나무가 맺은 인연은 깊디깊다 하겠다.

(나) 우리 나라에서 자생하는 소나무는 본디 두 종류였다. 적송이라고 부르는 육송과, 곰솔이니 흑송이니 하고 부르는 해송이 그것이다. 이 밖에 이 둘이 교배하여 태어난 중곰솔이라는 튀기 소나무가 자생하기도 한다.

　　【예문 가】의 문단(가)는 주제문을 첫 문장에 두었다. 즉 두 번째 문장의 '사람들과 어울려야 한다'는 첫 문장의 사람이 '사회적 존재'라는 것을 풀어 설명한 것이다. 그러므로 첫 번째 문장이 포괄적인 문장, 일반 진술의 문장이므로 문단(가)의 소주제문이 된다. 그러면서 핵심어는 '인간은 사회적 존재'가 된다.

　　【예문 가】의 문단(나) 역시 첫 번째 문장이 소주제문이다. 그리고 핵심어는 '언어의 역할' 혹은 '언어'이다. 문단(다)는 문단(나)의 내용을 예시를 통해 보여주고 있는 문단이다. 예시의 문단은 보통, 중심 생각 찾기나 요약하기에서 삭제되는 문단이다. 따라서 소주제문이나 핵심어를 찾지 않는 것이 일반적이다. 굳이 찾는다면 '언어의 중요성을 보여주는 예' 정도가 될 것이다.

　　【예문 나】의 문단(가)에서 '소나무는 우리 나라를 상징하는 나무라 해도 지나치지 않는다'의 부분은 글쓴이의 주관적인 의견을 나타낸 문장이다. 그리고 문단(나)는 문단의 모든 문장이 객관적인 사실을 기술하였다. 이렇듯 사실과 의견은 문단 안에서 섞여 있는 경우도 있고, 문단별로 사실 진술 문단과 의견 진술 문단으로 나누어 기술되기도 한다.

　　주제문을 쉽게 찾지 못하거나, 처음으로 학습하는 학생들을 위해서는 카드를 사용하는 방법도 강구할 필요가 있다. 카드에 문단의 문장을 한 문장씩 쓰고 카드의 문장 중에서 가장 중요한 문장, 가장 포괄적인 의미를 담고 있는 문장을 선택하도록 하는 것이다.

　　이와는 달리 칠판에 문단의 문장들을 순서 없이 쓰고 소주제문을 찾는 활동을 할 수 있는데 이 방법은 효과적이지 못하다. 왜냐하면 여러 문장을 한 눈에 보게 되면, 특히 칠판에 순서대로 써 놓으면, 학생들은 씌여 있는 순서대로 나름의 논리를 찾으려 하기 때문이다. 즉 학생들은 잘못된 문장 배열이라 하더라도 일단은 그 배열 순서에 의해 글을 이해하려는 경향이 있다는 것이다.

2. 1. 4 개요 작성하기

개요 작성하기를 '윤곽잡기'라고도 한다. 개요 작성하기는 문단에서 중심 생각, 소주제문을 찾아 그것을 구성의 형식으로 도식화하는 것을 말한다. 개요 작성하기는 이미 앞 장에서 '내용 문단으로 나누기', '문단 기능 파악하기', '구성 따라 읽기'를 다루었기 때문에 자세한 논의는 앞 장을 참고하길 바란다.

우선 개요를 작성하기 위해 개요 작성의 형태를 살펴보자.

> I : 중심 생각(가장 중요하고 포괄적인 주제)
>   A. 부주제 (중심 주제에 관한 중요한 생각)
>   ① 세부 사항 (부주제를 뒷받침하는 사실)
>   · · · · · ·
>   B. 부주제 (두 번째로 중요한 생각)
>   ① 세부 사항 (부주제로 뒷받침하는 사실)

아라비아 숫자로 쓰인 '장(章)'에서는 가장 중요하고 포괄적인 주제를 쓴다. 다시 말하면 주지 문단의 소주제문을 쓰면 된다. 알파벳 대문자를 쓴 '절'에는 중심 생각, 중심 주제에 관한 중요한 생각을 쓰면 된다. 중심 주제에 대한 중요한 생각이 여러 개인 경우 'B, C, D, E …'로 계속 이어질 수 있다. 세부 사항도 마찬가지이다. 그 주제를 뒷받침하는 사실들이 많으면 '②, ③, ④, ⑤ …'로 계속 이어 쓸 수 있다.

실제 예문을 통해서 개요 작성을 해 보자.

【예 문】

(가) 철학이라고 하면 사람들은 보통 어려운 것, 골치 아픈 것, 나와는 관계없는 것 이라고 생각하고 이에 대해서 멀리 생각합니다. 사춘기 때, 즉 인생에 대해서 고민을 할 때에는 인생이란 무엇인가, 산다는 것은 어떠한 의미가 있는 것인가, 인생을 의미 있게 살기 위해서는 어떻게 해야 하는가에 대해 깊이 생각해 보기도 하고, 친구와 밤을 새워 토론을 하기도 하고, 이에 관한 책을 사서 탐독을 하기도 하지만 점차 생활을 해나가면서 생활에 빠져 버리고 난 뒤에는 이에 대한 심각한

고민을 그쳐 버립니다. 그리고는 인생의 의미라든지 철학이라든지 하는 것과는 전혀 관계가 없는 듯이 생활해 나갑니다.

(나) 그렇다면 우리가 인생에 대해서 고민을 할 때에는 철학과 가까이 있는 것이고, 그 후 생활에 빠져버렸을 때는 철학과 멀리 있는 것일까요? 대부분의 사람들은 그렇게 생각합니다. 왜냐하면, 대부분의 사람들이 철학에 대해서 잘못된 생각을 가지고 있기 때문입니다. 철학이라고 하면 심각하게 고민하는 것, 철학자 하면 일은 하지 않고 땅도 보지 않고 하늘만 쳐다보며 사는 사람으로 생각하기 때문입니다. 물론, 철학 중에는 머리로만 생각하고 우리의 실제 생활과는 관계가 없는 것도 있고, 또 철학자 중에는 인간의 구체적인 생활과는 관계없이 하늘만 바라보면서 허공에서 무엇인가를 잡아 보려고 허우적대는 사람도 있습니다. 그러나 철학은 이러한 것이 아닙니다. 철학은 우리의 일상 생활과 밀접한 관련을 맺고 있고 우리의 생활은 철학과 끊임없이 관계를 맺어나갑니다. 우리들 주변의 일상 생활로부터 철학을 떼어낼 수는 없는 것입니다.

(다) 우리 주변에 흔히 있는 일을 예로 들어 설명해 봅시다. 사람들은 흔히 "나무는 보고 숲은 보지 못한다."라는 말을 합니다. 이는 부분만 보아서는 안되며, 전체적인 면을 파악해야 한다는 것을 깨우쳐 주는 말입니다. 이 말은 많은 사람들의 일상 생활의 체험 속에서 우러나온 말입니다. 그리하여 눈을 크게 뜨고 보라고 말합니다. 이러한 교훈, 즉 부분만이 아니라 전체적인 면을 파악하라는 말은 체험을 통해 나온 것이어서 우리가 살아가는 데 매우 유용한 나침반 노릇을 하는 경우가 많습니다. 우리가 커다란 눈을 가지고 전체적으로 사물을 보는 경우, 부분만을 볼 때에는 해결되지 않던 문제가 쉽게 해결되는 경우가 자주 있는 것입니다.

(라) 예를 통해 알아봅시다. 물에 열을 가하여 끓이면 물이 없어집니다. 푸른 하늘에는 구름이 흘러갑니다. 우리는 이러한 두 가지 현상 사이에 관련이 있다는 것을 알고 있습니다. 즉, 물을 끓이면 수증기가 되고 수증기는 또 공중에서 냉각되어 조그마한 물방울이 되며 이것이 모인 것이 바로 구름입니다. 그리하여 구름은 다시 눈이나 비로 되어 지상으로 떨어져 다시 물이 되는 것입니다. 우리가 커다란 눈을 가지고 이러한 현상 사이의 연관성을 보는 경우, 우리는 쉽게 사물을 파악할 수 있습니다. 만약, 우리가 앞의 두 현상, 즉 물과 구름의 연관성을 생각하지 않고 물과 구름을 분리하여 그 일부분만을 놓고 생각하는 경우, 우리는 올바른 인식을 갖기 어렵습니다.

(마) 또 다른 예를 들어봅시다. 옛날부터 전해오는 풀기 어려운 문제에, "닭이 먼저냐 알이 먼저냐."하는 문제가 있습니다. 어찌 보면 닭이 먼저인 것 같고 또 어찌 보면 알이 먼저인 것 같습니다. 이 책을 읽는 독자들도 아마 한번쯤은 이 문제를 풀려고 해 보았을 것입니다. 그런데 닭이나 알은 모두 영원한 옛날부터, 즉 세상이 있으면서 존재한 것은 아닙니다. 닭이나 알은 모두 생물 진화의 어떤 단계에서 나타난 것입니다. 그러므로 전(全) 생물이라는 커다란 관점에서 보면 답은 간단히 나옵니다. 먼저 알이라고 불리는 것이 생겨 알을 낳는 여러 가지 동물이 나타나고 그 뒤에 닭이 생긴 것입니다. 알을 생각할 때 닭의 알이라는 식으로 스스로 좁게 한정하여 생각하기 때문에 답이 나오지 않는 것입니다. 파리도 알에서 생겨나고 물고기도 알에서 생겨난다는 사실을 커다란 눈으로 파악한다면 문제가 쉽게 해결됩니다. 알이 먼저라는 것이 올바른 답입니다.

(바) 이처럼 "나무는 보고 숲은 보지 못한다"라는 말이 우리에게 일깨워 주는 것은 부분만을 보아서는 안 되고 전체를 보아야 한다는 것이며, 이는 우리의 일상 생활에서 나온 말입니다. 우리가 커다란 눈으로 사물을 보아야 하는 것은 그 사물 사이에 연관이 있기 때문입니다. 만약 연관이 없다면 커다란 눈으로 볼 필요는 없을 것입니다. 이와 같이 "나무는 보고 숲은 보지 못한다"라는 말은 그 속에 사물은 연관이 있다는 것을 암시하고 있습니다. 이러한 사물의 연관성은 철학적으로 매우 중요한 생각입니다. 우리는 앞에서 두 가지 예를 보았습니다만 우리의 일상 생활의 체험 속에는 그 외에 많은 철학적 진리가 단편적이나마 번뜩이면서 나타나고 있는 것입니다. 다만, 우리가 주의를 기울이지 않을 뿐입니다. 또한, 철학적 사고를 함으로써 일상 생활의 의미나 인식을 좀더 깊이 하는 것이 가능합니다. 철학은 우리의 일상 생활과 밀접한 연관을 가지고 있는 것입니다.

(〈철학과 일상 생활〉 중에서)

위 예문의 개요 작성은 다음과 같다.

　Ⅰ. 철학과 일상 생활의 관계
　　A. 생활에 빠지면서 철학에 무관심해지고 있다. ((가))
　　B. 철학과 일상 생활은 밀접한 연관성이 있다. ((나))

　Ⅱ. 전체적 파악에 의한 올바른 인식.
　　A. 전체적 파악에 의해 올바른 인식에 도달한다. ((다))
　　B. 전체적인 파악의 예를 살펴보자. - 나무는 보고 숲은 보지 못한다.
　　　① 물의 이동에서 물과 구름의 연관성을 살필 수 있다. ((라))
　　　② '닭이 먼저냐 알이 먼저냐' 역시 전체를 파악하며 문제를 해결해야 한다. ((마))

　Ⅲ. 철학과 일상 생활은 밀접한 연관성이 있다. ((바))

위 예문은 '서론 - 본론 - 결론'의 3단 구성에 의한 글이다. 문단 (가)·(나)는 철학과 일상 생활은 밀접한 연관성이 있음을 말하고 있다. 그러면서 다음 Ⅱ에서 다룰 '전체적 파악에 의해 올바른 인식에 도달한다'를 이끌어 내고 있다. 문단 (라)·(마)는 문단 (다)를 구체적으로 설명하기 위해 예를 사용한 예시 문단이다. 그러니 문단 (라)·(마)는 한 데 묶어 개요를 작성할 수 있다. 문단(바)는 이 글의 중심 생각(문단 (나))을 다시 한 번 강조하는 문단으로 결론을 삼고 있다.

2. 1. 5 요약글 쓰기

　　요약은 구체적인 세부 사항을 일반화하고 일반화한 내용을 도식(골격)화 하여 기억을 쉽게 하여 회상(recall)을 돕는다. 그러나 미숙한 읽는이, 초보적인 읽는이는 대개 이러한 과정을 충실히 수행하지 못하여 그 결과 글을 요약하지 못하고 따라서 기억과 회상을 하는 데 어려움을 느낀다. 이것은 곧바로 학습 능력과 직결되어 모든 교과를 학습하는 데 심각한 장애를 초래하고 마는 것이다.

　　학생들에게 곧바로 요약하기를 요구하는 것은 무리이며, 비학습적이다. 따라서 앞에서 거쳐 온 과정들을 단계적으로 활동하여 요약하기에 어려움을 겪지 않도록 하여야 한다. 그 중에서도 문단에서 중심 생각, 소주제를 파악해내는 일이 요약하기 과정의 핵심 단계라 할 수 있다. 교사나 지도자는 단계마다 시범을 보이고 학생들 중심으로 활동하게 해서 요약하기의 각 단계에 학생들이 익숙해지도록 하여야 한다.

【요약 예문】

　　사람들은 보통 인생에 대해 고민하는 시절에는 철학에 관심을 갖지만 생활에 빠져 버리면 철학에 대해 무관심해집니다. (여기에는 철학이 일상 생활과 관계없다는 생각이 깔려 있습니다. 사실 철학 중에는 그러한 내용도 있고, 여기에 열중하는 철학자가 있기도 합니다.) 그러나 철학은 우리의 일상 생활과 밀접한 관계에 있습니다. "나무는 보고 숲은 보지 못한다"는 말처럼 우리는 부분만이 아닌 전체적인 면을 보아야 합니다. 이러한 전체적인 사고는 우리가 삶의 좌표를 세울 수 있게 해 주고, 문제 해결에 큰 도움을 주기도 합니다. (예를 들어, 물은 열을 받으면 수증기가 되고, 수증기가 공중에서 냉각되어 모이면 구름이 됩니다. 이와 같이, 물과 구름이라는 현상의 연관성을 파악해야만 올바른 인식에 도달할 수 있는 것입니다. 또 다른 예로 "닭이 먼저냐 알이 먼저냐"하는 문제도, 생물의 진화 단계라는 전체적 관점에서 보면, 알이 먼저라는 것을 쉽게 알 수 있습니다.) 이처럼 우리는 일상 생활에서 전체적인 사고를 통해 사물들의 일관성을 파악하게 되는데, 이것은 철학의 문제이기도 합니다. 일상 생활에 철학적 진리가 스며 있을 뿐만 아니라, 철학적 사고를 통해 일상 생활의 의미나 인식이 심화될 수 있습니다. 결국 철학과 일상 생활은 밀접한 관계가 있는 것입니다.

　　요약하기에서 전제되어야 할 것은 '몇 자 정도로 요약을 하느냐' 하는 것이다. 중심 생각만으로 요약문을 만들 것이냐, 중심 생각과 밀접한 생각이나 구체적인 사실까지 포함하여 요약문을 만들 것이냐를 결정하여야 한다. 그러나 논술고사에서 요약하기의 경우에는 몇 자 이내로 요약하기를 요구한다. 따라서 주어진 글자 수에 맞게, 그러면서도 글의 전체적인 내용이나 필자의 의도와 분위기까지 고려하여 요약하여야 한다.

위 글도 요약문의 분량에 따라 조절할 수 있다. 위 예문은 원문의 ⅓ 가량의 분량으로 요약한 것이다. 그러나 더 짧게 요약하기, 중심 생각만으로 요약하기를 원한다면 ( ) 안의 내용은 생략하여도 무방하다. 위 글에서 생략해도 무방한 부분은 예시·예증의 부분이다. 그러나 중심 생각이 추상적이거나 너무 포괄적일 때에는 이러한 예시·예증 부분도 생략해서는 안 된다. 왜냐하면 요약문이란 그 글의 핵심적인 내용을 정리한다는 의미도 있지만, 그 글의 내용을 한눈에 알아 볼 수 있도록 해야 하기 때문이다.

학생들에게 요약하기를 활동할 때에는 O. H. P를 활용하면 효과적이다. O. H. P를 활용하면 학생들이 작성한 요약문을 비교하거나 원문과 비교하여 좋은 요약문을 작성하는 데 큰 도움이 된다.

일반적으로 요약하기에는 다섯 가지의 규칙이 있다.[1]

(1) 항목 구성하기 : 어떤 항목들이 나열되었을 때, 전체 항목을 하나의 단어나 구로 대체한다. 예를 들어 수영, 요트 경기, 낚시, 파도 타기 등의 항목은 수상 스포츠로 대체할 수 있다.

(2) 주제 문장 이용하기 : 때로, 작가들은 문단 전체를 요약하는 문장을 적는다. 만일, 그렇다면 이 문장을 요약에 이용한다. 그렇지 않다면, 스스로 만들어야 할 것이다.

(3) 불필요한 세부 사항 없애기 : 때로, 정보는 반복되거나 몇 가지 다른 방식으로 진술되어 있다. 어떤 정보는 하찮고 불필요할 것이다. 반복되거나 하찮은 정보는 없애야 한다. 요약은 짧아야 한다.

(4) 문단 구성하기 : 문단은 서로 관련되어 있다. 예를 들어, 어떤 문단은 단지 자료의 다른 문단을 설명하거나 확대한 것이다. 어떤 문단은 다른 문단보다 훨씬 중요하다. 관련되는 문단을 서로 묶는다. 중요한 문단만을 남겨 놓는다.

(5) 요약문 다듬기 : 많은 문단들에서 나온 정보들을 한두 문단으로 묶어 만든 요약문은 때로 어색하고 부자연스럽다. 이것을 개선하는 몇 가지 방법은 다음과 같다. '처럼', '왜냐하면' 등과 같은 접속어를 보충하거나 머리말이나 맺음말을 쓴다. 말을 바꾸어 표현할 수도 있다. 이러한 활동은 읽은 글을 회상하는 능력을 발달시키고 작가가 사용한 단어를 그대로 사용함으로써 오는 베끼기를 피할 수 있게 해준다.

요약문은 학생의 목소리로 무리 없이 다시 다듬어야 한다는 것을 의미

---

1) 한철우·천경록 역, 앞의 책, 170쪽.

한다. 각 문단의 중심 생각(소주제)을 뽑아 그것으로 구성을 따라가면서 개요 작성을 하면, 그 중심 생각(소주제)을 완결된 하나의 글 형태로 다시 조합하고 다듬어야 한다는 것이다.

이 '요약문 다듬기' 규칙은 글의 중심 생각을 개요로 작성한 다음 주된 중심 생각, 개요 작성에서 로마 숫자(Ⅰ, Ⅱ…)로 표시하였던 '장'을 하나의 문단으로 요약하는 훈련을 거쳐야 한다. 위에서 보여주었던 '요약 예문'처럼 시범을 보이고 다른 글은 앞에서 다룬 과정을 거쳐 활동한 다음 개요 작성한 것으로 요약문을 다듬도록 훈련해야 한다는 것이다.

이 때 학생의 목소리로 요약문을 다듬는다 하여 원래 글이 가지고 있던 문체를 변형하는 것은 옳지 않다. 요약문의 문체는 원래 글의 문체를 따르는 것이 좋다는 것을 명심하여야 한다.

2. 1. 6 글 구조 이해하기

모든 글은 구조를 가지고 있다. 글쓴이는 글의 구조를 통해 자신의 생각과 주장을 조직화하고 체계화한다. 따라서 글의 구조를 파악하여 이해하는 일은 그 글의 조직 체계와 글쓴이의 생각과 주장의 흐름을 읽어 내려가는 일이다.

글의 구조를 이해하는 일, 글의 조직 체계와 글쓴이의 생각과 주장의 흐름을 읽는 것은 그 글을 구조화하여 기억(입력)한다는 것을 의미하고 글을 구조화하여 기억한다는 것은 필요한 때에, 필요한 내용을, 필요한 만큼 회상(출력)할 수 있다는 것을 말한다. 즉 글의 구조를 이해하는 것은 기억과 회상을 자유롭고 정확하게 이루기 위한 것이다.

교육적으로 글의 구조를 이해한다는 것은 글의 중심 생각을 찾고 글의 핵심적인 내용을 파악하기 위한 활동이다. 글의 구조를 이해해야 글의 중심 생각을 찾을 수 있고 글의 중심 생각을 찾아야 글의 핵심적인 내용을 이해할 수 있다. 글의 핵심 내용 찾기는 '요약하기'와 밀접한 관련을 가지고 있다.

글의 중심 생각과 핵심 내용을 찾는 일은 글읽기의 목표이다. 물론 글읽기의 목표와 목적을 어디에 두느냐에 따라 중심 생각과 핵심 내용 파악이 읽기 교육의 최종 목표인가 아닌가가 결정될 일이다. 하지만 한동안 글의 중심 생각과 핵심 내용 파악을 글읽기의 최종 목표로 삼을 만큼 글읽기에서 글의 중심 생각과 핵심 내용을 파악하는 일은 중요한 일이다.

이러한 측면에서 글의 구조를 이해하는 일은 글읽기의 마지막 단계에 해당하는 고난이도의 활동이다.

1) 내용 문단으로 나누기

글의 구조를 이해하기 위해서 제일 우선적으로 시행해야 하는 활동은 글을 내용 문단으로 나누는 일이다. 글읽기를 '유사한 내용을 덩어리지어 나가는 일'이라고 했을 때 '덩어리 짓는 일'이란 글을 내용 문단으로 나눈다는 것을 의미한다.

문단은 형태상 형식 문단과 내용 문단으로 나뉜다. 형식 문단이란 '글쓴이에 의해 그 구분이 외형적으로 드러난 문단'이라면, 내용 문단은 '읽는이에 의해 내용의 관련성에 따라 구분된 문단'이라고 할 수 있다.

즉 형식 문단이란 글쓴이가 소재나 내용의 변화에 따라 '줄 바꿔 한 칸 들어 쓰기'를 한 문단으로 외형적으로 그 구분이 드러난 문단이라면, 내용 문단은 외형적으로는 구분이 되지 않았지만 글을 읽는이가 내용의 유사성 정도에 따라 구분한 의미 문단이라고 할 수 있다.

내용 문단을 나누는 방법은 여러 가지일 수 있으나, 모든 글에 적용되는 방법은 하나밖에 없다. 즉 '내용이 바뀌는 부분'이다. 내용 문단을 나누는 방법으로 소재가 바뀌는 것을 들기도 하지만 이 역시 모든 글에 적용되는 것은 아니다. 소재가 내용 문단을 나누는 기준이 되려면 그 글은 철저하게 소재 중심의 글이어야 한다.

따라서 내용 문단 나누기는 철저하게 내용을 따라가며 내용이 바뀌는 곳을 찾아야만 가능하다.

그렇다면 우선 짧은 글을 내용 문단으로 나누어 보자.

【예 문】

철학이라고 하면 사람들은 보통 어려운 것, 골치 아픈 것, 나와는 관계 없는 것이라고 생각하고 이에 대해서 멀리 생각합니다. 사춘기 때, 즉 인생에 대해서 고민을 할 때에는 인생이란 무엇인가, 산다는 것은 어떠한 의미가 있는 것인가, 인생을 의미 있게 살기 위해서는 어떻게 해야 하는가에 대해 깊이 생각해 보기도 하고, 친구와 밤을 새워 토론을 하기도 하고, 이에 관한 책을 사서 탐독을 하기도 하지만 점차 생활을 해나가면서 생활에 빠져 버리고 난 뒤에는 이에 대한 심각한 고민을 그쳐 버립니다. 그리고는 인생의 의미라든지 철학이라든지 하는 것과는 전혀 관계가 없는 듯이 생활해 나갑니다. 그렇다면 우리가 인생에 대해서 고민을 할 때에는 철학과 가까이 있는 것이고, 그 후 생활에 빠져버렸을 때는 철학과 멀리 있는 것일까요?. 대부분의 사람들은 그렇게 생각합니다. 왜냐하면, 대부분의 사람들이 철학에 대해서 잘못된 생각을 가지고 있기 때문입니다. 철학이라고 하면 심각하게 고민하는 것, 철학자 하면 일은 하지 않고 땅도 보지 않고 하늘만 쳐다보며 사는 사람으로 생각하기 때문입니다. 물론, 철학 중에는 머리로만 생각하고 우리의 실제 생활과는 관계가 없는 것도 있고, 또 철학자 중에는 인간의 구체적인 생활과는 관계 없이 하늘만 바라보면서 허공에서 무엇인가를 잡아 보려고 허우적대는 사람도 있습니다. 그러나 철학은 이러한 것이 아닙니다. 철학은 우리의 일상 생활과 밀접한 관련을 맺고 있고 우리의 생활은 철학과 끊임없이 관계를 맺어나갑니다. 우리들 주변의 일상 생활로부터 철학을 떼어낼 수는 없는 것입니다. 우리 주변에 흔히 있는 일을 예로 들어 설명해 봅시다. 사람들은 흔히 "나무는 보고 숲은 보지 못한다."라는 말을 합니다. 이는 부분만 보아서는 안 되며, 전체적인 면을 파악해야 한다는 것을 깨우쳐 주는 말입니다. 이 말은 많은 사람들의 일상 생활의 체험 속에서 우러나온 말입니다. 그리하여 눈을 크게 뜨고 보라고 말합니다. 이러한 교훈, 즉 부분만이 아니라 전체적인 면을 파악하라는 말은 체험을 통해 나온 것이어서 우리가 살아가는 데 매우 유용한 나침반 노릇을 하는 경우가 많습니다. 우리가 커다란 눈을 가지고 전체적으로 사물을 보는 경우, 부분만을 볼 때에는 해결되지 않던 문제가 쉽게 해결되는 경우가 자주 있는 것입니다. 예를 통해 알아봅시다. 물에 열을 가하여 끓이면 물이 없어집니다. 푸른 하늘에는 구름이 흘러갑니다. 우리는 이러한 두 가지 현상 사이에 관련이 있다는 것을 알고 있습니다. 즉, 물을 끓이면 수증기가 되고 수증기는 또 공중에서 냉각되어 조그마한 물방울이 되며 이것이 모인 것이 바로 구름입니다. 그리하여 구름은 다시 눈이나 비로 되어 지상으로 떨어져 다시 물이 되는 것입니다. 우리가 커다란 눈을 가지고 이러한 현상 사이의 연관성을 보는 경우, 우리는 쉽게 사물을 파악할 수 있습니다. 만약, 우리가 앞의 두 현상, 즉 물과 구름의 연관성을 생각하지 않고 물과 구름을 분리하여 그 일 부분만을 놓고 생각하는 경우, 우리는 올바른 인식을 갖기 어렵습니다. 또 다른 예를 들어 봅시다. 옛날부터 전해오는 풀기 어려운 문제에, "닭이 먼저냐 알이 먼저냐."하는 문제가 있습니다. 어찌 보면 닭이 먼저인 것 같고 또 어찌 보면 알이 먼저인 것 같습니다. 이 책을 읽는 독자들도 아마 한번쯤은 이 문제를 풀려고 해 보았을 것입니다. 그런데 닭이나 알은 모두 영원한 옛날부터, 즉 세상이 있으면서 존재한 것은 아닙니다. 닭이나 알은 모두 생물 진화의 어떤 단계에서 나타난 것입니다. 그러므로 전(全) 생물이라는 커다란 관점에서 보면 답은 간단히 나옵니다. 먼저 알이라고 불리는 것이 생겨 알을 낳는 여러 가지 동물이 나타나고 그 뒤에 닭이 생긴 것입니다. 알을 생각할 때 닭의 알이라는 식으로 스스로 좁게 한정하여 생각하기 때문에 답이 나오지 않는 것입니다. 파리도 알에서 생겨나고 물고기도 알에서 생겨난다는 사실을 커다란 눈으로 파악한다면 문제가 쉽게 해결됩니다. 알이 먼저라는 것이 올바른 답입니다. 이처럼 "나무는 보고 숲은 보지 못한다"라는 말이 우리에게 일깨워 주는 것은 부분만을 보아서는 안 되고 전체를 보아야 한다는 것이며, 이는 우리의 일상 생활에서 나온 말입니다. 우리가 커다란 눈으로 사물을 보아야 하는 것은 그 사물 사이에 연관이 있기 때문입니다. 만약 연관이 없다면 커다란 눈으로 볼 필요는 없을 것입니다. 이와 같이 "나무는 보고 숲은 보지 못한다"라는 말은 그 속에 사물은 연관이 있다는 것을 암시하고 있습니다. 이러한 사물의 연관성은 철학적으로 매우 중요한 생각입니다. 우리는 앞에서 두 가지 예를 보았습니다만 우리의 일상 생활의 체험 속에는 그 외에 많은 철학적 진리가 단편적이나마 번뜩이면서 나타나고 있는 것입니다. 다만, 우리가 주의를 기울이지 않을 뿐입니다. 또한, 철학적 사고를 함으로써 일상 생활의 의미나 인식을 좀더 깊이 하는 것이 가능합니다. 철학은 우리의 일상 생활과 밀접한 연관을 가지고 있는 것입니다.

〈〈철학과 일상 생활〉 중에서〉

이 글을 내용 문단으로 나누어 문단의 앞 3어절을 쓰면 다음과 같다.

1 문단 : 철학이라고 하면 사람들은
2 문단 : 그렇다면 우리가 인생에
3 문단 : 우리 주변에 흔히
4 문단 : 예를 통해 알아봅시다.
5 문단 : 또 다른 예를
6 문단 : 이처럼 나무도 보고

이를 좀더 구체적으로 살펴볼 필요가 있을 것 같다.

우선 첫 번째 문단은 '생활에 빠져 철학에 무관심해지는 현실'에 대해 이야기하고 있다. 사춘기 때와 생활에 빠진 때를 비교 설명하고 있으나 첫 번째 문장의 끝, '멀리합니다'를 주의 깊게 읽었다면 이 문단은 사춘기 때와는 달리 생활에 빠지면 철학을 멀리한다는 것이 주된 내용임을 알 수 있다.

두 번째 문단은 철학과 일상 생활의 밀접한 관련성을 이야기하고 있다. 물론 철학이 심각한 것, 하늘만 바라보는 철학자에 대한 이야기가 분량상 많지만 '그러나' 이후의 이야기가 글쓴이가 나타내고자 하는 주장임을 알 수 있다. 이 문단의 끝 두 문장에 글쓴이의 중심 생각, 핵심 내용이 담겨 있는 것이다. 글쓴이는 자신의 생각과 주장을 분명히 하기 위해서 끝 두 문장을 반복하여 강조하고 있다. 끝 두 문장 중에서 첫번째 문장이 좀더 구체적인 기술을 하고 있으므로 이 문단의 중심 내용은 '철학과 일상 생활의 밀접한 관련'이 될 것이다. 끝 문장은 이를 반복하고 있을 뿐이다.

세번째 문단은 "나무는 보고 숲은 보지 못한다"는 말을 통해 전체적인 파악에 의해 올바른 인식에 도달해야 함을 말하고 있다. 전체를 파악하는 힘은 경험에 의한 것이며, 전체를 파악했을 때 어려운 문제를 해결하는 나침반을 발견할 수 있을 것이라고 말하고 있다.

네번째, 다섯번째 문단은 예를 통해 전체를 인식하여야 한다는 세번째 문단의 구체적인 진술로 삼고 있다. 우선 네번째 문단은 물의 이동 과정을 예를 들어, 부분을 분리하여 생각하면 올바른 인식을 가질 수 없음을 보여 주면서 전체를 바라보는 눈을 길러야 한다고 이야기하고 있고, 다섯번째 문단은 '닭이 먼저냐 알이 먼저냐'라는 질문에 답을 하는 형식으로 역시 부분이 아닌 전체를 인식하여야 함을 보여 주고 있다.

여섯번째 문단은 다시 세번째 문단으로 돌아와 '나무는 보고 숲은 보지 못한다'는 말을 반복하면서 네번째, 다섯번째 문단에서 든 예를 종합하여 철학과 일상 생활의 밀접한 연관성을 이야기하고 있다.

내용 문단으로 나누는 일이 완성되면 그 다음으로 문단의 기능을 파악하는 단계를 거칠 수 있다.

2) 문단 기능 파악하기

글을 내용 문단으로 나누는 일이 완성되면, 각 내용 문단의 기능을 파악하여야 한다. 문단의 기능을 파악하는 일은 어느 문단이 중심 생각을 다루고 있는가를 파악하는 일이라 할 수 있다. 즉, 문단은 크게 주요 문단과 보조 문단으로 나눌 수 있는데 문단 기능 파악하기는 바로 주요 문단을 찾기 위한 활동이라 할 수 있다.

문단은 기능상 주요 문단과 보조 문단으로 나뉜다. 주요 문단이란 중심 생각(주제)을 집중적으로 기술한 문단이고, 보조 문단은 주요 문단의 내용을 도와 글을 완결 짓는 문단이다. 보조 문단의 기능으로는 '도입, 상술·부연, 첨가·보충, 강조, 전제, 예증·예시, 연결' 기능이 있다. 이를 문단 중심으로 용어를 사용할 때에는 '도입 문단, ~, 연결 문단'이라고 한다.

보조 문단이 어떠한 기능을 하느냐 하는 것은 이미 그 용어에 다 제시되어 있으므로 다시 설명하지 않아도 될 것 같다. 가령, '도입 문단'이라고 한다면 중심 생각을 펼치기에 앞서 글제나 주제를 제시하는 문단을 말한다. 이 도입 문단은 글의 첫 문단에 오는 것이 일반적이다.

앞 절(1)의 예문을 문단의 기능에 따라 분류하면 다음과 같다.

1 문단 : 도입
2 문단 : 주지
3 문단 : 상술
4 문단 : 예시
5 문단 : 예시
6 문단 : 주지

즉, 철학과 일상 생활이 밀접한 연관성을 갖는다는 것을 말하기 위해(2문단), 현대인들이 생활에 빠져 철학을 멀리하고 있다는 것(1문단)으로 이야기 시작(도입)을 삼고, '나무는 보고 숲은 보지 못한다'는 말을 중심 설명 단서로 삼아(3문단), 물의 이동 과정(4문단)과 '닭이 먼저냐 알이 먼저냐(5문단)를 예로 들고 있는 것이다. 그런 다음 중심 생각(주제)을 마지막 문단(6문단)에서 다시 강조하고 있는 것이다.

이를 바탕으로 문단의 기능을 도식화하면 다음과 같다.

```
1 문단 : 도입
2 문단 : 주지
3 문단 : 상술
4 문단 : 예시
5 문단 : 예시
6 문단 : 주지
```

3) 구성 따라 읽기

구성이란 글에 통일적인 맥락을 부여하는 순서라고 할 수 있다. 구조와 구성은 흔히 구분하여 쓰지 않지만 사실 엄격히 구분되는 말이다.

구성이란 부분이나 요소들이 결합하여 이루는 유기체적인 통일 체계, 즉 개별적 부분들의 배열이나 사건 서술의 순서를 말한다면, 구조는 소재나 개별 부분들의 꾸밈새, 즉 각 요소들의 상호 의존 내지 대립 모순의 관계를 통틀어 이르는 말이다. 이를 다시 설명하면 구성이란 소재, 소재와 관련된 내용을 펼치는 외형적인 순서라고 한다면 구조란 그 글의 소재·내용들을 성격이나 기능, 진술의 유사성에 관련하여 다시 틀을 짠 연관성을 말한다. 즉 구성은 외형적인 순서이고 구조는 내용상 ·기능상 유사한 것들을 관련 있는 것들끼리 재조직한 것을 말한다.

이해를 돕기 위해 공식으로 나타내면 구성은 '(1) → (2) → (3) → (4) → (5)'의 형식이고, 구조는 '(1) + (2) + (3), (4) + (5)'의 형식으로 설명할 수 있다. 물론 구성이 그대로 구조가 되는 글도 있다. 그러나 대부분의 글은 외형적 구성과 내면적 구조가 다르다.

가) 구성의 종류

글의 구성을 간단하게 설명할 수는 없다. 왜냐하면 글마다 그 구성 방법이 다 다르기 때문이다. 그러나, 일반적으로 사용되는 구성 방법을 정리하면 다음과 같다.

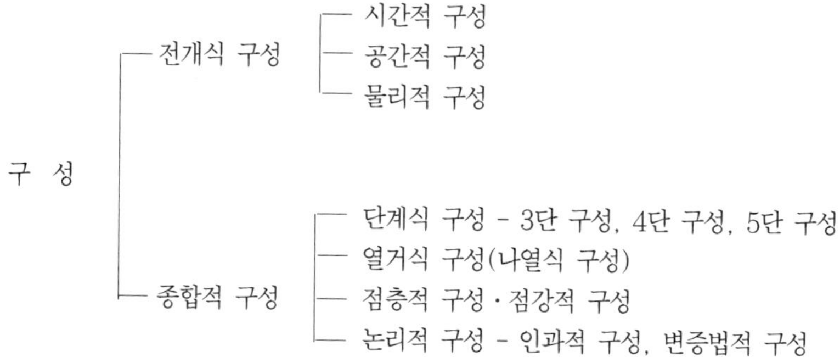

나) 전개식 구성

전개식 구성에는 사건의 시간적 순서에 따라 소재를 배열하는 시간적 구성과 일정한 공간을 동적인 관점에서 보아 공간의 이동을 따라 소재를 배열하는 공간적 구성, 물리적인 현상이나 법칙 등의 과정과 순서에 따른 물리적 구성이 있다.

시간적 구성에는 '과거 → 현재 → (미래)'와 같은 순행적 구성이 있고 이와 반대로 '현재 → 과거'와 같이 시간이 흐름을 거슬러 올라가는 역순행적 구성이 있다. 또 '현재 → 과거 → 현재 → 과거' 등과 같이 시간이 혼합되어 나타나는 혼합식 구정이 있고, '현재 → 상상 → 과거'와 같이 상상의 시간이 개입되는 연합식 구성이 있다.

시간적 구성은 시간 순서에 따라 소재를 배열하는 것이므로 자연스럽다는 장점은 가지고 있다. 그래서 여행기, 체험기, 회의록 등은 대개 이 구성법을 쓴다. 하지만, 강렬한 인상이나 흥미를 주지 못한다. 글을 읽을 때 전체 흐름이 변화하는 기복에서 재미를 느끼는 법인데, 사건을 시간 순서대로 나열해 놓으면 그러한 재미를 느낄 수 없다.

공간적 구성은 공간의 이동 순서에 따라, 공간 속에서의 상황을 기술하는 구성법이다. 이 구성법은 공간 속에 존재하는 부분들의 분포, 형태, 체계 등을 기록하는 데 적합하므로 생물의 형태, 자연의 지세, 풍경 묘사, 또는 탐방기나 탐사 보고서를 쓰는 데 자주 사용되는 구성법이다.

물리적 구성법은 물리적인 현상이나 기계적인 원리 등을 일어나는 순서대로 쓰는 구성법이다. 가령, 로보트를 조립하는 방법이라든지 라면을 끓이는 법, 컴퓨터를 설치하는 순서 등이 이 구성법에 해당한다. 시간아나 공간의 전개 순서가 아니라 행위나 현상이 일어나는 과정·순서 등을 기준으로 하는 구성법이다.

이와 같은 전개식 구성법은 구성을 파악하는 데 큰 어려움이 없다. 한 편의 글을 통해 전개식 구성을 훈련해 보자.

【예문】

　　시월 고개가 절반을 넘어갈 때가 되면 과수원을 생업으로 하는 <u>이 작은 동리는</u> 갑자기 분주해진다.

　　사나이들은 헌 옷을 털어 입고 괭이를 둘러메고 과일밭으로 나간다. 아낙네들은 그들의 남편들과 오라버니들이 따 주는 과일 광주리를 머리 위에 올려놓고 바쁘게 달음질친다.

　　금년에 겨우 다섯 살 먹은 금순이까지 대야에 그 머리보다도 더 큰 명월(배이름)을 네 개나 담아 이고서 어머니 뒤를 따라가는 것을 보는, 배나무에 걸터앉은 할아버지의 입술에는 미소가 떠오른다.

　　무르녹게 익은 과일들이 발산하는 강렬한 향기가 사람들의 코를 찌른다. 열 칸이 넘는 지하실 움 속에는 가지각색 과일들이 구석구석마다 산더미같이 쌓인다.

　　이윽고 우리들은 아낙들이 끓여주는 뜨거운 국물로 종일토록 얼어붙은 뱃속을 녹인 후, 우리들의 충실한 동무인 황소 목덜미에 과일궤를 담북 실은 수레를 메워가지고 이곳에서 십 리 밖에 있는 <u>정거장</u>으로 밤차 시간에 맞도록 바쁘게 수레를 몬다.

　　"또 왔소?" 역에서는 낯익은 역부가 얼굴을 벙글거리며 아크등을 내저으면서 다음 화물차가 와 닿을 플랫폼을 가리킨다.

　　마지막 짐짝마저 부려놓고 황소 머리를 돌이켜 놓으면 소는 벌판의 한 줄기 큰 길을 향하여 바쁘게 옮겨 놓는 것이다.

　　우리들의 마음은 처음으로 오늘 하루의 의무에서 풀려서 갈앉는다. 우리들은 <u>빈 수레</u> 위에 가로 자빠진다. 한 가락 시절가가 누구의 입술에선가 흘러나오기도 한다.

　　어느덧 벌판 위에는 어둠이 두텁게 잠긴다. 바다로부터 불어오는 축축한 바람이 얼굴 위를 씻고 달아난다.

　　침묵한 산들은 어둠의 저쪽에서 커다란 몸뚱이를 웅크리고 주저앉아서 별들의 숨은 노래를 도적질해 듣고 있나 보다. 그 어느 시절에는 황혼이 되면 나는 언덕 위로 뛰어 올라가기도 했다. 날아오는 별들과 더 가까이 가서 이야기나 하려는 것처럼 ……. 그렇지만 지금 수없는 작은 별들은 은하수를 건너서 더 멀리멀리 날아가지 않는가. 우주의 비밀을 감춘 별들의 노래는 지극히 먼 어둠의 저쪽에서 아마도 작은 천사들의 귀를 즐겁게 하고 있나 보다. 그것들은 지금의 내게서는 아주 먼 곳에 있다.

　　덜그렁— 덜그렁— 덜그렁.

　　수레바퀴가 첫 얼음을 맞은 굳은 땅을 깨물 적마다 금속성의 치치벅 소리가 땅에서 인다.

　　지금 수레는 넓은 들을 꿰뚫고 굴러간다. 그 위에서 나의 눈은 별들을 하나씩 둘씩 잃어버리면서 내게서 멀어져 가는 그들의 긴 꼬리를 따라간다.

　　일찍이 청춘이라고 하는 특권이 나에게 아름다운 저 별들을 좇아가는 환상의 날개를 주었다. 그렇지만 지금 그 날개는 시들어졌다. 나는 지금 나의 젊은 하늘을 찬란하게 꾸미던 뭇 별들을 잃어버린 대신에 대지 위에 무슨 발판을 찾고 있다— 긴 불행과 고난 뒤에 돌아오는 '열매를 거두는 기쁨'. 봄이 오면 우리들은 들에 씨를 뿌릴 것이다. 그리고 가을이 되면 우리는 우리들의 땀과 기름으로 기른 열매를 거둘 것이다. 어둠의 저 쪽에 잠기는 긴 기적소리 —— 국경행(國境行) 최종열차(最終列車)가 아마 저편 역을 떠나나 보다.

더 높은 데로 더 높은 데로 날아만 가는 별들— 나는 그것들과는 반대의 방향으로 가슴에 밤을 안고 굴러가는 수레에 몸을 맡긴다.

(김기림, 〈별들을 잃어버린 사나이〉)

우선 이 글의 시간적 흐름을 따라가 보자.

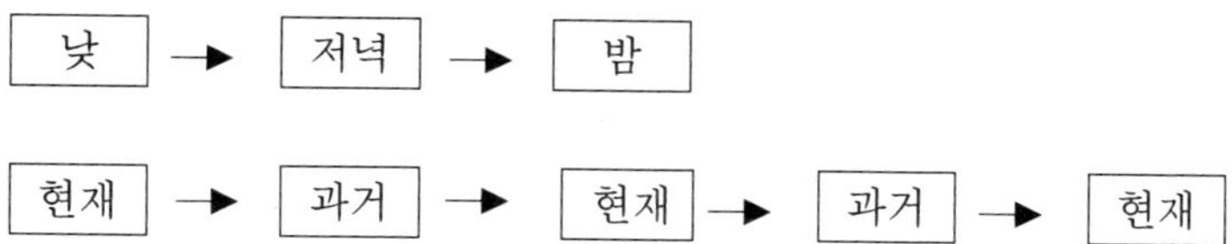

그리고 이 글의 공간적 흐름은 다음과 같다.

다) 종합적 구성

종합적 구성에 가장 많이 사용되는 구성법은 단계적 구성이다. 단계적 구성에서는 논리적으로 체계를 세우는 일이 필수적이다. 글 쓴 이의 의도와 논리에 따라 선택된 소재들을 단계적으로 배열하여 글의 짜임새를 결정하는 구성 방식이므로 글쓴이의 논리를 쫓아가는 일이 무엇보다도 중요하다.

단계적 구성에 3단 구성, 4단 구성, 5단 구성이 있으므로 우선 각 구성법의 특성을 살펴보자.

3단 구성	4단 구성	5단 구성	내용 특성
1 서 론	1 도 입(기)	1 발 단	주의 환기 주제 제시 문제 제기
2 본 론	2 전 개(승)	2 전 개	과제 해명·설명 문제점 구체화 (논증)
	3 발 전(전)	3 위 기	자기 주장 구체화 (논증의 전개)
		4 절 정	갈등과 주제의 집약 문제 해결·대안
3 결 론	4 정 리(결)	5 결 말 (대단원)	요약과 강조 기대·제언

단계식 구성은 3단 구성을 중심으로, 3단 구성의 본론을 확장하거나 변화를 주어 4단 구성, 5단 구성이 형성되는 것을 알 수 있다.

3단 구성은 논리 전개를 '서론 - 본론 - 결론', 혹은 자기의 생각을 '도입 - 전개 - 정리' 등의 세 단계로 글을 구성하는 방법이다. 글의 도입이 서론이 되고, 구체적인 설명이나 주장이 본론이 되며, 요약과 정리가 결론이 된다. 이 방법은 주제를 중심으로 글 전체를 긴밀하게 통제할 수 있어 주제를 손쉽게 파악할 수 있다는 장점을 가지고 있다.

2. 1. 6의 예문 〈철학과 일상 생활〉은 3단 구성으로 쓴 글이다. 이를 알기 쉽게 정리하면 다음과 같이 도식화할 수 있다.

Ⅰ. 서 론
　　1 문단 : 생활에 빠지면서 철학에 무관심해지는 현실
　　2 문단 : 철학과 일상 생활의 밀접한 관련성

Ⅱ. 본 론
　　3 문단 : 전체적 파악에 의해 올바른 인식에 도달함
　　4 문단 : 물의 이동 과정
　　5 문단 : '닭이 먼저냐 알이 먼저냐' 하는 문제 해결

Ⅲ. 결 론
　　6 문단 : 철학과 일상 생활의 밀접한 연관성

4단 구성은 기·승·전·결의 네 단계로 글을 구성하는 방법이다. 4단 구성은 원래 한시의 절구나 율시의 구성법에서 그 유래를 찾을 수 있다. 이 방법은 3단 구성의 본론 부분을 전개와 발전 부분으로 다시 세분화되었다고 할 수 있다. 일반적으로 글에서 '그러나', '그렇다고 하지만', '한편으로는' 등의 말로 시작되는 부분이 발전(전) 부분이라 할 수 있다.

그러면 4단 구성으로 된 글을 통해 4단 구성법에 대한 이해를 더욱 높여 보자.

【예 문】

(1) 오늘날, 우리가 필요로 하는 서적 중에선 입수하기 어려운 것도 있다는 불평이 많은 것도 사실이지만, 그러나 인류가 지금까지 이루어 낸 서적의 양은 실로 막대한 바가 있다. 옛날에도 서적이 많다는 표현을 五車書(오거서, 다섯 대의 수레에 실을 만한 서적)와 汗牛充棟(한우충동, 소에 실으면 소가 땀을 흘리며 끌 정도요, 집에 쌓아 놓으면 천장에 닿을 지경)이라고 하였다. 그러나 오늘날에 와서는 '오거서'나 '한우충동' 따위의 표현으로는 이야기도 안 될 만큼 서적은 많다.

(2) 우리 나라 사람은 일반적으로 책에 관심이 적은 것 같다. 학교에 다닐 때에는 시험이란 악마의 위력 때문이랄까, 울며 겨자 먹기로 교과서를 파고 들지만, 일단 졸업이란 영예의 관문을 돌파한 다음에는 대개 책과는 인연이 멀어지는 것 같다.

(3) 옛말에, "하루 책을 읽지 않으면 입에 가시가 돋친다〔一日不讀書 口中生荊棘〕"라는 말이 있지만, 오늘날은 하루 책을 안 읽으면 입에 가시가 돋치는 문제만에 그치는 것이 아니라, 오늘날처럼 생존경쟁이 격심한 마당에 있어서 하루만큼 낙오자가 되어, 열패자(劣敗者)의 고배와 비운을 맛보지 않을 수 없게 될 것이다.

(4) 아무리 천재적인 지혜와 역량을 가진 사람이라 할지라도, 널리 남의 의견을 들어서 중지를 모아 놓지 아니하면, 자기 깜냥의 정와(井蛙, 우물 안 개구리)의 편견으로 독선과 독단에 빠져서 대사를 그르치는 일은 옛날부터 비일비재한 것이다.

(5) 세계적으로 유명한 재벌의 거두와 사업가들도, 그 성공의 비결의 중요한 일부분은 독서에 있었다는 것이다. 자기 공장에서 나오는 생산품을, 어떻게 하면 사용하기에 가장 편리하고, 내구력이 있고, 또 가장 생산원가를 적게 하여 제일 저렴한 가격으로 공급하는 동시에, 수요자의 구미에 맞도록 고안할 수 있을까 온갖 심혈을 경주한다는 것이다. 또, 어떻게 하면 자기 상점에 고객을 많이 끌 수 있을까, 가장 견고하고 좋은 상품을 선정하여 가장 보기 좋게 진열하고, 또한 최대한의 친절한 서비스 수단을 발휘하여 고객의 환심을 사기에 온갖 지혜를 짜내고 있다는 것이다. 이러한 것은 직접 그 방면의 전문가의 의견도 들어 보겠지만, 그 주인이나 책임자 자신이 각각 그 방면의 서적을 물색하여, 탐독과 연구를 거듭한 나머지, 새로운 아이디어를 안출(案出, 안을 내놓다)하는 일이 많다는 것이다. 그런데 우리 실업계의 그 많은 사장님들이 '手不釋卷'한다는 것을 아직 듣지도 보지도 못한 것은 실로 한심하고 유감스러운 일이라 하겠다.

(6) 일반적으로, 도서는 옛날부터 내려오며 인류의 가장 우수한 지성인, 예지자들의 두뇌의 총화를 축적한 저장고라 하겠다. 그 속에는 인문 과학, 사회 과학, 자연 과학, 문학, 미술, 음악 등 학술과 예술에 관한 것은 물론, 기타 취미와 오락 등 인간 생활에 관계된 것으로, 없는 것이 없다.

(7) 요는, 이와 같이 많은 도서 중에서 어떻게 하면 자기가 요구하는 서적을 찾아내며, 또 어떻게 하면 그 종류 중에서 가장 우량한 것을 찾아 낼 수 있겠는가가 문제된다. 사람도 많으면 그 중에는 선인도 있고 악인고 있듯이, 서적도 워낙 많으니까 그 중에는 양서도 있고 악서도 있다. 그리하여 그 많은 도서 중에서 양서를 골라 내는 것은 수월한 일이 아니다.

(8) 이러한 경우에는 자기가 요구하는 분야에 능통한 선배나 전문가에게 문의하는 편이 가장 손쉽고 편리하지만, 이것은 어느 경우에나 가능한 일이 아니요, 또 타당한 일도 아니다. 때로는 자기 자신이 선택하여 내지 않으면 안 될 경우에 많다.

(9) 모든 일은 첫술에 배부를 수가 없다. 그 방면의 서적 중에서 우선 적당하다고 생각되는 것을 내용과 차례 등에 의하여 선택해서 읽어 볼 일이다. 이와 같이 하기를 수삼권(數三卷)하면, 자연히 그 양부(良否, 좋고 나쁨)를 판단하여 가려 낼 수 있게 될 것이다.

(10) 학문의 연구는 이와 같이 하여 점점 깊이 들어가고 폭이 넓어지게 되는 것이니, 그러기 위해서는 물론 노력이 든다. 그리고 이러한 노력은 결코 아낄 것이 아니다. 매사가 정성과 노력을 안 들이고 공으로 이루어지는 것은 하나도 없다. 또,

노력을 들이면, 그 노력은 결코 허사로 돌아가는 것도 아니다. 그 노력의 효과는 언젠가는 어떠한 형식으로든지 거두어지게 마련이다.

(이희승, 〈인생의 지혜로서의 독서〉 중에서)

이 글의 문단별 중심 내용을 다음과 같이 살펴볼 수 있다.

(1) 인류가 지금까지 이루어 낸 서적의 양은 실로 막대하다
(2) 우리 나라 사람은 책에 관심이 적다.
(3) 책을 잃지 않으면, 낙오가 되어 열패자의 고배와 비운을 맛 봄
(4) 남의 의견을 들어 중지를 모아 놓지 않으면 독선과 독단에 빠져 대사를 그르침
(5) 재벌과 사업가의 성공의 비결도 독서에 있다.
(6) 도서는 인류의 가장 우수한 지성인, 예지자의 두뇌와 총화를 축적한 저장고이다.
(7) 그 속에서 자신이 요구하는 서적, 우량한 서적을 찾아내는 것이 문제
(8) 이러한 경우 선배나 전문가에게 문의할 수도 있으나, 스스로 선택해야 할 경우가 있다.
(9) 그 방면의 서적 중 적당하다고 생각되는 것을 수 삼권 읽으면 자연히 그 양부를 판단하여 가려낼 수 있게 될 것이다.
(10) 학문의 연구는 이렇게 하여 점점 깊어지고 넓어진다. 물론, 노력이 들지만 아낄 것이 아니다. 노력의 효과는 언젠가 어떠한 형식으로든지 거두어지게 마련이다.

10개의 문단을 내용과 기능을 중심으로 나누면 네 개의 단계로 나눌 수 있다.

1 문단 : 서적의 다양함 : (1)
2 문단 : 서적의 필요성 : (2), (3), (4), (5)
3 문단 : 양서의 선택 : (6), (7), (8), (9)
4 문단 : 독서의 노력 권장 : (10)

이를 다시 글의 구성에 따라 정리해 보자.

Ⅰ. 도 입 (기)
    (1) 서적의 다양함

Ⅱ. 전 개 (승)
    (2) 우리의 독서 현실
    (3) 독서 부족의 결과
    (4) 독서의 필요성
    (5) 독서에 의한 사업 성공의 예

Ⅲ. 발 전 (전)
   (6) 도서의 가치
   (7) 우량 도서를 선택해야 하는 이유
   (8) 선배·전문가의 힘을 빌린다
   (9) 책을 많이 읽어 스스로 능력을 기른다

Ⅳ. 정 리 (결)
   (10) 독서에 대한 노력 권장·당부

　5단 구성은 4단 구성의 발전 부분을 더욱 확대한 것이다. 확대된 부분에서는 주장을 증명하고 새로운 관점으로 해결하는 방법을 제시한다. 따라서 이 5단 구성은 주장에 대한 설득력을 높이고 참신하고 새로운 이미지를 준다.
　이 5단 구성은 흔히 '발단 – 전개 – 위기 – 절정 – 결말(대단원)'이라고 표현하는 데 이는 소설과 같은 산문의 단계를 나눌 때 사용하는 용어이다. 논증적인 글의 용어로 바꾸면 '흥미 유발 – 문제 제시 – 해결 방법 제시 – 증명·새로운 관점 제시 – 요약·행동의 촉구'로 표현할 수 있다.

【예 문】

(1) 잘 사는 나라에서는 국민 소득이 많아 학비도 무료요, 의료 시설 이용도 무료라 한다. 무료가 아니라 국가의 재원이 풍부하여, 제 것 내 것의 구분 탓으로 다툴 까닭이 없기 때문일 것이다.
(2) 우리는 1960년대 말기에 70년대가 되면 누구나 잘 살게 되는 이른바 '풍요의 사회'가 온다고 호언장담을 하였다. 소비가 미덕이 되고, 이른바 '마이 카 시대'가 목전에 왔다고 기염을 토했다.
(3) 그런데 오늘 우리의 현실은 그렇지 않다. 빈익빈 부익부의 악순환이 재현되고 있는 것이다. 이러한 악순환은 근본적으로 어디에 원인이 있을까? 이 같은 경제가 불균형을 해결하고 국민 복지의 실현을 가능하게 할 방도는 무엇일까?
(4) 이에 대처할 방책을 강구하기 위하여는 먼저 1960년대 우리 나라 경제 정책의 모순과 결함이 무엇이었던가를 밝히는 것이 급선무다.
　첫째, 경제 정책 수립이 '목표액 달성'이라는 숫자 맞추기에 급급하여, 실정에 맞지 않는 이상론이나 무모한 수출 계획 정책에 의하여 결실을 보지 못한 것.
　둘째, 외국 차관에 있어서 일부 유력자의 이익에 기여하거나 정부가 경영에 지나치게 의존하여 차관액의 상당한 정도가 일부 옳지 못한 기업인을 위한 특혜 조처로 쓰여진 것.
　셋째, 기술 향상을 위한 구체적인 교육 제도의 실현이 미비하였던 것.
　이러한 결과, 기업은 비생산적인 경향으로 실추되고 부는 편재되어 대중 경제가 위험한 지경에 놓이게 된 것이다.

(5) 국민 경제의 중흥과 복지 실현을 위한 방책은 이 같은 모순점을 해결하는 데 있으니까, 먼저 부실 기업을 정리하고 기술자 양성을 위한 기술 교육 기관의 완비, 부의 균형을 위한 정책적 규제 수단의 실천, 중소 기업의 명실상부한 육성 등 획기적이고 공명정대한 정책 수행을 단행하여야 할 것이다.

(6) 아데나우어 정책이 유휴 노동력 흡수를 위해 기술 교육 기관을 완비하고, 임금의 보장, 부의 균배 등 다각적인 노력을 기울인 것이 '라인강의 기적' 성취와 깊이 관련되어 있다는 사실은 우리에게는 좋은 교훈이 된다.

(7) 잘 사는 나라를 선진국이라고 한다면 우리 나라는 선진국이다. 선진국의 복지 사회의 꿈은, 위에서 밝힌 바와 같이 현실을 고려한 목표 설정, 차관 업체의 완전 생산화의 명실상부한 수출 증대, 기업 정신의 정립이라는 면제를 내걸고, 이에 뒷받침할 여러 가지 대응책을 세워 영업세 300만 원 이상을 부과하는 5,000명 정도의 국민이 아니라 5,000만 국민 모두가 다 잘 사는 나라를 이룩해야 할 것이다.

(8) 이러한 정신과 이 정신의 현실화는 통일 조국 실현의 가능성을 반석 위에 올리고, 필경은 5,000만 국민 겨레가 함께 잘 사는 신흥 선진국의 면모를 구축할 것이다.

이 글은 다음과 같이 5단계 구성으로 이루어져 있다.

> Ⅰ. 주의 환기 · 과제 제시
>   (1) 잘 사는 나라는 모두가 무료이다
>   (2) 70년대가 되어 우리도 잘 사는 나라의 꿈을 실현하였다.
>
> Ⅱ. 과제 해명
>   (3) 그러나 현실은 그렇지 않다 – 복지 국가를 실현한 방도는 없을까?
>
> Ⅲ. 해결법의 구체화
>   (4) 구체적인 해결 방법 3가지 제시
>
> Ⅳ. 행동 촉구 · 발전
>   (5) 획기적이고 공명정대한 정책 수행을 단행하여야 한다
>   (6) '라인강의 기적'은 우리에게 좋은 교훈이 된다.
>
> Ⅴ. 요약 정리
>   (7) 국민 모두가 잘 사는 나라를 이룩하자
>   (8) 이 정신은 우리를 신흥 선진국의 면모를 구축하게 할 것이다.

이 외에 열거식 구성은 내용의 비중이 같은 소재를 나열한 구성법이고, 점층식 구성은 의미 비중이 큰 것 순서로, 반대로 점강식 구성은 의미 비중이 작은 것 순서로 배열한 것이다. 이 중에서 점강식 구성은 잘 쓰지 않

는 구성법이다. 왜냐하면 글을 읽어갈수록 점점 내용에 빠지고 생각의 깊이가 깊어져야만 읽는 재미가 있는데 점강식 구성은 글을 읽어 내려갈수록 의미가 약해지니 글 읽는 재미가 반감되고 글의 내용에 대해 신뢰감이나 의미 부여를 할 수 없기 때문이다.

논리적 구성 방법으로서 인과적 구성과 변증법적 구성은 논리성이 강조되는 논증적인 글에 사용된다. 인과적 구성은 원인에서 결과로, 결과에서 원인으로, 일반에서 특수로, 특수에서 일반으로 논지를 전개한다. 글쓴이의 주체적 의지에 따라 논리적 관계가 뚜렷하게 드러나도록 논지를 전개한다. 논리학에서 말하는 귀납적 방법, 연역적 방법도 여기에 속한다고 볼 수 있다. 이러한 구성은 '포괄식 구성'이라 하기도 하는데, 원인·이유와 결과·귀결의 논리적 필연성을 가지고 전개되기 때문이다. 변증법적 구성은 서로 모순되는 둘 이상의 노점을 지양, 통일시켜 전개하고 끝맺는 글이다.

이러한 논리적 구성을 좀더 잘 이해하기 위해서 한 편의 글을 보자. 지면 관계상 글의 앞 부분만을 대상으로 변증법적 구성의 형태를 파악하면서 글의 구성을 따라 읽어 보자.

【예 문】

(1) 현대 사회가 해결해야 할 과제는 개인과 사회의 바람직한 관계를 모색하고 회복하는 일이다.
(2) 역사가 옛날로 올라갈수록 개인의 비중이 사회보다도 컸던 것 같다. 사회구조가 개인 중심으로 이루어졌고, 산업과 정치가 현대와 같은 복합 사회를 필요로 하지 않았기 때문이다. 개인이 모여서 사회가 되므로, 마치 사회는 개인을 위해 있으며, 개인이 사회의 주인들인 것 같이 생각되어 왔다.
(3) 그러나 현대 사회로 접어들면서 정치, 경제를 비롯한 사회의 모든 분야가 개인보다도 사회를 중심으로 운영되는 성격을 띠게 되었다. 영국을 출발점으로 삼는 산업 혁명은 경제의 사회성을 강요하게 되었고, 프랑스 혁명은 정치적인 사회성을 강조하기에 이르렀다.
(4) 현대가 그렇게 되었다고 해서 그것이 그대로 정당하며, 또 그렇게 되어야 하는가 함은 별개의 문제이다. 일찍이 키에르케고르나 니체 같은 사람들은, 개인의 존엄성과 가치를 강하게 호소한 바 있다. 그렇다고 해서 사회가 전부이며 개인은 의미가 없다든지, 개인의 절대성을 주장한 나머지 사회의 역할을 약화시키는 것도 정당한 견해가 되지 못한다. 오히려, 오늘날 우리는 개인 속에서 그가 소속되어 있는 사회를 발견하며, 그 사회 속에서 개인을 발견한다. 사회와 개인은 서로 깊은 상호 작용을 일으키고 있다. 개인이 없는 사회는 존재할 수 없으며, 사회에 속하지 않는 개인을 생각한다는 일 자체가 불가능하다.
(5) 그러면 개인과 사회의 관계는 어떠한가? 어떤 사람들은 둘 사이의 관계를 원자와 물질의 역학적 관계와 같이 생각하는 것 같다. 원자가 없는 물질은 존재하지 않으며, 물질이 없다면 원자의 존재는 문제가 되지 않는다. 그 존재성만을 중심으

로 본다면, 개인과 사회의 관계도 이와 비슷할 것이다. 그러나 그것으로 개인과 사회의 관계가 다 설명될 수는 없다. 다른 어떤 사람들은 개인과 사회의 관계를 세포와 유기체의 관계와 같이 생각한다. 생명적 존재를 위한 생성의 원리가 내포되어 있기 때문이다. 찰스 다윈의 영향을 받은 스펜서도 이와 비슷한 생각을 가지고 있었다. 그러나 진정한 의미의 개인과 사회의 관계는 존재나 생성의 과정에 그치지 않는 보다 높은 차원에 속하는 것이다. 그것은 존재하면서 생성하며, 생성하면서 문화 역사를 창조해 가는 관계인 것이다. 그러므로 그 관계는 발전과 비약을 가능하게 하는 변증적 관계로 보는 것이 타당할 것이다. 정신적 영역에 있어서의 개체와 전체의 관계는 언제나 이렇게 높은 차원에 속하고 있다. 이 때에는, 개인은 개인으로서의 100의 자주성을 가지는가 하면, 사회는 사회로서 또 100의 위치를 차지한다. 그러면서도 서로 대등한 관계를 맺고 있는 것이 개인과 사회의 문제이다.

(김형석, 〈현대 사회의 과제〉 중에서)

위 글은 변증법적 구성(논리) 전개 과정이 돋보이는 글이다. 조금 복잡하기는 하지만 분석을 통해 이 글의 어떠한 형태의 변증법적 구성을 가지고 있는지 알아보자.

(1) 개인과 사회의 바람직한 관계를 모색하고 회복해야 한다. (문제 제기)
(2) 과거에는 개인이 사회보다 비중이 컸다.
(3) 현대는 사회를 중심으로 운영된다.
(4) 현대가 사회 중심으로 운영되는 것 자체가 정당하고 당위적이냐 하는 것과는 별개의 문제이다. (비판)
  ·사회와 개인은 서로 상호 작용을 일으킨다.
(5) ·개인과 사회의 관계에 대한 원론적인 견해
  ·원자와 물질의 역학 관계로 파악
  ·세포와 유기체의 관계로 파악
  ·개인과 사회의 관계에 대한 보다 높은 차원의 견해 : 변증적 관계로 파악
    → 개인의 자주성과 사회의 독자성은 대등한 관계이다.

이 글은 개인과 사회의 관계를 통시적인 관점과 공시적인 관점으로 나누어 고찰하면서 '정(正) → 반(反) → 합(合)'의 변증법적 구성으로 이루어진 글이다. 특히, 문단 (5)는 변증법의 기본 원리를 잘 보여주고 있다. 서로 대립되는 관점, 역학적 관계와 생성의 원리로 파악하는 두 관점을 대립시켜 놓은 다음 이 두 관점을 모두 통합하여 변증적 관계로 살폈다.

변증법적 관점에서 개인과 사회를 바라보면 개인의 자주성과 사회의 독자성은 서로 대등한 관계를 유지하면서 존재하고 생성하며 새로운 문화를 창조하는 원인체가 되는 것이다.

이처럼 변증법적 구성은 둘 이상의 생각, 관점을 대립시키고 나서 그 둘

이상의 것을 하나로 종합하여 새로운 생각과 관점을 만들어 내는 고도의 구성 방법이다. 즉 변증법적 구성은 새로운 관점을 통해 새로운 대안을 제시하고 새로운 행동을 촉구하는 데 매우 적절한 구성 방법이라 할 수 있다.

4) 구조 파악하기

이제까지 살핀 과정, '내용 문단 나누기', '문단 기능 파악하기', '구성 따라 읽기'는 모두 구조를 파악하는 데 도움이 되는 것이다. 그리고 이러한 활동은 모두 글의 구조를 파악하기 위해 반드시 거쳐야 할 과정들이다.

왜냐하면 구조란, 부분과 부분, 부분과 전체가 유기적으로 짜여진 틀을 의미하기 때문이다. 글의 구조를 분석할 때 가장 중요한 것은 문단이다. 부분과 부분의 관계를 파악하기 위해서 내용 문단으로 나누는 일이 필요하고 부분과 전체의 관계를 알기 위해서 문단의 기능을 파악해야 하며, 그 부분들이 어떻게 전체로 짜여졌는가를 알기 위해 구성을 파악해야 하는 것이다.

글의 구조를 파악하기 위해서 이러한 과정을 하나하나 반드시 겪어야 하는가를 의심할 수도 있다. 혹은 구조를 파악하는 데에 이러한 과정은 필요 없이 곧바로 구조를 파악할 수 있다고 말할 수도 있다. 그러나 이러한 과정을 하나하나 다 겪지 않을 수 있다거나 아니면 이러한 과정을 하나도 거치지 않을 수 있다는 것은 이미 잠재된 두뇌 활동이 이 과정들을 다 거쳐서 구조 파악에 이른다는 것을 간과하고 있는 것이다.

즉, 많은 양의 글을 읽은 유능한 사람은 글을 읽으면서 중심 내용을 파악하고 그 내용들이 어떻게 관계하며 어떻게 짜여 있는가를 글을 읽으면서 거의 동시에 파악할 수 있다. 그렇기 때문에 일련의 과정을 거치지 않는 것으로 생각될 뿐이지 이미 그의 두뇌 속에서는 의식하지 못하는 가운데 이러한 과정을 거치게 되는 것뿐이라는 것이다. 다시 말하면 위의 세 과정은 생략할 수 있는 것이 아니라 그 과정을 축약해서 빠르게 파악한다는 것이며, 이는 아무나 되는 것이 아니라 읽기 양이 많은, 숙달된 읽는이에 한해서만 가능하다는 것이다.

따라서 읽기 교육적 입장에서 보면 배우는 학생들에게는 이러한 과정을 순차적으로 정확하게 활동할 수 있도록 학습 전략을 짜고 실행하여야 한다.

글의 구조를 파악하는 일은 글 전체의 중심 생각(주제)을 파악하는 데 필수적인 활동이라고 하였다. 그리고 이미 앞 항에서 그러한 과정을 거쳤고 그만큼 학습되었으리라 생각한다.

여기에서는 실제로 예문을 통해 구조를 파악하는 활동을 해 보자.

【예 문】

(가) 동·서양의 연극은 그 기원이 다 같이 제의적인 데서 출발하였지만, 서구 연극은 아리스토텔레스의 시학을 바탕으로 점점 인간 중심의 사실주의극으로 발달하였다. 이에 반하여 동양 전통극은 제의적 요소를 줄곧 지닌 채 서구적 사실주의와는 일정한 거리를 두고 발전해 왔다. 따라서 이 두 연극을 비교해 보는 것은 동양 전통극의 특징을 좀더 명확히 파악할 수 있는 방도가 될 수 있다.

(나) 우선 동양 전통극과 서구 연극의 근본적인 차이는, 동양 연극이 재현적 연극이라는 것이다. 서구 연극이 현실을 있는 그대로 무대 위에 충실하게 재현하려고 부심하고 있는데 비하여, 동양 연극은 객관적인 입장에서 그 현실을 전달 또는 시현해 준다고 할 수 있다. 이 근본적인 차이는 결과적으로 서구 연극은 철저한 사실주의를 구축하게 했고, 동양 연극은 양식화된 연극으로 발달케 하였다.

(다) 동양 전통극이 서구 연극과 다른 점은 무대와의 관계이다. 서구 연극의 관객들이 정숙한 분위기 속에서 격식을 갖추고 관극하는 데 비하여, 동양의 관객들은 매우 자유 분방한 분위기 속에서 관극하며 수시로 무대에서 일어나는 사건이나 연기에 적극적인 호응을 보인다. 참여적 연극의 특징을 가장 많이 지니고 있는 것이 우리 탈춤이다. 놀이판이 시작되는 순간부터 관객들은 신명이 나서 참여하게 된다. 통쾌한 대사가 터질 때마다 함께 맞장구를 치며 호응하고 흥겨운 탈춤이 벌어지면 얼쑤꾼들로 놀이판은 활기를 띤다. 그리고 공연이 끝난 후의 뒤풀이에는 관객, 연기자 모두 하나가 되어 춤판을 벌인다. 이러한 현상은 동양의 관객들이 서구의 관객들처럼 공연을 예술 감상의 한 형태로 보는 것이 아니라, 공동체적 참여를 통하여 함께 즐기고 체험하는 것으로 보는 정신에서 유래한다.

(라) 다음으로 지적될 수 있는 것은 동양 연극의 특징은 총체성이라 할 수 있다. 서구 연극은 아리스토텔레스 이후 줄곧 희극의 줄거리와 대사 등 언어에 커다란 비중을 두고 발달해 왔다. 이에 비하여 동양 연극은 노래와 춤과 언어의 삼위 일체 형식을 지니고 있다. 이러한 형식의 연극은 지적인 이론이나 세련된 대사로 어떤 특정된 계층의 관객에게만 이해되는 텍스트 중심의 연극보다는, 노래와 춤을 통하여 계층의 차별 없이 좀더 광범위하게 일반 대중에게 전달될 수 있는 요소를 지니고 있다. 노래와 춤은 언어의 장벽을 넘어서 관객들에게 보편적 공감대를 마련해 주며, 이성보다도 감성에 호소하므로 보다 강력한 극적 효과를 거둘 수 있다. 또한 이와 같은 총체성은 원시 연극이 지니고 있던 원형이기도 하기 때문에 연극 본연의 순수성과 예술성을 지니고 있어, 관객들에게 좀더 다양한 예술경험을 갖게 하고, 아름다운 조화와 통일을 이루는 가운데 가장 이상적인 공연 예술의 극치를 창출한다.

(마) 또 동양 연극의 양식성을 지적할 수 있는데, 이 양식은 사실주의와 완전히 격리된 것은 아니다. 다만 현실에 대한 이해와 시점이 다를 뿐이다. 즉 현실 속에서 가장 본질적이고 극적 효과를 지니고 있는 부분만을 추출하여 표현한다. 그러나 동

양 전통극 전반에 널리 보급되어 있는 이 양식성이 정도를 넘어서 순수한 춤의 경지에만 머문다면 연극성을 상실하게 된다. 그러므로 가장 이상적인 연극의 형태는 현실과 예술, 또는 현실과 이상 사이에서 이 둘을 연결시켜 주는 역할을 하여야 하며, 그런 의미에서 동양 연극의 양식성은 매우 중요하다. 양식화된 연기로 훈련을 쌓은 동양 전통극의 배우들은 사실주의 연극의 배우들처럼 인간의 갈등을 표현한다. 그러나 후자와 구별되는 점은 심리학자가 아닌 예술가의 입장에 서는 것이다. 사실, 심오한 정서의 표현은 치밀한 사실주의보다는 양식화를 통해서 더욱 적절히 표현될 수 있고, 춤과 노래와 양식화된 동작을 통해서 그들은 현실을 '모방'하는 게 아니라 '재창조'하는 것이다. 현실과 비현실의 중간에 위치하고 있는 것이 예술임을 생각할 때, 서구 연극에 대한 동양 연극의 위치를 재확인할 수 있다.

(김호순, 〈동양 연극과 서양 연극〉)

이 글을 내용 문단으로 나누면 다음과 같다.

(가) 동·서양 연극 비교의 목적
(나) 동·서양 연극의 차이점
(다)·(라)·(마) 동·서양 연극의 차이점 상술
  (다) 관객과 무대의와 관계
    : 서양 – 정숙한 분위기에서 격식을 갖춘 관람
     동양 – 자유 분방한 분위기에서 적극적인 호응
  (라) 언어 중심의 연극과 총체적인 연극
    : 서양 – 줄거리와 대사 등 언어에 비중을 둔 연극
     동양 – 조화와 통일을 이루는 가운데 총체성을 띰
  (마) 동·서양 연극의 양식성
    : 서양 – 현실 속에서 가장 본질적이고 극적 효과를 지니고 있는 부분만을 추출하여 표현한다. (모방)
     동양 – 현실과 예술, 현실과 이상 사이에서 이 둘을 연결시켜 주는 역할을 한다. (재창조)

따라서 이 글의 구조는 아래와 같이 도식화할 수 있다.

$$(가) - (나) \begin{cases} (다) \\ (라) \\ (마) \end{cases}$$

글의 구조를 파악하는 방법에는 이렇게 도식화하는 방법이 있고, 글의 각 단락들을 모두 흐트러 놓은 다음에 올바른 순서로 배열하는 방법이 있다. 이러한 방법 역시 이미 학교 현장에서 평가의 방법(시험)으로 많이 사용하는 방법이다.

문제는 이러한 배열 관계를 얼마나 적절하게 설명하고 설명에 따라 잘 배열할 수 있는가 하는 것이다.

【예 문】

(가) 인간이 다른 생물들과는 다른 특별한 능력을 가지고 있다는 것은 어쩌면 사실일런지 모른다. 그러나 그 특별한 능력 때문에 인간만이 윤리 공동체의 구성원이 될 수 있다는 주장은 근거가 없다. 인간의 특수한 능력이라는 것은 인간이 다른 것들과 생물학적으로 다르기보다는 자연과 다른 동물들을 지배하고 정복할 수 있는 힘에서 연유된 것이라고 보는 것이 타당한 것이기 때문이다.

(나) 식물들도 하나의 형태를 지니고 있고 따라서 생존할 필요성을 느끼며 가능한 자신의 생명을 연장시키고 확장하려는 자연의 원리를 벗어나지 못한다. 식물은 동물과 달리 자신의 욕망이나 고통을 표현하지 않는 것처럼 보이며, 따라서 욕망도 고통도 없는 것처럼 보인다. 하지만 욕망이나 아픔이 심리 상태를 나타내는 개념이라면 그런 심리 상태는 언제나 겉으로만 나타내지 않거나 나타낼 능력이 없거나 나타냈다 하더라도 그것을 우리가 감지할 능력이 없을 수도 있을 것이다.

(다) 싱어는 인간만이 특유한 가치를 지닌다는 사고를 종 우월주의에 불과하다고 주장한다. 종 우월주의는 어떤 종에 속하는 성원이 본래적으로 도덕적 대우를 받을 수 있는 자격이 있다는 근거로는 전혀 적합하지 않다. 싱어는 이 종 우월주의를 인종 우월주의나 성차별주의와 같은 종류로 보면서 모든 종류의 동물 해방을 주장하고 있다.

(라) 이러한 싱어의 논지는 우리가 지금까지 지녀 온 편견과 선입관에 새로운 자극을 주고 있다. 그러나 보다 급진적인 생태론적인 입장에 서 있는 사람은 싱어의 논지를 동물 중심주의라고 비판한다. 즉 싱어의 윤리학에서 볼 때 윤리적 고려의 대상, 즉 윤리적 개체는 모든 생물을 포함하지 않고 동물이라는 범주에 속하는 것 뿐이라는 것이다. 오늘의 현대 과학 이론에서 나타난 동물과 식물간의 궁극적 상관성, 생물과 무기물간의 궁극적 관계를 고려할 때 동물 중심주의적 윤리관은 아직도 폐쇄적이며 따라서 극복되어야 할 과제라 하겠다.

(마) 그렇다면 동물 중심적 윤리관은 모든 생물을 윤리적 배려의 대상으로 포함시키는 생물 중심적 윤리관으로 한 발 더 나아가야 할 것이다. 그러나 생물 중심 윤리학도 인간 중심 윤리학이나 동물 중심 윤리관과 마찬가지로 어떤 존재들 사이의 단절성을 전제로 하고 있다 . 즉 서로 다른 존재들간에는 서로 환원할 수 없는 절대적 구별이 있다는 것이다.

(한국 국민 윤리학회편, 『사상과 윤리』)

이러한 유형의 활동을 할 때에 전제되어야 할 것이 있다. 그것은 어느 문단을 기준으로 제시해야 한다는 것이다. 즉 '(가) 문단을 머리에 두고'라든지, '(다) 문단과 (라) 문단의 순서는 바꾸지 말고'와 같은 전제를 주어야 한다.

위 예문은 (가) 문단을 머리에 두고 각 문단의 논리적인 관련 속에서 재배열을 해야 하는 문제이다. 이 때에도 문단의 내용을 파악하는 일이 먼저 이루어져야 한다. 위 예문의 내용을 파악하면 다음과 같다.

(가) 문화 근대화의 의미 – 고급 문화의 세속화 과정
(나) 문화의 상업화 현상 – 문화와 산업의 긴밀한 결합 추진
(다) 문화의 산업화 현상
(라) 문화 사업화의 미덕
(마) 문화의 상업화가 가진 그늘의 원인 – 가치와 가격의 괴리

내용 파악이 이루어지면 문단을 논리적으로 배열하는 데 필요한 열쇠를 찾아야 한다. 하나는 이미 전제 문제에서 (가) 문단을 머리에 두라는 것이다. (가) 문단은 인간만이 윤리 공동체의 구성원이 될 수 있다는 견해를 비판하고 있으므로 (가) 문단 다음에는 이러한 내용과 관련성이 깊은 문단이 와야 한다.

또 하나의 열쇠는 (라) 문단의 '이러한 싱어의 논지는'이다. 즉 (라) 문단 앞에는 싱어의 논지를 내용으로 하는 문단이 와야 한다. 그렇다면 (라) 문단 앞에 오는 문단은 싱어의 논지를 설명한 문단 (다)가 와야 한다.

또 다른 열쇠는 문단 (마)이다. 문단 (마)의 시작은 '그렇다면 동물 중심적 윤리관은 모든 생물을 윤리적으로 …'로 되어 있다. 그렇다면 문단 (마) 앞에는 동물 중심적 윤리관과 식물 중심적 윤리관이 와야 한다. 그렇다면 남은 문제는 식물 중심의 윤리관을 다룬 문단 (나)와 동물 중심의 윤리관을 다룬 문단 (다) · (라)의 순서이다.

글을 꼼꼼히 읽다보면 이에 대한 열쇠도 찾을 수 있다. 문단 (나)의 두번째 문장이 그것이다. 즉 (나) 문단의 두번째 문장, '식물은 동물과 달리 …'를 보면 식물 중심의 윤리관 앞에 동물 중심의 윤리관을 다룬 내용이 와야 한다는 것을 알 수 있다.

이렇게 글에 나타난 열쇠들을 조합하면 이 글의 논리적인 배열은 '(가) – (다) – (라) – (나) – (마)' 순으로 되어야 함을 알 수 있다.

이 밖에도 글의 구조를 파악하는 유형의 활동으로 대표적인 것은 어느 한 문단을 글에서 떼어내어 그 글의 몇 번째 문단 앞에, 혹은 몇 번째 문단 뒤에, 혹은 몇 번째 문단과 몇 번째 문단 사이에 배열하여야 하는가를 묻는 유형이 있다. 하지만 이 곳에서는 설명을 생략하기로 한다.

다음 글들을 600자 내외로 요약해보자. 다음 글들은 쓰기 위한 내용 요소를 갖추고 있는 글들이다. 따라서, 내용 요약하기에만 집중할 것이 아니라 내용을 이해하고 비판적인 읽기를 통해 내 것으로 만들자.

〔글 가〕

사소한 것이 위대하다

요즘 들어 사는 것이 심란하다는 사람들이 많다. 물론 처음 듣는 말은 아니다. 그러나 여기저기서 상식을 까뭉개는 일들이 상식처럼 벌어지고 있고 보면 심정적으로는 강도 높은 지진을 만난 것 같은 충격에서 비켜 설 수가 없다.

작금의 심정을 확실한 단어로 표현한다면 그것은 두말 할 것도 없이 '불안감'이다.

정치는 못 알아듣는 외국어처럼 소음 언어로 진실을 알아듣기 힘들어지고 경제는 절망과 희망이라는 극단적인 제시를 양손에 쥐고 마약밀수처럼 은밀히 비밀스럽게 정보를 알아내야 할 것 같다.

공교육에 대한 불신감은 급기야 교실 붕괴를 초래하고 가정은 가정대로 인간답게 혹은 내 행복은 내가 찾는다라는 명분으로 이혼이 급속도로 늘어가고 있다. 이대로 이 위험한 징검다리를 잘 지나갈 수 있을까. 제아무리 한국인의 불신 체질화의 면역성이 질기거니와 뭔가 목에 걸리는 것이 깊고 굵다.

그러나 우리 주변에 엄청난 비상식만 일어나는 것은 아니다. 백 번 생각해도 안 될 성싶은 그런 암담한 일에 시간을 바치고 땀 흘리는 사람들이 있다.

한국인은 오래 걸리는 일에 약하다. 재빠르게 끝내고 그 성과에 대해 서둘러 보상을 받으려는 성급함 때문에 성과가 느린 것에 대해 외면하는 것이다.

과정을 훌륭한 성과로 생각하지도, 봐주지도 않으므로 바보 행진으로 치부해 버린다. 그럼에도 우리 나라 야생화 하나를 지키는 일에, 맑은 물을 지키는 일에, 환경을 지키는 일에, 정직성 회복을 위한 일에, 사치풍조의 황당함을 의식 개조하려는 일에, 척박한 보상을 받으며 개인의 삶을 반납하는 사람들이 있다. 이런 이들은 주제가 굵직한 국가 민족 사상 경제 같은 일보다 소박할 정도로 사소한 일에 속해 보인다. 그러나 이 사소함이야말로 우리들의 희망이라는 것을 우리는 지금 알아야 한다.

우리는 거대담론에 매력을 느낀다. 뭔가 크고 위대하고 평범한 것과는 격리된 특수성으로 엘리트 의식을 곧추세우려는 나 홀로 유식층에 휩쓸리기를 좋아한다. 이 거대담론은 대게 현실적이지 못하고 보이지도 만져지지도 않아서 말은 많고 결과는 없는 물거품 담론으로 되기 쉽다. 아무 것도 손볼 곳 없는 집에서는 때때로 거대담론이 정신적 낭만도 될 수 있겠지만, 지금은 손에 확실히 잡히는, 더는 미룰 수 없는 시점이 아닌가 한다.

중요하지만 아직은 사소한 일이라고 생각하는, 그래서 자꾸만 뒤로 미루고 있는 진정한 가치의 소중한 것들이 지금 떼로 몰려 울고 있지 않을까.

나라 일도 그렇지만 가정도 같은 이치이다. 가정은 사소한 것들의 집합체다. 그래서 그 사소한 것들은 언제나 지겹고 넌덜머리를 내는 끝없는 반복 노동일 경우가 많다.

그 사소한 것들과 엉키면서 자신의 꿈 많던 인생도 사소한 수준에 머무르는 것 같은 좌절을 겪게 되고, 가족간의 감점대립이 생기는 계기에 속절없이 폭탄적 파행으로 풀려나는 것이다.

한해 12만 쌍이 이혼하는 것도 반드시 두 사람이 살 수 없는 결정적인 원인이 있기보다 창 밖의 풍경에 비해 사소한 몰골의 초라한 자신을 자각하는 순간에 더 일어난다고 볼 수 있다.

그러나 그 사소함이야말로 눈물겨운 우리들의 사랑이었다. 밤 두 시에 아픈 아이를 안고 병원 문을 두드리는 일, 시어머님의 회갑에 결혼 금반지를 팔던 그런 일들을 함께 한 인생동지와의 사소함은 단지 하나의 추억이 아니다. 생의 벽돌을 눈물의 불로 함께 굽는 일이다. 이런 가족애의 촉발이 오늘의 흔들리는 가정을 곧추세우고 드디어 나라를 튼튼히 하는 일에까지 발전하는 것이 아니겠는가.

(조선일보, 2001. 7. 21 신달자/시인)

(1) 내용 단락으로 나누어 보자
(2) 글의 구조를 파악하여 보자
(3) '심란하다'고 말하는 사람이 많은 이유는 무엇인가?
(4) 우리가 느끼는 '불안감'을 느끼게 하는 구체적인 일에는 어느 것이 있는가?
(5) 이러한 일이 일어나는 근본적인 이유는 무엇인가?
(6) '불안감'을 떨치고 나라를 튼튼하게 할 수 있는 일로 무엇을 제시하고 있는가?

[글 나]

'다름'의 공존을 위하여

최근 우리 사회에서 소수자 인권을 둘러싸고 벌어지는 논란들을 지켜보고 인권운동에 동참하면서 '다름'과 '같음'에 대해 생각할 기회를 갖게 되었다. 특히 방송인 홍석천 씨가 동성애자임을 스스로 밝힌 커밍아웃 이후 방송출연 금지·국회출석 거부 문제 등 속속 불거지는 상황을 우려하지 않을 수 없다. '다름'을 자연스럽게 받아들이지 않고 무작정 내치려는 현상으로 보이기 때문이다.

수년 전 서울 올림픽 폐막식 때에 고(故)인간 문화재 한영숙 선생이 하얀 한복 차림에 흰 수건을 날리며 추었던 살풀이춤 장면을 많은 사람들이 기억할 것이다. 그 춤의 반주인 시나위 합주는 구성과 진행방법에서 전통민속음악의 특성을 고스란히 지니고 있다. 시나위에 참가하는 악기엔 제한이 없다. 장구는 물론 대금·아쟁도 좋고 거문고·피리·해금이 동원되기도 한다. 미리 정해진 악보가 있을 리 없고, 이들 악기는 저마다 자기 흥에 취해 소리를 낼 뿐 굳이 다른 악기와 보조를 맞추려고도 하지 않는다. 각자 신명나게 한바탕 노니는 연주가 진행된다. 그런데도 신기하게 절묘한 조화를 이룬다. 시나위 합주 속에서 저마다의 악기 소리가 들며날고, 언, 한 악기 소리가 다른 소리를 누르는 법이 없다. 마치 한바탕 울음 뒤의 정화된 시원함처럼 하나됨의 깊은 감명을 준다. 민속음악을 그 시대 민중의 정서 반영으로 본다면 시나위 합주에서 옛사람들의 지혜를 느낀다. 서로 다른 사람들이 모여 주거니 받거니 아웅다웅하면서도 고단한 삶을 함께 아우르며 괴로움과 슬픔을 나누고, 서로를 포용해 주는 슬기로움이다.

그러나 언제부턴가 어떤 이유들 때문인지 우리는 이런 민중의 지혜롭고 개방적인 정서를 잃어 버렸다. 그 대신 자기와 다른 사람을 일단 경계하고 배척하는 폐쇄적 심성이 뿌리깊게 자리잡은 것 같다. 같은 부류끼리만 결속해 다른 사람에겐 결속 그 자체가 위세가 되며, 더 나아가 그 위세를 내세워 억압을 강요하기 일쑤이다. 누구든지 자기와 다른 사람들 억지로 좋아할 필요는 없다. 아니 싫어할 수 있다. 그러나 그 싫어함이 미우나 고우나 같이 살아가야 하는 공동체의 테두리를 깨뜨릴 수는 없다. 그 싫어함은 '다름의 공존'범위 내에서의 개성에 그쳐야 한다. 다른 사람이 혐오감을 준다고 삶의 현장 밖으로 쫓아내서는 안 된다.

이제 '다름의 공존'을 받아들이는 정서를 되살리고 몸에 익히는 노력에 힘을 모을 때다. 그것이 인권실현의 출발점이다. 우리 헌법은 "누구든지 성별·종교 또는 사회적 신분에 의하여… 모든 영역에 있어서 차별을 받지 아니한다"는 규정을 두고 있다. 이는 바로 '다름의 공존'을 받아들이자는 엄숙한 선언이기도 하다. 헌법에 열거된 사례 외에도 사람들에게는 다양한 차이들이 있다. 그 가운데에서도 '성적(性的)취향'을 달리 하는 동성애는 남녀가 서로 사랑하여 자녀를 낳고 가정을 이뤄 살아가는 사회적 습속에 익숙해진 우리에게 가장 낯선 다름의 문화일지 모른다.

그래서인지 홍석천 씨 커밍아웃 이후 사람들의 반응은 자기와 다른 사람을 싫어하는 것과, '다름의 공존'을 인정하는 것을 혼돈하는 혼란의 극치를 보여준다. 동성애자는 처음부터 그냥 다른 사람들일 뿐이다. 다르다고 해서, 싫다고 해서 '같음'으로 뭉쳐진 다수가 일터에서 그를 쫓아내거나 달리 취급해선 안 된다. 국회의원들이 국정감사장에 참고인으로 출석한 홍석천 씨의 참석을 거부했다. 국회의원들이 결국은 그가 동성애자라는 이유 때문에 문전박대를 했다면 인권에 대한 무지함을 극명하게 드러낸 것이라 아니할 수 없다. 국회위원들은 헌법이 보장하는 인권실현에 앞장서야 하는 공적 의무를 지는 지위에 있다. 국회의원 개인이 갖고 있는 성적 취향에 대한 태도를 일단 접고 공인으로서의 의식을 유지해야 한다. 잘못된 인권 침해적 행동에 앞장설 것이 아니라 인권의 본질을 이해하고 그 실현을 위해 솔선 수범하는 모습을 보여줘야 한다. 여러 모습의 '다름'을 인정할 줄 아는 성숙한 사회가 그립다.

(중앙일보, 2000. 11. 17 康錦實/변호사)

(1) 이 글을 쓰게 된 동기는 무엇인가?
(2) 시나위 합주에서 느낀 것은 이 글의 주제와 어떤 관계가 있는가?
(3) '다름의 공존'을 다른 말로 바꾸면 무엇과 바꿀 수 있는가?
(4) 이 글에 나타난 사실은 무엇이고 의견은 무엇인가
(5) 이 글의 구조를 간단하게 정리해 보자.

〔글 다〕

문화의 학습성

우리는 언제부터인가 무슨 문화라고 하는 말을 즐겨 쓴다. 접미어처럼 문화란 말만 붙이면 왠지 고상해 보이기 때문일 것이다. 사실 넓은 의미로 보면 인간사가 문화 아닌 것이 또 어디 있겠는가. 음주문화, 복권문화, 향락문화, 화장실문화까지 온통 문화 천국이다. 이처럼 문화에 싸여 살건만 진실로 우리의 문화는 무엇인가? 문명의 홍수에 부유하면서 문화의 빈곤시대를 살아가고 있는 나는 이런 물음에 책임이 없는지. 그러나 나도 이 물음에는 결코 자유로울 수 없음을 반성한다.

인간은 누구나 그 시대의 역사적 상황과 지리적 풍토, 그리고 사회적 여건 속에 성장해 가면서 사회화를 통한 집단의 공유문화를 점차 학습하게 돼 있다. 특히 양질의 문화는 어떤 경로를 통해서라도 학습돼야 할 대상이다. 이렇게 학습된 문화는 창조적인 삶을 가져다주지만 본능에 의해 적응된 문화는 습관적인 삶을 반복해 가는 생존이 있을 뿐이다. 문화의 특성 중 가장 중요한 것이 바로 이 학습성이기 때문이다. 문화는 노력 없이 얻어지는 요행수가 아니며 눈높이만큼만 향유할 수 있고, 눈뜨임만큼만 볼 수 있다. 이것이 학습에 의한 문화적 안목이며 모든 창작의 척도가 되기도 하고 삶의 질을 좌우하는 가늠쇠가 되기도 한다.

우리는 오랜 세월 질곡의 역사 속에서 학습을 통한 우리 문화의 정체성을 제대로 교육받지 못해왔다. 그 결과 어느 분야에서는 문화의 주체가 뒤바뀌어 무근성(無根性)의 꺾꽂이 문화가 우리 문화의 자생력을 위협하기도 한다.

나는 오래 전 유고가 공산체제 하에 있을 때, 자그레브 미술관 초대로 전시를 하게 되었다. 의사 집에서 민박을 했는데 부부가 새벽에 빵 배급을 받아 오는 것을 목격했다. 이 모습을 보면서 그 날 오후 8시에 있을 개막행사가 몹시 한산하리라는 생각을 하며 실의에 빠져 있었다. 그러나 그것은 기우였다. 정장 차림의 부부들이 전시장 입구에 장사진을 치고 있는 것을 발견하고 놀라지 않을 수 없었다. 가난하지만 문화를 생활화 할 줄 아는 그들의 문화의식이 부러웠다.

또 오래 전 일이다. 일본 나라현의 대화문화관에서 고려시대 불화전이 열렸다. 15일 일정으로 연구차 그 곳에 가 있는데 매일 같이 유아원생들이 밀려와 북새통을 치는 것이다. 유아들의 눈높이가 낮으니 작품이 보이지도 않거니와, 비록 보인다고 하더라도 우리 고려불화를 감상할 능력이 없을 것이다. 매일 반복되는 그런 광경을 보다 못해 인솔 교사에게 "아이들이 어려서 감상도 못할 텐데 왜 데려오느냐?"고 물었다. 그러나 당연한 듯이 "박물관에 익숙해지기 위해서"라고 대답했다. 순간 나는 그만한 나이에 어른들이 손에 이끌려 미술관과 박물관을 얼마나 자주 찾았던가를 상기해 보았다. 그러나 그런 멋진 기억은 영 떠올릴 수가 없었다. 우리에게 박물관 피로도가 높게 나타나는 현상이 어려서부터 문화에 대한 학습의 기회가 없었기 때문이었다면 참으로 부끄러운 일이다. 그 후로 나는 문화민족이 되기 위해서는 어렸을 때부터 학습을 통한 문화 맛들이기와 문화 길들이기를 해야 할 것이라는 생각을 하면서 부러워했었다. 그런데 요즘 그 부러움이 희망으로 변해가고 있어 행복하다. 오래 전에 남의 나라에서 보고 부러워했던 모습을 바로 내가 근무하는 박물관에서 자주 목격할 수 있기 때문이다.

우리 박물관은 지난 해 고구려 유물전을 시작으로 오원 장승업전까지 다섯 번의 큰 기획전을 열면서 대학문화를 지역 주민과 나누기 위해 신축미술관을 교문 옆으로 설계라는 등 여러 가지로 노력을 해왔다. 그 결과 이제는 지역 주민들의 문화 쉼터가 되어가고 있음을 쉽게 볼 수 있다. 지금 여름방학을 위한 '새 표정과 만남전'이 열리고 있는데 유모차를 끌고 들어와서 박물관의 분위기를 학습시켜 주려는 관악주민들과 멀리 지방에서 전세버스를 대절해 오시는 분들로 붐비고 있다. 수요강좌에는 어른들이, 기획전시에는 관내 어린이들이 많이 이용하는 것을 보면 우리도 문화대국으로 세계 속에 당당히 맞설 날이 멀지 않았다는 확신이 선다. 이처럼 문화적 특성은 올바른 학습성이 발휘되었을 때 그 가치를 갖게 되는 것이다.

(중앙일보, 2001. 8. 4 李種祥/서울대교수)

> (1) 학습된 문화와 본능에 의한 문화는 어떻게 다른가?
> (2) 문화의 본질적 기능은 무엇인가?
> (3) 문화 강대국이 되기 위해서는 어떻게 해야 한다고 말하고 있는가?
> (4) 글쓴이가 부러워하는 구체적인 사례들은 글쓴이의 의도와 어떤 관계가 있는가?
> (5) 내용단락으로 나누고 꼭 필요한 단락을 무엇이라고 생각하는가?

〔글 라〕

공동체 떠난 개인의 자유는 없다
- '공동체주의'의 두 축 테일리와 매킨타이어 -

공동체에 대한 저항을 통해 자신의 권리와 자유를 쟁취하였던 개인이 이제 점차 자신의 존재를 회의하고 있다.

개인을 공동체의 이념에 종속시키려던 다양한 실험적 시도들이 남긴 상처가 아직 완전히 치유되지도 않았는데 사회 곳곳에서 감지되고 있는 개인에 대한 문화적 반란을 어떻게 이해해야 하는가. 파시즘·나치즘·공산주의와 같은 전체주의는 개인을 사회라는 거대한 바퀴의 단순한 톱니로 전락시키려 하였지만 이 실험적 이념들은 오히려 개인의 승리를 더욱 빛나게 만드는 희미한 배경으로, 역사의 기억 속으로 사라져가고 있지 않은가?

오늘날 개인은 절대적이다. 집단과 공동체는 항상 억압의 의혹을 불러일으키지만 우리는 개인의 자유와 권리에는 아무런 물음표를 붙이지 않는다. 이제까지 사회질서의 기본으로 여겨졌던 '가족'을 제치고 사회의 기본 단위로 부상한 '개인'은 그 자체가 '자유', 그리고 '권리'와 동일시 된다. 우리의 삶과 가치를 구성하는 공동체로부터 개인들이 해방될 때 우리는 비로소 자유와 권리를 가질 수 있다는 신념이 만연하고 있다. 우리가 사회적 맥락에서 경험하는 자유주의의 현상은 두말할 나위 없이 개인화다. 이런 관점에서 보면 자유주의와 개인주의는 분명 동전의 양면을 이루고 있다.

공동체주의는 이러한 개인의 절대화로 인해 개인의 삶이 오히려 황폐해질 수 있다는 인식에서 출발한다. 모든 것을 스스로 해야 한다는 자율에 대한 사회적 압박이 우울증·정신질환·행동장애와 같은 사회·심리적 병리현상들을 야기한다는 것은 익히 알려진 사실이다. 우리를 억압하는 집단에 대한 불안이 감소할수록 공동체로부터 소외된 개인의 내면화된 불안은 오히려 증가한다.

어디 그뿐인가. 개인주의가 공익(公益)을 희생시켜서라도 자신의 사적 이익을 관철시키려는 천박한 이기주의로 변질될 때, 개인의 권리를 절대화하는 자유주의는 공동체의 근본토대인 시민들의 상호신뢰를 심각하게 침식한다. 자기 자신 이외에는 누구도 믿지 않는 개인은 공동체로부터 분리된 원자에 지나지 않는다.

이러한 인식은 자유주의에 대한 공동체주의적 비판을 선도하고 있는 알래스데이 매킨타이어와 찰스 테일러의 철학적 전제조건이다. 이들의 철학적 동기와 의도를 올바로 이해하려면 우리는 개인에 대한 반란이 자유주의가 정점에 도달한 개인주의 사회에서 발생하였다는 사실을 주목해야 한다. 자유주의의 이념이 그 극단까지 철저하게 실현된 곳에서만 그 한계와 문제점이 드러나는 것은 아닐까? 공동체주의는 사회주의적 이념이 여전히 명맥을 유지하고 있는 대륙의 철학적 산물이 아니라 자유주의 전통이 강한 미국의 철학이라는 사실이 이 점을 잘 말해준다. 그러므로 공동체주의는 자유주의에 대한 대안이라기보다는 보완이라고 할 수 있다.

공동체주의의 두 축은 매킨타이어와 테일러의 이름으로 대변된다. 자신을 공동체로부터 소외시키지 않고 오히려 공동체 안에서 자신의 정체성을 획득할 수 있는 시민은 '어떤 인격인가', 개인을 억압하는 대신 공동선(共同善)을 통해 정의로운 사회질서를 보장하는 유대관계는 '어떤 공동체인가', 전자가 정체성을 집중적으로 탐구하는 테일러의 핵심문제라고 한다면 후자는 공동체에 대한 개인의 공적을 정의의 토대로 삼는 매킨타이어의 철학적 화두이다.

테일러에 의하면 개인은 결코 공동체에서 분리된 원자가 아니다. 원자는 자신이 스스로 선택한 개인적 가치에 묶여 있는, 즉 '자기 자신의 마음 속에 갇혀있는 개인들'을 의미한다. 이러한 개인들은 자기 실현의 물질적 수단이 충분히 공급되는 한 자신의 사생활을 즐기지 결코 공동체의 문제에 관여하려 하지 않는다. 만약 개인들이 선거와 같은 형식적 민주주의에 만족하고 자신의 가치와 이익에만 관심을 기울인다면, 현대 자유주의는 시민의 능동적 정치참여를 봉쇄한다는 점에서 '부드러운 전제정치'를 가능하게 한다고 테일러는 경고한다.

이를 극복하기 위해서는 우선 개인의 정체성이 공동체를 통해서만 구성된다는 점을 인식해야 한다. 설령 현대사회의 다양한 가치들을 인정한다고 할지라도 우리는 무엇이 실제로 더 중요하고, 어떤 가치가 공동체에 더 커다란 의미를 갖는가에 관한 공동의 관심과 이해를 가져야 한다는 것이다. 개인들의 차이를 인정하면서도 다른 사람들과 공유할 수 있는 가치를 전제할 때에만 개인은 공동체에서 분리되지 않고 자신의 정체성을 확보할 수 있다.

매킨타이어 역시 개인에게 삶의 의미를 부여하고 정의로울 수 있는 공동체에 관심을 기울인다. 그에 의하면 내가 형제이고, 사촌이고, 이런 저런 공동체의 구성원이라는 사실은 결코 '진정한 자아'를 발견하기 위하여 제거되어야 할 우연적 특성이 아니다. 공동체가 개인의 인격을 구성하는 핵심적 요소라면 사회정의 역시 공동체에 대한 개인의 공적과 기여를 고려해야 한다는 것이다.

자유주의자는 수단만 정당하다면 '내가 벌어서 내가 쓰는 것'이 정의롭다고 말할 수 있을 것이다. 반면 공동체주의자는 내가 벌 수 있는 조건을 제공한 공동체, 즉 다른 사람들을 배려할 때에만 정의롭다고 주장한다. 무엇이 정당한가를 판단할 수 있는 근본 가치는 항상 공동체 속에서 역사적으로 형성되기 때문이다.

공동체는 분명 우리의 개인적 이상과 가치를 자유롭게 실현할 수 있는 사회적 토대다. 만약 개인의 절대화로 인해 우리의 공동체가 붕괴한다면 개인의 정체성을 심각하게 훼손할 수 있는 도덕적 진공지대가 발생한다. 개인이 자신의 삶을 자유롭게 영위하기 위해 도덕적 질서로서의 공동체를 유지해야 하는 까닭이 여기 있다.

그러나 상호 유대관계를 맺고자 하는 개인들은 여전히 자신의 인격적 차이를 철저하게 인지하는 자유주의적 개인들이다. 자유로운 개인들의 공동체는 어떻게 가능한가 다른 사람에 대한 차이의 인정을 무관심한 차별화로 변질시키지 않는 민주적 다원주의는 과연 가능한가 자기 반란을 통해 새로운 공동체를 모색하는 개인들이 이 질문을 던지는 하는 한, 공동체주의는 현대 사상의 주요한 흐름이 될 것이다.

(중앙일보, 2001. 7. 26 이진우/계명대교수)

(1) 이 글을 내용단락으로 나누어 보자.
(2) 이 글의 구조를 간략하게 정리하고 핵심 내용을 써보자.
(3) 개인주의가 갖는 약점은 무엇인가?
(4) 공동체주의를 간략하게 설명한다면 무엇이라 할 수 있는가?
(5) 공동체주의를 형성하기 위한 요인은 무엇인가?

[글 마]

공동체주의의 한국적 수용

'공동체주의(Communitarianism)'는 최근 서구의 사회철학에서 활발하게 논의되고 있는 주제다. 특히 개인의 자유가 고도로 신장된 미국에서 이에 대한 관심이 많다는 점은 주목할 필요가 있다.

그 상징적인 '사건'이 하나 있다. 조지 W부시 미국 대통령의 정치철학이 바로 이 공동체주의와 관련이 있다는 주장 때문이다. 지난 2월 워싱턴 포스트는 취임 초반 부시의 행보와 취임사 등을 분석하면서 그의 정치철학을 공동체주의로 규정했다.

실제로 부시는 종교단체 등의 사회봉사 활동의 지원하겠다며 정부안에 담당 부서를 신설, 공동체주의자로 알려진 존 디우리오 펜실베니아대 교수를 참모로 영입했다. 부시는 개인의 지나친 자유가 공동체의 유대를 약화시켰다고 보고, 개인의 권리는 사회의 이익과 균형을 맞춰야 한다는 점을 강조한 것이다.

당초 마르크스의 공동체 윤리에 대한 부정적 유산(遺産)을 생산적으로 해결하려고 등장한 이 정치이념이, 개인화에 바탕을 둔 고도의 자본주의를 꽃피우고 있는 미국에서 이처럼 수용되고 있는 것은 역사의 아이러니가 아닐 수 없다. 자본주의가 보편화한 현대사회에서 자유주의와 사회주의는 더 이상 사회전체를 규정하는 이데올로기가 될 수 없음을 보여주는 사례다.

한국에서도 공동체주의에 대한 논의는 심심찮은 편이다. 특히 유가(儒家)적 전통에 대한 새로운 해석이 활발해지면서 '유가적 공동체주의론'까지 등장했다. 서양철학 전공자인 계명대 이진우 교수가 이 문제에 대한 논의를 이끌고 있다. 역시 서양의 학문의 세례를 받은 연세대 함재봉(정치학과)·유석춘(사회학과) 교수 등을 주축으로 한 연구 모임 '전통과 현대'의 행보도 이와 무관치 않다.

이들은 유가의 수기치인(修己治人) 사상에서 공동체주의의 단서를 찾는다. 수신(修身)을 통한 인간 완성과 이를 기반으로 한 도덕적 공동체를 지향하는 유교의 문제의식이야말로 이기적 인간들 사이의 최소한의 공존규칙 마련에 급급했던 근대 자유민주주의의 한계를 넘어서는데 기여할 수 있다는 것이다.

자칫 한국적 병폐, 즉 혈연·지연·학연 등 '관계의 윤리'를 지나치게 옹호할 수 있다는 일부의 비판이 있으나, 유가적 공동체주의가 우리 식의 대안적 사회철학으로 깊이 연구해볼 만한 가치는 충분하다. 최근엔 급진적인 페미니즘에서도 유교의 공동체 윤리와의 만남을 시도하는 참신한 노력도 엿보이고 있다.

(중앙일보, 2001. 7. 26 정재왈 기자)

(1) 공동체주의의 형성 배경은 무엇인가?
(2) 공동체주의의 단서가 되는 유가사상은 무엇인가?

　(3) 유가적 공동체주의(한국적 공동체주의)의 약점은 무엇인가?
　(4) 공동체주의와 페미니즘은 어떤 관계에 있는가?

2. 2 논술문쓰기

　논술문쓰기에는 두 유형이 있다. 하나는 '단독형'이고 하나는 '제시형'이다. 이 두 유형은 논술교육상 서로 호환의 기능을 갖는다. 단독형은 제시형의 기초단계나 분석적 기능을 갖고, 제시형은 단독형의 심화단계나 통합적 기능을 갖는다.

　따라서 단독형과 제시형 모두를 학습하여야 한다. 최근의 출제 경향이 제시형으로 몰리고 있다고 해서 단독형에 대한 학습을 하지 않으면, 사물과 상황을 깊고 다양하게 파악하는 능력을 기를 수 없을 뿐만 아니라 학생의 성향에 알맞은 구성의 형태를 찾을 수 없다.

2. 2. 1 단독형의 일반 유형

　논술문을 쓸 때 잊지 말아야 할 두 가지 사항이 있다.

　하나는, 논술문은 항상 문제점이 주어진다는 것이다. 다른 유형의 글들은 문제점에서 출발하지 않을 수도 있으나, 논술문은 항상 문제점에서 출발한다. 그러므로 논술문의 생명은 논술문의 주어진 문제를 정확히 해석하고 그 문제점을 해결하는 데(논술자의 주장)에 있다. 따라서 논술문 구성의 큰 뼈대는 '무엇이 문제인가(서론)', '문제를 구체적으로 설명하면·문제는 왜 해결되어야 하는가·문제를 해결하는 방법에는 어떠한 것들이 있는가·문제를 해결하는 방법 중 어느 것이 가장 타당한가(본론)', '문제의 요약과 가장 타당한 해결 방안(결론)'으로 이루어져야 한다.

　잊지 말아야 할 또 하나는 '모든 사물은 대립항을 갖는다'는 것이다. 이 말이 중요한 이유는 이 말을 핵심으로 본론이 짜여지기 때문이다. 논술문역시 '서론·본론·결론'으로 짜여지는데 이 중 본론이 가장 중요하다는 것은 다시 말할 필요가 없다.

　본론은 서론에서 제시한 문제점을 더욱 구체적으로 살피고, 그에 대한해결 방안을 제시하는 부분이다. 이 때 항상 '대립항'을 염두에 두고 글을기술하여야 한다. 먼저 문제점을 구체적으로 살필 때에도 그것의 긍정적인 면은 없는가 하는 대립항을 설정해야 한다. 또한 해결 방안을 제시할때에도 다른 사람의 해결 방안이나 단점을 가진 해결 방안들이 지니고 있는 긍정적인 면, 즉 대립항을 검토하여야 한다. 그리고 나서는 논술자가 생각하는 가장 효과적인 해결 방안을 제시하여야 하는데 그 때에도 대립항, 즉 논술자가 제시한 해결 방안이 갖는 한계를 검토하고 그것까지도 극복할 수 있는 방안을 기술하여야 한다.

이렇게 모든 사항에 대한 대립항을 설정하고 그에 대한 기술과 문제 의식이 드러났을 때 비로소 탄탄한 본론이 되는 것이다.

이제까지 논의된 내용을 질문에 의한 구성법(논술자가 글을 쓰면서 스스로에게 질문을 던지며 구성하는 방법으로 가장 짜임새를 탄탄하게 할 수 있는 구성법이다)을 통해 논술문의 구성법을 살펴 보기로 하자.

> 서론 : ① 어떠한 상태(상황)에 있습니까? (상황 설명)
> ① 왜 그렇습니까? (설명)
> ② 그런데 뭐가 문제입니까? (부정적 평가 - 주장)
> ② 문제를 구체적으로 설명하십시오. (예시 - 정교화 기술)
> ③ 이런 상황을 다르게 표현해 보십시오. (부연 - 기술)
> ③ 이런 상황의 문제는 무엇입니까? (문제 - 주장)

> 본론 : ① 문제 상황을 말해보시오. (상황 - 기술)
> ① 무엇이 가장 문제 입니까. (문제 - 주장)
> ② 그럼 어떻게 해야 합니까? (해결 주장)
> ② 좀 더 자세히 설명하시오. (정당화 진술)
> ③ 보다 구체적으로 설명하시오. (정교화 - 진술)
> ③ 이러한 관점을 무엇이라고 합니까? (일반화 - 진술)
> ③ 이러한 관점을 다른 말로 표현해 보시오. (부연 - 진술)
> ③ 이러한 관점에 대한 당신의 평가는 무엇입니까? (평가 - 주장)
> ④ 이러한 위기를 극복할 수 있는 해결 방안은 무엇입니까? (해결 - 주장)
> ④ 구체적으로 설명하시오. (정교화 - 진술)
> ⑤ 결론을 제시해 보시오. (결론 - 지시)

> 결론 : ① 당신의 주장은 한마디로 무엇입니까? (일반화 - 진술)
> ① 좀 더 구체적으로 설명하시오. (정교화 - 진술)
> ② 우리는 어떻게 해야 합니까? (해결 - 주장)

이 구성법을 자세히 이해할 수 있으면 좋을 텐데, 이해가 어렵다면 간단하게 다음과 같이 설명할 수 있다.

> 서 론 - 문제 제기
> 본론① - 구체적인 문제 상황(왜 문제가 되는가?)
> 본론② - 문제 상황에 대한 다른 견해 비판
> 본론③ - 자신의 견해와 해결 방안 주장

결 론 - 요약, 제언과 전망

이 때 중요한 것이 바로 '대립항'이다. 본론①에서 문제 상황을 다룰 때에도 문제 상황을 드러내는 데에만 급급할 것이 아니라 문제 상황을 다른 관점에서 보았을 때는 긍정적인 면이 없는가를 면밀하게 살펴야 한다. 본론②나 본론③에서도 마찬가지로 다른 사람의 견해에 귀 기울일만한 내용은 없는가, 나의 견해와 해결 방안에는 한계점이 없는가를 꼼꼼이 따져 보아야 한다. 그래야만 읽는이로 하여금 공감하게 만들 수가 있다.

생태학적 세계관으로

① 고속도로를 질주하는 컨테이너 트럭의 대열, 산을 뭉개는 불도저들의 활발한 움직임, 사방에 들어서는 고층 건물 주변의 크레인 등을 볼 때마다 혼란과 고통을 느끼면서도 흐뭇해진다. 거기서 우리가 성공적으로 이룩한 산업화와 국력의 성장을 확인할 수 있기 때문이다. 지금 지구 곳곳에 동일한 모습과 현상이 퍼져 가고 있다. 산업화를 통한 문명화가 인간을 빈곤과 억압에서 해방시키는 수단인한 이 작업은 더욱 추진되어야 한다. 그러나 우리기 겪고 있는 혼란과 고통은 너무 크고 그것이 동반하는 그늘은 너무 어둡다.

② 서울이나 뉴욕 등에서 숨쉬는 데 생리적 고통을 느낀다. 오염된 하천에서 죽어 떠있는 물고기를 볼 때 자연 파괴의 심리적 아픔을 경험한다. 산더미 같이 쌓인 쓰레기장에서 코를 막아야 할 때 썩어가는 자연의 모습이 안타까워진다. 생태계가 파괴되고 지구가 죽어가고 있는 것이다. 자연의 개발, 경제적 풍요, 역사적 진보에 대한 낙관과 전망은 흐려지고 인류와 지구의 앞날이 깜깜해 진다. 역사와 문명에 관한 방향 감각에 혼란이 생긴다. 세계는 어떻게 되는 것이며, 인류는 어떤 삶의 형태를 갖추게 되는 것인가?

③ 오늘과 같은 추세로만 갈 때 생태계 파괴와 인류의 종말과 지구의 죽음은 기정 사실처럼 보인다. 이런 상황에서 오늘날 인류가 대처할 문제 가운데서 생태계의 문제보다 더 심각하고 절망스런 문제는 없다. 산업화가 당장 물질적 풍요를 가져온다 해도 더는 그것을 맹목적으로 추진하고 구가할 수 없다. 현재까지 인류가 택한 방향과 그런 지평에서 이룬 문명의 의미에 대해 근본적 반성과 재해석이 필요하다. 이미 심각한 병에 든 오늘의 지구가 어두운 세계가 우리의 세계관에 의해서 조작된 것이라면 그러한 세계관은 근원적 전환을 필요로 한다.

④ 인류의 역사는 자연 정복과 복종의 시각에서 서술될 수 있다. 한 개인이나 집단의 역사가 인간 사이의 정복과 복종의 긴장된 관계로 기록될 수 있다면, 인류 전체의 시각에서 볼 때 인간의 역사는 인간에 의한 끊임없는 자연 정복으로 설명될 수 있다. 인간끼리의 관계에서나 자연과의 관계에서 인간의 행동을 지배해 온 것은 '정복'의 이념과 그러한 목적을 효율적 도구로 사용한 과학적 자연관이다. 과학 문명은 인간에 의한 자연 정복의 놀라운 성공을 뜻한다. 정복 이념과 과학적 자연관을 통털어 인간중심적 세계관으로 부를 수 있다. 그러나 인간중심적 세계관은 궁극적으로 무엇을 의미하는가? 인류가 과학기술을 빌려 성공한 자연정복의 궁극적이

고 구체적 의미는 무엇이겠는가? 그것은 환경오염, 생태계의 파괴, 인류의 멸망 그리고 지구의 죽음이라는 가능성을 뜻하게 됐다.

⑤ 오늘날 인류가 직면한 절박한 위기의 원천적 밑바닥에 '정복'이라는 이념과 과학적 자연관으로 표현된 인간중심적 세계관이 깔려 있다면 그런 위기를 극복할 수 있는 유일한 가능성은 바로 그 세계관을 원천적으로 수술해내는 데서만 찾을 수 있다. 그것은 세계관의 근본적 전환을 의미한다. 근원적 문제는 근원적으로만 해결된다. 근원적 해결책은 인간중심적 세계관을 생태학적 세계관으로 전환·대치시키는 데 있다.

⑥ 생태계적 세계관은 거시적 입장에서 미시적 입장에 갇혀 있는 인간중심적 세계관의 포기를 의미한다. 자연은 인간의 욕망충족을 위한 도구나 자료가 아니라 인간의 근원적 모체이며 조화를 찾아야 할 대상이다. 인간 외의 생물체는 정복과 약탈의 대상이 아니라 인간과 공생할 권리를 갖고 있다. 이런 생태학적 세계관에 비추어 볼 때 '발전'과 '진보'의 의미는 재해석된다. 인류의 참다운 발전은 무제한적 자연 정복이 아니라 자연과의 공존이다. 인류의 진정한 진보는 생물학적 욕망의 이기적 충족이 아니라 오히려 그러한 욕망을 극복하여 남의 존엄성을 고려하고 남과 화해·조화 속에서 공존하는 도덕적 태도와 실천력에 의해서만 측정된다.

⑦ 생태학적 이념은 자연에만 적용되지 않는다. 그것은 여러 차원과 측면에서 나타나는 모든 인간관계에도 다같이 적용되어야 한다. 물질적 가치를 가장 존중하고 인간의 이기심을 전제한 자본주의적 이념이나 개인의 자유를 억압하는 모든 전체주의적 이념은 생태학적 이념과 배치된다. 그러므로 서로 대립되면서 지난 한 세기동안 세계를 지배하고 갈등을 일으켜온 이 두 개의 이념들은 다같이 비판되고 극복되어야 한다. 과학기술이나 위의 두 가지 정치·사회적 이념이 서양적 사상의 사물이라면 서양적 사상은 생태학적 이념으로 대치되어야 한다.

(박이문)

위 글은 모두 7개의 형식 단락으로 이루어져 있다. 단락①은 문제점을 제시하는 서론에 해당된다. 그러나 단락①만을 읽어서는 글쓴이가 무엇을 말하려고 하는지 잘 파악할 수가 없다. 글 전체를 봐서는 마지막 문장인 "그러나 우리가 겪고 있는 혼란과 고통은 너무 크고 그것이 동반하는 그늘은 너무 어둡다"임이 분명한데 글쓴이는 많은 부분을 산업화가 가져온 혜택과 산업화는 계속 추진되어야 한다는 데 할애하고 있다.

무림(武林)의 고수는 칼을 숨긴다고 한다. 글을 쓰는 사람도 자기가 주장하고자 하는 내용을 감출 필요가 있다. 자기 주장을 펼치는 데 너무 집착하다 보면 글이 삭막해지고 읽는 재미를 잃게 된다. 더욱이 단락①은 '환경 보호를 위해서 우리는 과거로 돌아가야 한단 말인가'라는 반론을 재우기 위해 '산업화는 앞으로도 계속 추진되어야 한다'고 관점을 넓히고 있다. 그래서 환경보호론자와 산업개발론자 모두를 이 글의 내용 깊숙히 끌어들이는 묘미를 베풀고 있다.

단락②는 본론의 첫 번째 단락에 해당한다. 단락②는 단락①에서 제기한 문제점을 구체적으로 기술하고 있다. 죽어 가는 지구, 그에 따라 인류의 미래가 걱정된다는 논지를 펼치고 있다. 단락②의 기술은 단락③의 '세계관의 전환', 즉 글쓴이의 주장을 드러내기 위한 전제이다. 좀 더 자세히 들여다 보면 단락③의 첫문장은 단락②의 끝문장을 문답법으로 받으면서 단락과 단락 사이의 논리성을 확고하게 다지고 있음을 알 수 있다.

단락④는 오늘 우리가 겪고 있는 환경파괴의 원인을 기술하고 있다. 단락④는 '정복'을 앞장 세운 과학적 세계관이 '환경오염 → 생태계 파괴'의 수순을 밟아 오면서 '인류의 멸망과 지구의 죽음의 가능성'으로 확대되고 있음을 직시하면서 단락⑤를 연결 단락으로 하여 단락⑥에서 이 모든 것을 극복할 수 있는 '생태학적 세계관'을 제시하고 있다.

글쓴이는 인간의 욕망을 극복하여 화해·조화 속에서 공존하는 도덕적 태도와 실천력을 강조한다. 이 글의 묘미를 더해주는 것은 결론에 해당하는 단락⑦이다. 본론의 내용을 요약하는 것이 결론이라는 단순한 지식에서 벗어나 본론의 내용에서 한층 더 높은 차원의 세계로 읽는이들을 이끌어 가고 있음을 볼 수 있다. 본론의 내용은 자연에 집중하여 있었다면 결론에서는 그가 내세운 '생태학적 세계관'이 자연에만 한정된 것이 아니라 '인간과 인간' 사이에도 적용되어야 한다는 점을 내세워 더한층 글의 세계를 넓히고 있다.

이 글이 '잘 쓴 글'로 여겨지는 가장 큰 이유는 글쓴이가 글의 전반에서 '대립항'을 잊지 않고 있기 때문이다. 특히 서론에서 '산업화는 환경오염만 낳았는가 - 산업화가 가져다 준 좋은 점은 없는가?'는 대립항의 설정과 '생태학적 세계관은 자연만을 위한 것인가?'라는 결론에서의 대립항 설정이 이 글을 설득력이 강한 글, 읽는 재미를 가져다주는 글로 만든 것이다.

이처럼 논술문은 논증문의 한 종류이면서도 '객관과 주관, 딱딱한 논거와 부드러운 설명, 높은 지식과 평이한 안목'을 넘나들면서 강한 설득력과 읽는 재미를 갖추어야 하는 글이다.

가) 단독형 논술문 구성의 실제

한 편의 논술문을 쓰기 위해서는 몇 가지의 절차를 거쳐야만 한다. 그러나 아직도 글쓰기가 두렵다면, 논술문을 쓰는 절차를 간소화하여 그 두려움에서 벗어날 필요가 있다.

다음은 수업 시간에 논술문 쓰기를 유도하는 과정을 보여주기 위해 마련된 것이다.

(1) 글제 선택

수업 시간에 한 편의 글을 쓰기 위해서는 우선 글제를 정해야 한다. 글제를 정하는 방법으로는 '자유 글제'와 '글제 정해 주기', 두 방법이 주로 채택되어 왔다. '자유 글제'란 학생들에게 스스로 쓰고 싶은 이야기를 마음대로 선정하여 쓰게 하는 방법이고, '글제 정해 주기'란 하나의 지정된 글제를 제시하는 방법이다.

그러나 '자유 글제' 방식은 글의 결과를 살피는 데에는 좋으나 글쓰기의 과정을 살피는 데는 적절하지 않고, '글제 정해 주기' 방식은 학생들에게 글쓰기에 대한 부담을 준다는 점에서 피해야 할 것이다.

학생들에게 글쓰기에 대한 부담을 주지 않으면서도 글쓰기의 과정을 살피는 방식으로는 이 두 가지 방식을 적절히 혼용한 응용 방식이 필요하다. 즉 자유롭게 관심을 가지고 있는 사항을 중심으로 토론을 하게 하고 토론한 글제 중 가장 현실감 있고 쉽게 접근할 수 있는 글제를 선택하여 공동의 글제를 정하는 방식이 유리하다.

물론 자유롭게 글제를 토론하기 위해서 "지금 우리 사회가 가지고 있는 가장 심각한 문제는 무엇이지"라든가, "우리가 흔히 접하는 문화 중에서 시급히 고쳐야 할 문화는 무엇이라고 생각하지"식의 질문을 통해 글제의 범위를 어느 정도 한정하면서 시작할 필요가 있다.

다음은 "지금 우리 사회가 가지고 있는 가장 심각한 무제는 무엇이지"라는 질문을 통해 나온 글제 중에서 공동으로 선택한 글제이다.

글제 : 'IMF 경제위기'

(2) 글제를 보고 연상되는 단어 쓰기

글제를 'IMF 경제위기'라고 정한 다음, 'IMF 경제위기'라는 단어를 듣고 머리 속에 떠오르는 단어들을 순서 없이 써보도록 한다. 'IMF 경제위기'를 글제로 다음과 같은 단어들을 연상해 낼 수 있을 것이다.

① 실업(직) ② 구조조정 ③ 부도·빚 ④ 긴축재정 ⑤ 소비위축 ⑥ 노숙자 ⑦ 의욕상실 ⑧ 가족해체 ⑨ 수출증대 ⑩ 환율급등·주가폭락 ⑪ 휴학 ⑫ 대처 능력 부재 ⑬ 샴페인 ⑭ 거품 ⑮ 중산층 몰락 ⑯ 투자 위축 ⑰ 자존심 상실 ⑱ 고임금 저효율

글제를 보고 연상되는 단어 쓰기에서 유의할 사항은 연상된 단어들의 수가 너무 많지 않도록 하는 것이다. 그렇다고 학생들의 생각을 중간에 끊는다든지, 연상한 단어에 평가를 내려 삭제하라는 말은 아니다. 단지 학생들이 연상한 단어들 중에서 내용이나 성격이 유사한 것들을 묶어 두어야

개요 작성을 할 때 좀 더 유리하며, 개요 작성을 토대로 한 편의 논설문을 쓸 때에도 글이 산만해지는 것을 방지할 수 있다는 말이다.

(3) 연상된 단어로 개요 작성하기

연상한 단어의 정리가 끝나면 세부적인 개요를 작성하는 단계를 거쳐야 한다. 개요 작성을 간단하게 말하면, 수집·정리한 글감을 어떻게 배열할까를 생각하고 결정하는 일이라 할 수 있다. 흔히 이 개요 작성을 건축의 설계도에 비유한다. 설계도가 없으면 집을 지을 수가 없으며, 부실한 설계도는 부실한 집을 짓게 한다. 만일 설계도 없이 집을 짓는다면 그 집은 즉흥적으로 짓게 될 것이고, 즉흥적으로 집을 짓다 보면 목적과 상황이 변할 때마다 집의 구조나 모습이 바뀌게 될 것이다. 그래서 온전한 한 채의 집을 짓는 것이 아니라 '누더기 집'이라는 추한 건물을 짓고 말 것이다.

개요 작성이 중요한 가장 큰 이유는 개요 작성을 통해 글쓴이의 철학이 담기기 때문이다. 개요 작성은 글의 주제를 어떻게 펼칠 것이냐 하는 문제이기 때문에 개요 작성은 단순히 어떤 내용을 말하느냐에 그치는 것이 아니라 어떻게 효과적으로 펼치느냐 하는 문제도 결부되어 있다.

즉 개요 작성을 할 때에는 단순히 글감을 펼치는 작업이 아니라 어떤 내용을 어떻게 효과적으로 기술하느냐 하는 두 요소를 만족할 수 있도록 유념해 두어야 한다.

글제를 보고 연상한 단어들을 ① 문제 상황 ② 문제 상황의 원인·이유 ③ 문제 상황을 극복하기 위한 대책으로 크게 나눈 뒤 아래와 같이 정리하였다.

서론 : ①→ 글을 쓰는 목적(방법)

본론 : 1) 문제 상황(정의)
     (가) ③→⑩→⑯
     (나) ⑥→⑧
     (다) ⑮→⑤→⑪→⑰·⑦
  2) 문제 상황의 원인·이유
     ⑬·⑭·⑱→ ⑫
  3) 문제 상황을 극복하기 위한 대책
     ②→④→⑨→⑦ 의욕을 되찾는다

결론 : 정의→ 본론 요약 → 제언

'IMF 경제 위기'라는 글제로 연상 훈련을 한 뒤 간단하게 개요 작성을 해보았다. 논술문을 쓰는 데 두려움을 가졌던 학생은 '이렇게 하니 글이 짜여지네'하는 생각을 했을 것이다. 그러나 어떤 학생은 '논술문이 모두 이런 구조로 짜여지는가?'하는 물음을 갖게 될 것이다. 물론 모든 논술문이 이러한 구조로 짜여지는 것은 아니다. 논술문의 주제나 중심 내용, 질문의 방식, 출제 유형, 지문의 유·무에 따라 얼마든지 달라질 수 있다. 위에서 예를 든 논술문의 개요 작성은 한 편의 논술문을 쓰기 위한, 특히 논술문 쓰기에 두려움을 가지고 있는 학생을 위한 개요 작성임을 유념해 두어야 한다.

아무리 간단하게 짜여진 개요라 하더라도 잊지 말아야 할 사항이 몇 가지 있다.

첫째, 서론의 첫 문장은 그 글의 주제나 중심 내용을 이끄는 역할을 한다는 것이다. 위의 개요 작성의 예는 문제 제기를 서론의 첫 문장으로 삼은 유형의 논술문이다. 즉 논술문의 서론 첫 문장에 문제 상황을 거론하며 시작하는 유형의 논술문인데 ①번뿐만 아니라 ③·⑤·⑥·⑦·⑧·⑩·⑪·⑮·⑯·⑰·⑱번들이 모두 문제 상황을 나타내는 단어들이다. 이러한 문제 상황을 나타내는 단어들 중에서 어떤 단어를 서론의 첫 문장에서 다루는가 하는 문제는 곧 글 전체의 내용이나 흐름을 결정 짓는 일이 된다. 왜냐하면 서론의 첫 문장은 글 전체를 감싸는 울타리와 같은 역할을 하기 때문이다.

가령, ③번을 서론 첫 문장으로 삼는다면 글 전체의 내용은 기업의 파산이라는 경제적 내용이, ⑥번을 서론 첫 문장으로 삼는다면 노숙자를 바라보는 인간애적인 내용이, ⑧번을 서론의 첫 문장으로 삼는다면 경제 위기가 가족이라는 사회 단위를 흔들고 있다는 사회학적 내용이 글 전체의 흐름이 될 것이다. 글을 쓰는 이가 대학생이라면 ⑪번을 서론의 첫 문장으로 삼는다면 좀 더 현실적인 논술문이 될 것이다.

둘째, 본론 1)의 문제 상황 기술을 얼마나 입체적으로 작성하느냐 하는 것이다. 왜냐하면 본론 1)의 기술 방향이 본론 2)와 본론 3)의 기술 방향에 영향을 미치기 때문이다. 본론 1)의 기술 방향에 맞춰 본론2)와 본론 3)을 기술하는 것을 '글의 체계성', 또는 '기술의 통일성'이라고 하는데 이러한 요소는 논술문 뿐만이 아니라 다른 글에서도 효과적인 표현의 중요한 요건이 된다.

그러면 입체적인 기술이란 무엇인가? 위에 예를 든 개요 작성의 경우, 본론 1)은 서론에서 제시한 문제 상황을 구체적으로 기술하는 부분이다. 그러므로 서론 첫 번째 문장인 ①의 단어와 밀접한 관련이 있는 ③·⑩·⑯번으로 본론 첫 번째 내용 단락인 (가)를 삼고, (가)를 상세화하기 위하여 (가)와 인과 관계에 있는 ⑥·⑧로 (나)를 삼아 구체적으로 전개하고 있다. 단락(나)가 이 글 전체의 흐름이나 비중상 생략할 수 있느냐 없느냐 하는 문제는 접어두고, 본론 1)이 여기에서 그치면 이는 입체적인 기술이라 할 수 없다.

좀 더 자세하게 말하면 단락 (가)와 (나)는 수평적 전개 과정에 있다면 단락(다)는 '그러나', 또는 '그런데'와 같은 접속어를 필요로 하는 전환의 단락이고 이러한 전환의 단락이 입체적인 기술을 뜻하는 것이다. 이러한 전환 단락이 글의 논리와 구조를 더욱 단단하게 하고 읽는 사람으로 하여금 읽는 재미를 느끼게 한다는 것을 생각한다면 잊어서는 안될 사항이다.

셋째, 결론 부분에 오는 정의는 객관적 정의가 아닌 글의 내용에 입각한 주관적인, 새로운 관념의 정의여야 한다는 것이다. 새로운 관념이 아니더라도 한 편의 글을 마무리하는 입장에서 해결책의 열쇠가 되는 신념이나 관점을 나타내는 정의여야 한다.

예를 들어 이 글의 핵심 글제인 IMF에 대해 서론이나 본론에서는 'IMF란 국제 금융기관의 약자로써 우리 나라의 경제 위기를 …'식의 정의가 필요하다면, 결론의 정의는 본론 3)의 해결책의 근간이 되는 정신, 즉 'IMF는 우리가 의욕만 되찾는다면 얼마든지 떨쳐버릴 수 있는 한순간의 고통일 뿐이다'와 같은 주관적인 정의이어야 한다.

(4) 개요 작성을 토대로 줄거리 만들기

위에 예로 든 개요 작성으로 한 편의 글을 쓰기 위한 개요 작성이 끝난 것은 아니다. 제1장에서 배웠듯이 화제식 개요 작성을 해야 하고 화제식 개요에서 한걸음 더 나아가 문장식 개요 작성까지 이루어야 한 편의 글을 쓰기 위한 개요 작성은 완결되었다고 볼 수 있다.

그러나 이 곳에서는 논술문 쓰기를 두려워하는 학생들에게 좀 더 손쉽게 논술문에 접근하는 것을 보여주기 위한 것이므로 위에서 예로 든 간단한 개요 작성을 토대로 줄거리를 만들어 보도록 하자.

서론 : ①→ 글을 쓰는 목적(방법)
　☞ 역사상 처음 있는 국가 부도 위기에 직면하여 기업이 쓰러지면서 많은 실직자들이 생겨났다. 이러한 실직 사태는 실직한 사람들만의 문제가 아니라 우리 국민 누구나가 겪을 수 있는 일이므로 냉정하게 그 원인을 분석하고 대처해야 할 필요성이 있다.

본론 : 1) 문제 상황(정의)
(가) ③→⑩→⑯
　☞ 국제 금융, 즉 IMF의 규제를 받으면서 국내·외의 자금 시장이 얼어붙었

고 그 여파로 많은 빚을 떠 안고 있던 기업들이 무참하게 부도를 내고 쓰러지고 있다. 환율은 급등하고 주가는 폭락하여 이제 우리 기업의 주식은 휴지 조각이 되고 말았다. 환율 급등과 주가 폭락은 투자 위축으로 이어지고 투자 위축은 다시 기업의 부도로 이어지는 악순환이 계속되고 있어 우리 경제는 암울하기만 하다.

(나) ⑥→⑧
☞ 뿐만 아니라 하루아침에 실직을 당한 사람들은 퇴직금도 받지 못하고 서울역이나 지하철역, 지하 상가의 차디찬 바닥에서 새우잠을 자야만 하는 이른바 노숙자의 신세가 되었다. 한 가정의 가장이었던 노숙자들의 문제는 그들 개인의 문제가 아니라 한 가정의 해체라는 사회 기본 구조의 붕괴를 낳고 있다.

(다) ⑮→⑤→⑪→⑰·⑦
☞ 그러나 이것보다 더 심각한 문제는 자본주의 경제 구조의 근간인 중산층이 몰락하고 있다는 것이다. 중산층의 몰락은 곧바로 소비 위축을 가져와서 실물 경제가 마비되고 있다. 실물 경제의 실종은 우리 경제가 영원히 원상 회복을 할 수 없다는 것을 의미한다. 지금 당장의 고통은 이를 악물고 이겨낼 수 있다지만 희망이 없는 미래는 곧 우리 모두의 몰락을 가져올 것이다. '당장 밥은 굶어도 자식 교육만은 시키겠다'던 교육열이 이제는 학생들의 휴학으로 이어지고 있다. 가난한 시절에도 우리를 버티게 했던 자존심도, 한강의 기적을 일궈냈던 불같은 의욕도 이제는 찾아 볼 수 없게 되었다.

본론 : 2) 문제 상황의 원인·이유 = ⑬·⑭·⑱→⑫
☞ 우리가 이렇게 어려운 위기를 맞이한 것은 필연이었다. 우리만 몰랐을 뿐 이미 세계 여러 나라들이 우리에게 '샴페인을 너무 일찍 터뜨리는 나라'라든지, '한국의 경제는 거품 경제'라 하여 우리의 몰락을 예견하고 있었다. 그들의 말처럼 우리는 고도 성장에 도취되어 너무 일찍 샴페인을 터뜨리며 흥청망청하고 있었으며, 거품 경제 속에서 허황된 꿈만을 꾸어왔던 것이다. 국가 정책을 탓하기에 앞서 우리 스스로가 고임금 저효율로 우리의 발목을 잡고 있었으며 거기다가 정부의 위기 대처 능력 부재가 우리를 이 지경으로까지 몰고 온 것이다.

본론 : 3) 문제 상황을 극복하기 위한 대책 = ②→④→⑨→⑦ 의욕을 되찾는다
☞ 그렇다고 언제까지 이 나락 속에 빠져 있을 수는 없다. 아니, 이 나락 속에 빠져 있어서는 안 된다. 더 어려웠던 시절을 생각하며 우리는 뼈를 깎는 구조조정을 이루어야 한다. 군살을 빼고 거품을 걷어내야 한다. 우선 정부가 앞장서서 방만한 국가 경영을 초 긴축재정으로 전환하여야 하며, 고도 성장을 이루었던 때처럼 수출만이 살길이라는 구호 아래 수출 증대를 독려하고 나서야 한다. 무엇보다도 국가든 국민 개인이든 한강의 기적

을 일궈낸 민족으로서 잃어버린 의욕을 되찾는 일이 급선무이다. 우리 자신을 되돌아보고 버릴 것은 과감하게 버리고 다시 찾아야 할 것은 되찾아 새롭게 출발한다는 각오로 이 경제 위기에서 벗어나야 한다.

결론 : 정의→ 본론 요약 → 제언
   ☞ IMF 경제 위기는 우리가 의욕만 되찾는다면 얼마든지 떨쳐버릴 수 있는 한순간의 고통일 뿐이다. 지금의 혹독한 경제 위기도 온 국민이 힘을 모아 저력을 발휘한다면 얼마든지 극복할 수 있다. 국민 모두가 실직의 그늘에서 벗어나 새로운 도약의 의지를 불사른다면 과거보다 더욱 튼튼한 국가 경제를 이룩할 수 있다는 것을 믿어 의심하지 않는다.

물론 이 글은 썩 좋은 논술문이라 할 수 없다. 우선 본론 1)에 해당하는 문제 상황이 다른 부분보다 너무 길다. 뿐만 아니라 글제에 대해 연상된 단어들을 하나의 주제에 맞춰 한정하지 않았기에 산만하기 이를 데 없다. 그러나 논술문에 대한 거부감이나 두려움은 많이 줄었을 것으로 기대된다.

한 편의 완성된 글이 되기 위해서는 주제도 한정해야 할 뿐만 아니라 단락의 구성과 문장 기술도 더욱 치밀해야만 한다. 이러한 문제들은 이미 1장 '글쓰기의 절차'에서 다루었거나, 다른 유형의 글쓰기 부분에서 도움을 받도록 한다.

2. 2. 2 자료 제시형의 일반 유형

자료 제시형의 논술문을 구성할 때 우선 필요한 것이 제시문을 읽는 것이다. 제시문의 내용을 파악하고 문제와 제시문의 내용을 연결하여 출제 의도와 무엇을 문제 삼고 있는지를 파악하여야 한다. 이 때 제시문을 추상적으로 읽지 않고 현실적인 사회 상황과 연결하여 구안할 수 있도록 지도하여야 한다.

제시형 논술문의 구성 역시 단독형의 구성 방식을 기본으로 삼을 수 있다. 하지만 단독형과 제시형은 약간 다른 점이 있다. 단독형과 제시형의 큰 차이점은 제시형에는 제시문이 있다는 것이다.

제시문이 있다는 것은 출제자가 원하는 논술문의 내용과 방향이 있다는 것을 의미한다. 즉 단독형에 비해 제시형은 출제 의도를 파악하는 일이 중요하고 출제 의도의 범주 안에서 내용을 구안해야 한다는 것이다.

또한 제시문이 있다는 것은 활용할 수 있는 자료가 있다는 것도 의미한다. 다시 말해 제시된 글 자체나 글에 대한 해석이 글감이 될 수 있다는 것이다. 따라서 제시형 논술문을 쓸 때에는 제시된 글이나 자료를 충분히 활용하는 것도 바람직하다.

　다음은 1997학년도 서울대학교 입학 논술고사의 문제와 모범 답안이다.
실제 문제를 통해 제시형 논술문쓰기의 구성 방식을 공부해 보자.

【예】 현대 사회에서 개인은 거대한 조직에 속해 있으면서 대부분이 익명의 존재로
방치되어 있다고 말하기도 한다. 위의 글은 이 같은 문제를 해결하기 위해 개인과
개인 사이의 참다운 정서적 유대 관계의 형성이 중요하다는 점을 암시하는 것으
로 볼 수 있다.
　첫째, 이 글에서 다루고 있는 문제가 어떠한 사회적 조건에서 비롯된 것인가를 간
략히 밝히고, 둘째, 그러한 사회적 조건에 비추어 볼 때 참다운인간 관계를 형성
하는 데에 이 글에서 암시하고 있는 개인적 차원의 노력이 어떠한 의의와 한계를
지니고 있으며, 그 한계를 극복할 수 있는 방안이 무엇인가에 대해 자신의 견해를
논술하라.

〈제시문〉

　“안녕.” 여우가 말했다.
　“안녕.”어린 왕자가 공손히 대답하고 둘러보았으나 아무 것도 보이지 않았다.
　“나, 여기 있어. 사과나무 아래……”작은 목소리가 들렸다.
　“넌 누구니? 참 이쁘구나.” 어린 왕자가 말했다.
　“나는 여우야.”
　“이리 와서 나하고 놀자. 난 아주 쓸쓸하단다.”
　“난 너하구 놀 수가 없어. 길이 안 들었으니까.”
　“그래? 미안해.”조금 생각하다가 어린 왕자가 덧붙였다.
　“길들인다는 게 무슨 말이니?”
　“넌 여기 사는 아이가 아니구나. 무얼 찾고 있니?”
　“사람들을 찾고 있어. 그런데 길들인다는 게 무슨 말이니?”
　“사람들은 총으로 사냥을 해 대단히 귀찮은 노릇이긴 하지만 사람들은 닭을 기르
기도 해. 사람이란 그저 한 가지밖에 쓸모가 없다니까. 너두 닭이 필요하니?”
　“아니. 난 친구를 찾고 있어. 도대체 길들인다는 게 무슨 말이냐구.”
　“모두들 잊고 있는 건데, 관계를 맺는다는 뜻이란다.”여우가 말했다.
　“관계를 맺는다구?”
　“응. 지금 너는 다른 애들 수만 명과 조금도 다름없는 사내애에 지나지 않아. 그
리구 나는 너가 필요없구, 너도 내가 아쉽지 않은 거야. 네가 보기엔 나도 다른 수
만 마리의 여우와 똑같잖아? 그렇지만 네가 나를 길들이면 우리는 서로 아쉬워질
거야. 내게는 네가 세상에서 하나밖에 없는 존재가 될 것이구, 네게도 내가 이 세
상에 하나밖에 없는 여우가 될 거야.”
　“이제 좀 알아 듣겠어. 나에게 꽃이 하나 있는데, 그 꽃이 나를 길들였나봐.” 어
린 왕자가 말했다.
　“그럴 수도 있지. 지구에는 없는 게 없으니까.”
　“아니. 지구에 있는 게 아니야.”

"그럼, 다른 별에 있어?"

"응."

"그 별에는 사냥꾼이 있니?"

"아니."

"야, 거 괜찮은데! 그럼, 닭은?"

"없어."

"그래, 완전한 곳은 절대로 없다니까." 여우는 한숨을 쉬었다. 그리고 여우는 자기 이야기로 말머리를 돌렸다.

"내 생활은 늘 똑같애. 나는 닭을 잡구, 사람들은 나를 잡는데, 사실 닭들은 모두 비슷비슷하구, 사람들도 모두 비슷비슷해. 그래서 나는 좀 따분하단 말이야. 그렇지만 네가 나를 길들이면 내 생활은 달라질 거야. 난 보통 발소리하고 다른 발소리를 알게 될 거야. 보통 발자국 소리가 나면 나는 굴 속으로 숨지만 네 발자국 소리는 음악 소리처럼 나를 굴 밖으로 불러낼 거야. 그리고 저기 밀밭이 보이지? 난 빵을 안 먹으니까 밀은 나한테는 소용이 없구, 밀밭을 보아두 내 머리에는 떠오르는 게 없어. 그게 참 안타깝단 말이야. 그런데 너는 금발이잖니. 그러니까 네가 나를 길들여 놓으면 정말 기막힐 거란 말이야. 금빛깔이 도는 밀밭을 보면 네 생각이 날 테니까. 그리구 나는 밀밭을 스치는 바람 소리까지도 좋아질 거야."

여우는 말을 그치고 어린 왕자를 한참 바라보더니, "제발, 나를 길들여 줘."라고 말했다.

"그래. 그렇지만 나는 시간이 별로 없어. 친구들을 찾아야 하거든."어린 왕자는 대답했다. 여우는 힘없이 말했다.

"사람들은 이제 무얼 알 시간조차 없어지고 말았어. 사람들은 다 만들어 놓은 물건을 가게에서 산단 말이야. 그렇지만 친구는 파는 데가 없으니까, 사람들은 이제 친구가 없게 되었단다. 친구가 필요하거든 나를 길들여."

"어떻게 해야 되는데?"

"아주 참을성이 많아야 해. 처음에는 내게서 좀 떨어져서 그렇게 풀 위에 앉아 있어. 내가 곁눈으로 너를 볼 테니 너는 아무 말두 하지 마. 말이란 오해의 근원이니까. 그러다가 매일 조금씩 더 가까이 앉는 거야."

이튿날 어린 왕자가 다시 찾아오자 여우가 말했다.

"시간을 약속하고 왔으면 더 좋았을 텐데. 네가 오후 네 시에 오기로 했다면 나는 세 시부터 행복해지기 시작했을 거야. 시간이 흐를수록 나는 점점 더 행복해졌을 거구, 네 시가 되면 안절부절 못하구 걱정했을 거야. 행복이 얼마나 값지다는 것 알게 되었을 거란 말이야. 그러나 네가 아무 때나 오면 나는 언제 마음을 가다듬어야 할지 알 수 없잖아? 무언가 정해 놓을 필요가 있어."

"무얼 정해 놓는다구?" 어린 왕자가 물었다.

"그것도 요즈음은 잊고 사는 거란다. 어떤 날은 다른 날들과, 어떤 시간은 그 외의 시간들과 다르게 만드는 거야. 예를 들어 사냥꾼들은 목요일마다 동네 아가씨들하구 춤을 춘단 말이야. 그래서 내게 목요일은 기막히게 좋은 날이지. 포도밭까지 소풍을 가기도 하구. 그런데 사냥꾼들이 아무 날이나 춤을 춘다고 생각해 봐. 그저 그날이 그날 같을 게고, 나는 휴가라는 게 영 없을 거 아냐?"

이렇게 해서 어린 왕자는 여우를 길들였다.

어린 왕자가 떠날 시간이 가까워지자 여우가 말했다.

"난 아무래도 눈물이 날 것 같애."

"그건 너 때문이야. 나는 너를 괴롭힐 생각이 조금도 없었는데, 네가 길들여 달라구 그랬잖아."

"그래."

"그런데 눈물이 날 것 같다면서?"

"그래."

"그러면 손해만 본 셈이구나."

"아니, 이득이 있어. 저기 밀밭 빛깔 말이야." 여우가 말했다.

"장미꽃 밭에 다시 가 봐. 네 장미꽃이 딴 꽃들과는 다르다는 걸 알게 될 거야. 그리구 나한테 작별 인사를 하러 오면 선물로 비밀 하나를 가르쳐 줄게."

어린 왕자는 장미꽃들을 다시 만나러 갔다.

"너희들은 내 장미꽃하구 전혀 달라. 너희들은 아직 아무 것도 아니야. 아무도 너희를 길들이지 않았잖아. 내 여우도 전에는 너희나 마찬가지였어. 다른 여우들하고 똑같은 여우였어. 그렇지만 그 여우를 내 친구로 삼으니까 지금은 이 세상에 하나밖에 없는 여우가 되었어."

그러니까 장미꽃들은 어쩔 줄을 몰라했다.

어린 왕자는 또 이런 말도 했다.

"너희들은 곱긴 하지만 속이 비었어. 누가 너희들을 위해서 죽을 수는 없단 말이야. 물론 보통 사람들은 내 장미도 너희들과 비슷하다구 생각할거야. 그렇지만 그 꽃 하나만 있으면 너희들을 모두 당하구두 남아. 그건 내가 물을 주고 고깔도 씌워 주고 병풍으로 바람도 막아 주었으니까. 내가 벌레를 잡아 준 것도 그 장미꽃이었어. 나비를 보여 주려구 두세 마리는 남겨 두었지만……. 그리고 원망이나 자랑이나 모두 들어 준 것도 그 꽃이었으니까. 그건 내 장미꽃이니까."

어린 왕자는 여우한테 다시 와서 작별 인사를 했다.

"잘 있어."

"잘 가, 이제 내 비밀을 가르쳐 줄게. 아주 간단한 거야. 세상을 잘 보려면 마음으로 보아야 한다는 거지. 제일 중요한 것은 눈에는 보이지 않거든."

"제일 중요한 것은 눈에는 보이지 않는다."

어린 왕자는 그 말을 되뇌었다.

"네가 그 장미꽃에 바친 시간 때문에 그 장미꽃이 그렇게 중요하게 된 거야."

"내 장미꽃에 바친 시간 때문에……."

어린 왕자는 잊어버리지 않으려고 되풀이해서 말했다.

"사람들은 이 진리를 잊어버렸어. 하지만 너는 잊어버리면 안 돼. 네가 길들인 것에 대해서는 영원히 네 가 책임을 지게 되는 거야. 너는 네 장미꽃에 대해서 책임이 있어."

"나는 내 장미꽃에 대해서 책임이 있다." 어린 왕자는 머리에 새겨 두기라도 하듯 다시 말했다.

유의 사항

1. 제목을 쓰지 말 것.

2. 자신의 신원을 드러내는 표현을 쓰지 말 것.
3. 한 편의 완결된 글로 쓸 것.
4. 어문 규정과 원고지 작성법에 따를 것.
5. 1,600자 안팎(띄어쓰기 포함.±200자)으로 쓸 것.

이 논술고사에 대한 모범답안을 대학측이 발표하였다. 먼저 모범답안을 읽어 보자

〔모범답안 1〕
　생텍쥐페리의 「어린 왕자」 중에 어린 왕자와 여우가 만나는 이야기가 있다. 어린 왕자는 친구를 찾다가 여우 한 마리를 만나게 되는데 여우는 친구가 되자는 어린 왕자에게 자신을 길들여야 한다고 말한다. 여우는 길들인다는 것이 관계를 맺는 것이라고 어린 왕자에게 설명하고 둘은 만나기로 약속한다.
　어느 날 어린 왕자가 찾아오자 여우는 어린 왕자를 만나게 된다는 것에 행복을 느끼기 위해 시간약속을 하자고 한다. 어린 왕자가 여우를 길들이고 떠나게 되자 여우는 작별 선물로 비밀을 가르쳐 준다. 그 비밀은 가장 중요한 것은 눈에 보이지 않는다는 것과 시간을 바쳤기에 왕자의 장미꽃이 중요하다는 것과 자신이 길들인 것에 대해 책임이 있다는 것이다.
　이 왕자와 여우 이야기는 현대 사회의 인간 관계에서 정서적 관계의 형성이 중요하다는 것을 암시한 것을 볼 수 있다. 우선 어린 왕자와 여우가 만나기 전의 상태에서 현대 사회의 개인의 상태를 알 수 있다. 친구가 없어 쓸쓸해하며 친구를 찾는 어린 왕자와 단지 필요에 의해서 닭을 구하고 다른 사람에게 따분함을 느끼는 여우에게서 현대인의 고독과 대중 속에 묻혀있는 익명성 그리고 필요에 의한 인간 관계를 볼 수 있다.
　즉, 어린 왕자 여우를 놓고 생텍쥐페리는 현대인의 문제점을 찾아낸 것이다. 이러한 현대인이 인간 관계의 정서적 교류를 잃게 된 것은 점차 산업화, 거대화되는 사회변화가 그 원인이다. 거대 사회 속에서 개인의 존재여부는 별 문제가 되지 않는다. 한 개인이 죽는다 해도 사회는 별탈 없이 모든 일이 이루어지는 것이다. 이러한 현실 속에서 개인은 존재 의미를 상실하게 된 것이다.
　어린 왕자와 여우는 이러한 상황에서 서로 친구가 된다. 친구가 된다는 것은 곧 상대방이 자신에게 특별한 존재라는 의미를 부여하는 것이다. 이전에는 어린 왕자나 여우가 다른 수만 명의 소년이나 여우와 다를 바 없었지만 친구가 됨으로써 특별한 존재가 되는 것이다.
　또, 어린 왕자가 여우를 찾아가는 시간도 정하자고 여우는 제안한다. 다른 수많은 시간과 다른 특별한 시간으로 의미를 부여하는 것이다. 어린 왕자는 장미꽃들에게 자신의 장미꽃은 그에게 특별한 것이며 다른 장미꽃들은 아무 것도 아니라고 한다. 이 이야기에서 제시하고 있는 것은 의미를 부여함으로써 특별한 존재가 되는 것이 현대인의 인간관계의 문제점을 해결하는 방법이라는 것이다. 여우가 어린 왕자에게 작별 선물로 가르쳐준 비밀에서 볼 수 있듯이 서로에게 의미를 부여하는 것은 많은 시간과 책임을 필요로 한다. 즉, 타인이 자신의 한 부분이라 생각

하는 것이 다른 사람에게 특별한 의미를 부여하는 것이다.

그러나, 이러한 방법은 의미부여를 하는 당사자들에게만 국한된다는 한계를 지니고 있다. 어린 왕자는 다른 장미꽃들에게 그들은 자신에게 아무 것도 아니라 말한다. 그러자 장미꽃들은 어쩔 줄 몰라 한다. 다른 사람이 의미를 부여하지 않으면 장미꽃들은 아무 것도 아니라는 것이다. 바꾸어 생각해보면 장미꽃들은 여전히 외롭고 대중 속에 묻힌 존재 의미를 상실한 상태인 것이다. 즉, 이러한 방법의 의미 부여는 둘만의 관계에 불과하고 보다 높은 차원으로 발전할 수 없는 것이다. 이러한 상황에서 의미를 다른 사람에게 부여받지 못한 현대인은 더 고독하게 되는 것이다. 이러한 한계를 극복하기 위해서는 개개인이 자신에 대해 의미를 부여해야 한다.

자신은 다른 어떤 존재보다 특별한 존재이며 이러한 사실은 다른 사람에게도 마찬가지라는 것을 자각할 때 현대인의 고독과 소외감은 극복되며 모든 사람의 존재 가치를 인정하게 된다. 날로 심화되는 군중 속의 고독을 해결하기 위해 자신의 존재를 귀중하게 여기고 자기 개발을 해야 할 것이다.

〔모범답안 2〕

TV 농촌 드라마를 보면, 인간 사이의 풋풋한 情이 느껴진다. 이웃끼리 싸우기도 하고, 화해도 하고, 그러다가 슬픈 일이면 함께 울고, 궂은 일은 힘을 모아 해결해간다. 이웃과 이웃이 정서적으로 참된 유대 관계를 형성하고 있는 것이다. 그러나 현대 사회에서 우리의 삶은 그와 같지 않다.

많은 사람들과 관계를 맺고 지내지만, 정서적으로 유대관계를 맺지 못하고 있다. 현대인은 익명의 존재인 것이다. 「어린 왕자」라는 소설에서 어린 왕자와 여우가 친해져 가는 모습은, 이런 인간이 참다운 인간관계를 맺도록 개인 차원의 노력이 필요함을 보여주고 있다.

개인이 익명의 존재가 되어 소외감, 외로움을 느끼는 것은 현대 사회의 구조 때문이다. 현대 사회는 거의 모든 일이 分業化(분업화)되어 있다. 따라서 모든 일의 단위가 개인에 의해 이루어지도록 되어 있다. 이렇게 분업화된 개인을 맺어 주어서 하나의 일을 해낼 수 있게 해주는 것이 관료제이다. 관료제 내에서는 개인적으로 일을 처리하기 위해 모든 관계를 맺는 방법을 사무적으로 규정해 버린다. 즉, 현대인은 정의적 관계를 맺는 기회는 거의 주어지지 않고, 사무적인 이해 관계를 맺는다. 같은 관료제 내에 있는 사람이 아니고, 대부분 이해관계에 의해 만나기 때문에 정의적인 관계를 맺기는 힘들다. 현대인은 이처럼 정의적 유대관계를 맺을 기회가 부족해서 외로움과 소외감을 느끼게 된다.

물론 이런 구조 속에 있더라도 개인적 노력으로 얻은 정서적 유대 관계는 정서적으로 위안이 된다. 우선, 사무적 이해관계에서 부족함을 느끼는 정서적인 관계에 대한 욕구를 해소할 수 있다. 그러나 현대인은 거대한 관료제, 분업화 속에서 단지 하나의 수단으로 여겨지고 있다는 사실에 소외감을 느끼고 있다. 그러나 정서적인 유대관계를 맺음으로서 자신이 상대방에게 하나의 목적이 되어 있음을 느낄 수 있다. 언제라도 대체할 수 있는 수단이 아니라, 상대방이 필요로 하고 원하는, 대체될 수 없는 목적이 되었음을 느끼는 것이다. 이로써 현대인은 수단으로 전락해 느끼는 소외감을 덜 수 있다.

이처럼 개인적인 노력으로 맺은 정서적 유대 관계는 정서적으로 위안이 된다. 우선, 사무적 이해관계에서 부족함을 느끼는 정서적인 관계에 대한 욕구를 해소할 수 있다. 그러나 사회 구조는 이러한 개인적 노력에는 바뀌지 않기 때문에 여전히 현대인은 외로움과 소외감을 느낀다. 현대인이 정서적인 유대관계를 갖는 시간은 일을 하며 사무적 이해관계를 맺는 시간에 비해 훨씬 적다. 따라서 인간의 노동이 관료제와 분업화 체제하에서 지속되고 있는 한, 개인적인 노력에 의한 정서적 유대 관계는 단지 위안이 될 뿐이지 해결은 될 수 없는 것이다. 사회 구조가 바뀌지 않기 때문에 이것이 이미 맺고 있는 정서적 유대관계를 위협할 수도 있다. 정서적인 관계를 맺고 있는 사람과 이해관계가 얽힌다면 이해관계가 상충할 때 정서적인 관계가 어그러진다. 또, 이해관계가 부합할 때는 정서적 관계에 의해 이해관계 해결의 정당성을 의심받을 수 있다.

이런 현대인의 문제를 해결하기 위해 먼저 현대인이 여가시간을 많이 갖도록 해주어야 한다. 여가는 곧 정서적인 유대관계를 맺고, 누릴 수 있는 시간이기 때문이다. 그리고 궁극적인 해결을 위해서는 분업화와 관료제 체제를 팀에 의한 체제로 바꾸어야 한다. 팀에 의한 문제해결, 즉 노동은 일의 단위가 개인이 아닌 단체이므로 일의 해결과 함께 정서적 유대감을 키울 수 있다. 그리고 자신이 거대체제의 수단이 아니라, 한 팀에서 중요한 목적적인 존재라고 느껴 소외감을 느끼지 않을 수 있다. 이런 변화는 대량생산체계가 소품종 고품질의 생산체계로 변화하며 촉진되고 있지만, 사회전체의 노력도 매우 절실하다.

〔모범답안 3〕

요즘 사람들은 대부분 고층 아파트에 살면서 옆집 이웃과도 몇 달에 한번 만날까 말까 하며 바쁘게 산다. 그들은 거대한 조직에 속해 있으면서 가족들의 일에도 무심하기 일쑤다. 이와 같이 현대의 대중은 거대한 도시에서 익명의 존재로 살아가고 있으며 이로 인해 자아 상실, 삶의 의미 상실로 괴로워하기도 한다. 이러한 현상이 나타나게 된 것은 현대 사회로 들어오면서 인구 집중, 도시화, 관료제, 대중매체의 횡포 등의 영향을 받은 때문이다. 이에 대한 해결책으로 개인과 개인 사이의 참다운 정서적 유대의 강화력은 개인의 차원의 노력의 한 방법이 될 수 있다.

이러한 개인적 차원의 노력은 많은 의의를 지니고 있다. 주변의 아는 사람들과 정서적 유대를 강화함으로써 개인이 직장 생활에서는 느끼지 못했던 즐거움을 누리게 되고 새로운 삶의 의욕을 느낄 것이다. 또한 친구들 사이의 정신적 교감을 주고받으며 자기 정체성을 회복할 수 있다. 소설 「어린 왕자」에서 여우가 느꼈던 따분함도 어린 왕자와의 '길들임' 즉 정서적 유대관계를 가짐으로써 극복될 것이다.

하지만 개인적 차원의 노력은 문제를 제기한 사회적 조건에 비추어 볼 때 어느 정도 한계를 지니고 있다. 위에서 말한 사회적 조건, 인구 집중, 도시화, 관료제, 대중 매체의 횡포 등은 사회적 문제로 개인적 차원 속에서 해결될 수 없기 때문이다. 현대 사회에 들어서며 중세 근대의 지역 공동체 붕괴 속도가 지속되면서 인구 집중, 도시화 등이 나타난다. 그로 인해 도시에는 셀 수 없을 만큼 많은 인구가 거주하게 되었고 관료제로 분업, 타인과 관계없이 자신의 일만을 해결하는 직장에 다니면서 이러한 문제가 나타난 것이다. 여기다 패션 운운하며, 모두에게 똑같은 기준에 맞출 것을 강요한 매스 미디어의 횡포도 현대사회의 대중성, 익명성에 한몫 했다. 이렇게 볼 때 개인적 차원의 문제 해결에 불과하다. 더욱 근본적인 해결책으로 사회 전체적, 제도적 해결책이 요구되는 것이다.

이와 같은 사회적 노력의 방안으로 지역 공동체의 활성화, 공동체적 근무 제도의 확립, 인간적 매스 미디어의 추구 등을 들 수 있다. 지역 공동체의 활성화란 소규모적이고 靜的(정적)인 공동체를 국가의 기초로 삼아야한다는 것이다.

이로써 개인들의 삶의 정체성을 찾을 수 있을 것이다. 이를 위해 대도시는 점차적으로 해체되어야 한다. 현재의 관료적 기업형태는 개인들을 고립화시키는 경향이 있었다. 이를 해결하기 위해 소규모 프로젝트 그룹을 중심으로 하는 공동체적 근무 제도를 확립해야 한다. 또 현재까지의 수동적인 매스미디어 체계는 틀에 박힌 인간을 양산하는 등의 문제점을 지니고 있었다. 이를 해결하기 위해서는 시청자, 청취자 등이 적극적으로 참여하고 선택할 수 있는 능동적인 매스 미디어를 추구해야 할 것이다.

어린 왕자와 여우가 말한 서로를 '길들임', 개인과 개인 사이의 참다운 정서적 유대관계는 현대 사회에 나타난 대중성, 익명성을 해결하기 위한 필수적인 요소이다. 하지만 그것만으로는 그런 문제를 초래한 사회적 요인, 인구 집중, 도시화, 관료제, 대중매체의 횡포를 해결할 수는 없다. 곧 지역 공동체의 활성화, 공동체적 근무 제도의 확립, 인간적 매스 미디어의 추구 같은 사회적 측면에서의 접근이 함께 이루어져야 더욱 인간적이고 정이 넘치는 사회가 만들어질 것이다.

(답안1)은 제시문 중심으로 구성한 것이고, (답안2)는 제시문과 자신의 생각을 적절하게 섞어 구성한 것이고 (예문3)은 자신의 생각을 중심으로 구성한 것이다.

이처럼 제시형의 실제적인 구성은 세 가지로 정리할 수 있다. 즉 논술문을 쓸 때, 제시문과 자신의 생각의 비율을 어떻게 할 것인가가 제시형 논술문의 실제적인 구성 형태가 될 수 있다는 것이다.

한 가지 덧붙일 것은 논술문 구성을 학습할 때 일정한 틀을 가르치지 말라는 것이다. 논술교육이 실패하는 가장 큰 원인은, 학생들이 논술문을 쓰는 것을 싫어하는 가장 큰 이유는, 바로 일정한 구성방식을 강요하기 때문이다.

학생들은 나름대로 대상을 인식하는 방식을 가지고 있고 이에 따라 자신만의 독특한 표현 방식을 가지고 있다. 바꾸어 말하면 학생들 각자는 자신에 맞는 구성을 습관처럼 가지고 있다는 것이다. 따라서 일정한 구성 방식을 강요하면 학생이 가지고 있는 구성 방식과 충돌이 일어나게 되고, 그 결과 글의 체계성을 잃을 뿐만 아니라 자연스럽게 자신의 생각을 꺼내지 못한다.

논술문의 일정한 구성 방식은 없다. 논술문의 구성은 학생들에게 맡기자. 단지 실제로 논술문을 구성할 때 학생이 가지고 있는 지식과 능력에 따라 위 세 가지 구성 방식을 결정하도록 유도하여야 한다.

구체적인 방법과 절차를 살펴보자. 우선 제시문을 읽어 출제 의도를 파악한 다음, 학생 자신의 생각과 주장을 정한다. 그 다음 자신의 주장을 뒷받침할 논거와 타당성을 적게 하고 그 양과 질적 수준을 살펴서 위 세 가지 구성 방식 중 하나를 선택하게 한다.

논거가 적을 경우 첫 번째 유형, 제시문 중심의 구성 방식을 택하도록 하고 논거가 많고 수준에도 자신이 있을 때에는 세 번째 유형을, 그 중간인 경우에는 두 번째 구성 방식을 선택하도록 한다.

한 가지 유념할 사항은 세 번째 구성 방식을 선택했을 때 높은 점수를 받을 가능성이 높다는 것이다. 논술고사는 학생의 독자적이고 창의적인 인생관과 가치관을 평가하는 데 기본 목적이 있다는 것을 잊지 않아야 한다. 그렇다고 무리하게 세 번째 구성 방식을 선택했을 경우에는 논리와 체계성이 떨어지고 내용이 얕은 논술문이 되어 형편없는 점수를 받게 된다는 것도 잊어서는 안 된다.

제시형 논술문 구성을 학습할 때 핵심으로 삼을 것은 ① 학생이 가지고 있는 구성 방식을 최대한 존중하고 살릴 수 있도록 하여야 하고 ② 학생이 가지고 있는 논거의 양과 주장의 질적 수준을 살펴 구성 방식을 선택하여야 한다는 것이다.

둘째 마당 : 논술교육을 위한 준비

제3장 논술 쓰기 전략

논술 쓰기를 어려워하는 학습자들을 위해 몇 가지 전략을 세울 필요가 있다. 이러한 전략들은 '스키마(sceme)이론'을 바탕으로, '자기 주도적 학습' 이론과 '대화주의 작문' 이론[1]을 구체적으로 수행하기 위한 것들이다.

즉, 논술 교육을 위한 쓰기 전략들은 학습자가 가지고 있는 배경 지식과 경험을 중시하여 그것들을 무한정 표현하도록 이끌어내고, 이끌어낸 학습자의 배경 지식과 경험을 학습자들이 주도적으로 토론과 협의를 거치면서 논술을 완성하게 하기 위해 구안한 것들이다.

---

1) 글쓰기 이론은 아래와 같이 크게 네 가지로 나눌 수 있다.

형식주의 : 규범 문법과 수사론적 규칙을 강조하여 모범적인 텍스트를 모방하는 데 지도의 초점을 두었다. 지식의 객관적인 속성을 강조하여 학습자의 의미 구성 능력을 거의 인정하지 않았고 결과물을 중시하여 모범적인 글의 기준을 잘 따랐는가를 평가하는 데 주안점을 두었다. 교사는 이미 결정되어 있는 진리들을 학습자에게 전달하는 전달자의 역할을 하며 학습자는 모범 텍스트 분석과 모방을 반복적으로 훈련하였다.

인지주의 : 글쓰기에 필요한 의미 구성 능력은 개인의 목적 의식과 사고 능력의 계발을 통하여 신장된다고 여겨 과정 중심의 글쓰기 교육을 강조하였다. 따라서 결과보다는 과정이, 텍스트보다는 학습자의 정신활동이 교육 활동의 중심이 되었다. 글쓰기를 문제 해결 과정으로 인식하여 학습자의 사고 계발과 인지 전략의 적절한 사용에 초점을 두었다.

사회구성주의 : 사회적인 맥락에 초점을 두어 의미 구성의 중심을 개인의 인지 과정에서보다 사회적인 해석에서 찾았다. 필자와 독자가 모두 포함된 담화 공동체를 분석 대상으로 삼으며, 텍스트의 개념을 언어 공동체의 담화 관습 및 규칙의 집합으로 규정하였다. 따라서 글쓰기에서도 개인의 인지 과정보다는 필자가 속한 담화 공동체에서 형성된 관습과 합의, 그리고 규범을 충실하게 따르는 것을 중시하였다.

대화주의 : 필자와 독자의 상호작용을 강조하여 글쓰기는 의사소통 활동이며 언제나 사회적 상호작용을 전제로 하여야 한다고 생각한다. 의미를 구성하는 과정은 특정의 사회적 맥락에서 필자와 독자 사이에서 역동적이고 한시적으로 이루어지는 협상의 가정이라 여겼다. 그래서 글쓰기에서 가장 중시하는 것은 필자의 의도·목적과 독자의 의도·목적 사이의 균형과 합의이다. 따라서 글쓰기 수업은 대화를 매체로 한 협동적 행위를 통해서 이루어야 한다고 주장한다. 학습자의 의미 구성 능력은 상호 교호성의 계발을 통하여 신장되는 것으로 설명하며, 상호 교호성의 계발은 필자와 독자의 협상과 상호 작용을 통하여 가능하다고 보아서 소집단 활동을 통한 글쓰기 교육을 강조하였다. 따라서 교사는 수업의 책임을 학생에게 넘겨주고 시범과 활동 전략을 마련해 주는 역할을 하여야 한다고 주장한다.

3. 1 계획하기 전략

효율적으로 논술을 쓰기 위해서는 과제의 핵심적인 요소를 파악하고 목적을 고려하여 자기 주장을 주제로 세우는 과정을 거쳐야 한다. 이를 계획하기 전략이라 하는데, 계획하기 전략은 논술 쓰기 과정 전체에서 계속적으로 인식되면서 논술 쓰기 과정 전체를 스스로 조정하고 점검하는 데 사용할 수 있어야 한다.

계획하기 전략은 조정하기 전략과 가장 밀접하게 관련된다. 논술 쓰기 전과정에 걸쳐 이루어지는 조정하기 전략에서 통제와 조정의 기준이 되는 것이 계획하기 과정에서 설정한 주제, 논거, 목적이다. 따라서 계획을 잘 세워야하는데 대부분의 학생들이 이를 중요하게 생각하지 않는 경향이 있다.

때문에 학습자 스스로 계획할 수 있도록 전략을 세워야 한다. 즉, 글을 쓰는 목적 정하기, 내가 쓰는 글의 가치 정하기, 내가 쓴 글을 읽고 나서 사람들이 어떠한 행동을 했으면 좋겠는가 생각하기… 등등을 계획하여야 한다. 그러나 이러한 개별적인 활동보다는 종합적인 형태의 '언약문 쓰기'나 '목적표'를 작성하도록 하는 것이 유리하다.

3. 1. 1 언약문 쓰기

언약문 쓰기는 글을 쓰는 목적과 대상 등, 쓰기의 핵심적인 요소를 분명하게 인식하게 하기 위한 계획하기 전략 중 하나이다. 모든 글쓰기는 목적을 지니고 있다. 그리고 목적이 있다는 것은 글을 읽을 독자가 있다는 것을 의미한다. 다시 말하면 모든 글은 누구에게 어떤 내용을 전달하여 어떻게 하도록 하겠다는 목적을 갖고 있다는 말이다.

그러나 학습자는 이러한 목적 의식 없이 논술을 쓰는 경향이 짙다. 따라서 다음과 같은 언약문 쓰기를 통해 목적 의식을 갖도록 지도하여야 한다.

나는 (①)가(에게) (②)을/를 (③)하도록 하겠다.

이러한 언약문 쓰기를 통해서 쓰기 과제의 핵심 요소를 파악하여 구체화하는 활동을 강조할 필요가 있다. 그래야만 주제를 구체화하여 내용을 선정하고 자신의 생각과 주장을 잘 전달하기 위한 표현 방식을 고민하게 된다.

3. 1. 2 목적표 만들기

목적표 만들기는 언약문 쓰기에 비해 더 구체적인 활동이다. 예상 독자와 실질 독자를 구분하여 쓰고 목적뿐만 아니라 자신의 주장을 뒷받침할 논거, 효과적인 표현 방식 등에 대해서도 예상하고 계획하여 정리한다.

즉, 목적표 만들기는 글 전체의 내용과 방향을 설정하고 보다 효율적인 논술 쓰기를 통해 무엇에 집중하여야 하며, 무엇을 더 조사하고 공부하여야 하는가에 대한 계획까지도 포함한 도표라고 할 수 있다.

다음 목적표는 '사형 제도 존폐의 문제'에 대해 어느 학생이 작성한 것이다. 참고로 항목과 순서를 확정하여 제시한 것은 아니다. 단지 어떤 항목들로 활동할 수 있는가를 설명하고, 자신이 쓸 글의 내용에 필요한 항목을 선정하거나 새로 정하고 순서도 학습자 자신이 편한 대로 정하도록 하였다.

【예문】 목적표

나는 효율적인 논술문을 쓰기 위해 다음을 명심하겠습니다.	
① 예상 독자	사형 제도 존속을 주장하는 사람들
② 실질 독자	선생님, 또는 논술 채점 교수님
③ 목 적	범죄자의 생명도 존중해야 모든 생명을 존중하는 마음이 생겨 모두가 행복한 사회를 건설할 수 있다.
④ 논 거	㉠ 인간의 생명은 인간이 좌우할 수 없다. ㉡ 생명 경시 풍조가 살인 사건 및 자살을 불러 일으키고 있다. ㉢ 인간의 판단력은 완전하지 않다. 따라서 만에 하나 있을지도 모를 오판에 의한 살인을 막아야 한다. ㉣ 인간은 새로운 삶을 살 수 있는 인권을 가지고 있다. 따라서 범죄자에게도 자신의 일을 반성하고 새로운 삶을 살 수 있는 기회를 주어야 한다.
⑤ 표현 방식	일단, 살인 사건의 피해자들이 겪었을, 또는 겪고 있는 아픔에 동감하는 내용을 쓰고, 그 다음 사형 당할 범죄자의 가족이 겪을 슬픔과 아픔도 그것과 마찬가지라는 내용을 쓴다. 그런 다음 사형 제도를 존속하자고 하는 사람들의 주장을 반박하고 나의 논거를 내세워 사형 제도 폐지만이 인간의 생명을 존중하는 마음을 확대하는 길이며, 그래야만 모든 인류가 행복하게 살 수 있음을 역설한다.
⑥ 자 료	신문 기사 및 영화 '그린마일'
⑦ 참고 자료	㉠ 사형 제도를 정치적으로 이용했던 시기가 있었다. 　(언제든지 정치적으로 이용할 수 있다.) ㉡ 어쩔 수 없이 저지르는 범죄가 있다. 　(사회적인 책임이 더 크다) ㉢ 사형제도 존속이 범죄 예방에 큰 도움이 되지 못한다
⑧ 찾아 보기	㉠ 잘못된 판결로 사형이 집행된 적은 없는가. ㉡ 범죄자의 인권을 보호해야 할 사례는 없는가.
⑨ 기 타	

3. 2 내용 생성하기 전략

과제를 확인하고 목적을 정한 다음에는 생각거리, 즉 쓸 내용을 창출해 내야 한다. 그러나 생각하기 싫어하는 요즘 학습자에게 쓸 내용을 생각해 내라고 강요하는 것은 무리다. 따라서 학생들이 자연스럽고 적극적으로 쓸 내용을 풀어낼 수 있는 전략이 필요하다.

글을 쓸 때는 누구나 처음엔 무엇을 쓸까 망설이게 되며, 혹 쓸거리나 글제가 마련되어 있는 경우에도 잘 써야겠다는 강박 관념 때문에 한 줄의 글도 쓰지 못하는 경우가 많다. 이 때 다양한 내용 생성하기 전략을 통해 쓸거리를 마련하게 함으로써 글쓰기에 대한 두려움을 덜어 주고, 소재를 마련하는 데 도움을 주도록 한다.

3. 2. 1 연상 훈련

글쓰기는 글의 성격이나 목적에 따라 다르겠지만, 자신의 머리 속에 떠오르는 심상(image)을 글로 펼쳐 나가는 것이다. 따라서 자유롭게 심상(心想)을 정리하고 난 후에 이를 주제에 맞도록 구조화하는 단계적 작업이 필요하다.

연상 훈련은 '분류하기'와 밀접한 관련이 있다. 즉, 연상 훈련은 머리 속에 산만하게 기억된 내용들을 일정한 기준에 의해 분류하여 정리하는 데 본질적인 목적이 있다. 머리 속에 산만하게 기억된 경험이나 지식들은 글이 될 수 없다. 설령 글이 된다고 해도 완성된 글이라 할 수 없다. 글이란 자신의 생각과 주장을 전달하는 데 목적이 있으므로 일정한 체계를 갖추고 있어야 한다.

특히 논술은 나와 의견이 다른 사람을 설득하는 데 목적이 있으므로 수준 높은 체계를 갖추고 있어야 한다. 이러한 점에서 논술교육에서 분류하기는 매우 중요한 훈련이며 반드시 거쳐야 할 단계이다.

㈎ 연상 훈련의 실제(1)

연상은 주로 사물을 나타내는 단어에서 이루어지는 것이 보통이나, 때로 문장이나 단락 형식에서도 가능하다. 아울러 소재를 주지 않고 머리 속에 떠오르는 단어를 내어놓는 무제한 연상에서, 한 단어에서 떠오르는 단어를 써 보는 제한 연상으로 단계를 밟아 훈련하는 것이 좋다.

연상 훈련의 첫 번째 단계는 다음과 같이 진행할 수 있다.

① 글제를 제시한다.

② 글제를 듣고 머리 속에 떠오르는 단어를 3분 동안 쓰게 한다.
③ 3분 동안 쓴 단어의 수를 세어 적게 한다.
④ 유사한 내용의 단어를 묶게 한다.
⑤ 다른 학생과 연상지를 바꾸게 한다.
⑥ 다른 학생이 쓴 연상 단어 중 글제와 관련하여 연상이 되지 않은 단어에 ○ 로 표시한다.
⑦ 연상지를 원래의 학생에게 돌려주게 한다.
⑧ ○로 표시된 단어가 글제와 어떤 관련이 있는지 말하게 한다.
⑨ ⑧을 간단한 문장으로 쓰게 한다.

㈏ 연상 훈련의 실제(2)

다음 단계는 글제를 유추하거나 비유하도록 하는 데 목적이 있다. 유추나 비유는 글제를 다른 사물과 개념으로 표현함으로써 독창성과 참신성을 갖게 한다. 글쓰기는 공감을 전제로 한 낯설게 하기이다. 이 때 낯설게 하기가 바로 독창성과 참신성이다. 글은 공감의 원리를 바탕으로 하지만 독창성과 참신성이 있어야 읽을 맛이 난다. 읽히지 않는 글은 죽은 글이고, 글이라 할 수 없다.

> 다음 단어들을 보기처럼 구체적인 사물과 특징으로 표현하라.
>
> 사랑은 달콤한 빙그레 아이스크림
> 사랑은 짜릿한 칠성 사이다
> 사랑은 후끈한 농심 사발면
> 사랑은 고소한 오뚜기 마요네스
> 사랑은 씁쓸한 크라운 맥주
>
> ○ 인생, 우정, 정의, 자연

㈐ 연상 훈련의 실제(3)

논술은 논증을 바탕으로 한다. 하지만 논증은 객관적이고 분석적이어서 읽는 사람으로 하여금 쉽게 싫증을 내게 한다. 그리고 글이란 글쓴이의 감정을 표현하게 되고, 글쓴이의 감정을 통해서 글쓴이의 의도가 더욱 분명하게 드러난다. 따라서 글에는 '정서'가 내재하게 되고, 그 정서는 글 읽는 재미와 글쓴이의 의도를 효율적으로 표현하는 장치가 된다. 이러한 점에서 논술교육에서는 정서의 표현과 전달을 훈련할 필요가 있다.

다음 정서에서 연상되는 사물이나 상황을 보기처럼 문장으로 써라.
● 쓸쓸함 : ㉠ 노처녀, 양로원, 시인, 돛단배, 가을…
　　　　　㉡ 늦은 밤 아무도 없는 집에 들어 갈 때, 밥을 혼자 먹을
　　　　　　　때, 하루 종일 휴대폰이 울리리 않을 때, 내 노래(말)를
　　　　　　　아무도 들어주지 않을 때.

○ 슬픔, 기쁨, 당혹함, 분노, 걱정, 위태로움, 만족

㈃ 연상 훈련의 실제(4)

　연상 훈련의 마지막 단계는 한 행위에 내재되어 있는 다양한 사건을 연상하거나, 인과적인 일련의 사건을 유추하는 것이다. 다음의 (1)은 서사나 치밀하게 묘사를 해야 하는 글에 유용하며, (2)는 논리력을 배양하여 주장, 설득하는 글을 쓰는 데 도움을 준다.

---

(1) 보기를 참고로, 다음 행위에 내재되어 있는 일련의 행위를 연상하여 상세히 써라.

수업에 참여하지 않기
수업시간에 들어가지 않는다→만화방에서 만화를 본다→친구를 꼬여 시내를 돌아다닌다→집에 들어가 혼난다→출석 점수를 깎인다→시험에 모르는 문제가 나온다→학점이 형편없이 나온다→재수강을 한다→제 때에 졸업할 수 없다→동기들 보다 사회진출이 늦다→내가 꿈꾸어 온 생활을 이루기 어렵다→인생에 실패한다

---

(2) 다음 사건의 결과 어떠한 사건이 연쇄적으로 일어나는지 유추하여 써라.
　㉠ 한자 교육을 받지 않는다.
　㉡ 강물에 쓰레기를 버린다.
　㉢ 통일을 이루지 못한다.
　㉣ 외국 상품을 즐겨 사용한다.

---

3. 2. 2 브레인스토밍(brainstorming)

　브레인스토밍의 목적은 주어진 주제와 관련하여 다양한 아이디어나 견해, 관점을 모으게 하는 데 있다. 브레인스토밍을 할 경우에는 다음 세 가지 규칙을 지킬 필요가 있다.

첫째, 주어진 문제에 초점을 맞추어 생각을 전개해 나가되 완벽한 생각을 이끌어 내려고 해서는 안 된다.

둘째, 브레인스토밍을 하는 과정에서는 자신이 적어 놓은 생각을 정교하게 다듬거나 순서에 맞게 조정하는 데 시간을 허비해서는 안 된다.

셋째, 브레인스토밍은 자유 연상과는 달리 목표 지향적인 사고 활동이므로 브레인스토밍 과정에서 필자는 자신의 생각이 문제의 핵심에서 벗어나지 않는지를 계속 점검해야 한다.

또 쓰려고 하는 내용이나 글의 형식에 따라서 브레인스토밍의 방법을 달리할 필요가 있다. 즉 논술문의 주요 내용은 ① 좋은점 ② 문제점 ③ 문제상황의 원인 ④ 해결방안으로 이루어져 있기 때문에 이를 중심으로 분류하고, 체계적으로 유도할 필요가 있다.

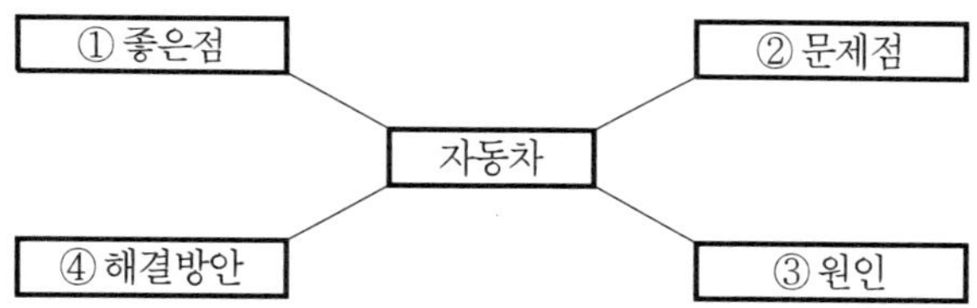

3. 2. 3 마인드 맵(Mind mapping)

마인드 맵은 글을 쓰기 전에 많은 생각(쓸거리, 또는 소재)를 생성하기 위하여 사용되는 구체적이고 구조화된 사고 전략이다. 마인드 맵을 창안한 토니 부잔은 마인드 맵을 복사사고(Radiant Thinking)의 표현으로 보았다. 복사 사고란 '중심체로부터 사방으로 뻗어 나간다'는 의미로 중심으로부터 진행되거나 중심점에 연결되는 결합적인 사고 과정이다.

따라서 마인드 맵은 아이디어들의 유목화를 통하여 생성된 아이디어들을 어느 정도 조직하는 기능을 한다. 토니 부잔은 전체적인 개요를 한눈에 파악하고 양 뇌를 모두 사용하여 기록하기 위한 방법으로 마인드 맵을 개발하였다.

마인드 맵의 특징은 다음과 같다.

① 문제나 정보의 중심어나 중심 이미지는 용지의 중앙에 온다.
② 생각은 판단에 얽매이지 않고 자유롭게 흐른다.
③ 핵심어로 생각을 표현한다.
④ 하나의 핵심어에 하나의 선을 부여한다.
⑤ 핵심어들은 선으로 중앙의 중심어와 연결된다.
⑥ 색상을 이용하여 생각을 강조한다.

⑦ 이미지와 상징적 기호를 사용하여 생각을 강조하고 두뇌가 다른 연결을 만들어내도록 자극한다.

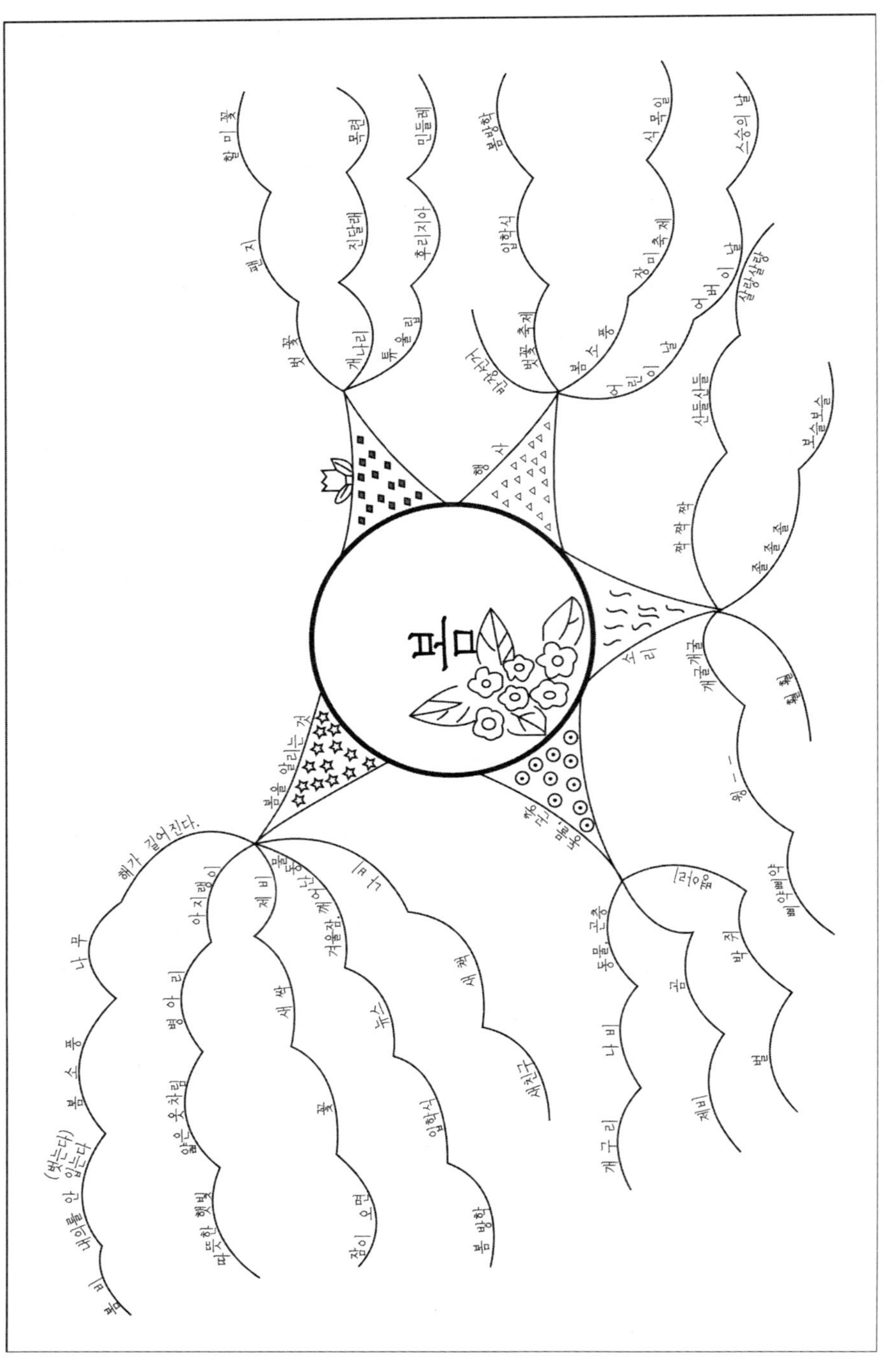

마인드 맵의 예

3. 2. 4 자유 작문 훈련

자유 작문 훈련은 완성된 글쓰기를 훈련하는 것이 아니라, 짧은 시간에 자신의 생각을 최대한 불러내어 표기하는 과정적 훈련이다. 즉 자유훈련의 목적은 글쓰기에 대한 강박 관념에서 벗어나 자유롭게 자신의 생각을 쓰도록 유도하는 데 있다. 따라서 머리 속에 들어 있는 지식과 경험들을 많이 꺼내어 문장으로 쓸 수 있도록 유도하여야 한다.

이러한 자유 작문 훈련의 목적을 달성하기 위하여 다음과 같은 진행요령과 유의사항을 알아 둘 필요가 있다.

① 글제를 제시한다.
② 3분 동안 연상된 내용을 문장으로 쓰게 한다.
　㉠ 절대 펜을 멈추지 않는다.
　㉡ 생각이 나지 않아 글을 쓸 수 없을 때는 '그리고, 그리고…'를 반복해서 쓰게 한다.
　㉢ 평소보다 빠른 속도로 쓰게 한다. 단, 글씨체를 유지하기 위해 반드시 줄친 공책을 사용한다.
　㉣ 이미 쓴 글을 지우거나 고치지 않는다.
③ 쓴 글의 핵심 내용을 밑줄 긋게 한다.
④ 밑줄 그은 내용으로 다시 자유 작문 훈련을 실시한다.

다음은 '난로'를 글제로 3분 동안 자유작문훈련을 한 예문이다.

(가)

　겨울이 생각난다. 초등학교 때는 온풍기가 없어 난로를 주로 사용하곤 했다. 특히 저학년 때 많이 사용했던 걸로 기억난다. 갈탄 비슷하게 생긴 것으로 추위가 많이 닥쳐 올 때면 담임선생님은 아이들을 시켜 창고에 있는 갈탄을 혹은 나무를 가져오게 했다. 내 기억으로는 따뜻하게 느껴질 때도 있었지만 교실 안이 뿌옇게 변했다는 기억이 더 강하다. 뿌옇게 변한 교실 안에서 수업을 받으려면 눈도 좀 뻑뻑하고 답답했다는

(나)

　난로는 따뜻하다. 난로하면 먹을 것들이 생각난다. 난로를 이용해서 맛있는 것을 많이 먹을 수도 있다. 번개탄이나 나무를 이용해서 때는 난로는 매우 따뜻하기도 하고 용도가 매우 다양하다. 도시락을 데워 먹을 수도 있고 그리고 쫄쫄이를 구워 먹을 수도 있다. 그리고 나무 타다 남은 불에 고구마를 묻어 놓으면 아주 맛있는 군고구마가 된다. 내 방은 매우 춥다. 웃풍이 매우 세서 이번 겨울에 엄마가 전기난로를 하나 사주신다고 했다. 나는 전기난로를 빨리 샀으면 좋겠다. 그리고

> 다)
>   난로는 겨울에 핀다. 나무든 석유든 그 종류대로 있는데 그것을 사용하는 이유는 그러한 소재를 이용하여 불을 피워서 따뜻하게 하려는 목적이다. 그러나 그러한 난로들은 위험한 때도 있다. 불을 제때에 끄지 않는다든지 엎어뜨리게 되면 건조한 실내에 불이 붙게 된다. 그러므로 조심해야 한다. 그러면 이러한 난로의 종류에는 어떠한 것들이 있을까. 내가 고등학교 다닐 때의 난로는 나무를 넣어서 피우는 것이었다. 아직은

자유 작문 훈련은 한 번에 끝나는 것이 아니라 여러 번, 자주 시행하는 것이 좋다. 처음 자유 작문 훈련을 하는 학생들은, 고등학생의 경우 6 내지 8줄을 쓴다. 그러나 일 주일에 한 번씩 3개월 동안 지속적으로 훈련하면 3개월 뒤에는 11줄 내지 13줄로 늘어나는 것이 보통이다.

자유 작문 훈련을 지속적으로 시행할 때 얻을 수 있는 결과는 이처럼 분량이 늘어나는 데에서 그치지 않는다. 더욱 놀라운 것은 ㉠ '그리고'를 쓰는 횟수가 줄어들고 ㉡ 동시에 글의 전개가 매끄러우며 ㉢ 문장력과 문단력이 월등하게 나아진다는 것이다.

이는 자유 작문 훈련을 통해 생각의 깊이가 생기고 폭이 넓어지는 등 사고력이 강해져서 쓸거리가 많아지게 때문이다. 뿐만 아니라 구성력도 향상하여 글의 통일성과 체계성을 높일 수 있다.

중요한 것은 자유 작문 훈련 뒤에 학생들이 쓴 글을 서로 발표하게 하고 토론하게 하는 것이다. 발표를 통해서 학생들은 글제에 대해 자신이 생각하지 못했던 것을 친구들에게 들어 경험하고 지식화할 수 있으며, 토론을 통해 사고의 깊이와 폭을 더해갈 수 있는 것이다.

자유작문훈련의 효과를 더욱 증진시키기 위해서는 글제를 제시한 뒤 다음과 같은 사고 과정을 유도하는 것도 효과적이다.

① 어떻게 생겼나 기억해 보세요.
② 어떤 색깔을 띠고 있었나 색을 입혀 보세요.
③ 무엇으로 이루어졌나 생각해 보세요.
④ 어디에 있는 것인지 떠올리고 그 장소에 놓아보세요.
⑤ 무엇에 쓰는 것인지, 그 효능(효과)은 무엇인지 생각해 보세요.
⑥ 이것과 유사한 것은 무엇이 있는지 생각해 보세요.
⑦ 이것과 전혀 다른 것은 무엇이 있는지 생각해 보세요.
⑧ 이것을 통해 즐거웠던 기억은 무엇인가요.
⑨ 이것을 통해 나빴던 기억은 무엇인가요.
⑩ 이것을 새롭게 만든다면 어떤 모양, 어떤 기능으로 만들 수 있나요.
   (각 30초 정도 시간을 준다)

⑪ 이제까지 생각한 것 중에서 머리 속에서 가장 크게 떠오르는 것은 무엇인가요.
   (2분 정도 시간을 준다)

　　이러한 유도 과정을 거치고 다시 자유 작문 훈련을 하면 20%(±5) 정도로 향상된다. 다음 예문은 각각 같은 학생들이 유도 과정을 거친 뒤 쓴 글이다.

　(가)
　　재작년 학원 다닐 때가 생각난다. 겨울이 다가오면서 석유난로를 들여놓고 그것을 피우기 시작했다. 켰을 때는 따뜻하다가 시간이 지나 교실 안이 너무 따뜻해지면 아이들이 끄곤 했다. 그때는 왜 그렇게 냄새가 심하게 나는지 머리가 아플 정도로 석유 냄새가 많이 났었다. 창문을 열면 추우니까 아이들은 잘 열지 않으려고 했다. 참다가 못해 문을 열면 찬바람이 교실 안을 감싸고 돌아 추위를 다시 느끼곤 했다. 왜 그렇게 난로만 끄면 추웠는지... 어쨌든 그 석유난로는 우리를 따뜻하게 해 주는데 한 몫을 했다.

　(나)
　　고등학교 2학년에 처음 올라갔을 때 담임 선생님과의 첫 만남이 있을 때였다. 담임선생님께서는 근엄한 얼굴을 하고 계셨고 거기에 우리는 매우 긴장해 있었다. 겨울이었기 때문에 날씨가 매우 추웠으므로 난로를 피우라는 방송이 나왔고 아이들은 나가서 석유를 묻힌 대패밥과 나무들을 가지고 왔다. 선생님께서는 열심히 대패밥과 나무들을 넣고 불을 붙이셨는데 대패밥에 묻은 석유 때문에 불이 확 붙어 선생님 머리에까지 불이 붙었다. 당황하신 선생님은 머리에 붙은 불을 황급히 손으로 털어 끄셨고 다행히 불은 금방 꺼졌다. 선생님은 한숨을 내쉬시며 무서워 보이려고 했는데

　(다)
　　내가 생각한 난로의 종류에는 여러 가지가 있다. 석유를 붙였던 것, 나무를 태웠던 것, 전기로 하던 것 등등. 그 중에서도 내가 고등학교 갓 입학해서 썼던 것은 나무를 태워서 피우는 난로였는데 정말로 오래된 난로였던 것으로 기억난다. 처음 입학해서 어색한 분위기에 가운데의 난로 덕분에 책상을 밀어 놓았었고 또 그 덕분에 옆에 붙어 앉았던 친구와 친해졌던 따뜻한 기억이 난다. 물론 난로의 훈훈한 기운 탓도 있었겠지만. 또한 난로의 재료가 나무였으므로 우리 학교 창고에는 항상 나무가 가득 있었다.

　　글이 훨씬 깔끔하고 체계적임을 금방 느낄 수 있을 것이다. '그리고'의 사용도 줄었다. '그리고'의 사용이 줄었다는 것은 그만큼 사고력이 증대되어 쓸거리가 많아진 결과이다. 그래서 글의 내용도 풍부해졌고, 체계성도 갖추게 된 것이다.

다시 한번 강조하면 자유 작문 훈련은 오랫동안, 자주 시행하는 것이 좋다. 앞에서도 말했지만 논술 쓰기는 주입이나 암기에 의해서 이루어지지 않는다. 학생의 경험과 지식을 충분히 불러낸 다음, 학생 스스로가 가지고 있는 어휘와 문장력, 구성, 스타일로 논술을 쓰도록 도와주어야 한다. 이때 자유 작문 훈련은 아주 주효한 훈련 방법일 수 있다.

3. 3 내용 조직하기 전략

내용 조직하기 과정은 내용 생성하기 과정에서 마련된 중심 내용과 세부 내용을 글의 조직 원리에 맞추어 배열하는 단계이다.

모든 글은 글의 주제와 그것을 뒷받침하는 소재들이 내용상 일치해야 한다는 '통일성의 원리'를 지켜야 한다. 또한 글의 주제를 효과적으로 표현할 수 있도록 모든 소재를 적절하게 배열하는 '연결성의 원리'를 지켜야 한다. 그리고 글의 성격에 맞는 '구성'을 가져야 한다.

3. 3. 1 개요 작성하기

개요 작성하기는 전통적으로 많이 수행해왔던 전략으로, 선정된 글의 제재를 배치하여 줄거리를 짜는 일, 곧 글에 통일된 맥락을 부여하는 일이다. 개요 작성하기는 글의 전체를 일목요연하게 쓰는 데 도움을 준다. 글이 주제에서 벗어나는 것을 막아 주고, 중요한 내용을 빠뜨리지 않게 하고, 내용의 중복을 피하게 하여 표현 과정에서 일어나기 쉬운 혼란을 피하고 글을 체계적이고 균형 있게 서술할 수 있게 하는 지침이 되기도 한다.

개요에는 크게 구상 메모, 화제식 개요, 문장식 개요가 있다.

구 상 메 모

1. 심각해지는 환경오염
2. 대기 오염
3. 수질 오염
4. 소음 · 진동
5. 환경 오염이 인간에게 미치는 영향
6. 환경 오염 방지 대책

화 제 식 개 요

1. 서론(문제 제기) : 심각해지는 환경 오염
2. 환경 오염 실태
   1) 대기 오염
   2) 수질 오염
   3) 소음·진동
3. 환경 오염이 인간에게 미치는 영향
4. 환경 오염 방지 대책
5. 결론(요약 정리, 강조)

문 장 식 개 요

1. 서론 : 산업의 발달로 환경 오염이 심각해지고 있다.
2. 환경 오염 실태
   1) 대기 오염은 산업혁명 후 공장의 증가와 인간 생활을 위한 에너지 이용 과정에서 발생한 각종 매연에 의해서 발생한다.
   2) 수질 오염은 공업의 발달, 인간의 도시 집중 등에 의해 오염된 물이 하천에 흘러 들어 정화능력을 초과한 데서 발생한다.
   3) 문명의 발달은 인간 생활의 편리를 가져왔고, 그 속에서 탄생된 교통기관의 증가, 기계의 대형화 및 공장의 주택가 접근으로 발생된 소음과 진동은 도시공해 문제의 가장 중요한 요인이 되었다.
3. 환경 오염이 인간에게 미치는 영향 : 환경 오염은 인간의 건강을 해치고 생활을 황폐하게 만든다.
4. 환경 오염 방지 대책 : 각종 공해를 유발하는 물질의 사용을 억제하고, 대기 오염, 수질 오염 등을 줄일 수 있는 여러 시설을 마련한다.
5. 결론 : 환경오염은 인간의 건강을 해치고 생활 환경을 황폐하게 하므로 깨끗한 환경 보존에 힘써야 한다.

글의 개요를 작성할 때에는 글의 전체 구조는 물론 읽는이를 고려해야 하고, 글의 전체 분량, 조직 방식 등에 대해서도 충분히 고려해야 한다.

3. 3. 2 다발짓기(clustering)

다발짓기는 주제에 따라 아이디어를 선택하고 조직하는 작업이다. 개요 작성이 쓸 내용을 개요식으로 배열하는 것이라면 다발짓기는 쓰기 과제를 중심으로 하여 보조 개념을 생산하고, 중심 개념과 보조 개념에 따라서 구체적인 예를 제시하는 형태이다. 때문에 다발짓기는 글이 상위 개념과 하위 개념의 명백한 구조도의 형식을 갖추게 된다.

다발짓기는 아이디어를 생성하는 방법으로 사용되기도 하지만 브레인스토밍이나 마인드 맵을 거친 다음에는 그 과정에서 생성된 내용을 일목 요연하게 정리하는 '내용 조직하기'의 전략으로 사용된다. 다발짓기를 조직하기 전략으로 사용할 때에는 브레인스토밍이나 마인드 맵을 작성한 후 이를 관련 있는 것끼리 몇 부분으로 묶는 활동이 되기도 한다. 이 과정에서 불필요한 것이나 산만해서 쓰기에 직접적인 도움이 되지 않는 것들은 삭제하고 새로운 아이디어를 첨가할 수도 있다.

개요 작성은 자유롭고 창조적인 사고의 흐름을 방해하는 경우가 많지만 다발짓기는 정보를 빠른 속도로 조작할 수 있으며, 정보의 추가 · 삭제가 쉽다는 장점이 있다.

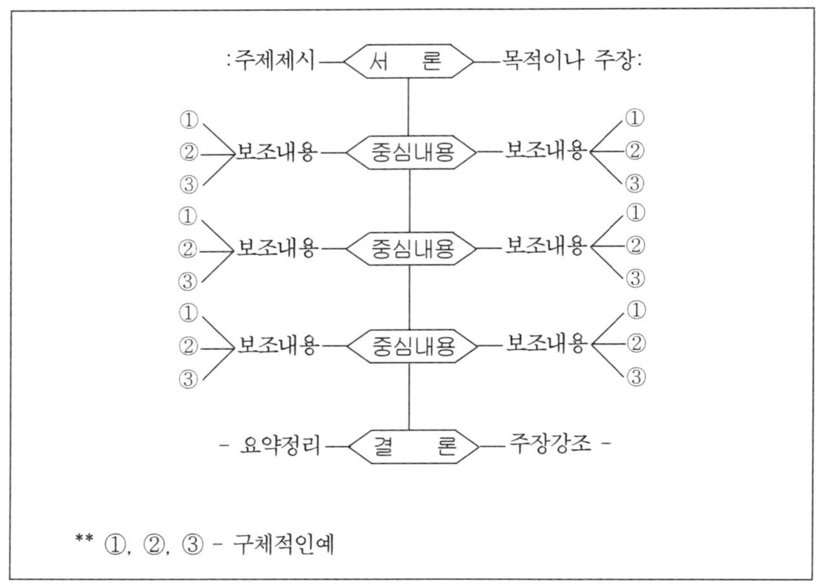

다발짓기 예

3. 4 표현하기 전략

표현하기 전략은 내용을 조직한 다음 조직한 항목을 구체화하는 전략이다. 때에 따라 내용 항목별로 문단 단위 쓰기를 하거나, 전체 주제에 대해 글 전체 단위의 대의 쓰기를 할 수 있다.

앞에서 살핀 자유 작문 훈련이 하나의 글제를 대상으로 하는, 즉 전체 논술 쓰기와는 거리가 있는 내용 생성 단계의 전략이라면 표현하기 전략은 조직한 내용에 대한 본격적인 집필 과정의 전략이라는 점에서 차이가 있다.

3. 4. 1 얼른쓰기(speedwriting)

얼른쓰기는 내용 조직하기 과정에서 만든 개요표나 다발짓기를 바탕으로 글의 전체 내용을 가능한 한 빠르게 생각나는 대로 쓰는 전략이다. 이때에는 글씨나 맞춤법, 문장 등에 얽매이지 말고 생각한 것을 일단 글로 표현하게 하는 것이 중요하다. 이렇게 쓰여진 초고는 완성된 글을 만드는 토대가 된다.

얼른쓰기는 생각을 글로 표현하는 인지적 부담을 덜려는 전략이다. 계획하기, 내용 생성하기, 내용 조직하기 과정을 수행하였다 하더라도 글쓰기에 익숙하지 않은 학습자는 글을 쓰는 데 어려움을 느낀다. 단어 선택이 적절하지 않은 것 같고, 문장도 어색한 느낌이 들고 문단간의 연결도 어색하게 느껴질 수 있다. 따라서 이러한 문제에 얽매이다 보면 글쓰기가 진행되지 않는다. 그래서 얼른쓰기 전략이 필요한 것이다.

사전 쓰기 과정을 거친 것이든 아니든 간에, 얼른쓰기의 결과물인 초고는 학생들에게 고쳐 쓰기의 필요성을 느끼게 한다. 학생들은 사고를 언어로 표현해야 하는 인지적 부담에서 벗어나 초고에서 드러난 문제점을 해결하기 위해 노력하면 되는 것이다.

3. 4. 2 토막글 쓰기

토막글 쓰기를 쉽게 말하면 '짧은글 쓰기', 또는 '한 단락 쓰기'라고 할 수 있다. 즉, 한 편의 글을 쓰기 위한 부담을 덜고 하나의 소주제를 구체적으로 풀어 써 하나의 단락을 완결하는 훈련을 할 수 있는 글쓰기 방식이다. 따라서 토막글 쓰기에서는 글 전체의 통일성이나 체계성을 강조하기보다는 하나의 소주제를 구체적으로 풀어 쓰는 것을 강조하여야 한다.

토막글 쓰기에 익숙해지면 토막글을 묶어 한 편의 글을 쓸 수 있도록 지도하여야 한다.

3. 5 고쳐 쓰기 전략

교사의 일방적인 평가나 혹은 평가를 동반하지 않는 것이 일반적인 경향이다. 학습자들은 자신의 글에 대한 일방적 평가나 무(無)평가 때문에 자신의 글에 대한 문제점을 찾지 못하거나 이해하지 못하여 더욱 글쓰기가 어려워지고 글쓰기 자체를 가치 없는 것으로 판단하게 하였다. 따라서 고쳐 쓰기 전략을 통해 학습자가 자신이 쓴 글의 문제점을 이해하고 그 문제점을 해결하려는 적극적인 자세를 갖게 하여야 한다.

3. 5. 1 평가하기

전통적인 글쓰기 교육은 주로 결과 중심의 평가였다. 결과 중심의 평가에서는 결과인 글에만 초점을 두기 때문에 평가 결과가 학습으로 피드백될 수 없었다. 평가의 주요 목적은 학생의 성취도를 수치화하는 것이 아니라 학생이 자신의 작문 과정을 점검하고 이 과정에서 자신의 문제나 장점 등을 발견하는 기회를 주는 것이다.

평가하기 전략은 교사나 혹은 동료와 협의를 통해서 만든 기준안을 가지고 스스로 평가를 해보는 것이다. 즉 자기 평가 전략(self-evaluating straegy)이다. 자기 평가는 글쓰기 전 과정에 걸쳐 이루어지는 자신의 인지적 행위를 스스로 평가하는 상위 인지적 활동이다. 또한 동료들 간 상호 평가를 실시하면 더 좋은 결과를 얻을 수 있다.

3. 5. 2 돌려읽기(RAG : reading around group)

돌려읽기는 독자 지향적인 글쓰기 태도를 기르는 데 유용할 뿐 아니라, 글쓰기에 대한 흥미를 길러주고 다른 학생으로부터 배울 기회를 제공해준다. 돌려읽기는 학생들에게 독자를 의식하는 책임 있는 필자의 위치를 깨닫게 하는 계기가 될 수 있다.

학생들이 글 쓰기를 싫어하는 이유 중에 하나가, 자기 글을 읽어주는 사람이 없기 때문에 글 쓰는 행위 자체에 어떤 의미를 발견하지 못하기 때문이다. 돌려읽기는 이러한 문제점을 극복할 수 있다. 다른 학생이 자기 글을 읽고 즉시 반응을 보이기 때문에 글을 좀더 잘 쓰려고 노력하는 태도를 보이게 된다.

또한 돌려읽기는 다른 학생의 글을 보고 반응할 수 있는 기회를 준다. 친구들이 쓴 글을 읽고 언어사용 방법, 글의 형식을 익힐 수 있으며, 무엇보다 자기와 다른 생각을 접함으로써 다양한 사고에 대한 체험을 하게 된다.

돌려읽기는 소집단 별로 수행하는 것이 효과적이다. 특히, 4 ~ 5명 단위가 적당하다. 학생들은 소집단 별로 서로의 글을 돌려읽으며 읽는이가 쉽게 이해할 수 있는 표현을 썼는지, 읽는이의 흥미를 고려했는지, 읽는이를 잘 설득하고 있는지, 논리에 잘못이 없는지, 내용 전개는 체계적인지를 체득하게 된다.

3. 6 조정하기 전략

글을 쓴다는 것은 자신이 가지고 있는 지식을 그대로 나열하는 행위가 아니라, 쓰기의 목적, 예상 독자, 상황 등을 고려해야 하는 문제 해결적 사고 활동이다. 이때 자신의 지식이나 경험이 쓰기 상황과 관련하여 조절되고 통제된다. 이 과정에서 새로운 의미가 생성되는데, 이렇게 볼 때 쓰기는 하나의 의미 생성 과정이라고 할 수 있다.

조정하기 전략은 상위 인지와 관련된다. 조정하기 전략은 구체적인 쓰기 과정을 통제하고 조정하는 전략이다. 이 전략은 계획하기 과정에서 수립된 목표 지향적인 계획을 바탕으로 글 쓰기 전 과정을 실행하는 과정에서, 계획을 수정하고 미비한 것을 점검하고 이를 보완하려고 노력하는 상위 인지적 통제 전략이다. 그러므로 조정하기 전략은 학생들의 글 쓰기 능력이 높을수록 많이 구사할 수 있다.

이러한 활동은 학습자 자신의 주도 하에, 그리고 다른 학생과의 토론과 협의를 통해 이루어져야 한다. 이때 교사는 최대한 방관자의 위치에 있다가 글쓰기 과정과 토론이 앞으로 나가지 못할 때 새로운 대안과 방향을 제시하는 안내자의 역할을 하여야 한다. 그리고 마지막 조정하기 단계에서는 최대한 객관적인 태도를 보여야 한다.

제4장 논증과 추론

논증은 분명하지 않은 사실이나 원칙을 놓고 그 진실 여부를 증명하는 동시에 읽는이로 하여금 쓰는이가 증명하는 바를 믿게 하는 기술 양식이다. 따라서 논증은 하나나 하나보다 많은 증거와 하나의 결론으로 이루어진다. 논증에서 증거로 사용되는 진술을 전제라고 하고 논증의 결론은 전제에 비추어 진리가 되는 진술임을 대입한다면, 논증은 전제에 비추어 결론이 진리라는 것을 증명하는 것이다. 논증문은 전제에 기초하여 내려진 결론을 독자가 진리로 인정하게 하려는 의도로 지은 글이다.

흔히 논문이라고 부르는 글은 논증문이며, 넓은 의미에서 신문의 사설이나 논설·칼럼 등도 논증문의 일종이라 할 수 있다. 그리고 대학 입학고사 때 작성하는 논술문도 논증문의 일종이라고 할 수 있다.

설득은 읽는이로 하여금 글쓴이의 의견에 공감하고 동의하게 하는 것이다. 글을 읽는이가 글쓴이의 의견에 공감하고 동의하려면 그 의견이 옳다거나 또는 가장 알맞다고 여길 만한 이유가 제시되어야 한다. 설득의 이유는 논증의 증거와 비슷한 기능을 하고, 의견은 논리적 결론과 비슷한 기능을 한다. 정치가의 연설, 성직자의 설교, 변호사의 변론, 사회 단체의 선전, 회사에 입사하기 위한 자기 소개서 등은 설득문에 속한다.

그러나 논증으로만 이루어진 논증문이나 설득으로만 이루어진 설득문은 드물다. 논증문 속에도 설명적 요소가 많이 포함되며, 설득문에는 설명적 요소와 논증적 요소가 많이 포함된다.

"모든 관념은 선동이다"라고 한 홈즈(Holmes, Justice)의 말을 인용한다면 논증은 곧 설득이라고 할 수 있다. 그러므로 논증은 설명의 단계에 해당하는 증명과 생각하고 행동하기를 요구하는 설득의 단계를 갖는다. 따라서 논증문이나 설득문에는 글쓴이의 확고한 견해와 반대 의견을 가진 사람을 설득하는 내용을 담고 있어야 한다.

【예문 가】

　　사람의 일생은 매우 사소한 일로 말미암아 좌우되는 일이 많다. 일생을 판가름하는 계기는 큰 사건이나 전쟁 같은 것에서도 찾을 수 있지만, 얼핏 보기에는 아무 것도 아닌 듯한 일들이 우리의 한 평생을 운명 짓고 마는 일도 허다하다는 말이다. 유명한 소설가 모파상은 그의 〈목걸이〉라는 단편에서 이 점을 예리하게 형상화한 바 있다. 가짜 목걸이를 진짜로 착각한 일. 곧 그 순간적인 사소한 잘못으로 말미암아 젊은 부부는 실로 10년이란 세월을 갖은 고초 속에서 보냈던 것이다. 이런 비극은 우리의 삶에서 얼마든지 있을 수가 있다. 어렸을 때 순간적인 부주의로 실족하여 불구자가 되어 일생을 한숨과 눈물로 보내는 일, 사소한 말다툼으로 살인까지 불러일으키는 일 등을 우리는 흔히 볼 수가 있다.

【예문 나】

　　나는 사람의 운명이 매우 사소한 일로 말미암아 좌우된다고 본다. 여러 가지 큰 사건이 계기가 되어 우리의 운명이 판가름되는 수가 없는 바는 아니지만. 그보다는 오히려 대수롭지 않은 일로 일생이 좌우되는 수가 많다고 생각한다. 어렸을 때 순간적인 부주의로 실족하여 불구자로 지내는 사람의 경우, 사소한 말다툼 끝에 주먹이 오고가다가 살인까지 불러일으키는 비극 따위가 얼마나 많은가? 프랑스의 소설가 모파상은 그의 〈목걸이〉라는 작품에서 이러한 운명의 비극성을 예리하게 형상화하고 있다. 가짜 목걸이를 진짜로 착각한 그 순간적인 잘못으로 10년의 세월이, 아니 일생이 무참히 허송되는 경우를 그 작품은 보여 주고 있다. 이러한 사례들은 인간의 운명이 사소한 일로 말미암아 결정되는 비극이 많다는 사실을 입증하고 있는 것이다.

　　【예문 가】는 설명을 바탕으로 전개한 글이며, 【예문 나】는 같은 내용을 논증의 방식으로 전개한 글이다. 【예문 가】는 "사람의 일생은 매우 사소한 일로 좌우되는 경우가 많다"를 소주제문으로 삼고 이를 뒷받침하는 예시적 문장들로 구성된 한 단락의 글이다. 글쓴이는 단지 설명적 태도를 취하고 있을 뿐, 독자를 설득하고자 하는 의견이나 주장을 표면에 내세우지 않고 있다. 반면 【예문 나】는 "-라고 본다", "-라고 생각한다" 등의 표현으로 글쓴이가 자신의 견해, 주장을 펼치고 있음을 알 수 있다.

4. 1. 1 논증의 종류

논증의 종류에는 '사실 시인의 논증', '의견 용납의 논증', '판단 승복의 논증'이 있다. 사실 시인의 논증은 사실에 대한 확인을, 의견 용납의 논증은 어느 대상에 대한 의견을, 판단 승복의 논증은 무엇인가에 대한 판단을 핵심으로 이루어진다. 이 세 가지 논증은 논증을 그 형식에 따라 나눈 것인데, 이와는 달리 논증을 그것이 지닌 의도와 효용에 따라 '행동 논증'과 '인식 논증'으로 나누기도 한다. 전자는 독자의 행동을 유발하는 것이고, 후자는 독자로 하여금 어느 관념에 관해 고려하게 하는 것이다. 그러나 관념에 대한 고려가 결국은 생각을 고쳐 가지게 한다는 것을 계산에 넣는다면 '인식 논증'도 심리적인 행동 논증이라고 바꾸어 표현할 수 있을 것이다. 우리들이 실제로 쓰게 될 논문이나 논설문에서 가장 큰 몫을 차지하는 것이 바로 이 논증이다.

4. 1. 2 논증과 명제

논증은, 아직 명백하지 않는 사실이나 원칙에 대해 그것의 진실 여부를 증명할 뿐만 아니라, 한 걸음 더 나아가 독자로 하여금 필자가 증명한 바를 옳다고 믿게 하고, 그 증명하는 바에 따라 행동하게 하기를 기도하는 기술 형식이다. 증명까지가 논증의 소극적인 면이라면, 행동·사고하게 하려는 기도는 그 적극적인 면이다. 만일 증명에만 그치고 만다면 설명 기술과 큰 차이가 없게 된다.

논증은 이해력에 작용하여 독자로 하여금 믿게 하기를 목적한다. 관념적인 것이든, 아니면 어느 행동 양식에 관한 것이든, 그것들로 말미암은 필자와 독자 사이에서 예상되는 갈등에서 논증의 필연성이 생겨나니, 바로 이점이 논증을 다른 기술 양식과 구분짓는 커다란 특색이다.

이들 보기가 말하듯이, 논증은 언제나 믿을 수 있는, 의심할 수 없는 또는 부정할 수 없는 진술인 명제에 관해서만 할 수 있다.

명제란 필자의 신념, 주장, 판단, 지적 식견 등을 드러낸 언어적 표현이다. 그것이 언제나 증명되기를 요구하는 것은, 수사학적으로 보아 개연성의 표현이기 때문이다. 개연성 있는 여러 가지 의견이나 생각 또는 판단 중에서 어느 하나가 가장 믿음직스럽고 가장 확실하여 남들을 설복할 수 있다고 판단한 결과의 표현이 명제다.

명제는 표출되고 또 논리적으로 표현되는 것이 가장 바람직하나, 모든 글에서 언제나 그런 것은 아니다. 논설문에서는 표출되고 논리적인 명제가 거의 절대로 필요하다. 그러나 소설이나 수필에서는 암시적이고 ‘연상적인 명제’를 제시할 수도 있다. 독자의 상상력 속에서 포착된다는 뜻에서 연상적이라고 하는 것이다.

명제는 그 형태에 따라 다음과 같이 나눈다.

① 분석적 명제
② 종합적 명제

가령 ‘사각형은 서로 직각으로 맺어진 네 개의 선을 가진다.’라는 명제는, 그 서술부가 옳은 것이 주어에 의해 자명하게 드러난다. 이 명제는 선험적(apriori)으로 옳다고 하거니와, 이것이 분석 명제이다. 이와는 달리, ‘많은 예술가는 내성적이다.’라는 명제에 있어서는 ‘내성적’이 그 주어진 테두리 속에서 반드시 옳다고 생각될 수는 없다. 그것은, 있을 수 있는 다른 주어까지 고려해야 하고, 경험과 논고에 의해 비로소 옳을 수 있다. 이 같은 종합적 명제는 경험적(posteriori)으로 옳다고 한다. 실제의 논증문에서 주로 이 종합적 명제를 다루게 될 것은 쉽게 예상될 수 있을 것이다.

이와는 달리, 명제를 ‘사실 명제’와 ‘정책 명제’로 양분할 수도 있다. 전자는 어떤 것이 진실·사실이라는 것을 내세우는 명제고, 후자는 어떤 행동·어떤 결단이 옳다고 믿어서 현실로 실천하기를 촉구하는 명제다.

4. 2 추론과 오류

4. 2. 1 추론이란?

논증에 의해 주제(결론)를 확립하는 과정에는 필연적으로 추론이 있게 되므로, 추론의 토대가 되는 근거의 확실성과 방법의 타당성이 요구된다.

근거의 확실성을 보장하는 것이 논거(evidence)다. 논거에는 ‘사실 논거’와 ‘소견 논거’가 있다. 논거가 사실로서 인지되기 위해서는 신뢰성 있는 근거에 의해서 검증되거나 증명되어야 한다. 논거가 소견으로서 지닐 신뢰성은 그 소견을 가진 사람의 권위에 의존한다.

추론(推論, inference)이란 일반적으로 주어진 판단(전제, 근거)으로부터 다른 하나의 판단(결론, 주장)을 끌어내는 과정을 말한다. 여기서 ‘전제’는 하나의 추론 속에서 주장을 뒷받침해 주는 근거의 역할을 하는 명제이고, ‘결론’은 하나의 추론 속에서 주장의 역할을 하는 명제이다. 추론은 판단을 기초로 하여 성립한다. 추론은 적어도 두 개 이상의 판단들의 상호관계에서 성립하며, 추론에 관여하는 판단들은 서로 무관해서는 안되고 반드시 일정한 방식으로 연관을 맺고 있어야 한다. 이러한 추론을 언어를 빌려서 표현한 것을 '논증'이라고 한다.

4. 2. 2 추론의 종류

가) 연역 추리

연역 추리란 이미 알고 있는 하나 또는 둘 이상의 일반적인 명제를 기초로 하여 새로운 명제로 이끌어내는 사고 작용이다. 논리학에서 다루는 추리는 대체로 연역 추리인데 그 전제가 참이면 반드시 그 결론도 참이라는 특징을 가지고 있다.

> ㉠ (1) 모든 생물은 생명체이다.　(참)
> 　(2) 모든 파리는 생물이다.
> 　(3) 모든 파리는 생명체이다.　(참)

(1) 직접 추론 : '이다'와 '아니다'를 바꾸어 주는 식이다.
　㉠ 전제 : 주지스님은 머리카락이 하나도 없다.
　　결론 : 그러므로 머리카락이 있는 사람은 주지스님이 아니다.
(2) 정언 삼단 논법 : 세 가지 정언명제로 구성된 간접추론

형　식	M은 P이다. S는 M이다.
	∴ S는 P이다.

㉠ 모든 동물은 숨을 쉰다.(대전제)
　모든 사람은 동물이다.(소전제)
　그러므로 모든 사람은 숨을 쉰다.(결론)
(3) 가언 삼단 논법 : 조건과 결과의 명제를 제시하고 그 조건의 성립
　　　　　에 따른 결론을 추론
① 충분조건(만약~라면~이다)
　㉠ 만일 그가 연기를 잘 한다면 그는 연기자가 될 수 있다.
　　그는 연기를 잘 한다.
　　그러므로 연기자가 될 수 있을 것이다.
② 필요조건(오직 ~일 때 ~다)
　㉠ 오직 춤을 잘 추었을 때만 오디션에 합격한다.
　　너는 춤을 잘 추었다.
　　그러므로 오디션에 합격했다.

③ 필요충분조건(만약, 그리고, 단지 ~일 때 ~이다)
　㉐ 만약 숙제를 다 하지 못했을 때는 혼날 각오를 해야 한다.
　　우리는 숙제를 다 하지 못했다.
　　그러므로 혼이 날 것이다.
　　⇒가언삼단논법의 오류 : 전건 부정의 오류, 후건 긍정의 오류, 전건 긍
　　　　　　정의 오류, 후건 부정의 오류
(4) 선언 삼단 논법 : 대전제가 선언 판단으로 되어 있고 소전제로
　　　　　　이 판단의 일부가 선언지로 구성된 추리형식.
　　　　　　(두 가지 이상의 선언지를 주고 하나를 부정하
　　　　　　여 결론을 추론한다)

① 배제적 선언추리
　㉐ 여자는 치마를 입거나 바지를 입는다.
　　그 여자는 바지를 입었다.
　　그러므로 그 여자는 치마를 입지 않았다.
② 결합적 선언추리
　㉐ 사탕을 빼앗겼거나 빼앗았다.
　　빼앗기지 않았다.
　　그러므로 빼앗았다.
(5) 가언 선언 삼단 논법 : 대전제가 되는 두 개의 조건 판단으로 구성
　　　　　　되고 소전제는 두 개의 선언지를 가진 선언
　　　　　　판단에 의하여 구성된 추리
　　㉐ 만약 네 말이 사실이라면 너는 영희를 때렸을 것이고 거짓이라면 철수
　　　를 때렸을 것이다. 네 말은 사실이거나 거짓일 것이다. 그러므로 영희
　　　에게 사과를 하거나 철수에게 사과를 하여야 한다.

나) 귀납 추리 (←비연역적 추리)

　여러 가지 이유로 해서 그 전체를 알아볼 수 없을 때, 부분을 조사하여
그 전체를 알아보는 추리이다. 그 전제가 참이라고 해서 그 결론도 100%
참이라고 주장할 수 없다. 그러나 그 결론은 현재 이끌어 낼 수 있는 최선
의 결론으로서 참에 아주 가까운 것임을 이해해야 한다.

　　㉐ 초컬릿을 입힌 과자는 달다.
　　　초컬릿으로 만든 아이스크림은 달다.
　　　그러므로 초컬릿맛 사탕은 달 것이다.

　귀납적 비약(歸納的飛躍)이란 귀납 추리가 전제의 범위를 뛰어 넘어 결
론에 도달할 때 생긴다. 따라서 귀납 추리는 귀납적 비약을 통해서만 결론
에 도달한다. 그러므로 귀납 추리의 전제가 사실과 일치하고 참일지라도,

'그 결론은 반드시 참이다.'라는 주장을 펼 수 없고, 대체로 참일 수 있다
는 개연성(확률성)을 갖는 특징을 가진다.

귀납 추리를 하는 이유는 대체로 제한된 전제를 뛰어 넘는 어떤 결론을
이끌어내야 할 때, 지금까지 관찰된 사실로부터 미래에 있음직한 사실을
예측하고 판단을 내려야 할 때이다.

(1) 매거적 귀납 추리(枚擧的歸納推理) ; 열거적 귀납 추리

   : 어떤 집합에 드는 모든 원소들에 관한 결론을 그 집합에 드는 관
    찰된 원소들에 대해 주장된 전제로부터 이끌어 내는 일반화.

① 보편적 일반화

형식	지금까지 관찰된 S의 모든 원소들은 P이다.
	∴ 모든 S는 P이다.

㉮ 매일 저녁 7시면 식구들이 모두 집에 와 저녁을 먹는다.
   ∴ 저녁 식사 시간은 7시이다.

② 통계적 일반화

형식	지금까지 관찰된 S의 원소들 중 K%가 P이다.
	∴ S의 K%가 P이다.

㉮ 지금까지 아르바이트를 했던 학생들 중 20%는 한 달을 넘기지 못하고
그만두었다.
   ∴ 학생의 20%는 오래 일하지 못한다.

㉮ 선거 결과 예측, 여론 조사
   ⇒ 편의 통계량의 오류, 불충분 통계량의 오류(성급한 귀납의 오류)에
     빠질 수 있다.
   ⇒ 실제로 연구되는 각 분야에서 많은 경험을 통해 알 수밖에 없다.

(2) 유비 추리 : 두 개의 상이한 대상이나 사물이 몇 가지 성질들을 같
              이 할 때, 이것에 의하여 다른 한 쪽에서 볼 수 있는
              성질은 그 다른 쪽도 갖고 있으리라고 추리하는 방법.

형식	X는 A, B, C 등의 성질을 가지고 있다. Y는 A, B, C 등의 성질을 가지고 있다. 그런데 X에게 성질 F가 있음이 발견된다.
	∴ Y에게도 성질 F가 있음이 발견될 것이다.

㉮ 흰 쥐에게 (사람 대신) 임상실험할 때
㉮ 나(X)는 애인한테 채인 적이 있다.
   친구(Y)가 이번에 애인에게 채였다.
   나는 그 때 그를 아주 미워했다.

∴ 친구는 지금 그를 미워할 것이다.

⇒ 타당성 여부 : 비교되는 두 대상 사이의 유사성에 달려 있다. 그 유사성은 비교되는 대상들의 본질적이고도 적절한 유사점들에 바탕을 두어야 한다. 비교되는 두 대상 사이에 적절한 유사성이 없음에도 유비 추리에 의해 결론을 이끌어 내면, 그것은 '개연성'이 거의 없고 타당한 것이 못 된다.

· 유비추리의 결론의 확실성을 높이는 방법
  - 유비 대상간에 동일한 속성이 많아야 한다.
  - 비교된 속성은 대상의 특유한 속성이어야 한다.
  - 동일한 속성과 유비의 속성간에 결정적이고 밀접한 연관이 있어야 한다.
· 유비 추리의 오류 : 기계적 유비추리

(3) 인과적 추리 : 결과로부터 원인을 규명하는 추리, 원인으로부터 결과를 이끌어내는 추리로 인과적 관계에 관한 지식을 바탕으로 한다.

형식	X는 Y의 원인이다.

(4) 밀(Mill, J.S.:1806~1873)의 방법

① 일치법 : 문제된 현상의 모든 사례들이 공통적으로 일치하고 있는 하나의 요소를 갖는다면, 그 요소를 문제된 현상의 원인으로 보는 추리 방법이다. 그러나 이러한 일치법을 적용할 때 하나의 가정을 전제해야 하며, 그 가정은 타당성이 입증되어야 한다.

형식	사례1 : Y라는 현상에 참여한 요소들 … a,b,c,d 사례2 : Y라는 현상에 참여한 요소들 … a,b,c 사례3 : Y라는 현상에 참여한 요소들 … a,b,d 사례4 : Y라는 현상에 참여한 요소들 … a,c,d
	∴ a라는 요소가 Y라는 현상의 원인이다.

㉠ 사례1 : 왕따를 당하게 한 요소 … 예쁜 척하기, 똑똑한 척하기, 돈 많은 척하기

사례2 : 왕따를 당하게 한 요소 … 예쁜 척하기, 똑똑한 척하기

사례3 : 왕따를 당하게 한 요소 … 예쁜 척하기, 돈 많은 척하기

∴ 예쁜 척한 것이 왕따를 당한 원인이다.

② 차이법 : 상반되는 사례들에서 유일한 차이점은 그 한 가지 요소이고, 그 요소가 바로 문제된 현상의 원인임을 알아내는 추리 방법이다. 차이법을 적용함에 있어서도 앞의 일치법처럼 전제되는 가정을 타당하게 세울 수 있는가 하는 물음은 필요하다.

형 식	사례1 : Y라는 현상이 나타난 데에 참여한 요소들 　　　　　　 … a,b,c,d 다른 사례들 : Y라는 현상이 나타나 있지 않은 데에 참여한 　　　　　　 요소들 … a,b,c
	∴ d라는 요소가 Y라는 현상의 원인이다.

　㉠ 사례1 : 왕따를 당하는 데에 참여한 요소들 … 지각 1등, 백일장 1등,
　　　　　　 달리기 대회 1등, 영어경시대회 1등
　　　다른 사례들 : 왕따를 당하지 않은 데에 참여한 요소들 … 백일장 1등,
　　　　　　 달리기 대회 1등, 영어경시대회 1등
　∴ 지각 1등이 왕따를 당하게 한 원인이다.

③ 일치 차이 병용법 : 만일 한 요소가 일정한 현상을 일으키는 모든 사례들에
　　　　　나타나 있고, 그 요소의 양의 증대에 따라 그 현상의 강도도
　　　　　증대되면 그 요소와 그 현상 사이에는 인과적인 관계가 있으리
　　　　　라고 추리하는 방법이다. 일치법과 차이법을 살핀 데서도 지적하
　　　　　였지만, 조사된 자료의 요소들 안에 문제된 현상의 원인이 실제
　　　　　로 포함되어 있다는 가정의 타당성이 있느냐 하는 문제가 있다.
　　　　　그 현상의 원인이 자료의 요소들 안에 포함되어 있다는 적절한
　　　　　근거가 주어지지 않는 한 밀의 방법들을 적용 할 수 없다.
　㉠ 식구들 간의 대화가 가출 청소년을 양산하는 빈도와 어떤 상관관계
　　　가 있다.
　　　1. 식구들 간의 대화가 전혀 없는 집의 청소년
　　　2. 식구들 간의 대화가 하루 한 시간이 되지 않는 집의 청소년
　　　3. 식구들 간의 대화가 하루 한 시간이 넘는 집의 청소년
　　→ 이들의 각 집단을 대조하여 대화를 하는 시간을 조사한 후, 식구들간
　　　의 대화 단절은 청소년이 집을 나가게 하는 원인일 수 있다고 추리.

4. 2. 3 논증과 오류

　귀납 추리에는, 일정수의 개별적인 사례에서 시작하여 같은 종류의 다른
모든 사례도 같은 것이 되리라는 일반적 결론에 도달하게 되는 '일반화
(generalization)'와, 두 사례가 일정수의 개성이 비슷하면 그 두 사례가
문제된 점도 비슷하리라고 추단하는 '유추(analogy)'가 있다.
　일반화에는 이따금 귀납적 비약이라는 오류가 있게 되는데, 이 오류를
피하기 위해서는 다음에 유의해야 한다.

① 충분하고도 필요한 만큼의 상당수의 사례가 검토될 것.
② 검토될 사례는 그 부류 중 가장 전형적일 것.
③ 부정적인 사례가 있을 때는 반드시 해명될 것.

이상 일반화의 경우가 그러하듯, 유추에 있을 오류를 피하기 위해서는 다음에 유의해야 한다.

  ① 비교된 두 사례는 중요한 면에서 보아 유사할 것.
  ② 두 사례 사이의 차이가 고려될 것.

귀납 추리가 고작 개연성을 보일 수 있을 뿐인 데 비해서, 연역법은 확실성을 보일 수 있는 강점이 있다.

논증은 엄격히 말해서 독자의 이성에 호소하는 것이다. 그러나 감정에 호소하는 '설득(per-suasion)'도 논증을 위해 원용될 수 있다. 설득은, 표현의 사실성과 필자와 독자 사이의 마음의 공감대에 기대는 바가 크다. 설득을 위해서는 재치와 공평한 자세, 너그러움, 독자에 대한 경의 등을 고려하거나 나타내 보일 필요가 있다.

또 다른 논증의 유형으로서 일반적 진술에서 시작하여 특수한 사례들로 나아가는 방법이 있는데, 이를 '연역법'이라 한다. 여기서 논증의 결론을 가능하게 하는 이유가 되는 것들을 '전제'라 한다.

연역법의 예를 들면 아래와 같다.

  전제 : 모든 한국 사람들은 자유를 사랑한다.
       수동이는 한국인이다.
  결론 : 수동이는 자유를 사랑한다.

다음, 귀납법을 사용하여 기술할 때 어떠한 점에 주의해야 할지 살펴보도록 하자. 귀납법에서는 논거가 객관적 타당성이 있고 또 충분하면 할수록 논증의 설득력이 커진다는 점, 사용된 논거들은 대표적·전형적이어야 한다는 점을 기억해 두자.

일정수의 개별적인 사례에서 시작하여 같은 종류의 다른 사례들도 같은 것이 되리라는 일반적 결론에 도달하게 되는 일반화 외에 귀납 추리에서 흔히 쓰이는 방법으로 '유추(analogy)'가 있다. 두 사례의 일정수의 개성이 비슷하다면, 그 두 사례의 문제된 개성도 비슷하리라고 추단(推斷)하는 것이 유추이다. 유추에서 생기기 쉬운 오류를 피하기 위해서는 다음에 유의해야 한다.

  ① 비교된 두 사례는 중요한 면에서 보아 유사할 것
  ② 두 사례 사이의 차이가 고려될 것

가) 연역법의 오류

연역법의 오류란 그 구성 명제나 추론 과정에서 생기는 잘못을 말한다. 전제나 결론 명제가 참되지 못하거나 삼단 논법의 형식이나 내용이 그릇되어 거짓 결론이 나타나는 것이 연역법에서의 오류이다.

연역법의 오류에는 크게 "재료의 오류"와 "형식의 오류"가 있다.

① 대전제 : 삼각형은 이등변을 가진다
　소전제 : 이 자는 삼각형이다
　결　론 : 그러므로 이 자는 이등변을 가진다
② 대전제 : 사람은 배워야 한다
　소전제 : 인호는 사람이다
　결　론 : 그러므로 아현이도 배워야 한다

①의 추론이 잘못된 것은 대전제가 참이 아니기 때문이다. 모든 삼각형이 이등변을 갖는 것은 아니기 때문이다. ②의 추론은 전제에 나타나지 않은 '아현'이 결론에 나왔으므로 추론 형식에 오류가 생긴 것이다. ①과 같은 오류를 재료의 오류라 하고, ②와 같은 오류를 형식의 오류라 한다.

(1) 언어적 오류

언어적 오류는 모호성을 가진 낱말을 사용함으로써 생기는 오류이다.

① 대전제 : 종교는 사람들이 믿고 실천하는 것이다.
　소전제 : 공산주의자들은 마르크스-레닌주의를 믿고 실천한다
　결　론 : 그러므로 공산주의자들은 종교를 믿는다.
② 대전제 : 이 옷은 값이 싸다.
　소전제 : 값이 싼 것은 쉽게 떨어진다.
　결　론 : 그러므로 이 옷은 쉽게 떨어진다.

①은 대전제에서 규정한 '종교'의 뜻이 잘못되어 빚어진 오류이고, ②는 '싼 것'이라는 말의 말뜻 때문에 오류가 생긴 것이다. '싼 것'이 반드시 '나쁜 것'이 아니기에 발생한 오류이다.

(2) 개념이 잘못 묶일 때 생기는 오류

오류 중에는 두 개의 개념이 잘못 결합하여 생기는 오류가 있다. 곧 개념을 개별적으로 쓰일 때의 속성을 합쳤을 때에도 적용함으로써 발생하는 잘못이다.

```
① 대전제 : 김선생의 의견도 틀렸다.
  소전제 : 이선생의 의견도 틀렸다.
  결  론 : 그러므로 모든 선생들의 의견은 틀렸다.
② 대전제 : 3과 5는 기수이다.
  소전제 : 8은 3과 5로 되어 있다.
  결  론 : 그러므로 8은 기수다.
```

위의 ①과 ②는 개별 사항은 사실이지만 그것들을 결합하여 전체에 적용하면 오류가 발생한다.

(3) 개념을 잘못 나눌 때 생기는 오류

결합에 의한 오류와는 정반대로 개념을 잘못 나눌 때 생기는 오류가 있다. 원개념에 적용되는 사실인데, 그것을 분석하여 얻은 각 성분에도 적용하는 데서 오는 잘못이다.

```
대전제 : 12는 짝수다
소전제 : 12는 5와 7로 나뉜다
결  론 : 그러므로 5와 7도 짝수다
```

(4) 순환 논증에 따른 오류

순환 논증이란 전제를 바탕으로 결론을 논증하고 다시 결론을 바탕으로 전제를 논증하는 것이다.

```
대전제 : 성서의 글은 모두 하느님의 말씀이다.
소전제 : 성서가 하느님의 말씀인 것은 성서에 쓰여 있기 때문이다.
결  론 : 그러므로 성서가 하느님의 말씀인 것은 의심할 여지가 없다.
```

'성서가 하느님의 말씀'이라는 사실을 증명하지 않고 전제와 결론에 돌려 가면서 쓰고 있다. 이처럼 전제가 결론에 의지하고 또 결론이 전제에 의지하는 추론을 순환 논증에 따른 오류라 한다.

(5) 우연에 의한 오류

일반적이거나 본질적인 일반 규칙을 우연하게 생기는 예외의 경우에도 적용하는 데서 일어나는 오류이다.

```
대전제 : 거짓말은 죄악이다.
소전제 : 의사는 환자를 안심시키려고 거짓말을 했다.
```

　결　론 : 그러므로 의사는 죄악을 범했다.

　대전제에 '의사는 환자를 안심시키려고'라는 예외적인 경우를 적용하여 오류가 생긴 것이다.

　(6) 역우연의 오류
　우연적인 특수한 사실에서 일반적이고 본질적인 것을 이끌어내는 데서 생기는 오류이다.

　　그 친구가 산에 갔다가 봉변을 당했다. 그러므로 산은 갈 데가 못된다.

　　우연한 일로 생긴 일을 일반화하려고 한 데서 생기는 오류이다

나) 귀납법에서의 오류
　귀납 추리에서는 충분한 관찰이나 실험 등 경험적 사실을 파악하고 그것들에서 보이는 공통적 사실이나 일반적 특성을 집약하여야 한다. 그러한 면밀한 관찰이나 파악에 결함이 생길 때는 오류가 생기기 마련이다. 특히 여러 특수 사실을 충분히 수집하여 고찰함 없이 한정된 자료만으로 성급하게 일반화를 시도하는 데서 오는 논리적 비약이 문제이다.

　(1) 성급한 일반화의 오류
　한정된 특수 사실만을 가지고 성급하게 전칭 명제의 결론을 이끌어내는 논리적 비약의 오류를 말한다.

　　주위 사람들이 다 반대한다. 그러니 이것은 온 국민이 반대한다고 보아야 한다

　(2) 단순 열거의 오류
　일부 사례를 열거하고 나서 전체가 그렇다고 일반화하는 오류이다.

　　새해가 되면 우리 나라에서는 어른에 대한 세배, 연하장 보내기, 덕담과 함께 새해 인사 나누기, 아는 이나 부유한 사람들 찾아보기 등 온 국민이 부산하다. 이로 보아 우리 나라 사람들은 모두 예의가 바르다고 결론 지을 수 있다.

　(3) 유추의 오류
　유추란 하나의 특수 사실을 바탕으로 그와 유사한 다른 특수 사실을 추정하는 예비적 추론 방식이다. 그런 유추 결과를 가지고 일반적인 명제를

도출하는 일은 크게 잘못될 수가 있다.

이 약의 효과는 쥐에서 증명되었으니 사람의 경우에도 마찬가지이다.

약의 효과가 쥐에서 증명되었다 하더라도 사람의 경우에까지 유추하여 단정적인 결론을 내리는 것은 과학적으로 보아 큰 오류이다.

(4) 인과 관계의 잘못 적용으로 말미암은 오류
확고한 근거 없이 하나의 사실을 다른 사실의 원인으로 여기는 데서 나오는 오류이다. 시간의 앞 뒤 관계만을 보고 전자가 원인이고 후자가 결과라고 속단하는 경우 따위이다.

까마귀 날자 배가 떨어졌다. 그러니 배가 떨어진 것은 까마귀가 날았기 때문이다.

한편으로, 여러 원인이 있을 수 있는데 한두 가지만을 내세워 그것이 진짜 원인이라고 하는 경우에도 이 오류에 속한다.

그 집 아이들이 똑똑한 것은 부모들이 똑똑하기 때문이야

또한, 근거가 없는 미신을 바탕으로 결론을 내리는 경우에도 이 오류에 속한다.

오늘 일이 실패한 것은 아침에 뱀을 보았기 때문이야.

제5장 여러 가지 논증문 쓰기

　본격적인 논술문을 쓰기에 앞서 여러 가지 논증문들을 쓰는 훈련을 거칠 필요가 있다. 여러 가지 논증문을 쓰는 훈련은 첫째, 논술문들의 기본이 되는 논증을 익힐 수 있고 둘째, 논술문 쓰기의 지루함에서 벗어날 수 있고 셋째, 다양한 글쓰기를 통해 풍부한 식견을 갖출 수 있다는 장점을 갖는다. 논증문에는 '독자의 소리', '사설', '칼럼', '연설문'이 있고 '신문기사' 쓰기 역시 논술문 쓰기에 도움이 될 수 있다.

5. 1 독자의 소리

　모든 신문에는 '독자의 소리'란이 있다. 본격적인 논증문이라고는 할 수 없으나, 일상 생활에서 느끼는 것들을 '문제상황', '자신의 주장'의 요소를 갖추어 쓴 글이라는 점에서 논술문 쓰기의 기초 훈련이 될 수 있다.

【예문 가】

학교선거를 교육기회로

　9월 들어 각급 학교에서 치러진 반장·회장 선거과정을 지켜보면서 아쉬운 점이 있었다. 우리나라에 근대적인 선거제도가 도입된 지 50여년이 지났음에도 우리나라의 공직선거문화는 여전히 후진성을 면하지 못하고 있다. 각종 조합장 선거 및 교육감 선거 등 생활 주변의 선거도 마찬가지이다.

　학생 때부터 선거의 중요성을 이해시키고 올바른 선거참여 자세를 확립시킬 수 있는 학교의 반장·회장 선거가 안타깝게도 학교 수업과정에서 소홀히 취급되고 있다.

　민주선거의 대원칙 중 하나인 비밀선거가 제대로 지켜지지 않고 있다. 규약에 벗어난 선거절차, 투표자의 유·무효구분의 불명확 등이 학생 선거에서 나타나고(?) 있다는 것이다.

학교 선거는 단순히 학생회장 등을 뽑는 것으로 그치는 것이 아니라, 한 사람의 일꾼을 탄생시키는 과정을 통해 차세대 유권자인 학생들에게 올바른 선거문화를 인식시켜주고, 그들이 학급 사회나 학교 사회에서 공명선거가 무엇인지를 알게 하는 중요한 행사라고 생각한다. 학교 선거가 민주주의의 꽃인 선거를 올바르게 체험할 수 있는 기회의 장이 되도록 선생님들의 적극적인 관심이 있었으면 한다.

(조선일보, 2001. 9. 27 /權炳周)

【예문 가】는 "① 문제상황 – 각급 학교 선거의 파행 ② 구체적인 문제상황 – 학급 선거의 여러 가지 문제 ③ 주장의 근거 – 학급 선거를 올바르게 치러야 하는 이유 ④ 주장 – 학교 선거가 민주주의 선거가 될 수 있어야 한다"의 구성과 내용을 갖추고 있다.

【예문 나】

한국통신 '팔고보자' 상혼

한국통신에서 서비스하는 초고속 인터넷을 사용하는 학생이다. 한국통신에서는 BA라는 서비스를 우리 아파트 단지에 1년여 동안 제공했다. 그런데 며칠 전 갑자기 인터넷에 접속이 되지 않아 오전 9시에 한국통신으로 전화를 해 AS를 신청했다. 전화국에서는 서비스 요원을 보낸다고 했는데, 오후 2시가 되도록 감감무소식이었다. 몇 번의 독촉 끝에 전화국 직원은 우리 아파트 단지에 전체적으로 장애가 발생해 수리가 복잡하니 이 기회에 초고속망을 한국통신 ADSL라이트(Light)서비스로 바꿔보라는 것이었다. 이 서비스는 기존 초고속망보다 요금이 더 비싼 서비스였다. 기존 초고속망을 제대로 안 해주고 장애가 발생하자 이보다 더 비싼 서비스로 전환하라는 한국통신의 제안에 말문이 막혔다. 가입 신청을 받아 제공하는 서비스라면, 통신망 품질에 신경을 쓰지는 못할망정 더 비싼 서비스로 전환을 하라니, 초고속망 업체들이 가입자 유치에만 열을 올린다고 해서 비난을 받은 적이 있었는데, 이번 경우가 바로 그런 셈이다. 일단 가입 신청을 받고 나면 AS나 품질향상 노력 같은 사후관리가 더 중요한 것이 아닐까. 이런 초고속 인터넷만이 아니라 사회 여러 분야에서 벌어지고 있는 '일단 팔고 보자'는 식의 사고방식이 없어졌으면 하는 바이다.

(조선일보, 2001. 9. 18 /盧大範 학생·16)

【예문 나】는 "① 문제상황 – 인터넷이 접속되지 않았다 ② 본질적인 문제 – 전화국 직원이 1년도 채 안된 초고속망을 AS도 해주지 않은 채 교

체 요구 ③ 주장 – 일단 팔고보자식 상혼은 없어져야 한다"로 되어 있다.

독자의 소리는 일상 생활에서 일어나는 문제상황을 비판적으로 인식하고, 원인과 해결방안을 구안한다는 점에서 매우 의의가 있다. 즉, 독자소리 쓰기는 문제상황 파악과 원인, 해결방안 모색을 일상화한다는 점에서 훈련할 필요가 있다.

5. 2 사설

신문은 사실이나 정보를 제공하는 기능과 의견이나 주장을 제시하는 기능을 가지고 있다. 사회에 대한 정보를 제공하고, 그에 대한 대응방안을 제시하는 것이 대중매체인 신문의 가장 핵심적인 기능이기 때문에 의견이나 주장은 매우 중요할 수밖에 없다.

신문에서 의견이나 주장은 여러 형태로 제공된다. 그 대표적인 형태는 사설이나 해설, 칼럼 등이며 요즘에는 독자들의 참여를 확대하기 위해 독자 투고란을 두어 독자들의 의견과 주장을 싣고 있다. 이러한 의견이나 주장의 형태 중 가장 대표적인 것은 사설이다.

사설은 외형적으로 뉴스와 구분하여 편집하는 것이 상례이다. 신문의 경우 사설란이 따로 있는데 이는 20세기에 들어 객관보도의 원칙이 정착하면서 의견이나 주장을 뉴스와 엄격하게 구분하는 경향을 나타낸 것이다.

사설은 기자(논설위원)의 사견이라기보다 언론사의 견해를 대표하는 성격을 띤다. 즉 특정 사안에 대한 공적인 의견이나 주장을 싣기 위해서 공적인 논설위원실을 두고 논설위원이 사설을 작성하게 된다.

5. 2. 1 사설의 구성

뉴스는 표제와 전문, 본문으로 구성되는 데 비해 사설은 외형적으로 표제와 본문으로 되어 있다. 사설에서는 내용을 요약하거나 뉴스 가치가 큰 것을 뽑아 제시하는 전문을 두지 않는다.

물론 사설의 본문을 쓰기 위해 일정한 형식을 갖추어야 되는 것은 아니다. 그러나 유심히 살펴보면 사설은 몇 가지 요소를 조합한 것임을 알 수 있다. 대체로 사설은 ① 사실을 설명한 후 ② 그에 대한 평가를 내리고 ③ 이를 바탕으로 우리가 어떻게 대응해야 하는지 그 방향을 제시한다.

그러나 '사실 – 평가 – 대응'의 구조는 일반적인 경향일 뿐 사설은 매우 다양한 형태를 갖는다. 이를테면 기승전결(起承轉結)의 구성 방식을 원용하여 ① 먼저 문제를 제기하고 ② 그 당위성을 인정한 뒤 ③ 다른 측면에서 의견이나 주장을 제시하고 ④ 결론을 내리는 형태를 갖기도 한다.

사설을 구성하는 방식으로는 이 밖에도 인과론적 구성방식, 즉 ① 상황을 기술하고 ② 그런 상황이 나타난 배경을 설명한 뒤 ③ 그 결과의 중요성을 논하고 ④ 해결책을 제시하는 방식을 취하기도 한다. 또 다른 방식으로는 몇 개의 관련있는 대상을 정하여 각 대상에게 하고자 하는 말을 나누어 전개하는 방식도 있다. 예를 들어 정치 문제를 논하면서 ① 정치 현실을 쓰고 ② 정부와 여당에 ③ 야당에게 하고 싶은 말을 쓰고 ④ 마지막으로 국민에게 하고 싶은 말을 하는 식의 방식을 채택할 수도 있다.

이 외에도 사설의 구성은 다음과 같은 형태를 가지고 있다.

① 공간적 조직 형태 : 의견이나 주장의 내용을 지리적 영역에 따라 조직하는 것
② 시간적 조직 형태 : 어떤 사건에 관한 내용을 사건이 일어난 과정의 시간적 순서에 따라 작성하는 것
③ 논리적 조직 형태 : 연역적으로 결론을 먼저 서술하고 구체적인 재료들을 제시하거나, 귀납적으로 구체적인 사실을 먼저 제시하고 이를 바탕으로 결론을 이끌어 가는 방법.
④ 심리적 조직 형태 : 동기화 과정에 따라 의견이나 주장의 내용을 조직하는 것
⑤ 문제 해결의 조직 형태 : 먼저 문제를 제시하고 그 해결책을 제시하는 방법

사설은 대개 길이가 정해져 있다. 대다수의 사설은 약 1,200자 정도의 분량으로 쓰여지고 있다. 사설의 문단의 수가 5개 정도임을 감안한다면 한 문단의 글자 수는 250~300자 정도가 되어야 한다. 언론 문장의 길이는 60자가 넘지 않아야 된다는 것을 상기한다면 한 문단은 다시 5~6개 정도의 문장으로 구성해야 한다는 것도 알 수 있다.

사설의 일반적 형태인 '사실 – 평가 – 대응 방안' 중에서 내용의 비중은 '대응 방안'에 더 두는 것이 일반적인 사설 구성의 형태이다. 왜냐하면 사설의 주목적이 사실이나 정보 전달에 있는 것이 아니라 특정한 사실에 대한 의견이나 주장을 펼치는 데 있기 때문이다.

만약 사설 쓰기를 연습한다면 전체 길이는 1,500자 정도로, 한 문단에는 5~7개 정도의 문장이, 사설의 기본 형태 중에서 '대응 방안' 부분을 더욱 확대해서 연습하는 것이 좋을 것이다.

5. 2. 2 사설의 유형

사설의 유형은 사설을 통해 내세우는 의견이나 주장의 태도에 따라 나눌 수 있다. 의견이나 주장의 태도는 일반적으로 인지적 차원, 감정적 차

원, 행동적 차원 세 가지가 있다. 이를 토대로 다시 '사실적 주장, 가치적 주장, 정책적 주장으로 나눌 수 있다.

> ① 사실적 주장이란 '-이다' 또는 '-아니다' 식으로 서술한 단언을 말한다. 이 때 논점은 당연히 사실인지 아닌지, 있는지 없는지 등이 된다.
> ② 가치적 주장이란 '-이 좋다' 또는 '-이 나쁘다' 식의 주장을 말한다. 논점은 옳은지 그른지, 바람직한지 아닌지 등이 된다.
> ③ 정책적 주장이란 '-해야 한다', '-해서는 안 된다' 혹은 '이렇게 해야 한다', '저렇게 해야 한다'는 식으로 제시된다. 이 때 논점은 주로 '무엇을 어떻게 해야 하는지'가 된다.

여기에서는 사설의 유형을 사실적 주장, 가치적 주장, 정책적 주장으로 나누었는데 다른 기준을 사용하여 다양하게 그 유형을 구분할 수 있다. 예를 들어 감정적 주장과 이성적 주장으로 나눌 수도 있으며, 논증의 방법에 따라 일방적 주장과 양방적 주장으로 나눌 수도 있다.

5. 2. 3 사설 쓰기의 실제

어떻게 하면 사설을 잘 쓸 수 있을까?. 그러나 사설 쓰기에도 왕도는 없다. 사설 역시 많이 연습하는 것 외에 다른 방도는 없다. 그러나 연습에 들어가기 전에 다음 몇 가지를 유념한다면 좀 더 효과적인 사설을 쓸 수 있을 것이다.

첫째, 다룰 사안에 대해 정보와 지식을 준비해 두어야 한다. 사설 역시 잘 쓰려면 우선 많은 사설들을 읽어야 한다. 여러 신문을 보면서 같은 주제의 사설을 서로 비교해 보고, 이를 토대로 자기 나름의 생각이나 주장을 정리하거나 그것을 사설로 써보는 훈련이 필요하다.

둘째, 자신의 분명한 주장을 써야 한다. 사설은 자신의 의견이나 주장을 내세우는 글이기 때문에 이것도 좋고 저것도 좋다는 식의, 이른바 양시양비론적(兩是兩非論的) 태도는 바람직하지 않다. 자기 의견이나 주장에 자신이 없다 하더라도 처음부터 자신의 의견이나 주장이 무엇인지 확실하게 정해놓고 사설 쓰기 연습을 해야 한다.

셋째, 아무리 확고한 소신이 있더라도 일방적으로 자기 주장만을 전개해서는 안 된다. 사설이란 대중을 대상으로 한 글이다. 대중은 다양한 의견과 주장을 가지고 있으므로 대중의 다양성을 인정하면서 차분하게 자기 주장을 펼쳐야 한다. 이런 자세로 사설을 쓸 때 비로소 설득력을 갖추게 되는 것이다.

넷째, 알기 쉽게 평이하게 써야 한다. 대중을 대상으로 글을 쓰면서 전문가나 알아들을 수 있게 써서는 안될 것이다. 사설을 쓸 때는 어렵고 현학적인 내용과 태도는 버려야 한다. 사설은 평범한 대중들이 쉽게 이해하고 공감할 수 있도록 쉬운 말로 풀어 써야 한다.

다섯째, 논리 전개가 체계적이어야 한다. 같은 주장이라도 논지를 어떻게 전개하느냐에 따라 설득 효과는 크게 달라진다. 사설을 체계적으로 잘 쓰려면 앞에서 말한 바와 같이 문단을 잘 구분하는 연습부터 해야 한다. 즉 5개 정도의 문장으로 한 문단을 구성하고, 4~5개 정도의 문단으로 사설 쓰기를 집중적으로 연습할 필요가 있다.

마지막으로 사설 쓰기를 연습할 때 다음 세 단계를 설정하는 것도 도움이 될 것이다. 첫 번째 단계에서는 아무 준비 없어도 쓸 수 있는 평이한 주제로 연습하고, 두 번째 단계에서는 특정 주제에 대한 예문을 제시하고 이를 활용하여 사설 쓰기를 연습하고, 세 번째 단계에서는 주요 사회 문제 하나를 들어 예문이나 자료 없이 즉석에서 사설을 쓰는 것이다. 이때에도 역시 사설의 길이는 1,500자 안팎이며 쓰는 시간은 50분으로 한정하는 것이 좋다.

같은 주제로 글을 쓴다 하여도 각기 다른 구성, 각기 다른 표현 형식의 사설을 쓸 수 있다. 그러므로 사설의 구성 역시 일정한 틀이 있는 것이 아니라 강조하고 싶은 내용, 내세우고 싶은 핵심 주장을 어디에 배열하고 어떻게 표현할 것인가에 따라 달라질 수밖에 없다.

사설 쓰기 훈련을 위해서는 같은 주제로 쓴 여러 가지 신문의 사설을 비교 검토하면서 글의 구성, 사실과 평가·대응 방안의 배치 방법, 표현의 특성들을 두루 익혀두는 것이 바람직하다.

5. 2. 4 사설의 문장

우선 사설의 문장은 철저하게 객관적이어야 한다. 이미 앞에서 말한 것처럼 사설은 개인의 입장에서 쓰는 것이 아니라, 신문사를 대표하여 쓴 공적인 글이기 때문에 '나는 -', '내 생각으로는 -' 등과 같은 주관적인 표현은 삼가야 한다. 그리고 사설의 문장은 쉽고 명확해야 한다. 다른 글의 문장도 쉽고 명확해야 하겠지만, 특히 사설의 문장은 사설이 일반 대중을 대상으로 한다는 점을 인식하여 쉽고 명확하게 전달되도록 써야 한다. 신문의 사설은 시사적인 내용이 많아서 자칫 조금이라도 어렵고 복잡하게 쓰면 전달 자체에 문제가 있을 수 있다.

그러면 학생이 쓴 사설을 첨삭하면서 사설 문장에 대한 훈련을 해 보자.

우선 이 논설은 자기 주장이 뚜렷하며, 그 주장을 체계적으로 썼다는 점에서 우수한 사설이다. 사설의 주장이 무엇인지, 그 주장이 이념상으로 어느 편에 속하는지는 논외로 하고 사설의 문장 훈련이라는 측면에서 이 사설을 읽도록 하자.

대학가에 선거바람이 불고 있다. 곳곳에 대자보와 팜플렛이 보이고 양복을 입은 후보들의 모습도 눈에 띈다. 많은 후보들과 같이 선거를 준비하는 이들은 학생회의 위기와 혁신을 이야기한다. 학생회는 열린 공간이라며 학생회의 변화를 말하는 이들도 있다. 과연 오늘의 학생회의 위기는 무엇이며 또 그 위기를 어떻게 돌파해야 하는가?
지금의 학생회의 위기는 의사소통의 단절로 귀결된다. 이 시대를 주도하는 것은 다양성이며 현재 학생회는 그 다양성을 *소화해내지 못하고 있다.* 학생들과 대화하려는 노력보다는 학생들을 하나로 묶으려는 궁리만을 하고 있는 것이 학생회의 모습이다. 학생회는 진정으로 학생들이 무엇을 원하는지에 대해 알지 못한다. 아직도 과거 학생회 깃발만 꽂으면 학생들이 모이던 때를 잊지 못하는 이들도 *있을 것이다.* 민주주의를 말하는 학생회 내부의 민주주의도 이루어지지 않고 있다. 백만의 조직이라는 한총련은 중앙위원회가 모든 것을 *결정하는 독재기구였다.* 의사소통의 확보를 전제하는 아래로부터의 민주주의는 학생회 내에서 전혀 이루어지지 않았고 그 결과 학생들은 학생회를 불신하게 됐다.
이제 우리는 학생회를 의사소통의 공간으로 *혁신시켜야 한다.* 학생들의 다양성과 그 차이를 인정하는 데서 의사소통은 시작된다. 학생들의 관심사와 사회를 보는 다양한 관점들을 파악하려는 노력을 해야 한다. 학생회 *내부에 여러* 소모임을 만들어 *여러 담론을 활성화시키는 것도 좋은 방안이 될 것이다.* 이제 더 이상 운동만을 논하는 학생회는 설자리가 없다. 학생들의 의견 표출과 토론의 장, 그것이 오늘날 학생회의 모습이 되어야 할 것이다.
그러나 위에서 말한 것이 대중추수주의가 되어서는 안 된다. 운동만을 고민해서도 안되지만 운동을 고민하지 않는다면 그것은 더 이상 학생회가 아니다. 시대를 고민하고 비판하는 데 가장 자유로울 수 있는 *계급이* 대학생이다. 그것은 대학생에게 부여된 사회적 의무라고도 할 수 있다. 학생회가 학생들의 조직이라면 그 조직은 당연히 사회에 대한 고민과 비판의 최선두에 서야 한다. 학생들과의 만남과 대화 *속에서 운동을 하나의 담론으로 이끌어내야 한다.* 그리고 그 속에서 사회에 대한 비판적 안목을 *키워내고* 학생들과 함께 진보의 최일선에 학생회가 서야 한다.

이 사설은 네 문단으로 구성되어 있다. 첫 문단에서는 학생회가 위기를 맞고 있다는 '사실'을 서술하였다. 둘째 문단에서는 위기의 핵심이 아래로부터의 민주주의를 외면함으로써 빚어진 의사소통의 두절에 있다고 '평가'하였다. 셋째 문단에서는 학생회 내부에 소모임을 만들어 여러 담론을 활성화시키는 등 의사소통의 공간을 혁신해야 한다고 '대응방안'을 제시하였다. 넷째 문단에서는 의사소통은 제도화해야 하겠지만 그렇다고 대중추수주의에 빠져 운동을 외면해서는 안 된다는 점을 강조하였다. 이 문단은 위 문단의 '대응방안'을 보완한 것으로 볼 수 있다. 이 사설은 전형적인 '사실-평가-대응방안'의 구성형식을 취한 일례이다.

이러한 구성 형식 속에서 문장 표현을 다듬으면서 사설 쓰기 훈련을 통한 문장 쓰기 훈련을 해 보자.

이 사설 가운데 '과거'는 빼야 하며, '백만의 조직'의 '의'도 삭제해야 한다. 그 밖에 이탤릭체와 밑줄친 부분은 화살표(→) 아래와 같이 고쳐야 한다.

· 지금의 학생회의 위기는 의사소통의 단절로 귀결된다.
  → 학생회의 위기는 의사소통의 단절에 기인한다.
· 학생회는 그 다양성을 소화해내지 못하고 있다.
  → 학생회는 그 다양성을 소화하지 못하고 있다.
· 학생들이 무엇을 원하는지에 대해 알지 못한다.
  → 학생들이 무엇을 원하는지 알지 못한다.
· 백만의 조직이라는 한총련은 중앙위원회가 모든 것을 결정하는 독재기구였다.
  → 한총련은 백만 조직을 자랑하지만, 중앙위원회가 모든 것을 자의적으로 결정한다.
· 의사소통의 공간으로 혁신시켜야 한다.
  → 의사소통의 공간으로 혁신해야 한다.
· 학생회 내부에 여러 소모임을 만들어 여러 담론을 활성화시키는 것도 좋은 방안이 될 것이다.
  → 학생회에 여러 소모임을 만들어 담론을 활성화하는 것도 좋은 방안이다.
· 가장 자유로울 수 있는 계급이 대학생이다.
  → 가장 자유로울 수 있는 집단이 대학생이다.
· 학생들과의 만남과 대화 속에서 운동을 하나의 담론으로 이끌어내야 한다.
  → 학생들과 만나고 대화를 나누어 운동에 대한 공론을 창출해야 할 것이다.
· 사회에 대한 비판적 안목을 키워내고 학생들과 함께 진보의 최일선에 학생회가 서야 한다.
  → 사회에 대한 비판적 안목을 키워, 학생회가 진보의 최일선에 서야 한다.

5. 3 칼럼

5. 3. 1 칼럼이란

칼럼은 신문의 특정 기고란에 전문 논설위원이 쓴 논설문이다. 신문에 실린 논설문이라는 데에서는 신문의 사설과 유사한 성격을 갖는 글이다. 그러나 사설과 칼럼에는 몇 가지 차이점이 있다.

우선 사설은 글쓴이의 이름이 명시되지 않는다. 앞 절에서 밝혔듯이 사설은 개인적인 차원의 글이 아니라 그 신문사를 대표하는 공적인 글이기 때문이다. 그러나 칼럼에는 칼럼을 쓴 사람의 이름이 명시된다. 이는 칼럼이 사설보다 개인적이고 주관적인 글이라는 것을 단적으로 나타내는 것이다.

따라서 사설의 내용과 칼럼의 내용과는 약간의 차이가 있다. 사설이 주로 객관적으로 검증된, 시사적인 내용을 담고 있다면 칼럼은 이러한 부담에서 조금은 벗어날 수 있다.

칼럼의 내용은 객관에서 벗어나 주관을 담을 수 있고, 공적인 의견이나 주장을 빗겨나 사회 일부의 목소리이지만 우리 사회에 꼭 필요한 내용이라면 글쓴이의 사적인 의견과 주장을 포함할 수 있다. 사설이 시사성을 강하게 띠고 있다면 칼럼은 시기에 얽매이지 않고 근원적이고 본질적인 내용을 허심탄회하게 풀어나갈 수 있는 여유를 갖는다.

그래서 칼럼은 우리 생활에서 일어나는 일을 일화처럼 등장시키기도 하고, 어느 개인의 의견을 자유롭게 인용할 수도 있으며, 비유를 사용할 수 있고 우회적인 방법으로 표현할 수도 있다.

최근의 칼럼의 경향을 보면 사설보다는 수필을 닮아 가고 있다. 사설의 고답적인 자세를 피할 수 있고, 얼굴을 붉히지 않고 부드럽게 표현할 수 있으며, 자신의 의견이나 주장을 숨긴 채 다른 사람의 견해나 이야기를 통해 자신의 목소리를 낼 수 있기 때문이다.

칼럼도 신문이라는 대중매체를 통해 발표되는 글이므로 공적인 책임과 의무를 갖는다. 그러나 정색하고 말하기는 어려운 진실, 칼로 자르듯 선명하게 구분지을 수 없는 상황, 어떻게든 이야기는 해야겠는데 말하기 어려운 문제들. 이런 것들을 칼럼이라는 포괄적이고 부드러운 틀 안에서 녹여내고 있는 것이다.

洪思重
文化마당

어느 마을에 사이가 몹시 나쁜 시어머니와 며느리가 있었다. 어느날 시어머니는 산사(山寺)에 올라가서 스님에게 며느리 흉을 늘어놓았다.

스님은 아무말 없이 가만히 듣고만 있었다. 멋쩍어진 시어머니는 『사실은 저도 며느리와 사이좋게 살고는 싶어요』라고 말하면서 한숨 쉬었다. 그러자 스님은 나직한 목소리로 『시어머니도 예전에는 며느리였느니라』라고만 말하는 것이었다.

올챙이시절 잊고…

시어머니는 경험도 많고 삶의 지혜도 얻게 되었으니까 며느리의 결점들이 너무나도 잘 눈에 띈다. 하나 시어머니도 젊었을 때에는 며느리처럼 미숙하고 실수도 많았을 것이다. 스님의 말에는 이런 뜻이 담겨져 있었다.

한편 며느리도 같은 스님을 찾아가서 시어머니 흉을 늘어

돌고 도는 세상

놓았다. 스님은 여전히 아무 말도 없이 듣고만 있었다. 며느리는 부끄러워졌는지 이렇게 말했다. 『하기야 시어머니 보시기에 저에게는 잘못도 많고 부족한 것도 많겠지요.』 그러자 스님은 이렇게 말했다. 『며느리도 언젠가는 시어미가 되느니라.』 며느리도 언젠가 시어머니가 되면 시어머니의 답답한 심정을 이해할 수 있게 될 것이다. 그러니까 입장을 바꿔서 생각해 보라는 뜻이었다.

우리 나라 속담에는 『안방에 가면 시어머니 말이 옳고, 부엌에 가면 며느리 말이 옳다』는 게 있다. 시어머니는 덮어놓고 며느리가 미운 것이 아니며 며느리도 공연히 시어머니가 원망스러운 것은 아니다. 서로가 그럴싸한 이유가 있고 까닭이 있다. 그러나 이런 서로의 마찰이나 오해는 상대방의 입장에 서서 바꿔 생각해 보지 않기 때문에 생기는 경우가 많다.

시어머니가 조금만 며느리 시절에 겪었던 서러움을 되새겨보면 부족한 며느리를 이해도 하고 너그러워질 수도 있을 것이다. 며느리도 언젠가 시어머니가 된다는 사실을 깨닫고 좀더 시어머니에게 다정해질 수도 있을 것이다. 그러나 이런 게 말처럼 쉽지는 않은가 보다. 『며느리 늙어서 시어미 된다』는 것은 우리 나라 속담에도 있다. 시어머니에게 시달린 며느리는 옛적의 괴로움을 생각해서라도 며느리에게 잘 해줄 만도 한데 실제로는 그렇지가 않다. 오히려 더 시어머니 노릇을 하면서 며느리를 구박한다는 것이다. 그래서 『며느리 자라 시어미 되니 시어미티 더한다』는 속담도 있다.

與-野 서로 배워야

우리 나라의 시어머니들은 괴로웠던 며느리시절로부터 아무것도 배우지를 못한다. 공부를 못한다고 야단만 치는 아버지, 교실에서 존다고 볼기에 멍이 들도록 체벌을 가하는 선생…. 모두가 자기네들의 「올챙이시절」을 까맣게 잊어버리고 있는 것이다. 여당과 야당의 관계도 마찬가지다. 돌고 도는 게 세상이다. 만약에 오늘의 야가 시어머니였을 때를 잊지 않고, 오늘의 집권당이 서러웠던 며느리시절을 잊지 않는다면 우리네 정치는 한결 보기 좋아질 것이다.

<논설고문>

"여·야 정치인들은 정신 차려라"는 말을 하기 거북하니까 며느리와 시어머니의 이야기를 등장시켜 우회적으로 접근하는 방식을 택하고 있다. 시어머니와 며느리는 스님에게 상대방의 험담을 먼저 꺼내 놓지만 나중에는 자신에게도 잘못이 있음을 인정하는 이야기를 통해, 스스로 반성하지 못하는 정치인을 비꼬고 야유하는 목소리도 들을 수 있고, 여·야는 서로를 헐뜯지만 말고 서로에게 배워 좋은 정치를 이루라는 준엄한 꾸짖음도 들을 수 있다.

칼럼의 묘미는 바로 이런 곳에 있다. 정말 하고 싶은 말은 마지막 단락, 그것도 끝 몇 문장에서 화두를 던지듯 던져 놓고 처음부터 줄곧 딴청을 부리는 멋이 칼럼에는 있는 것이다.

사설이 분석적이고 논리적이라 한다면 칼럼은 정서적이고 인간적이다. 그래서 사설보다는 칼럼이 동양적 취향에 걸맞으며, 현대인들의 구미에 훨씬 어울린다.

이러한 이유로 최근의 신문들은 '시평(時評)', '시론(時論)', '논단(論壇)', '문화마당', '아침을 열며', '여백', '횡설수설' 등 칼럼 형식의 글에 많은 지면을 할애하고 있는 것이다.

이처럼 칼럼은 사설과는 달리 다른 사람의 주장이나, 글, 말 등을 자유롭게 빌려 쓸 수 있는 자유가 있다. 그러면서 칼럼은 공적인 글이 가져다 주는 테두리에서 벗어나 좀 더 적극적인 의견과 주장을 펼칠 수 있다.

이러한 이유로 신문에는 사설도 아니고 칼럼도 아닌, 정확하게 말하자면 칼럼의 형식에 가까우면서도 글쓴이의 이름을 명시하지 않는 글들이 늘어나고 있다.

【예문 가】

萬物相

대통령의 머리와 입은 동서양을 막론하고 독설과 농담의 도마에 자주 오른다. 그중에는 은근한 블랙 유머도 있지만, 듣기에 거북한 노골적 비방도 적지 않다. 미국 존슨 대통령은 포드 대통령을 가리켜 『그는 참 좋은 사람이지만 유감스럽게도 헬멧을 쓰지 않은 채 너무 많이 미식축구를 했다』고 평했다. 점잖은 말 같지만 돌대가리란 독설이다. 최근에는 공화당 클레이 상원의원이 백악관에 파상공세를 펴면서 클린턴을 「골빈(deadhead)대통령」이라고 불러 파문을 일으켰다. 우리는 그 도가 더 심하다. 한동안 인구에 회자됐던 「돌물깡」이라는 유행어는 전두환(돌) 노태우(물) 김영삼(깡) 전 대통령을 싸잡아 비판한 험담이다. 이런 블랙 유머도 있었다. 전두환 대통령을 「돌머리」라고 비방한 시민을 검찰이 구속했는데, 죄명은 「국가 원수 모독죄」였다. 그런데 정답은 「국가 기밀 누설죄」라나.

IMF사태를 불러온 김영삼 대통령이 퇴임 직전 권총자살을 시도했다. 그런데 죽지 않았다. 「왜?」 학생들이 즐기는 최신 유머다. 일본의 하시모토 총리는 「혓바닥이 두 개 달린 총리」라는 별명을 얻었다. 지난 3월 갈팡질팡 끝에 16조 엔의 경기 부양책을 내놓자 민주당 대표가 이런 독설을 퍼부었기 때문이다. 한나라당 김홍신 의원이 김대중 대통령을 향해 「공업용 미싱」발언을 했다가 혼쭐이 나고 있다. 여당은 제명을, 검찰은 소환하겠다고 유난을 떨지만 김의원은 이미 사과를 했고 또 자신의 험한 입 때문에 여론 재판의 망신형을 받았다. 이제 선거도 끝난 판에 더 물고 늘어져 뭐하랴. 할 일이 산더미 같은데…

【예문 나】

여백 - 자린고비

　자린고비는 몹시 인색한 사람, 지독한 구두쇠를 가리키는 말. 부모제사 때마다 한 번 쓰고 태워버리는 지방이 아까워서 태우지 않고 기름에 결여 되풀이 쓰다보니 제문 속의 아비 고(考)자와 어미 비(妣)자가 절어들어 절인고비-저린고비-자린고비로 변했다고 한다. 옛 선인들이 절약을 생활의 으뜸덕목으로 여겼던 만큼 내려오는 자린고비 설화도 많다. 그 중에서도 구두쇠영감이 자반생선을 한 마리 사서 천장에 매달아두고 식구들에게 밥 한술에 한번만 쳐다보게 하였는데 어쩌다가 아들이 자반을 두 번 쳐다보자 음식을 헤프게 먹는다며 야단쳤다는 구전이 가장 흔한 내용이다. 이 이야기는 밥도둑이 들어 왔다고 질겁하며 넣어준 생선을 담 밖으로 되던져 버렸다는 이야기로 발전하기도 했다.

　장독에 앉은 파리를 끝까지 쫓아가 뒷다리에 묻은 간장을 빨아먹었다는 구두쇠, 부챗살이 닳는다해서 부채를 편 채 고개만 살랑살랑 흔들었다는 노랭이 등이 우리네 자린고비라면 굴러 떨어진 1달러를 줍기 위해 책상 밑으로 기어들어 한시간 남짓만에 찾아낸 록펠러는 미국의 자린고비다.

　그러나 어느 나라의 자린고비든 아껴 모은 재산을 이웃과 가난한 사람들을 위해 썼다는 공통점이 있다. 그들은 홍수와 가뭄에 대비 둑을 쌓고 다리를 놓았는가하면 흉년에는 집안창고를 열어 굶주린 사람을 살렸다고 전한다. 자린고비설화로 유명한 충북 음성군이 10월에 근검절약을 솔선 실천한 사람을 선발 시상하기로 했다. 국제 통화기금 한파로 어려워진 경제난을 극복하는 길은 검약밖에 없어 검소한 생활과 저축하는 습관을 발양하기 위함이라니 큰 성과가 있었으면 한다. 부의 축적이 켤코 자신의 영달을 위함이 아니라는 사표가 될만한 사람이 상을 받았으면 한다.

　【예문 가】는 무엇을 이야기하려고 하는지 명확하지 않을 만큼 여러 이야기가 들어 있다. 과거의 대통령을 비판하려고 한건지, 현 대통령을 비꼰 건지, '공업용미싱' 발언을 한 국회의원을 책망하려 한 건지, 아니면 정치 얘기는 그만두고 나라 일이나 열심히 하라는 말을 하라는 건지 분명하지가 않다. 그저 읽는 사람의 구미에 맞게 해석하면 된다.

　【예문 나】는 충북 음성군에서 근검절약을 솔선수범한 사람을 선발하여 상을 주기로 했다는 기사를 읽고 자린고비를 연상하고 그것의 어원을 밝

혀가면서 한국의 설화와 록펠러의 일화를 소개하고 있다. 돈을 아껴모아 이웃을 위해 쓰라는 교훈을 자신의 목소리가 아닌 설화와 일화를 통해 간접적으로 들려주고 있다. 그러면서도 그 시상제도가 큰 성과가 있었으면 좋겠다는 말과 상을 받을 만한 사람이 받았으면 좋겠다는 이야기를 덧붙이듯이 복합적으로 열거하였다.

이렇듯 객관적이고 일관된 목소리를 유지해야 하는 사설과는 달리 칼럼과 칼럼 형식의 글들은 마치 생각나는 대로 글을 쓰는 것처럼 주제에서 크게 벗어나지 않는 이런 얘기 저런 얘기를 두런두런 모아놓고 있다.

5. 3. 2 칼럼의 구성

칼럼의 구성은 사설의 구성과 크게 다르지 않다(앞 절 사설의 구성 참조). 사설의 일반적인 구성이 '사실 – 평가 – 대응 방안'이라면 덧붙일 수 있는 칼럼의 구성은 '일화나 인용 – 평가 – 의견이나 주장'이라 할 수 있다.

최근의 칼럼은 '일화나 인용'의 부분이 확대되고 있는 것이 특징이고, '평가' 부분 역시 사실에 대한 평가보다는 일화나 인용에 대한 평가를 주로 하면서 사실을 접목하는 성격이 강하다. 한편 사설의 마지막 부분이 '대응 방안'이라면 칼럼의 마지막 부분은 '의견이나 주장'이라고 할 수 있는데, 사설의 '대응방안'이 사실에 대한 객관적이고 분석적인 대책이라면 칼럼의 '의견이나 주장'은 축소된 주관적인 목소리라는 점이 다르다.

결론적으로 칼럼의 독특한 구성 방식의 하나는 일화나 인용의 부분이 확대되고 결론 부분이 상당히 축소된 형식이라고 말할 수 있을 것이다.

5. 3. 3 칼럼의 문장

칼럼의 문장 역시 사설의 문장이 갖추어야 할 요소들을 모두 갖추고 있어야 한다. 그러나 사설의 문장보다는 더 부드럽고 일상적인 용어들로 문장을 기술하여야 한다는 것이다.

논리적이고 객관적인 문장 기술보다는 수필에 가까울 정도로 비유적이고 정서적인 문장이 칼럼의 문장이 갖는 특징이라고 할 것이다. 이러한 칼럼의 특성 때문에 칼럼을 쓸 때에는 문장이 너무 길어지지 않게 항상 유념해야 한다. 그리고 어느 부분이 일화이고 글쓴이의 생각인지 분명하게 구분될 수 있도록 문장을 기술하여야 한다.

어느 장애인의 호소

김포공항에 내리는 순간 다시 행동이 「마비」되고 말았다는 어느 장애인 유학생의 호소는 우리 사회의 장애인 편의시설 미비와 장애인에 대한 무관심을 보여주는 부끄러운 단면이다. 「장애인 천국」이라고 할 만큼 복지시설이 잘 돼 있는 미국과 우리를 비교할 수는 없지만, 시설이 없는 대신 편의라도 주려는 마음가짐조차 안돼 있는 현실이 문제다. 미국에서 귀국한 그는 장애인용으로 개조한 미니밴을 통관하는데 1천만원의 세금을 물어야 했다. 정상인이라면 마땅히 세금을 물어야 하지만, 장애인의 신체 일부나 다름없는 이동수단을 예외로 인정하지 않은 경직성이야말로 정부의 장애인 복지정책이 겉돌고 있다는 증거다. 특히 호텔 백화점 등 대중이 이용하는 공간에 편의시설이 안돼 있어 그가 겪어야 했던 불편은 안타까운 정도를 넘어 야박한 세태를 읽게 한다. 「장애인 먼저」는 커녕 「장애인 똑같이」라는 의식이 중요한 것이다.

법이 없는 것도 아니다. 공공시설에 장애인 편의시설을 의무적으로 설치토록 규정한 「장애인 노인 임산부 등의 편의증진 보장에 관한 법률」이 지난해 통과됐다. 이 법에 따라 지난 4월 이후 신축 및 증·개축하는 공공건물 종합병원 도로 공원 등에는 출입경사로, 휠체어 리프트, 전용화장실, 통신시설을 의무적으로 설치해야 한다. 기존시설 역시 8년 이내에 편의시설을 갖추도록 했다. 그러나 보건복지부가 지난 4월에 조사한 바로는 전국 공공건물의 장애인 시설은 41.9%에 불과하다.

심각한 문제는 1백만명 이상으로 추정되는 각종 장애인들이 실제 생활에서 운신하기가 너무 어렵다는 점이다. 시각장애인용 보도블록이 깔리는 등 일부 개선된 부분도 있으나 장애인들이 활동하기에는 아직도 막힌 곳이 많고 턱이 높다. 서울 등 대도시의 경우는 횡단보도가 미비한데다 건널목 신호는 건강한 사람도 건너기 어려워 장애인들에게는 공포대상이다. 특히 지하도와 육교 70%에 손잡이가 설치되지 않아 통행에 불편을 주고 있고, 지하철역도 승강기가 없는 곳이 많아 이용하기가 힘들다. 계단이 가로막아 휠체어가 올라갈 수 없는 건물들이 태반이고, 출입구 회전문은 철벽처럼 장애인을 가로막는다. 장애인 전용주차장도 표지뿐이다. 대학도 장애학생을 선발했으면 그들이 이용할 수 있는 편의시설을 마련하는 게 필수인데도 실상은 그렇지 않다. 비탈길과 가파른 난간, 손잡이 없는 복도는 장애학생들의 가슴을 멍들게 하고 있다. 어느 장애인 유학생이 겪은 불편은 새삼스런 일이 아니라고 말할 게 아니라 장애인에 대한 우리 사회의 인식을 바꾸는 경종으로 삼아야 한다.

예를 들어 위 사설의 첫 문단을 칼럼의 첫 문단 중 일화의 형식으로 바꾼다면 다음과 같을 것이다.

어느 장애인이 김포공항을 내리자마자 한 걸음도 움직일 수 없는 마비 상태를 경험하게 되었다. 모든 이동 공간에는 계단이 설치되 있어도 한발자국도 나아갈 수가 없었다. 에스컬레이터가 설치된 곳도 장애인을 위한 장치는 아무 곳에서도 발견할 수가 없었다. 화장실에 가고 싶어 어렵게 화장실에 들어갔다 하여도 혼자서는 볼일을 볼 수가 없었다. 택시를 타려 해도 길턱은 턱없이 높았고, 택시 정류장에 도착하였다 하더라도 정상인들처럼 날쌘 행동을 할 수 없어 결국 택시 잡기를 포기해야만 했다. 장애인을 위한 시설의 부재에다가 장애인을 아껴주는 마음조차 없어 그 장애인은 한국의 푸른 하늘만 바라보면서 망연자실할 수밖에 없었다.

사설의 첫 문단이 사실과 그것에 대한 평가로 이루어졌다면, 칼럼의 첫 문단은 이처럼 판단을 생략한 채 장애인이 김포공항에서 겪었던 마비의 일화를 들려주는 문장 기술이 이루어져야 한다.

물론 모든 칼럼의 문장 기술이 이와 같이 이루어져야 한다는 것은 아니다. 단지 최근 칼럼의 문장들이 이와 같은 특성을 갖는다는 것뿐이다. 그러므로 칼럼의 문장 쓰기를 훈련하기 위해서는 사설의 문장 쓰기 훈련에 덧붙여 서사적인 문장 쓰기 훈련과 더불어 대화체 형식의 문장 쓰기 훈련을 더해야 할 것이다.

5. 4 연설문

연설문은 다른 종류의 글보다 더욱 목적성이 강한 글이다. 많은 사람들 앞에서 직접 자기의 주장을 전달한다는 형태에 어울리도록 글을 써야 할 뿐만 아니라, 청중이 쉽게 이해하고 머리에 새길 수 있도록 하는 일이 중요하다. 즉, 어떻게 하면 듣는 이에게 잘 전달될까 하는 것이 연설문 작성에서 가장 중요한 작업이 된다. 그러므로 연설문을 작성할 때에는 많은 청중에게 올바르고 설득력있게 정보를 전달할 수 있도록 사전에 충분한 준비를 하여야 한다.

5. 4. 1 연설문의 서론

"연설에서는 시작이 잘 되면 반은 성공한 것이나 다름없는 것"이라고들 말하고 있다. 따라서 연설에 익숙한 사람도 연설문의 서두에 고심을 하게 마련이다.

연설문의 서론은 두 가지 목적을 가지고 있다. 듣는 이의 주의를 끄는 것과 듣는 이가 들으려는 의욕을 갖게 하는 것. 이 두 가지인데 실제 연설에 있어서는 이것을 차례로 다루어간다고 할 수는 없다. 아주 짧은 말로 이 두 가지 목적이 단번에 실현되는 수도 있다.

연설문의 서론의 내용을 선정하는 방법으로는 다음의 네 가지 요령이 있다.

  ① 듣는 이의 주의를 끌도록 한다.

    서두에 자기 이야기의 요점을 알리는 것은 듣는 이의 주의를 집중시켜 듣고 싶어지도록 만드는 정공법(正攻法)이라고 할 수 있다. 그러나 단순히 「지금부터 우리 사회가 가지고 있는 문제점에 대해 이야기하겠습니다」라고 하면 듣는 이의 흥미를 끌 수는 없다.

    앞에서 다루었던 것처럼 자기 주장이나 이야기의 목적을 숨긴 채, 현실감 있게 문제점을 풀어놓는 방법도 좋은 방법 중에 하나이다.

② 듣고 싶은 의욕이 일게 만든다.

이야기 내용의 주안점을 서론의 앞부분에 구성하는 것은 듣는이로 하여금 끝까지 듣고 싶은 마음을 들도록 하기 위해서다. 특히 청중의 관심거리와 지적 수준, 교양 정도를 잘 파악하여 청중이 자기에게 호의를 갖는 데 도움이 될 만한 이야기로 자기 견해나 입장을 받아들여 줄 기회를 발견해내도록 한다. 이와 반대로 말하는 이의 입장이 처음부터 뚜렷이 알려져 있는 경우에는 자기가 다루는 문제에 대하여 공평하고 시야가 넓으며 반대 입장에 대해서도 바른 이해를 가지고 있다는 것을 표명하는 이야기가 적당하다.

③ 청중의 의표를 찌른다.

청중의 주의를 끌고 듣는 일에 흥미를 갖게 하는 방법으로 청중의 의표를 찌르는 내용으로 시작하는 것도 하나의 방법이다. 즉 청중이 깜짝 놀라고 어리둥절해질 만한 이야기를 갑자기 꺼내는 것이다.

④ 청중에게 질문하라.

청중에게 의문 또는 질문의 형식으로 물어보는 방법도 청중의 주의를 끌고 의욕을 불어넣는 데 효과가 있다. 이때 질문 자체가 대답을 예상하고 있는 것이든지 연사가 대신하여 해답할 수 있는 질문이어야 한다.

⑤ 유머나 위트를 섞은 이야기를 처음에 꺼내는 방법.

이야기 첫머리에 청중을 웃긴다는 것은 그저 단순하게 재미있게 웃기기만 하는 것이 목적이 아니다. 가벼운 웃음을 유도함으로써 청중과의 관계를 친근하게 만들어 격의 없게 하기 위한 것이다. 청중과 친밀감이 있고 격의 없는 관계가 되면 청중의 마음에 호의가 생기게 마련이다. 그렇게 되면 청중은 이야기의 내용이나 화법에 대해서도 많은 흥미를 느끼게 된다.

5. 4. 2 연설문의 본론

연설문의 본론은 연설의 주된 내용을 말한다. 연설문의 서론은 본론을 끌어내기 위한 것이며 결론은 본론의 결과가 되는 것이다. 본론 속에 이야기의 중심이 되는 생각이 들어 있으며 수집한 재료가 전개된다.

따라서 모든 글이 그렇듯이 연설문의 본론 역시 청중을 이해시키고 설득하기 위해서는 다음에 유의하여야 한다.

① 내용에 통일성이 있어야 한다.

본론의 통일성은 그 이야기의 목적을 실현하기 위해 재료의 수집 방법과 말의 선택법과 서술법이 결집된 것이 아니면 안 된다. 무엇을 알리는 이야기에서는 설명한다는 활동이 행하여지도록 계획되어야 한다. 상대방을 설득하는 이야기에서는 설득한다는 활동에 주력이 두어져 있어야 한다. 감명을 주는 이야기에서는 상대방의 감정을 움직일 만한 재료나 말이 선택되고 본론의 기술법도 그것을 목표로 하지 않으면 안 된다.

마지막으로 본론의 통일성은 이야기의 내용으로서 전개되는 여러 가지 생각의 상호관계나 부분과 전체와의 관계가 정연해야 한다. 통일성이 있다는 것은 부분과 부분이 유기적인 관계를 가졌다는 것이므로 전체와 부분, 부분과 부분과의 관계가 정연해야 한다.

② 내용은 일관성을 유지해야 한다.

본론 내용 일관성을 유지하기 위해서는 첫째로 생각을 자연스런 순서로 이야기하는 것이다. 문장에서는 단락 짓는 법, 문장의 배열법, 구두법을 사용하여 읽는 이의 이해를 돕기 위한 여러 장치를 마련해야 한다. 그리고 가끔 그때까지 이야기한 것을 중간 정리해 줌으로써 전체적인 관련 속에서 지금 무엇을 말하고 있다는 것을 알려 줄 때 내용의 일관성은 유지되는 것이다.

③ 내용에는 강조하는 점이 있어야 한다.

본론에서 전개되는 여러 가지 생각은 전부 똑같은 가치를 지닌 것일 수 없다. 어떤 의견은 아주 중요하고, 다른 견해는 앞의 의견을 설명하는 데 그치는 구실밖에 못하는 수도 있다. 그러므로 중요한 의견은 그렇지 않은 의견보다 두드러지게 나타내지 않으면 단조롭거나 평범해지고 만다.

강조 방법에는 비중을 크게 하는 것, 되풀이하는 것, 좋은 위치에 놓는 것 이 세 가지가 대표적인 것이다. 비중을 크게 하기 위해서는 문장을 쓸 때 강조하고 싶은 대목을 상세하게 기술하여야 하며, 많은 재료를 가지고 중요한 점을 이야기하여야 한다. 중요한 점을 되풀이하여 이야기하면 그것이 또한 강조의 한 방법이 된다. 같은 사항을 똑같은 말로 되풀이할 수도 있고 같은 사항을 다른 말로 되풀이할 수도 있을 것이다. 강조하려고 생각하고 있는 바를 전체 이야기 중 어느 위치에 두느냐 하는 것도 큰 문제이다. 이야기의 흐름 가운데서 제일 먼저 말하든지 아니면 맨 나중에 말하는 것이 강조의 효과가 있다. 이 때 중요한 내용을 앞과 뒤에서 반복하는 방법이 더욱 효과적이다.

5. 4. 3 연설문의 결론

결론을 장황하게 늘어놓으면 오히려 역효과가 난다. 결론으로서는 본론을 요약하는 경우, 설득이 빠듯한 목적을 명시하는 경우, 도입부에서 말한 바를 다시 다루는 경우 등이 대표적인 것이다.

연설문의 결론은 본론 가운데 청중이 기억해 주기를 바라는 점을 다시 강조하여 청중의 주의를 촉구할 필요가 있다. 또한 청중을 설득하는 연설에서는 설득하려는 점을 청중에서 강력하게 호소할 필요가 있다. 선거연설에서는 이것이 보다 중요하다. 연설문의 결론은 마치 원을 그리듯이 서론에서 말한 내용으로 다시 돌아가는 것이 매우 효과적이다.

5. 5 기사문

기사문은 신문에서 핵심적인 글쓰기이다. 신문이란 우리 주변에서 일어나는 사건을 다른 사람에게 전달하는 데 그 목적이 있다. 따라서 기사문은 간결하고 객관적이어야 한다. 기사문은 객관적인 입장에서 자신이 경험한 사건과 사실을 내용의 누락 없이 간결한 표현으로 기술하여야 한다. 사건과 사실을 과장하는 것도 안 되지만 생략하거나 축소하는 것도 안 된다. 과장뿐만 아니라 생략과 누락도 주관이 끼어 들기 쉽다. 그러므로 기사문은 있는 그대로 진실되게 표현하여야 한다.

기사문의 종류에는 여러 가지가 있으나, 일반적으로 기사문이라 하면 신문 기사 또는 라디오·텔레비전의 보도문을 가리킨다. 따라서 일반적으로 기사문이란 "다수에게 흥미 있거나 중요한 사실·의견을 시의에 맞도록 정확하게 보도하기 위해, 기자가 만들어 편집장이 게재·방송하기로 한 모든 것"이라고 할 수 있다.

기사문에서 가장 강조되는 것은 중요성과 흥미성, 그리고 정확성이다. 중요성이란 사건이 사회에 미칠 영향력의 크기를 의미하고, 흥미성이란 사건에 관하여 관심을 갖는 사람의 수와 직결된다. 그러나 이 두 가지보다 더욱 강조되는 것은 정확성이다. 기사문에서 정확성을 제외하면 기사문이라 할 수 없다.

5. 5. 1 기사문의 구성

일반적으로 기사문은 세 번 말한다고 한다. ① 표제(title), ② 전문 (lead), ③ 본문(body)이 그것이다. 이 세 가지가 기사문의 구성 요소이다. 전형적인 '역 피라미드형'의 기사문을 전제로 하여 표제에 핵심적인 사실·사건을 제시하고 전문에서는 요약하고 본문에서는 그 내용을 중요도에 따라 차례로 기술한다.

표제 : 日축산물 수입금지
전문 : 광우병 소 첫 확인… 1500마리에 같은 사료
본문 : 영국 수의연구소가 지난 10일 일본 지바(千葉)현에서 발견된 소가 광
　　　우병(소해면뇌상증·BSE)에 걸렸다고 공식 판정함에 따라 농림부는 23
　　　일 모든 일본산 축산물에 대해 수입금지조치를 내렸다.
　　　농림부는 지난 10일부터 일본산 축산물에 대해 잠정적으로 검역을 중단
　　　하고 있다. 노경상 농림부 축산국장은 "수입금지조치에 따라 검역장에 대
　　　기 중인 일본산 축산물은 모두 반송할 예정"이라고 말했다.
　　　이와 함께 농림부는 일본산 의약품·화장품과 원료 등을 수입할 때 일본
　　　정부가 발행한 BSE 미감염증명서 제출을 의무화하기로 결정했다. 또 전
　　　국 시·도와 사료회사, 한우협회 및 낙농협회에 가축 사료에 육골분(肉
　　　骨粉) 사료를 사용하지 말 것을 지시했다.
　　　이에 앞서 일본 정부는 지바현에서 지난 10일 발견된 광우병 감염의심

소를 영국 수의(獸醫)연구소에 검사 의뢰한 결과 광우병에 감염된 것으로 확인됐다고 22일 발표했다.

일본 언론은 야마가타현과 홋카이도(北海道), 군마(群馬), 사이타마(埼玉), 나가노(長野)현 등 5개현 26개 낙농가에서 감염원으로 추정되는 육골분과 혈분을 사용한 것으로 나타났으며 이들 낙농가에서 사육한 소는 적어도 1470마리에 이른다고 전했다.

(중앙일보, 2001. 9. 24 /金泳秀기자 yskim2@chosun.com /東京=權大烈특파원)

5. 5. 2 기사문의 유형

기사문의 유형은 위에서 예를 든 '역 피라미형'이 일반적이다. 그러나 피라미드를 엎어놓지 않고 바로 세워 놓은 형태의 기사문도 있을 수 있다. 독자의 흥미를 유도하는 도입부를 먼저 쓰고, 다음에 중요한 사실을 기술한 후, 고삐를 다 잡는 긴장부를 달고 맨 나중에 핵심을 쓰는 경우도 있는데 이를 '피라미드 형'이라고 한다.

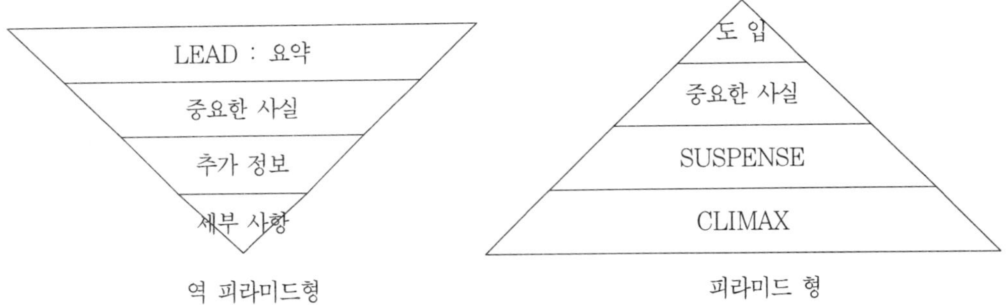

역 피라미드형   피라미드 형

이 두 유형 외에 '혼합형'과 '다이아몬드형'과 같은 변형도 있다. 일반적으로 '혼합형'기사는 핵심 전문을 먼저 쓰고, 다음에 연대기적 방법 등을 구사하여 기술한다. '다이아몬드형' 기사문은 중요 내용을 중간에 두고 그 앞과 뒤에 도입부와 추가 정보를 배열하는 형식을 취한다. 그러나 중요한 사실을 정확하고 빠르게 인지시키는 것이 일반적이기에 '역 피라미드형'이 기사문의 전형이라고 할 수 있다.

5. 5. 3 기사문과 육하원칙

읽기 후 감상 표현을 '기사문 쓰기'로 활동하는 가장 큰 목적은 글 속의 사건과 사실을 정확히 분석·이해하는 데 있다. 사건과 사실을 정확하게 분석하고 이해하는 방법은 여러 가지가 있으나 '육하원칙'이 바탕이 된다. 바꾸어 말하면 "① 언제(When), ② 어디서(Where), ③ 누가(who), ④ 왜(Why), ⑤ 무엇을(What), ⑥ 어떻게(How)"의 여섯 가지 내용이 사건과 사실을 기술하거나 이해하는 데 없어서는 안될 요인들이라는 것이다.

따라서 글을 읽고 육하원칙에 맞게 대입해보는 일은 글을 잘 이해하는 데 도움이 될 뿐만 아니라 이것이 바탕이 되어 서사적인 글을 쓰는 데에도 큰 도움이 된다. 글을 육하원칙으로 정리하는 일은 다름 아닌 글의 핵심 내용을 정리·요약하는 일이 되기도 한다.

5. 5. 4 기사문의 최근 경향

최근 기사문의 경향은 '다양성'과 '전문성'이다. 육하원칙의 기술 원칙을 크게 벗어나지 않는 범위 안에서 기사문의 일반적인 형식이 파괴되고 있다. 이러한 다양한 형태의 기사문은 전문성을 바탕으로 하고 있다. 즉, 최근 신문 기사문은 수준이 높아진 독자층의 알권리를 충족시키기 위해 사실·사건에 대한 폭넓은 지식과 좀 더 깊은 분석을 덧붙이고 있다.

독자들의 의식 수준 향상과 알권리에 대한 높은 열정, 그리고 다양한 취향은 기사문의 형태에도 커다란 변화를 가져왔다. 기사문 외에도 핵심 낱말에 대한 설명을 자세히 덧붙여 이해를 돕는다든지, 원인이나 결과·대책 등을 추적한다든지, 전문가의 의견을 밝힌다든지 주요 인물의 짤막한 생각이나 의견을 인터뷰 형식으로 소개하는 등, 말 그대로 형식 파괴를 보여 주고 있다.

따라서 '기사문 쓰기'를 통한 독서 후 활동을 할 경우 기사문의 일반적인 형태에 맞추어 쓰려고 노력하지 않아도 된다. 오히려 읽은 글에 맞는 다양한 형태의 기사문을 기술하도록 하는 것이 좋다.

5. 6 신문을 이용한 글쓰기

이 밖에도 신문을 이용한 글쓰기 훈련도 노려볼 만 하다. 신문에는 다양한 형태의 글이 있다. 이 글을 재료로 학생의 생각을 이끌어 내는 훈련은 상당히 논술교육에 효과적이다.

그 한 예로 "이것만 고치면 보다 나은 세상이 될 것이다"를 주제로 신문에 실린 여러 글들 중에서 하나를 고르게 하고, 그 글을 선택한 이유를 글로 쓰게 하는 것이다. 이 훈련을 통해 사리를 보는 시각을 높이고 동시에 사회 문제 중에서 가장 근본이 되는 것에 대한 안목을 가질 수 있다. 이 훈련을 통해 학생은 논술문 쓰기에서 해결 방안을 찾는 데 필요한 새로운 관점과 의식의 바탕을 탄탄하게 할 수 있다.

분수대

카멜레온 언론

'그때 너는 어디 있었나'.

1972년 노벨문학상을 수상한 독일작가 하인리히 뵐의 51년 작품 '아담아, 너는 어디에 있었느냐'는 전쟁의 참상을 적나라하게 묘사한 반전(反戰)문학의 대표작이다.

그 자신 전쟁의 피해자였던 뵐은 그러나 전쟁의 책임을 다른 사람에게 전가하지 않는다. 히틀러 같은 인물에게 화풀이라도 해봄직 했을텐데 "전쟁은 티푸스 같은 병일 뿐"이라며 더 이상 아무말도 하지 않았다.

뵐의 이같은 상황인식은 나치 패망 후 숱하게 등장한 자칭 '반(反)나치투사'들에 대한 환멸을 반영한 것이기도 하다. "나치의 광기가 그토록 소용돌이칠 때 그러면 너는 어디에 있었느냐"고 그는 냉소적으로 되물었던 것이다.

동서고금을 막론하고 세상이 바뀌면 으레 '자칭 투사'들이 설치는 법이다. 특히 악명 높던 독재정권이 무너지면 반독재 민주투사를 자임하는 무리들이 줄지어 등장한다. 밀로셰비치의 13년 독재가 막을 내리자 그간 정권의 홍보도구에 불과했던 유고 언론들이 태도를 1백80도 바꿔 유고 국민의 눈살을 찌푸리게 하고 있다는 소식이다. 인터내셔널 헤럴드 트리뷴지는 최근 '세르비아 기자들의 도덕적 딜레마'라는 기사에서 유고 언론, 특히 기자들의 이같은 '카멜레온적' 보도태도를 비판했다. 밀로셰비치에게 노예처럼 봉사하던 선전기관들이 하루아침에 공정보도와 민주언론을 외치고 있다고 꼬집었다. 그러면서 자신들의 과거에 대해서는 전후 많은 독일 장병이 그랬던 것처럼 "위에서 시켜서 그랬다"고 변명하고 있다는 것이다.

이게 어디 유고만의 이야기일까. 해방 후 우리나라에선 깡패들까지도 자칭 독립투사였다. 그들의 오만과 위선에 비하면 '도산 안창호'에서 보여준 춘원(春園)의 참회는 차라리 진솔한 맛이라도 있었다.

최근 역사는 우리를 더욱 부끄럽게 한다. '땡전뉴스'라는 부끄러운 신조어를 만들어 내면서 5공 당시 정권의 나팔수 노릇을 했던 언론들이 정권이 바뀌자 민주화는 모두 자신들이 이룬 것처럼 떠들어 댔다. 카멜레온 정도가 아니었다. '시체에 칼질하기'를 오죽 잘했으면 '하이에나 언론'이라는 비아냥까지 들었을까.

불과 얼마 전 얘기다. 아니 지금도 계속되는 얘기일지 모른다. 언론인 모두가 반성할 부분이다. 나중에 누군가 "그때 너는 어디에 있었느냐"고 물을 때 당당하게 대답할 수 있도록 지금부터라도 정신 똑바로 차려야겠다.

유재식 베를린 특파원
<jsyoo@joongang.co.kr>

> 어린 시절 언론 매체에 관해서는 신에 관한 추호의 의심 없이 지대한 믿음을 가지고 있었다. 9시 뉴스에 나오는 아나운서의 목소리는 객관화의 지표라 생각했었다. 슬픈 소식을 전할 때나 기쁜 소식을 전할 때나 조금의 흥분도 내게는 보여지지 않았던 것이다.
>
> 지금 생각해도 언론매체에 관해서 맹목적인 신봉이 아니었나 싶다. 분명 신문에서는 사실을 바탕으로 논설을 말하고 있지만 그것이 어떤 정치적인 혹은 다른 이기주의적인 집단을 위한 농간이 될 수 있었을 줄은 정말로 몰랐다.
>
> 박정희 시대에 3S를 방송매체 등을 통해 관심의 대상으로 부추겼던 것처럼 이제는 독재가 없을 법한 현 시대에서도 우린 언론플레이의 농간자가 되고 있다. 정부 혹은 언론계에서는 더 이상 국민을 상대로 기만을 일삼아선 안 된다.
>
> 이제 우리 국민들은 점점 더 깨어나야 하고 바르지 못한 것들을 바로 잡아야 할 의무와 권리가 있는 것이다. 앞으론 언론 보도에서 왜곡된 정보 전달로 국민들을 현혹시켜선 안 된다고 본다.
>
> 세상의 어떤 싸움이든 잘한 쪽은 없기 마련이다. 유치한 어린 아이들처럼 이속단체들의 기생충 또는 아첨 같은 짓을 벗어버리고 이젠 공영방송다운 혹은 객관적인 정보전달을 하는 언론매체가 되길 바란다.

위 학생은 '언론매체의 정화, 혹은 제자리 찾기'가 사회 문제를 해결하는 가장 근본적인 사안임을 내세우고 있다. 방송매체가 정치적인 이유 등 어느 이기 집단에 의해 변질될 수 있음을 지적하고, 방송매체가 바로 섰을 때 우리의 미래가 밝아질 수 있음을 주장하고 있다.

이러한 활동으로 학생은 사회문제의 근본적인 이유를 파악하고, 문제를 해결해야 할 이유와 그 해결방안에 대한 인식을 구체화할 수 있다. 따라서 이러한 활동은 논술교육의 출발점이 될 수 있다는 점에서 매우 유효하다.

제6장 논술교육과 토론

토론은 하나의 논제에 대해 적어도 둘 이상의 서로 다른 생각과 주장을 가진 사람들이 행하는 논의이다. 토론에 참가한 사람들은 자신의 생각과 주장이 옳음을 증명하고 설득하는 데 목적을 둔다. 일반적인 예로는 법정에서 벌어지는 변호인 측과 검찰 측의 논쟁과 텔레비전 토론 프로그램에서 벌어지는 서로 다른 두 집단의 논쟁 등을 들 수 있을 것이다.

토론은 말하기의 한 종류이나 일반적인 말하기와는 사뭇 다른 점이 있다. 일반적인 말하기는 정확한 근거 없이도 '~라 하더라'라든지 '~인 것 같던데'식의 화법이 가능하다. 또한 일반적인 말하기는 싸움이 아닌 한, 상대방과 정서를 공유하거나 가까운 거리를 유지하기 위한 말하기가 대부분이어서 상대방이 자신의 생각과 다른 말을 하더라도 '그럴 수도 있지', 또는 '그런 일도 있을 수 있구나'라고 받아들이는 경우가 대부분이다.

그러나 토론의 말하기는 전혀 다르다. 토론에 참가한 사람들은 토론에서 승리하기 위해, 상대방을 자신의 논리로 끌어들이거나 방청객 또는 시청자들에게 자신의 주장이 설득력 있게 받아들이도록 노력하여야 한다. 따라서 토론은 사실, 자료, 정보 등을 수집하고 자신의 주장을 논리적이고 체계적으로 가다듬어 설득할 수 있도록 하여야 한다.

토론은 자신의 주장을 증명하는 싸움이어서 단순한 말하기로는 승리할 수 없다. 얼마나 논리적으로 표현하고 증명하느냐 하는 것이 토론의 승패를 결정한다.

이러한 점에서 논술은 감정이 아니라 이성이고, 특히 토론을 논쟁이라 생각하여 그 자체를 꺼리는 우리 나라 사람들에게는 매우 필요한 활동이다. 우리 나라 사람은 정서적인 성향이 강하다. 그로 인해 철저한 분석과 이성을 바탕으로 한 토론을 중요시하지 않았다. 그리고 종속적인 인간 관계의 틀은 사람과 사람 사이, 특히 아랫사람과 윗사람의 의견 교환을 도전이나 반발로 인식했다.

그러나 이제 세계는 변화하였다. 한 가지 예로 '세계화·국제화 사회'는 국가와 국가간의 활발한 의견 교환과 조정을 필요로 하게 되었다. 최근 다른 나라와 맺은 협정을 불리하게 체결하게 된 원인도 토론에 대한 준비, 토론의 기술이 부족했기 때문이다. 앞으로 국가 간, 기업 간, 개인간의 토론은 더욱 중요해질 수밖에 없고 이러한 차원에서 개인이 지니고 있는 토론 능력은 개인뿐만이 아니라 국가 차원의 자산이 될 것이 분명하다.

따라서 토론에 약한 우리 나라 사람들에게 토론 교육은 시급히 이루어져야 할 것이다. 또한 학습자들에게 토론은 논리적인 사고와 논리적인 표현을 바탕으로 한다는 점에서 다음과 같은 효과를 줄 수 있다.[2]

1) 논리적 사고 능력의 향상
  ① 이치를 따져 생각하게 한다
  ② 분석적으로 생각하게 한다
  ③ 문제를 발견하는 능력이 생긴다
  ④ 논리적 문제 해결법이 찾아질 수 있다
  ⑤ 빠르게 문제의 본질을 파헤친다
  ⑥ 과학적인 사고가 가능하다
  ⑦ 현상과 본질의 차이를 알게 된다
  ⑧ 변증법적으로 사고하게 된다
  ⑨ 아이디어 창출 능력이 다양해진다

2) 논리적 표현 능력의 향상
  ① 논리적인 의논과 토론 능력이 가능하다
  ② 감정적인 의논과 논쟁이 해소된다
  ③ 남 앞에서 정연하게 말할 수 있다
  ④ 발표 능력이 향상된다
  ⑤ 설득력 있는 이야기가 가능하다
  ⑥ 연설능력이 향상된다
  ⑦ 논쟁이 강해진다

3) 부수적인 효과
  ① 적극성이 생긴다
  ② 지도자적인 자질이 갖추어진다

---

2) 전영우, 『토의 토론과 회의』, 집문당, 1996. 259쪽.

③ 기약한 성격을 고치게 된다
④ 남 앞에서 흥분하지 않고 말하게 된다

'세계화·국제화사회'에서 토론의 능력은 개인과 국가의 자산이 된다는 점에서 학교 교육에서 효율적인 토론 교육은 반드시 이루어져야 한다. 그러나 한편으로는 토론이 냉정하고, 분석적이고, 비판적이기 때문에 대인 관계와 인성 교육에 문제가 있지 않느냐는 걱정도 앞선다. 하지만 '정'을 중심으로 한 인간관계가 학연, 지연의 형태로 많은 사회적 폐단을 불러 온 것을 감안한다면 상식에 기초한 논리적인 인간관계로 전환해야 할 필요성은 크다고 할 것이다.

6. 2 논술 교육과 토론

논술 교육에서 토론은 가장 핵심적인 위치에 있다. 바꾸어 말하면 토론을 통해 논술에 필요한 문제 의식을 키울 수 있으며, 토론의 과정을 통해 자신의 생각과 주장을 논리적이고 체계적으로 가다듬을 수 있으며, 또한 상대방의 주장을 통해 다양한 의견이 있을 수 있음을 깨닫고 자신의 주장을 객관화할 수 있다. 그리고 토론의 결과를 통해 관점을 형성하고 지식을 확고히 할 수 있다.

그러나, 논술을 위한 토론은 일반적인 토론과 다른 점이 있다. 일반적인 토론은 논제에 대한 긍정측과 부정측, 또는 해야한다는 측과 하지 않아야 한다는 측 등 대개 두 가지 의견이 대립되게 마련이다. 그러나 논술을 위한 토론은 긍정과 부정이 아닌 다양한 의견 개진이 이루어지고, 이루어져야 한다.

그리고 논술 교육을 위한 토론은 일단 제3자가 쓴 글[3]을 읽고 분석하여 필자의 의도와 주장을 토대로 이루어지는 것 역시 일반 토론과 다른 점이다. 물론 논술 교육을 위한 토론에서도, 가령 "인간복제, 허용해야 하나 하지 말아야 하나"와 같은 단독형 토론은 긍정 측과 부정 측으로 나뉘어 토론을 하여야겠지만, 논술 교육을 위한 토론에서는 제3자의 글을 텍스트로 다양한 의견을 펼치는 토론의 형태를 주도적으로 채택하여야 한다.

논술 교육을 위한 토론이 제3자의 글을 텍스트로 해야하는 이유는 이미 제1장에서 밝힌 바가 있다. 즉, 논술은 풍부한 글읽기가 전제되어야 하는데 현실적으로 학습자들은 다양한 글을 심도 있게 읽을 수 있는 기회가 많

---

3) 이 때 글이란 인쇄된 책 형태의 글만을 이야기 하는 것이 아니다. 신문, 잡지 등 다른 형태의 인쇄물 뿐만 아니라 TV, 영화, 만화 등 다양한 매체의 읽기 자료도 글의 범주에 해당된다.

지 않다. 따라서 논술 교육을 위한 토론은 다양한 글을 심도 있게 읽을 수 있는 기회를 동시에 제공해주어야 한다.

6. 3 논술을 위한 토론의 유형과 발문 생성 기법

논술을 위한 토론의 유형은 논술시험의 유형에 따라 두 가지로 나눌 수 있다. 하나는 '단독형'이고 또 하나는 '제시형'이다. '단독형'은 "자립형 사립고를 허가해야 하는가?"와 같이 문제만 주어진 형태이고, '제시형'은 "다음 글을 읽고(또는 다음 도표를 보고) 한국인의 바람직한 직업 의식을 논하라"처럼 문제에 글이나 도표 등 자료가 제시되는 형태를 말한다.

최근의 논술시험의 유형은 단독형보다는 제시형이 주를 이룬다. 이는 논술시험에서 평가하고자 하는 것이 주장과 주장을 뒷받침하는 근거가 아니라 제시된 글을 읽고 인간의 현재적인 삶과 결부하여 창의적인 해결 방안임을 말하는 것이다.

그러나 단독형 토론 역시 논술 교육을 위해서 일정한 가치는 있다. 가령, 찬·반의 뚜렷한 의견 정리가 필요하므로 제시형 토론을 하기 전에 토론의 기법을 익히는데 유효하고, 제시형 토론 도중 의견이 분명하게 구분되는 경우 긴밀한 토론을 위해 단독형 토론으로 전환하여 토론을 이끌 필요가 있다.

'단독형'의 토론은 일반 토론의 방법과 거의 다를 것이 없다. 즉, '입론 → 반대 신문 → 최종 변론 → 판정'이라는 일반 토론의 기본 형식을 갖는다. 학교에서 논술 교육을 위한 토론의 자세한 전개 방식과 요령을 구안하면 다음과 같다.

① 논제를 결정하고 필요에 따라 교사가 논제에 대한 설명을 한다.
② 논제의 성격에 따라 찬·반, 또는 긍정과 부정 어느 한쪽 입장에 서게 한다.
③ 서로 같은 입장의 학생들을 모아 집단을 만든다.
④ 집단별로 자신들이 주장하는 내용의 타당성을 정리하도록 한다.
⑤ 상대집단이 자신들의 주장을 공격할 때 방어할 수 있도록 자신들의 주장 근거들 세밀하게 점검하도록 한다.
⑥ 상대집단의 주장을 미리 예측하고 그 주장을 반박할 수 있는 의견을 정리한다.
⑦ 반박에 맞서는 상대집단의 근거를 다시 예측하고 그를 다시 반박할 수 있는 근거를 정리하도록 한다.
⑧ ④,⑤,⑥,⑦의 내용을 각각 카드에 정리하도록 한다.
⑨ 집단별 활동이 끝나면 순서를 정해 발표한다.
  : 발표순서는 "A집단 : 자기 집단 주장 발표 → B집단 : A집단 주장에 대한

반박 → B집단 : 자기 집단 주장 발표 → A집단 : B집단 주장에 대한 반박 → A집단 : 심화된 자기 집단 주장 발표 → B집단 : A집단 주장에 대한 반박 → B집단 : 심화된 자기 집단 주장 발표 → A집단 : B집단에 대한 반박 → 휴식 : 다른 집단의 주장을 심도 있게 비판하고 자기 집단의 주장에 대한 반박을 면밀히 살펴서 최종 의견을 정리한다 → B집단 : 최종적으로 정리한 의견 발표 → A집단 : 최종적으로 정리한 의견 발표 → 교사의 정리 평가

⑩ 발표 활동을 정리하거나 논제와 관련 있는 생각거리를 과제로 제출한다.

토론을 활성화하기 위해서 '자기 집단의 주장', '자기 집단의 주장에 대한 예상되는 상대 집단의 반박에 대한 반박 의견', '예상되는 상대 집단의 주장에 대한 반박 의견', '반박에 대한 상대 집단의 예상되는 의견에 대한 반박' 등을 각각 카드에 정리하게 한 뒤, 의견을 발표할 때에는 반드시 해당 내용이 담겨있는 카드를 교사에게 제출하도록 한다.

이러한 방법은 학생들에게 다양하고 깊이 있는 사고를 할 수 있는 기회를 제공할 수 있다. 자기 집단의 의견뿐만 아니라 상대 집단의 의견을 미리 예견하고 그에 대한 반박과 다시 그 반박에 대한 상대 집단의 변론을 또다시 예견하고 그에 대한 반박을 준비하면서 학생들은 자기 집단의 주장을 더욱 정교히 할 뿐 아니라 자기 집단의 의견과 반대되는 의견에 대해서도 더욱 깊이 있게 생각할 수 있을 것이다.

'제시형' 토론은 글이나 자료를 읽고 토론하는 유형을 말한다. 따라서 우선 제시된 글이나 자료를 정확하게 읽는 것부터 시작하여야 한다.

생태학적 세계관으로

① 고속도로를 질주하는 컨테이너 트럭의 대열, 산을 뭉기는 불도저들의 활발한 움직임, 사방에 들어서는 고층 건물 주변의 크레인 등을 볼 때마다 혼란과 고통을 느끼면서도 흐뭇해진다. 거기서 우리가 성공적으로 이룩한 산업화와 국력의 성장을 확인할 수 있기 때문이다. 지금 지구 곳곳에 동일한 모습과 현상이 퍼져 가고 있다. 산업화를 통한 문명화가 인간을 빈곤과 억압에서 해방시키는 수단인 한 이 작업은 더욱 추진되어야 한다. 그러나 우리기 겪고 있는 혼란과 고통은 너무 크고 그것이 동반하는 그늘은 너무 어둡다.

② 서울이나 뉴욕 등에서 숨쉬는 데 생리적 고통을 느낀다. 오염된 하천에서 죽어 떠 있는 물고기를 볼 때 자연 파괴의 심리적 아픔을 경험한다. 산더미 같이 쌓인 쓰레기장에서 코를 막아야 할 때 썩어가는 자연의 모습이 안타까워진다. 생태계가 파괴되고 지구가 죽어가고 있는 것이다. 자연의 개발, 경제적 풍요, 역사적 진보에 대한 낙관과 전망은 흐려지고 인류와 지구의 앞날이 깜깜해진다. 역사와 문명에 관한 방향 감각에 혼란이 생긴다. 세계는 어떻게 되는 것이며, 인류는 어떤 삶

의 형태를 갖추게 되는 것인가?

③ 오늘과 같은 추세로만 갈 때 생태계 파괴와 인류의 종말과 지구의 죽음은 기정 사실처럼 보인다. 이런 상황에서 오늘날 인류가 대처할 문제 가운데서 생태계의 문제보다 더 심각하고 절망스런 문제는 없다. 산업화가 당장 물질적 풍요를 가져온다 해도 더는 그것을 맹목적으로 추진하고 구가할 수 없다. 현재까지 인류가 택한 방향과 그런 지평에서 이룬 문명의 의미에 대해 근본적 반성과 재해석이 필요하다. 이미 심각한 병에 든 오늘의 지구가, 어두운 세계가 우리의 세계관에 의해서 조작된 것이라면 그러한 세계관은 근원적 전환을 필요로 한다.

④ 인류의 역사는 자연 정복과 복종의 시각에서 서술될 수 있다. 한 개인이나 집단의 역사가 인간 사이의 정복과 복종의 긴장된 관계로 기록될 수 있다면, 인류 전체의 시각에서 볼 때 인간의 역사는 인간에 의한 끊임없는 자연 정복으로 설명될 수 있다. 인간끼리의 관계에서나 자연과의 관계에서 인간의 행동을 지배해 온 것은 '정복'의 이념과 그러한 목적을 효율적 도구로 사용한 과학적 자연관이다. 과학 문명은 인간에 의한 자연 정복의 놀라운 성공을 뜻한다. 정복 이념과 과학적 자연관을 통틀어 인간중심적 세계관으로 부를 수 있다. 그러나 인간중심적 세계관은 궁극적으로 무엇을 의미하는가? 인류가 과학기술을 빌려 성공한 자연정복의 궁극적이고 구체적 의미는 무엇이겠는가? 그것은 환경오염, 생태계의 파괴, 인류의 멸망 그리고 지구의 죽음이라는 가능성을 뜻하게 됐다.

⑤ 오늘날 인류가 직면한 절박한 위기의 원천적 밑바닥에 '정복'이라는 이념과 과학적 자연관으로 표현된 인간중심적 세계관이 깔려 있다면 그런 위기를 극복할 수 있는 유일한 가능성은 바로 그 세계관을 원천적으로 수술해내는 데서만 찾을 수 있다. 그것은 세계관의 근본적 전환을 의미한다. 근원적 문제는 근원적으로만 해결된다. 근원적 해결책은 인간중심적 세계관을 생태학적 세계관으로 전환·대치시키는 데 있다.

⑥ 생태계적 세계관은 거시적 입장에서 미시적 입장에 갇혀 있는 인간중심적 세계관의 포기를 의미한다. 자연은 인간의 욕망 충족을 위한 도구나 자료가 아니라 인간의 근원적 모체이며 조화를 찾아야 할 대상이다. 인간 외의 생물체는 정복과 약탈의 대상이 아니라 인간과 공생할 권리를 갖고 있다. 이런 생태학적 세계관에 비추어 볼 때 '발전'과 '진보'의 의미는 재해석된다. 인류의 참다운 발전은 무제한적 자연 정복이 아니라 자연과의 공존이다. 인류의 진정한 진보는 생물학적 욕망의 이기적 충족이 아니라 오히려 그러한 욕망을 극복하여 남의 존엄성을 고려하고 남과 화해·조화 속에서 공존하는 도덕적 태도와 실천력에 의해서만 측정된다.

⑦ 생태학적 이념은 자연에만 적용되지 않는다. 그것은 여러 차원과 측면에서 나타나는 모든 인간관계에도 다같이 적용되어야 한다. 물질적 가치를 가장 존중하고 인간의 이기심을 전제한 자본주의적 이념이나 개인의 자유를 억압하는 모든 전체주의적 이념은 생태학적 이념과 배치된다. 그러므로 서로 대립되면서 지난 한 세기동안 세계를 지배하고 갈등을 일으켜온 이 두 개의 이념들은 다같이 비판되고 극복되어야 한다. 과학기술이나 위의 두 가지 정치·사회적 이념이 서양적 사상의 사물이라면 서양적 사상은 생태학적 이념으로 대치되어야 한다.

(박이문)

위의 글을 통해 다음과 같은 토론을 위한 질문을 생성할 수 있다.
    ① 필자가 문제 삼는 것은 무엇인가?
    ② 문제 상황의 긍정적인 측면은 무엇인가?
    ③ 문제 상황을 일으킨 관점은 한 마디로 무엇인가?
    ④ 문제 상황은 왜 극복하여야 하는가?
    ⑤ 필자가 문제 상황의 해결을 위해 제시한 관점은 무엇인가?
    ⑥ 필자의 주장에는 허점이 없는가?
    ⑦ 허점은 다시 어떻게 극복될 수 있는가?

6. 3. 1 한 편의 글을 읽고 토론하기

활발한 토론을 위해 다음 글들을 자료로 필요한 질문을 생성해 보자

〔글 가〕

柳根一칼럼

'마음과 생명'의 21세기

  '90년대식 민주화실험' 7년은 재벌 군벌 뺨치는 정벌(政閥) '오너'들이 법치를 넘어 인치(人治)를 휘두른 시대였다. 그리고 그 추종자들의 아마추어리즘과 섣부름이 국가경영을 2류로 떨어뜨리고 21세기형 구조개혁을 뒤죽박죽 엉키게 한 시대이기도 했다.

唯物主義의 世紀는 가라

  대중집단들 또한 저마다 '민주주의=밀어붙이는 것'쯤으로 여겼는지, 권위주의 시대와는 또 다른 성격의 "법은 멀고 몸싸움은 가깝다"가 판을 쳤다. 관료들은 부처이기주의 철밥통을 집요하게 붙들고 늘어졌으며, 유착과 부패의 먹이사슬 또한 독재시대의 전유물이 아니라는 것이 확실하게 입증되었다. 그렇다면 이제 어떻게 해야 한다는 것일까?
  정치 경제 사회에 걸쳐 오늘의 난맥상에 대한 처방들은 이미 너무나 많이 나와 있다. 그리고 그 모두는 각자 기준에서의 적절성과 타당성을 가지고 있다. 그러나 문제는 오늘의 '민주화 이후의 위기'가 과연 그런 재래식 정치바꿈, 경제바꿈, 사회바꿈만으로 치유될 수 있느냐 하는 의문이다. 민주화 시대로의 이행이라고 하는 엄청난 정치 경제 사회의 발전에도 불구하고 우리가 모여 사는 곳의 타락과 퇴영은 똑같이 되풀이되고 있다는 사실 자체가 그런 새로운 의문과 문제의식을 떠올리게 하는 것이다.

정치 경제 사회만 바꾸면 나쁜 것들, 썩은 것들이 싹 소멸하고 오직 정의와 선(善)만이 강물처럼 흐를 것이라고 생각할 수도 있겠지만, 그러나 실제로 스탈린의 감옥이 로마노프 왕조의 감옥보다 훨씬 개선됐다는 소리는 일찍이 정해진 바가 없다.

이래서 정치 경제 사회의 보다 나은 대안을 마련하는 것은 그것대로 착실하게 진척시키되, 그것만으로는 안 되는 이유에 대해서도 이제는 근본적으로 생각해봐야 하겠다. 그 이유는 혹시 '좌·우를 막론한' 유물주의적 세계관 탓이라고 설정해볼 수는 없을까. 서양의 근대 합리주의와 '과학주의(과학 자체와는 구별되는)'는 20세기에 들어와 파시즘·불셰비키즘·물신숭배·자연생명 파괴라는 주체할 길 없는 파탄에 직면했다. 오늘의 한반도 남·북이 직면한 온갖 질병과 환난도 결국은 그런 '좌·우를 막론한'유물주의적 세계관의 잔인한 배설물이자 시궁창이라고 볼 수도 있겠다.

20세기를 주도한 유물주의 세계관은 "세상을 어떻게 고칠 것인가?"만 이야기했지, "인간의 마음을 어떻게 다스릴 것인가?"는 '공부'에서 아예 제외시켜 버렸다. 그래서 그 결과 파생된 것이 예컨대 '인종세탁' '킬링필드' '정치범 수용소'를 당연한 필요악인 양 치부하는 잔인한 발상법들이었다. 그런 잔인함에 묶여있는 한 혁명, 산업화, 민주화, 개혁, 구조조정, 신당 창당, 또 신당창당…을 열 번 스무 번 박복해도 세상의 질(質)이 바뀔 도리는 없을 것 같다.

영롱한 영혼만이 지켜나가야

그렇다고 뭐 새삼스럽게 종교나 신비주의에 귀의하자는 이야기는 아니다. 하지만 오늘의 재앙으로부터 우리의 무고한 2세, 3세들을 구출하기 위해서는 우리는 적어도 그것을 초래한 지난 시대 '타락한 이성(理性)'의 발상법으로부터는 그만 벗어났으면 싶다.

그것은 어쩌면 매사를 알량한 '머리'로 제패해 보겠다는 재래의 습성 대신에 '마음'과 '마음'으로 바라보고 통해보자는 세계관으로 전환하는 것일 수도 있다. 20세기적 '이성(理性)의 독재'에서 21세기적 '마음·생명'의 파동으로 눈돌려 보자는 것이다. 2000년에 우리는 너무너무 피곤하게 살았다. 그러나 우리는 그것에 질리고 압도당한 나머지 우리의 영롱한 '마음 ·생명', 즉 영혼마저 찌드는 것만은 절대로 허용해선 안 된다.

(조선일보 2000. 12. 22)

〔글 나〕

왜 자립형 사립고인가

수업료는 일반학교의 3배 정도, 국민공통 교육과정 외에는 교육과정 자율화, 재단 전입금은 학교운영비의 20%이상, 적어도 학생의 15%는 장학생으로, 국·영·수 위주의 지필고사 선발방식 탈피, 입시위주 운영시 자립형 사립학교 지정 취소, 일차적으로 30개교를 올해 마까지 선정할 예정이라는 자립형 사립학교의 시범운영 방안이 윤곽을 드러냈다.

다양한 교육적 요구 수용

이를 계기로 지난 몇 년간 도입 여부를 놓고 벌어져온 찬반 양론이 그대로 다시 수면 위로 떠올랐다 도입 자체를 반대하는 편의 논리는 입시 위주 귀족학교가 될 터이니 시장논리에 따른 새로운 학교 체제를 만들면 교육불평등과 사회격차를 심화시킬 위험이 있다는 것이다.

지식기반사회를 살아가는 학생과 학부모의 다양한 교육적 요구를 외면한 채 종래 형평성위주 논리에 매몰돼 구더기 무서워 장 못 담그겠다는 식의 서울시교육청 태도는 실망스럽고 안타깝다. 이제는 공립학교와 사립학교의 역할과 기능을 재조명해야 할 때다. 학교를 둘러싼 사회 전반의 문명사적 변화와 이에 상응하는 국민 일반의 학습권 의식의 향상을 직시해 평준화를 기조로 한 공교육체제와 조화를 이루면서 뿌리내릴 수 있는 자립형 사립학교를 출범시켜야 한다.

최근 논의되는 교육쟁점의 대다수는 따져보면 교육의 탈을 쓴 교육 외적 문제다. 이런 현상이 벌어지는 것이 학교열이 극심한 학력주의 사회에 살고 있기 때문이란 것도 우리가 가장 무서워하는 게 국민정서법이란 것도 우리는 잘 알고 있다. 따라서 이러한 문제는 교육 내부적으로 풀 수만은 없다. 한 아이를 기르는 데는 온 사회의 협력과 동참이 필요하다. 그러나 이 문제를 푸는 열쇠는 역시 교육적이어야 한다. 학생과 청소년으로 불리는 성장세대 학습자의 학습권을 최대한 보장해 줄 수 있어야 한다는 것이다.

이제 낯설지 않게 된 학교 교육 위기에 대한 인식과 실체는 학생과 교사가 다양한 만큼 다양하게 표출되고 있다. 수업의 기본질서 자체가 유지되지 않고, 학교와 교사의 합리적 권위에의 도전이 일상화돼 생활지도가 불가능한 상태가 주로 지적되는 위기 징후이나 이것이 학교위기의 전부는 아니다.

번호로 불리며 집단으로 취급받기 싫어하고, 개별적으로 대우받고 싶어하면서 자신에게 의미있게 다가오지 못하는 재미없는 수업과 막연히 강제하는 생활지도에 무반응하는 태도로 일관하는 것도 학교위기의 큰 줄기다. 여기서 우리는 배움의 질을 높이기 위한 방향으로 원활하게 움직이기에는 지나치게 경

직돼 있는 학교체제 차제의 위기에 주목해야 한다. 학교 이외의 다양한 장소,
다양한 매체를 통해 학습기회 획득이 가능한 사회, 인터넷 과외·내신과외·심
층면접 구술과외 등 자고 나면 신종과외가 출몰하는 사교육이 번창하는 사회에
우리가 살고 있다.

교육프로그램으로 승부를

능력과 적성에 따른 학교교육 기회의 결핍으로 배우길 원하는 학생들이 학
교에서 배움의 기회를 풍부하게 얻을 수 없으며, 교육적인 효과를 고민하는 교
사가 격려 받지 못하고, 새로운 실험과 시도를 장려하지 않는 딱딱한 학교체제
는 분명 바뀌어야 한다. 교육현장에서의 시도와 실험을 막아서는 곤란하다. 시
도가 활발히 이뤄지는 가운데 창의적인 교육프로그램도, 새로운 교수-학습방
법도 창출될 것이므로, 문제는 교육질 관리시스템을 구축해 자율과 책무의 조
화를 이루는 일이다. 이제 교육프로그램으로 경쟁하면서 성장세대에게 다가가
는 학교문화 구축의 첫발을 내디딘 셈이다. 자립형 사립고등학교를 희망하는
학교들은 건학 이념에 충실한 경쟁력 있는 교육프로그램으로 승부해야 할 것
이다. 문패만 갈아 달고 입시위주 교육에 치중해 입시특수를 누리는 학교로 변
모할 생각은 꿈도 꾸지 말라.

일부 사학의 오명을 또렷이 기억하고 있는 우리 사회는 자립형 사립학교가
자율을 올바로 구사해 학습자가 성장하는 곳이 될 수 있는지 선정과 운영과정
을 두눈 부릅뜨고 모니터 할 것이다.

(중앙일보 2001. 8. 11 양승실)

6. 3. 2 여러 글을 읽고 토론하기

한 편의 글을 자료로 한 토론에 익숙해지면 여러 글을 읽고 토론하기 훈
련을 하여보자. 여러 글을 읽고 토론하기는 한 편의 글을 읽고 토론하기보
다 더 다양한 사고를 필요로 한다. 여러 글을 자료로 하기 때문에 우선 공
통점과 차이점을 찾아내어야 하고, 각 글의 필자들이 가지고 있는 관점을
비교 분석하여야 한다. 그리고 같은 사항을 달리 해석하는 곳을 찾아내어
해석이 서로 다른 이유를 살펴야 한다. 그리고 모든 글을 비교·분석 후
자신의 관점과 주장을 정리해야 한다.

이러한 내용 요소를 정리하면 다음과 같다.

① 각 글이 문제 삼고 있는 것은 무엇인가?
② 같은 문제를 달리 해석하는 곳은 어디인가?
③ 필자의 관심과 관점은 어떻게 다른가?

④ 서로 반대되는 주장의 원인은 무엇인가?
⑤ 필자들의 주장 중 허점은 없는가?
⑥ 자신의 생각과 가장 근접한 주장은 무엇인가?
⑦ 이제까지 자신이 생각 못한 의견과 내용은 무엇인가?
⑧ 자신의 의견과 주장을 새롭게 정리한다면?

이와 같은 내용과 절차를 통해 토론한다면 다양한 의견과 지식을 받아들일 수 있을 것이다. 다음 글들을 대상으로 토론을 위한 구체적인 질문을 만들어 보고, 논술문 쓰기를 위해 글을 재배열 한다면 어떤 순서로 배열할 수 있는가도 생각해 보자.

〔글 다〕

外勢의 파도는 높아가는데…

동아시아에서는 역사가 거꾸로 돌아가는 것일까? 국제정치에서 국가는 힘을 잃어가고 있다는 이른바 포스트모던논쟁이 엊그제였던 것 같다. 그런데 일본은 교과서 왜곡, 총리의 신사참배 결정 등으로 국수주의 경향을 강화하고 주변국들과의 긴장을 야기하고 있다. 이 문제의 구조적 원인은 무엇이고 어떻게 대응해야 하나.

美서 日 군사적 역할 활용

전승국 미국은 군정 초기에 무엇보다 일본 군국주의의 뿌리를 뽑고자 재벌해체·노조결성·토지개혁·전범처벌 등에 힘썼다. 그러나 1940년대 말에 접어들면서 세계 정세는 미국이 예측하지 않았던 냉전대결 구도로 굳어져가고 있었다.

그러자 정책의 핵심은 정치안정과 경제성장을 지원해 일본을 동아시아 냉전전략의 교두보로 삼는 것으로 변화했다. 그 결과 미군정은 제국주의 침략을 주도했고 정치 행정능력을 갖고 있던 대부분의 관료들을 숙청하지 않았으며 이들은 결국 일본 정치의 주역으로 등장했다.

일본 제국주의와 탈아입구(脫亞入歐)의 주장자로 전시활동으로 체포까지 당했던 외무관료 요시다 시게루(吉田茂)는 전후 정계에 진출해 보수파의 주류를 형성했고 총리를 다섯 번이나 역임했다. 민주 식민지화의 핵심 역할을 맡았고 전화A급 전범으로 체포됐으나 풀려났던 기시 노부스케(岸信介)도 52년 정계에 복귀해 총리를 지냈고 보수파의 또 다른 흐름을 주도했다.

과거 반세기 동안 일본정치를 지배해온 자민당의 보수 정치인들은 대부분 이들의 역사관을 이어받았다. 철저한 전후처리 과정을 겪었던 독일과는 달리 일본에서는 전전세력과 전후세력간에 단절이 없었던 것이다.

그러나 전승국 미국이 주도하는 냉전 국제질서 속에서 보수 정객들은 그들의 속마음을 감히 밖으로 드러낼 수 없었다. 어쩌다 한번씩 노출돼 파동을 일으키곤 했는데 이제 그들의 '혼네'가 본격적으로 수면 위로 표출돼 정책화될 수 있는 환경이 조성되고 있는 것이다.

무엇보다 소련이 무너지고 냉전대결의 긴박성이 사라지고 있다. 그러자 미국은 동아시아에 안정자로서의 개입은 계속하되 스스로의 부담을 줄이기 위해 일본의 군사적 역할을 강화, 활용하려 하고 있다. 미국의 고위 관료들이 일본 평화헌법의 개정을 원하고 있는 것도 이 때문이다. 이처럼 냉전시의 수직적 미·일 관계가 서서히 수평화 돼 가면서 일본 스스로의 독자적 행동반경이 넓어지고 있는 것이다. 물론 10년에 걸친 경제의 추락과 이를 해결할 개혁적 리더십의 부재에 대한 좌절감도 국수주의 경향에 공헌했다.

오동잎이 떨어지면 가을이 오는 것을 안다고 한다. 일본 국수주의 경향의 강화는 다가오는 동북아질서의 다극화와 불안정화 가능성을 알리는 신호다. 주변국이 원하든 원치 않든 일본의 군사적 역할은 강화될 것이다. 중국은 지난해 12%에 이어 올해는 군사비를 18%늘렸고 미국의 패권에 대항한다면서 러시아와 우호조약을 체결했다. 러시아도 한국의 외무장관을 두 명씩이나 교체하게 만들 정도로 입김을 드높이고 있다.

남북한도 脫냉전화 급해

일본 정부에 우리의 입장을 단호하게 전달하는 것은 중요하다. 일본의 왜곡된 역사관과 동아시아 평화는 양립 불가능하기 때문이다. 일본 내부의 양심세력과 연대해 극우세력을 고립시키고, 국제여론을 동원해 정부에 압력을 가하는 일도 중요하다. 그러나 우리는 이 문제에 있어 미국의 적극적 협조를 구해야 한다. 특히 미국이 앞으로 동아시아 전략을 추진하는데 일본의 군사적 역할을 활용하는 것이 불가피하다면 그에 대한 전제조건, 즉 일본의 철저한 과거사 반성과 동북아 평화에 대한 비전 제시가 선행돼야 함을 주지시켜야 한다.

그러나 이처럼 다극화·불안정화하고 있는 탈냉전 동북아 질서에 대한 일차적 대응책은 무엇일까? 그것은 하루 빨리 남북한 관계도 탈냉전화시키는 작업이다. 한반도 문제에 주변 4국들의 입김이 갈수록 거세지기 전에 통일까지는 몰라도 최소한 민족 경제공동체는 형성해 놓아야 한다. 동북아 외세의 파도는 높아만 가는데 반동강난 쪽배에 올라탄 채 언제까지 세월 가는 줄 모르고 있을 것인가.

(중앙일보 2001. 7. 25, 윤영관)

〔글 라〕

평화통일 기반확대 서두르자

남북한 정상의 6·15공동선언이 있은 지 꼭 반년이 지났다. 공동선언이 상당한 긍정적 변화를 몰고 왔다는 점은 인정하는 데 인색할 필요는 없다고 생각한다.

동서독 기본조약이 통일바탕

여차하면 전쟁까지도 마다하지 않을 정도로 적대적이었던 남북한의 냉전적 대립이 완화되고, 서로를 신뢰할 여유가 어느 정도 생겼다는 것을 무엇보다 큰 성과로 꼽을 수 있다. 민족 내부의 냉전이 종식될 전망이 어느 정도 보이는 만큼 이제는 향후 남북관계의 발전에 대해 이성적으로 냉정하게 생각할 때도 되지 않았다 싶다.

6·15 공동선언은 그 서명 및 선언 당사자가 양측 정상이었다는 점에서 7·4 공동성명 이래의 남북한 합의문들에 비해 그 위상이 비교할 수 없이 격상되었다. 그러면서도 이번 공동선언 역시 남북 권력자 사이의 협상이었다는 점에서 과거의 권력형 통일담론 성격에서 한 치도 벗어나지 않았다. 극단적으로 말하자면 지금까지의 남북협상 결과는 남북한 권력자들 사이에 사적으로 오간 일종의 행정적 합의각서에 지나지 않는다. 이것은 곧 남북관계의 적지 않은 불안요인이기도 하다. 다음 '대통령'때는 어떻게 될까. 아니면 '위원장'이 심경의 변화를 일으키면 뒤집어지지 않을까. 불안감의 이런 내용은 남북관계가 여전히 '권력' 변수에 좌우되고 있음을 여실히 보여준다.

이럴 때 독일 통일의 역사적 경험을 반추해 보면 중요한 교훈을 얻을 수 있다. 1970년대 초 빌리 브란트 서독 총리의 선도로 시작된 동서독 관계개선 작업의 1차적 성과는 그 어떤 선언문이 아니라 동서독 관계의 기본 틀이 된 '동서독 기본조약'이었다. 이 기본조약을 통해 양 독일간의 모든 문제는 협상과 협정 체결을 통해 법제화하고 제도화한다는 원칙에 합의가 이뤄졌다. 즉 동서독 기본조약은 양쪽 국회의 비준을 거쳐 양쪽 국내법으로 수용됐다. 이 기본조약이 동서독 통일에 합의하거나 그것을 목표로 선언하지 않았음에도 불구하고, 분단의 부담과 고통에서 벗어나겠다는 양측의 탈분단 의지는 나눠진 두 나라가 공통으로 추구할 '국민적 목표'로 입법화된 것이다. 따라서 정권이 바뀌더라도 분단의 고통을 더는 긴장완화의 과업은 법적 의무사항으로 지속적으로 추진되었다. 이것이 의도하지 않은 독일 통일의 준비가 되었다. 이에 비해 한국의 경우 '남북 권력자들의 정책사안이지 아직은 내부 토론을 거쳐 법적으로 제도화된 국가 기본질서가 아니다.

김대중 대통령이 김정일 국방위원장의 동의뿐만 아니라 직접 서명까지 받아

냈을 때 필자는 이번 공동선언만은 대통령 개인의 정치적 치적에 그치지 않기를 바랐다. 이런 점에서 필자는 대통령이 6·15 공동선언 후 평양에서 서울로 귀환했을 때 국회 소집을 요구하고 그 앞에서 대국민 보고와 아울러 국회에 남북문제 토의를 요청하는 당당한 모습을 기대했었다.

이번 노벨상 수상 기자회견에서 대통령이 강조한 것처럼 통일까지는 아직도 긴 시간이 필요하다. 남북의 우리 민족은 이산 가족으로 계속 지내야 할만큼 이질적이지는 않지만, 두 체제를 당장 통일하기에는 동질성이 너무도 부족하다. 그렇다면 앞으로 해야 할 가장 중요한 일은 통일, 그것도 우리의 헌법적 의무인 '평화' 통일을 이룰 만큼 남북한 내부에 평화와 통일에 참여할 저변 세력과 분위기를 확산시키는 것이다. 민의를 대표하는 국회 안에서 여야의 당리당략을 넘어 통일 담론을 국민의 것으로 내면화할 토의를 시작하는 것이 그 출발점이어야 한다는 점은 분명하다. 공기업은 민영화하면서 통일논의는 민영화시키지 못할 이유가 무엇인가?

남북합의 국민동의 절차 필요

남북 정상들의 합의를 남한 쪽에서라도 먼저 국민적 동의절차를 거치도록 하면 북쪽에서도 그 동안 구석에 처박아놓은 인민회의라도 소집하는 격식을 갖추려고 움직이지는 않을까? 아무리 권력순응형 의회들이라지만 남북관계에 구색을 맞추기 위해서라도 동원되는 횟수가 많아지다 보면 '한반도의 총체적 민주화'를 위한 작은 첫걸음이라도 떼어지지 않을까? 이것이 식량원조보다 더 중요한 진정한 민주통일의 단서가 아니겠는가.

(중앙일보 2000. 12. 15, 홍윤기)

〔글 마〕

"우리는 '한반도 迷兒'입니까"

반세기 동안 대결과 반목으로 일관하던 남북한이 최근 '화해와 협력의 시대'를 열어감에 따라 국내의 북한 이탈주문(탈북자)들이 극심한 정체성 혼란을 겪고 있다.

최근 불거진 '황장엽(黃長燁)파동'도 단순히 개인의 사생활 제한에 따른 반발이라기보다 남북관계 변화에 따른 탈북자들의 위기의식이 황씨를 통해 표출된 것이라는 게 대다수 전문가의 분석이다. 탈북자들의 정체성 위기의 본질과 배경 등을 살펴본다.

정체성 위기

탈북자들은 기본적으로 북한체제가 싫어 남쪽으로 넘어온 사람들. 따라서 이들이 김정일 정권을 비난하는 것은 당연하다.

　문제는 최근 정부가 북한 정권의 심기를 가능한 한 건드리지 않으려 한다는 점이다. 국정원이 올 여름 탈북자들에게 "정부와 햇볕정책이나 북한 정권에 대한 비난을 가급적 삼가달라"고 주문한 것도 이런 맥락. 과거와는 딴판이다. 따라서 탈북자들은 이데올로기 측면에서 '설 땅'을 잃어버리고 남북 양측이 모두 싫어하는 '한반도의 미아'가 돼버린 셈이다.

　그럴수록 탈북자들은 북한 정권에 대한 비난의 강도를 높이고 있다. '북한도 변하고 있다'는 정부 시각에 대해 탈북자동지회의 회보 '민족통일' 최근호는 "북한이 외투만 바꿔 입은 채 여전히 적화야욕을 버리지 않고 있다"고 반박한 것도 그런 맥락이다.

정체성 혼란의 배경

　탈북자들과 정부의 시각 차는 김정일 정권을 어떻게 볼 것인가에서 출발한다.
　탈북자들은 김정일 정권이 존재하는 한 북한이 변할 리 없다고 본다. 현 체제 하에서는 식량이건 의약품이건 정권안정에 이로울 뿐 인민들에겐 거의 도움이 되지 않는다는 것. 이에 반해 정부는 그런 냉전적 수구논리로는 남북관계 진전을 이룰 수 없다는 입장이다.

　이런 이견과 갈등은 이데올로기 차원에서만 생긴 게 아니다. 남북관계의 진전이 탈북자들의 경제적 토대를 위협하고 있는 것.

　당장 국정원이 주선하는 초청강연이 수입이 최근 3분의 1 가량으로 크게 줄었다. 남북이 경의선 등 철로를 잇고 직교역에 나설 경우 중국 등을 통해 대북 교역에 종사하는 국내 탈북자들도 일자리를 잃을 가능성이 크다.

　갈수록 악화되는 탈북자들의 생활수준도 한몫 한다. 80년대 이전의 탈북자 중 69.7%가 자기 집을 갖고 있는 데 반해, 그 이후의 탈북자는 8.4%에 불과하다. 탈북자들의 실업률은 60%가량으로 국내 실업률의 10%를 웃돈다. 경제적 궁핍이 최근 불만의 근저를 형성하고 있는 것이다.

전망과 대책

　탈북자들의 '극빈화'는 정부 책임만은 아니다. 정부는 97년부터 '북한이탈 주민의 보호 및 정착 지원에 관한 법률'을 제정하는 등 본격 지원에 나섰다. 지난해 정착금도 상당히 확대하는 등 지원을 강화했다. 고용촉진을 위해 사용자에게는 임금의 50%까지 지원한다. 그런데도 탈북자들의 상황이 별로 나아지지 않는 이유는 무엇일까. 전문가들은 정부의 지원 외에 남쪽 주민들의 따뜻한 동포애가 필요하다고 본다. 탈북자들이 직장에서 뛰쳐나오는 원인도 동료들의 사늘한 시선과 따돌림 등 사소한 문제가 더 많다는 것. 일각에서는 탈북자들의 자활의지 부족도 지적한다.

서강대 김영수(金英秀·정치학)교수는 "탈북자들의 현재는 통일조국의 북한
주민들의 미래상"이라면 "이들을 빨리 우리 사회의 일원으로 끌어안는 것이 탈
북자들의 정체성 위기 해결은 물론 조국통일도 앞당기는 길"이라고 말했다.

(중앙일보 2000. 11. 14, 하종대 · 허문명 기자)

〔글 바〕

탈북자들 어떻게 사나

회사원 14.7%
자영업 10.3%

탈북자들에 대한 공식집계가 시작된 70년대 이후 9월말 현재까지 남한으로
건너온 탈북자는 1282명. 이 가운데 사망, 이민자 218명을 제외한 1064명이
현재 남한에 거주중이다.

90년대 초까지 매년 한 자릿수였던 탈북자 수는 94년 이후 두 자릿수로 급
증했고 올해는 188명의 북한주민이 남쪽으로 건너왔다. 이들 탈북자는 대개
통일부와 국정원으로부터 탈북 관련 사실조사를 받은 뒤 '하나원'등 탈북자 보
호시설에서 3개월간 사회적응교육을 받는다. 그 뒤 일반거주지로 옮기고 관할
경찰로부터 2년간 신변보호를 받는다.

탈북자들은 정착금과 주거지 원금, 보로금(報勞金) 등을 지원 받는다. 정착
금은 월 최저임금을 기준으로 최저 80배에서 최고 160배까지, 주거지원금은
최저 754만원에서 1384만원까지다. 보로금은 탈북자가 보유한 대북 정보 수
준에 따라 차등 지급된다. 황장엽 씨의 경우 보로금으로만 1억원 이상 받은 것
으로 알려졌다.

40%에 달하는 무직자를 제외한 탈북자들의 현재 직업은 회사원(14.7%)
자영업(10.3%) 학생(6.9%) 등의 순이다. 탈북자들이 스스로 결성한 공식 단
체는 황씨가 명예회장인 탈북자동지회를 비롯해 숭의동지회 통일연구회 북한인
자유연합회 통일복지회 승공통일중앙본부 등 6개다.

(중앙일보 2000. 11. 24, 이승헌 기자)

6. 3. 3 서로 다른 주장의 글 읽고 토론하기

한 편의 글을 읽고 토론하기와 여러 글을 읽고 토론하기에 익숙해지면
한 주제에 대해 서로 반대되는 의견과 주장을 내세우는 글을 읽고 토론하
기를 실시한다. 서로 다른 의견을 주장하는 글을 읽고 토론할 때에는 항상
'대립항'에 유념하면서 토론을 하여야 한다.

그 절차와 토론의 질문 내용을 정리하면 다음과 같다.

① 문제 상황이 무엇인가?
② 문제 상황은 사회적으로 어떤 가치가 있으며 어느 위치에 있는가?
③ 부정측 주장의 핵심은 무엇인가?
④ 부정측 주장의 근거는 무엇인가?
⑤ 부정측 주장의 허점은 무엇인가?
⑥ 그 허점은 어디에서 기인한 것인가?
⑦ 긍정측 주장의 핵심은 무엇인가?
⑧ 긍정측 주장의 근거는 무엇인가?
⑨ 긍정측 주장의 허점은 무엇인가?
⑩ 그 허점은 어디에서 기인한 것인가?
⑪ 두 주장에서 설득력 있는 내용은 무엇인가?
⑫ 두 주장은 통합될 수 있는가 없는가?
⑬ 새로운 관점을 제시할 수 있는가?
⑭ 두 주장과 다른 주장을 할 수 있는가?

다음 글을 통해서 서로 다른 주장의 글을 읽고 토론하기의 질문을 만들어 보자

생태계 복원 인간이 주도해야 하나

최근 고성·가릉·삼척·울진 등지에서 발생한 산불피해는 정부가 긴급재난지역으로 선포할 만큼 피해면적도 방대하지만 그 정도도 심각하다. 식물의 고사는 물론 작은 동물에 양서류·파충류·토양미생물까지 거의 멸종 수준에 이르렀다는 보도까지 나오고 있다. 이런 지역을 방치하면 귀화식물을 비롯해 척박한 지역에만 자라는 가시 많고, 독성 강한 식물이 자라나 산불 발생 이전의 생태계구조로 돌아간다는 보장이 없다.

매년 9월에 남산, 창덕궁 후원 등에 가보면 메밀꽃과 같이 생긴 흰 꽃이 피는 서양등골나물이 무성하게 자라고 있는 모습을 관찰할 수 있다. 미국이 원산지인 이 풀은 1960년대에 우리 나라에 들어온 귀화식물이다.

남산은 74년부터 산책로를 따라 철재 울타리를 설치하고 철저히 출입을 막았던 곳이다. 하지만 80년대 초 이태원 쪽 숲에 몇 포기였던 서양등골나물이 20년만에 남산 풀들 가운데 주인공이 되었다.

2~3년 전만 해도 황소개구리가 전국적으로 확산되면서 토종 민물도기·개구리·곤충 심지어 뱀까지 먹어치워 민물생태계의 먹이사슬 구조가 붕괴될 위험성이 있자 퇴치작전을 벌인다며 야단법석을 떤 적이 있다.

그런데 최근 황소개구리 울음소기가 거의 들리지 않자 관심이 사라져 버렸다. 왜 사라졌을까? 자연스럽게 없어진 것일까? 아니다. 우리가 물에 방생한 외국 원산의 붉은귀거북이 불어났기 때문이다. 이 동물은 육식성으로 물 속에 사는 모든 동물을 먹어치우는데, 특히 올챙이를 먹어치워 더 이상 황소개구리가 크게 불어나지 않고 있다. 그러나 황소개구리에서 붉은 귀거북으로 동물종이 바뀌었을 뿐 역시 귀화종이 우리 민물생태계 토종동물의 씨를 말리고 있다.

생명을 살리는 환경

문제 제기

국내에서는 황소개구리 · 블루길 등 외래동 · 식물이 마구 들어와 번식, 이로 인해 우리 고유유의 생태계가 위협당하자 이들을 박멸하자는 켐페인이 한동안 벌어진 적이 있다.

정부나 연구관 등에서는 또한 멸종된 호랑이나 모습을 보기 힘든 반달가슴곰 · 산양 등을 번식시켜 자연에 방사하려는 시도가 지금도 진행되고 있다.

최근 강원도에서는 산불로 엄청난 피해가 발생했다. 이와 함께 피해지역 복원에 문제를 놓고 논란이 벌어지고 있다. 인간이 훼손한 자연생태계를 인간이 되살려야 한다는 움직임에 대해 한편에서는 생태계의 일부분에 불과한 인간이 생태계복원의 책임까지 떠맞으면서 생태계의 주인 · 관리자 역할을 해야 하느냐는 문제가 제기되고 있는 것이다.

그런 면에서 21세기 인구증가와 개발로 인해 더욱 파괴될 수밖에 없는 자연생태계를 보호하는 데 있어서 인간이 어디까지 책임을 져야 하는지 떠져보는 것은 중요한 의미를 지닌다.

그렇다

우리는 최근 고속성장시대를 겪으면서 자연생태계를 거침없이 파괴하고 각종 오염물질로 생태계를 피폐화하거나 실수로 산불을 내 산림생태계를 며칠 사이에 초토화했다.

이렇게 불모지화한 생태계를 되살리는 데 자연 스스로의 복원능력에만 의존할 수 없다. 옛날에는 척박한 땅에라도 풀들이 들어와 끈질기게 자라나면서 땅의 기운을 차츰 되살리고 자생식물이서서히 자라나 먹이사슬의 기초를 복원했다. 수백, 수천 년이 걸렸지만 기다리기만 하면 원래의 생태계가 되살아날 수 있었다.

그런데 현대는 상황이 다르다. 교통수단의 발달로 지구가 하나의 마을이 되어 귀화생물의 이동이 우리가 원치 않아도 빈번하게 발생한다. 따라서 한 지역 생태계가 불모지가 되면 자연생태계가 복원되도록 놓아두지 않고 귀화식물이 일시에 몰려와 자리를 잡는다. 귀화식물은 다른 지방의 나쁜 환경에서도 살아남기 위해 강한 독성물질을 갖고 있고 이런 독성물질에 그 지역 토종동물이 적응하지 못해 먹이사슬이 형성되기 힘들다.

그러므로 현재와 같이 파괴된 생태계는 인간이 원인제공자이므로 우리 인간이 적극적으로 생태계 복원에 나서야 한다. 생태계 복원은 가능한 한 파괴되기 이전의 생태계 구조를 목표로 삼아야 할 것이다. 인간이 잘 살기 위해 또는 실수로 파괴한 생태계를 복원한다는 것은 당연한 결자해지(結者解之)의 논리이다.

이경재(서울시립대학교 도시과학대교수)

아니다

"살구가 노랗게 익어 가만히 두면, 저절로 땅에 떨어져서 흙에 묻혀 썩고, 그러면 거기 어린 살구나무가 또 태어나지. 그 살구나무가 해와 바람과 물과 세상의 도움으로 자라서, 또 살구가 열린단다. 가만히 생각하면 다 지구의 일이야, 어떤 일이 있어도 사람이 지구의 일을 방해하면 안돼."

섬진강 시인 김용택의 '지구의 일'이란 시에서 발췌한 글이다. 어떤 일이 있어도 사람이 지구의 일을 방해하면 안 된다는 시인의 시적 감성에 환경학자이자 환경운동가인 필자도 동의한다.

최근 발생한 강원도 산불 현장의 생태학적 복구를 놓고 얘기를 한번 해보자. 인위적 복원방법인 조림이 그 지역의 자연식생을 훼손하는 등 오히려 생태계를 교란할 수 있다는 논의도 있고 물론 그 반대의 의견도 있다.

강원대 정연숙 교수는 "강원지역은 원래 소나무에서 활엽수로 천이 하는 단계인데 그 동안 인위적으로 소나무를 심어 생태계를 교란해 왔다"면서 자연이 스스로 복원하도록 인위적 복원사업은 최소화해야 한다고 주장한다.

충북대 강상준 교수 역시 "자연복원하면 20여년 만에 숲이 살아날 수 있고, 수종도 불에 강한 활엽수림으로 바뀌어 산불피해를 줄일 수 있다"고 주장하면서, 1996년에 발생한 고성 산불 지역의 인위적 복원사업을 실패 사례로 들고 있다.

그 당시 인공조림을 위해 작업도로를 만들고 불탄 나무를 자른 뒤 옮기는 과정에서 토양 표층이 손상되는 등 여러 가지 이유로, 결국은 나무가 활착하기 어려운 마사토만 남게 됐다는 것이다.

물론 인공조림이 생태학적 복구에 더 낫다는 견해도 만만치 않다. 조림수종으로 초기 생장이 빠른 소나무와 함께 불에 잘 견디는 활엽수를 섞어 심어야 한다는 등의 주장이 그것이다. 사실 지금 상태에서 어느 쪽의 주장이 옳은지는 판단하기 어렵다. 다만 인위적 복원이 자연적 복원보다 명확하게 더 좋은 방법이라는 확신이 없다면, 어설프게 손대는 것보다 자연 그대로 두는 것이 현명하지 않을까.

황소개구리나 미국자리공 등 외래 동식물의 무조건적 제거에 나는 반대한 적이 있다. 현상에 대한 정확한 분석이 없고, 따라서 우리 고유 생태계의 지속적 보전이라는 대안이 없는 상태에서의 인위적 제거는 무의미하다는 것이다. 더욱이 생명을 살리자는 환경운동이 죽임을 전제로 한 것이 돼서는 곤란하다.

그런 면에서 우리 땅에서 자취를 감춘 호랑이 · 늑대 · 산양, 그리고 반달 가슴곰 등의 인위적 번식과 생태계 방사에도 반대한다. 그건 이미 '자연'이 아니지 않은가. 가령 백두산 호랑이를 인공복제해 풀어놓는다면 그것을 두고 생태계의 복원이라고 말할 수 있을까.

어차피 생태계는 진화와 천이의 과정을 거치게 돼 있고 또한 자연은 '스스로 짜짓는'능력을 갖추고 있다. 자연을 그대로 닮은 인위적 복원이 가능하다면 또 모를까, 그렇지 않다면 자연 스스로의 복원능력을 믿어 보자. 인간 마음대로 환경을 파괴해 놓고 이제 와서 인위적 복원 운운하는 것이 병 주고 약 주는 일이라면 그나마 다행인데, 병주고 또 병 줄까봐 겁이 난다. 아무려면 자연이 사람만 못하겠는가.

장 원(대전대 환경공학과 교수 · 녹색연합 간사)

(이상 중앙일보 2000. 4. 24)

'맞춤인간'… 과연 길몽인가 흉몽인가

인간 맞춤시대가 드디어 다가오고 있다. 오는 2003년에 완료될 인간 지놈 프로젝트는 인간 염기체에 담겨 있는 20억쌍의 DNA 염기배열을 밝혀내게 될 것이다. 나아가 그 기능까지 밝혀지면 무엇보다 우선 질병과 장애의 치료는 물론 예방까지 가능해질 것이다. 그뿐만이 아니다. 새로운 생명공학은 건강과는 관계없이 보다 나은 외모, 즉 보다 젊거나 날씬해 보이기 위해서도 응용될 수 있다. 또한 유전자가 사람의 행동이나 능력을 어떻게 제어하는지를 알아낸다면 지능지수(IQ) 혹은 운동능력을 향상시키는데 이용할 수도 있다. 그래서 독일 카를스 루에 대학의 철학교수 페터 슐로트치크는 슈피겔지에 유전자 조작으로 니체가 예언한 '초인'을 만들게 될 것이라고 기고해 이미 유럽 지성들 사이에 논쟁이 벌어지고 있다. 과연 맞춤인간을 만든다는 꿈은 길몽인가 악몽인가.

길몽이다

사람은 누구나 젊고 건강하게 살기를 원한다. 그러나 생로병사라는 굴레에 얽매여 단 한 발짝도 자유롭게 움직일 수 없는 것이 또한 사람이다. 어떤 사람들은 집착이 없는 해탈의 경지에 도달함으로써 굴레에서 벗어나려는 정신적인 해법을 찾기도 한다.

그러나 대다수의 사람은 가능하면 오래 살고, 사는 동안만이라도 건강하고 능력 있는 인간으로 살고 싶어한다.

이런 오랜 꿈의 실현은 첨단 의학기술이 인간의 신체를 과학적으로 얼마나 완벽하게 이해해내는가에 달려 있다.

5백년 과학시대의 끝자락인 20세기 말 마지막 10년 사이에 과학적인 인간 이성의 인류에게 준 최대의 선물이 유전체 정보와 배아복제 기술이다. 이 두 기술은 인간에게 무한한 가능성을 열어줄 것이다.

첨단 미래의학도 이 두 기술의 연장선에 있다.

미래의학 혁명은 이미 시작됐다. 우리의 관심은 이 혁명이 어디로 향해 갈 것인가에 있다. 쓰기에 따라 길몽이 될 수도 있고 흉몽이 되기도 할 생명에 관한 완벽한 지식정보는 과연 어떻게 이용될 것인가.

잊지 말아야 할 것은 이 같은 정보가 이미 질병에 걸린 많은 사람들에게는 자신들의 오랜 염원을 실현할 수 있는 유일한 해결책이라는 사실이다. 태어나서 한번도 생명의 즐거움을 누려보지 못한 유전병 환자들이나 생활패턴의 급격한 변화와 스트레스로 인해 암·고혈압·당뇨병에 걸린 환자들은 이 기술을 절실하게 기다리고 있다.

미래의학에 엄청난 재원과 노력을 쏟아야 하는 이유는 그것만이 아니다.

인간이 개인적 영생을 원하는 데는 자연스럽지 못한 점이 있다. 하지만 죽음을 앞두고 자신의 존재의미를 정리하면서 허무와 싸우는 노인들에게 의학은 가능한 한 수명연장의 꿈을 실현시켜 주어야 할 것이다. 나아가 보다 행복한 삶을 위해 유전자를 임의로 선택하는 맞춤인간을 시도하는 것도 거부할 일만은 아니다.

이제 생명복제기술에 의한 자가줄기세포치료법으로 1백20세까지 수명을 연장하는 것은 어렵지 않게 되었다.

그러나 무엇보다 중요한 것은 생명의 비밀이 완전히 풀리게 되면 인간과 영성(靈性)에 대한 새로운 이해에도 도달할 수 있다는 점이다. 21세기 영성시대를 맞아 생명의 완벽한 이해가 가능해져 질병해방과 수명연장의 꿈을 실현하고 끝으로 인간들의 영성회복까지도 가져올 수 있다면 이것이 선인들이 말하던 '물질개벽'이 될 수도 있지 않을까.

서정선 교수(서울대의대·분자유전학)

흉몽이다

영화 '가타카'에는 인간세계가 유전공학의 혜택을 받아 외모와 지능이 월등히 뛰어난 인간들과 그렇지 못한 평범한 인간들로 나뉘어 갈등이 고조되는 미래세계의 모습이 등장한다. 유전공학의 발달로 이렇게 인간은 유전적 특성의 굴레에서 벗어나 자신이 원하는 인간형을 스스로 선택할 수 있는 '맞춤인간'의 시대를 맞게 되었다. 이는 인간이 수십억 년에 걸친 생명 진화의 과정에 의식적으로 개입해 자연선택을 거부하고 그 대신에 개인적·사회적 선택을 할 수 있게 되었음을 의미한다.

인간 지놈 프로젝트의 완성으로 조만간 인간유전자의 구조가 밝혀질 것이다. 이어서 전세계 과학자가 매달려 각 유전자가 어떤 기능을 하는지까지 다 밝혀내고 나면 이러한 미래는 더 이상 SF영화로서가 아니라 우리의 현실로 다가설 것이다.

인류는 역사상 전례 없는 중대한 선택의 기로에 서 있다. 왜냐하면 이러한 인간유전학 기술이 단지 개인의 유전병 치료나 유전적 결함의 개선으로 끝나지 않을 것이기 때문이다. 그것은 '인간'이란 무엇이고, 우리는 어떤 인간이기를 원하는가를 근본적으로 되묻게 만든다.

인간의 생물학적 특성은 선천적인 것이고 따라서 의문의 여지없이 '자연'에 속하는 것으로 생각해 왔다. 인간의 인성(퍼스낼리티)마저도 선천적인 것이냐 후천적인 것이냐를 놓고 오랫동안 학계의 논쟁거기가 돼왔다.

그러나 유전공학의 발달과 기술이 인간의 생물학적 특성을 바꾸어놓을 수 있게 된 지금, 이러한 상식이나 논쟁은 더 이상 의미가 없게 되었다. 생물학적 특성이 기술이라는 사회적 개입에 의해 변화함으로써 '자연'과 '사회'의 경계가 무너지게 되었기 때문이다.

자연을 신성시하는 것도, 그렇다고 과학을 무조건 진보라 보는 것도 일종의 신앙이다. 문제는 우리가 어떤 '자연·사회 복합체'를 원하는 가 일 것이다. 현재와 같이 인간중심·남성중심·백인중심·물질중심, 그리고 외모와 지능을 높은 가치로 추구하는 사회에서 인간유전학 기술은 우생학으로 귀결될 수밖에 없다.

그리고 그 파괴적 결과는 나치뿐 아니라 유고 내전에서도 보았던 '인종청소'일 것이다. 과연 우리는 현재의 편향된 가치로 평가할 때 '우수한' 인간들을 만들어내길 원하는가.

이 불평등한 사회구조에서 모든 사람이 그러한 기술의 혜택을 받을 수 없음은 물론이고, 그 '우수함'은 차별을 전제로 한 것이기 때문에 결코 바람직한 것이 못된다.

자연과 인간, 인간과 인간, 남성과 여성, 백인과 비백인, 물질과 정신 등이 평등한 가치로 추구되는 세계를 위해 먼저 노력할 때 비로소 인간유전학 기술도 바람직한 역할을 찾을 수 있을 것이다.

김환석 교수(국민대·과학사회학)

깊이 읽기 유전자 구조 알아도 실용화 수십년 걸려

인체지놈사업의 완성으로 인간의 유전정보가 낱낱이 드러나고 유전자를 바꿔치는 기술이 하루가 다르게 발전하고 있다.

DNA칩에 혈액 한 방울만 떨어뜨리면 질병유전자의 유무를 미리 알아낼 수 있고 질병유전자를 유전자 치환기술을 통해 정상유전자로 바꿀 수도 있다.

그러나 현 세대가 맞춤형 인간시대를 본격적으로 목격하기엔 이르다는 지적이 높다. 실용화되기까지 앞으로도 수십 년의 시간이 필요하기 때문이다. 인체지놈 사업의 완성은 단지 구조만 밝혀냈을 뿐 기능은 여전히 오리무중인 상태다. 30억 쌍에 달하는 염기벽돌의 위치가 낱낱이 밝혀지더라도 20억 번째 염기벽돌이 무슨 일을 하는지는 아직 모른다는 의미다. 설령 기능이 모두 밝혀진다 하더라도 원하는 유전자만을 정밀하게 바꿔치는 기술은 쉽지 않다.

유전자 특정부위를 효소로 잘라 내거나 효소나 바이러스를 매개체로 유전자를 옮기는 방법이 동원되고 있으나 실제 사람에게 적용하기엔 조악한 수준이다.

인격과 품성 등 인간의 정신영역은 유전자의 지배에서 자유롭다는 지적도 맞춤형 인간개조의 한계다. 피부색깔과 키는 자유자재로 바꿀 수 있다 하더라도 영혼만은 후천적인 교육과 환경을 통해 주로 형성되기 때문이다. 유전적으로 1백% 동일한 일란성 쌍둥이일지라도 가정환경이 다를 경우 서로 다른 인격체로 양육됨은 이미 입증된 사실이다. 뇌를 만드는 것은 유전자지만 뇌를 움직이는 것은 유전자와 무관한 정신이란 의미이다.

홍혜걸 기자 · 의사

(이상 중앙일보 2000. 5. 22)

셋째 마당 : 논술교육의 실제

제7장 주제정하기

논술의 주제는 한마디로 "삶"이다. '삶에 대하여 나는 어떻게 규정할 것인가. 삶을 살아가는 태도는 어떠해야 하는가. 행복한 삶을 위해 어떤 사고를 가지고 어떻게 행동할 것인가. 사회의 현실 문제를 어떻게 해결해야 할 것인가. 그리고 나는 지금 어떻게 해야 하는가 등이 논술에서 살피고자 하는 핵심 주제이다.

논술은 단순히 글쓰는 기교를 보려고 하는 것이 아니며, 더더욱 표현능력을 평가하려는 것이 아니다. 그리고 '다른 사람이 옳다고 생각하는 것', '이래야 한다고 교육 받은 것'은 관심의 대상이 아니다. 다시 말하면 논술에서 원하는 것은 삶에 대한 주관적이고도 참신한 '혼'이다. 혼이 없는 논술문은 논술문이 아니다.

논술문에 '혼'을 담기 위해서는 삶을 대하는 진지한 태도와 사회 문제에 대한 폭넓은 관심이 필요하다. 삶은 어느 현자도 풀지 못한 수수께끼다. 그러나 학생의 나이에 맞는 거시적인 안목을 갖추어야 하고 사리분별력을 지녀야 한다. '어느 유명한 사람이 그랬다'는 소용이 없다. 자신의 눈으로 세계를 파악하고 가슴으로 삶을 끌어 안아야 한다.

이러한 자세를 갖추기 위해서는 우선 질적으로 우수하고 양적으로 많은 독서를 해야 한다. 현자들의 글을 읽어 삶에 대한 소양을 넓히고 전문가의 글을 읽어 지식을 축적해야 한다. 뿐만 아니라 다양한 글을 섭렵하여 어느 한 군데 막힘없이 두루두루 통찰하는 능력을 길러야 한다.

자기 나름대로 삶에 대한 안목을 세웠으면 꼭 같은 사안에도 여러 가지 다른 의견이 있음을 인정해야 한다. 나와 다른 의견을 인정해야만이 정신

세계를 더욱 넓힐 수 있다. 그 다음 나의 의견과 더불어 다른 의견의 장·단점을 모두 생각할 줄 알아야 한다. '논술문의 구성'에서 말했듯이 '대립항'을 갖기 위해서는 나의 생각과 의견에 빠져서는 안 된다.

이러한 절차들을 거쳐야만 논술을 통해 자기 개발의 기쁨과 공동체적인 삶에 대한 안목이 선다. 깊이 있는 사고도 할 줄 알게 되고, 주체적으로 비판할 수 있으며, 논리있는 서술 능력도 갖추게 된다.

논술교육을 위해서는 항상 "나는 어떤 존재인가?", "나는 어떻게 살아야 하는가?", "왜 그렇게 살아야 하는가?" 스스로 질문하고 대답하게 하여야 한다. 이러한 특성 때문에 논술은 다분히 철학적이라는 말이 생긴 것이다. 그러나 철학이지만 학문적 철학이 아니라 일상적인 철학이다.

논술의 주제는 "삶"이다. 이를 좀 더 구체화하기 위하여 삶에 대한 문제들을 분류하여 보자.

(가) 인간문제
　① 인간은 만물의 영장인가?
　② 인간과 동물(자연)은 공존할 수 없는 것인가?
　③ 인간의 본성은 선한가, 아니면 악한가?
　④ 과연 모든 인간은 평등한가?
　⑤ 생명체는 어떤 과정으로 탄생하였는가?
　⑥ 인간은 이성적인 동물인가 감정적인 동물인가?

(나) 다른 사람과의 관계
　① 순수한 이타심(利他心)은 가능한가?
　② 익명일 때, 다른 사람과의 관계는 달라질 수 있는가?
　③ 인간관계에서 과연 사랑은 만능인가?
　④ 개인주의와 공동체주의의 장·단점은 무엇인가?
　⑤ 용서(容恕)는 나의 삶에 어떠한 영향을 미치는가?
　⑥ 좋은 거짓말도 있는가?

(다) 사회문제(사회, 정치, 법)
　① 가족의 사회적 기능은 무엇인가?
　② '현대인의 소외 의식'의 원인과 극복 방법은?
　③ 공업사회와 탈공업사회의 차이점과 바람직한 사회 구조는?
　④ 악법은 지킬 필요가 있는가 없는가?
　⑤ 국민을 위한 정치는 불가능한 것인가?
　⑥ 함정단속, 교통위반자 고발제도는 존속해야 하는가?
　⑦ 남·여 평등은 가능한가?
　⑧ 고령화사회를 대비하는 태도는?
　⑨ 진정한 의미의 '국제화', '세계화'란 무엇인가?

⑩ 컴퓨터 상의 언어 사용을 바라보는 관점은?

⑪ 인터넷 상의 '자살사이트', '폭탄제조사이트', '성인전용사이트' 등에 대한 견해는?

⑫ 각종 복권제도는 경제활동인가, 아니면 사행심을 조장하는 제도인가?

(라) 문화·예술·성

① 영화 사전 검열(등급제)은 타당한가?

② 성문화는 건전한가?. 건전의 기준은 무엇인가?

③ 우리 문화를 대표하는 문화는 무엇인가?

④ 3S는 필요악인가?

⑤ 공창제도는 필요악인가?

⑥ 개고기를 먹는 것은 독특한 문화인가, 아니면 야만적인 습성인가?

⑦ 외국 문화 개방은 필요한가?

⑧ 어떤 음악들은 국민의 정서를 해치는가?

⑨ 동성애의 법적 허용의 필요성은?

⑩ 예술과 오락은 구분이 가능한가?

⑪ 혼전 성관계는 문제되지 않는가?

(마) 과학·자연

① 오염된 자연을 원래의 모습으로 복원하는 데 과학은 유용한가?

② 과학의 발달은 인류의 번영을 의미하는가?

③ 인간복제는 어디까지 허용되어야 하는가?

④ 인간의 능력을 뛰어넘는 로봇의 개발은 가능한가?

⑤ 우주개발은 미래 사회를 위해 꼭 필요한가?

⑥ 컴퓨터는 만능인가?

(바) 역사

① 역사의 기록은 승리한 자의 전유물인가?

② 역사적으로 추앙받는 인물은 과연 추앙받을만 한가?

③ 역사적으로 일어난 일은 필연적인가?

④ 결과와 과정 중 무엇이 더 중요한가?

⑤ 새로운 역사 창조를 위해 무엇을 해야 하는가?

(사) 국가·민족

① 국가가 국민을 위해 존재하는가, 아니면 국민이 국가를 위해 존재하는가?

② 선진국이 되지 못하는 것은 국민성과 관련이 있는가?

③ 지역 감정은 해결할 수 없는 문제인가?

④ 통일을 해야하는 필연적인 이유는 무엇인가?

⑤ 우리는 통일 후를 위해 무엇을 준비해야 하는가?

⑥ 앞으로 극심해질 국토 분쟁에 대한 대비책은 무엇인가?

⑦ 국가 간의 전쟁 위험은 사라졌는가?

⑧ 단군, 장승 등은 민족의 역사와 문화인가, 아니면 이교도의 산물인가?

(아) 교 육
① 교육의 중심은 가정인가, 학교인가?
② 교육이민의 허와 실은 무엇인가?
③ 대학 입시는 대학에 맡길 수 없는 것인가?
④ 영어를 공용어로 삼아야 하는가?
⑤ 교육은 개인을 위한 것인가 사회를 위한 것인가?
⑥ 윤리 교육의 주체는 누구이어야 하는가?
⑦ 인성 교육이 필요한 이유는 무엇인가?
⑧ 조기 교육·영재 교육의 허와 실은?

(자) 기 타
① 사주팔자는 있는가?
② 우리 나라에 종교 분쟁의 위험은 없는가?
③ 종교의 사회적 기능은 무엇인가?
④ 정의는 반드시 이기는가?
⑤ 노력하면 모든 것을 이룰 수 있는가?
⑥ 개인의 습관은 고칠 수 있는가?
⑦ 외국인 운동 선수는 몇 명까지 허용해야 하는가?
⑧ 테러는 강한자에 대한 약한자의 처절한 절규인가?
⑨ 여성다움, 남성다움의 기준은 무엇인가?

이러한 질문들은 구체적인 논술교육을 위한 효과적인 주제이다. 이러한 주제들을 통해 삶의 문제를 더욱 깊고 넓게 파악함으로써 보다 나은 삶을 계획할 수 있을 것이다.

중앙일보가 특집기사에서 제시한 "우리 사회가 풀어야 할 42개 과제" (2001. 9. 22)도 참고할 만하다. 중앙일보는 창간 38주년 기념 특집으로 '문제를 알아야 답이 보인다'는 의도로 전문가 100명에게 설문조사를 하였다.

논술교육이 사회 구성원이 겪고 있거나 앞으로 닥칠 여러 문제에 대한 해결 열쇠를 제공하는 것을 실용적인 목적으로 삼고 있음을 상기할 때, 다음의 항목들은 생각할 가치가 많다. 다음 항목들에 대해 나름대로 생각하고 해결 방안을 강구해봄으로써 논술에 도움을 받을 수 있을 것이다. 때로는 사회문제로, 때로는 원인으로, 때로는 해결방안으로 활용한다면 논리적이고 깊이 있는 논술문을 쓸 수 있을 것이다.

〔정치〕
  1. 언제까지 '제왕적 대통령'인가?
  2. 정치개혁, 정치권만으로 안된다.
  3. 한국사회의 암(癌), 부패사슬.
  4. 지역감정의 골, 넘을 수 있나?
  5. 검찰, '정치시녀' 벗어나라!
  6. 작은 정부 못 만드나?
  7. 행정서비스 아직 멀었다.
  8. 시민운동, 제 자리는 어디인가?
  9. 언제까지 낙하산·정실 인사인가?
  10. 인권보호의 사각, 도감청.

〔외교·통일〕
  11. 한국외교 다각화해야.
  12. 南南갈등 열린 마음으로 풀자.
  13. 모두 동의하는 통일방안은?
  14. 남북 평화정착 제도화해야.
  15. 해외동포 네트워크 시급하다.

〔경제〕
  16. 우리 산업에 비전이 없다.
  17. 빈약한 인프라.
  18. 규제개혁 왜 못하나.
  19. 여전히 '부실공화국'.
  20. 멀고 먼 경제 정의.
  21. 농업 해체 안 된다.

〔노사·복지〕
  22. 21세기형 노사관계는?
  23. 사회안전망, 더 촘촘하고 튼튼하게.
  24. 고령화 사회 대책이 없다.
  25. 밑빠진 독 4대 보험.
  26. 장애인과 함께하는 사회.

〔교육·환경 〕
  27. 무너지는 교실, 설계부터 다시 하자.
  28. 대학은 대학의 손에.
  29. '국가 두뇌'를 키우자.
  30. 기초학문 없이 첨단기술도 없다.
  31. 사법개혁 더는 늦출 수 없다.
  32. 어지러운 국토 난개발.

33. 늦기 전에 오염된 국토 되돌리자.
34. '물 전쟁' 대비해야.

〔지 방〕
35. 지방자치 수술할 때다.
36. 균형발전 지방 살린다.

〔문 화〕
37. 한국문화에 경쟁력있나?
38. 언론, 제 역할하는가?
39. 관광산업, 이대로 좋은가?

〔여성·기타〕
40. 여성의 사회 진출 더 확대해야.
41. 생명윤리, 이상과 현실.
42. 한국사회, 외국인과의 공존.

7. 2 출제 의도 파악하기

논술교육에서 '주제정하기'는 곧 '출제의도 파악하기'이다. 논술고사는 대부분 '제시형'이고 제하는 자료는 도표나 그림보다는 글이 많다. 따라서 제시한 글을 읽고 출제자의 의도를 파악하는 일은 매우 중요하다. 종종 출제 의도를 잘못 파악하여 엉뚱한 내용의 논술문을 쓰는 경우가 있는 데 이를 보아도 출제 의도를 파악하는 일이 얼마나 중요한지 가늠할 수 있다.

최근의 논술고사의 경향은 시사적인 것에서 에세이적인 것으로 바뀌고 있고, 제시문이 길어지고 있다. 에세이적인 것으로 바뀐다는 것은 삶의 근본 문제를 통찰하는 안목을 중시하고 있다는 것을 의미한다. 그리고 제시문이 길어진다는 것은 출제 의도가 강하다는 것을 말하는 것이다.

출제 의도가 강해지기 때문에 의도를 파악하는 일은 더욱 중요해졌다. 출제 의도 안에 들어와 있지 않은 논술문은 절대적으로 낮은 점수를 받을 수밖에 없다. 따라서 출제 의도를 파악하는 훈련이 필요하다. 출제 의도를 파악하는 힘은 직관력이다. 즉 제시문을 읽고 난 후 직감적으로 떠오르는 생각이 바로 논술문의 주제가 된다.

직관력을 기르기 위해서는 다양하고 전문적인 독서가 필요하다. 그리고 앞 장에서 다룬 삶의 여러 문제들을 항상 질문하고 답하는 생활화가 필요하다. 한 가지 덧붙일 수 있는 요령은 제시문을 추상적으로 읽지 말고 제시문의 내용을 삶의 문제, 일상적인 문제와 겹쳐 읽어야 한다는 것이다.

출제 의도를 파악하는 기본적인 능력은 이미 '요약하기'에서 대강의 요령을 설명하였다. 따라서 이 장에서는 기출 문제를 통해 출제 의도를 파악하고, 모범 예문을 통해 어떻게 펼쳐나갔는지를 살펴 보기로 한다.

【문제 1】 글(가)속의 토끼가 인간이라고 하는 가정하에, 글(가)와 (나)에 나타난 삶의 태도를 비교 분석하고 자신의 견해를 논술하시오.(분량은1000-1,200자)〔건국대, 2000학년도〕

(가) 한 옛날 깊고 깊은 산 속에 굴이 하나 있었습니다. 토끼 한 마리 살고 있는 그곳은 일곱 가지 색으로 꾸며진 꽃 같은 집이었습니다. 토끼는 그 벽이 흰 대리석이라는 것을 모르고 살았습니다. 나갈 구멍이라고 없이 얼마나 깊은지도 모르게 땅 속 깊이에 쿡 박혀든 그 속으로 바위들이 어떻게 그리 묘하게 엇갈렸는지 용히 한 줄로 틈이 뚫여져 거기로 흘러든 가느다란 햇살이 마치 프리즘을 통과한 것처럼 방안에다 찬란한 스펙트럼의 여울을 쳐놓았던 것입니다.(중략) 그러던 그가 그 일곱 가지 고운 빛이 실은 천장 가까이에 있는 창문 같은 데로 흘러든 것이라는 것을 겨우 깨닫기는 자기도 모르게 어딘지 몸이 간지러워지는 것 같으면서 그저 까닭 모르게 무엇이 그립고 아쉬워만 지는 시절에 들어서였습니다.(중략) 그는 생각하였습니다. '이렇게 고운 빛을 흘러가게 하는 저 바깥 세계는 얼마나 아름다운 곳일까...' 이를테면 그것은 하나의 개안(開眼)이라고 할까. 혁명이 었습니다. (중략)
생일날 그의 머리에 떠오른 생각은 그렇게 무서운 것이었습니다. 그는 그 창으로 나갈수 없을까 하는 생각을 해보았던 것입니다.(중략) 그는 창으로 기어 나가기 시작하였습니다.(중략) 드디어 마지막 관문에 다다랐습니다.(중략) 전율하는 생명의 고동에 온몸을 맡기면서 그는 가다듬었던 목을 바위틈 사이로 쑥 내밀며 최초의 일별(一瞥)을 바깥세계로 던졌습니다. 그 순간이었습니다. 쿡! 십 년을 두고 벼르고 기다리고 있었다는 것처럼 홍두깨가 눈알을 찌르는 것 같은 충격이었습니다. 그만 그 자리에 쓰러졌습니다. 얼마 후, 정신을 돌린 그 토끼의 눈망울에는 이미 아무 것도 비쳐 드는 것이 없었습니다. 소경이 되어 버린 것입니다. 일곱 가지 색으로 살아온 그의 눈은 자연의 태양 광선을 감당해 낼 수가 없었던 것입니다. 그 토끼는 죽을 때까지 그 자리를 떠나지 않았습니다. 고향에 돌아가는 길이 되는 그 문을 그러다가 영영 잃어버릴 것만 같아서였습니다. 고향에 돌아갈까 하는 생각을 거죽에 나타내 본 적이 한 번도 없으면서 말입니다.

(장용학, 「요한 시집」 중에서)

(나) 오클랜드 섬과 샌프란시스코를 잇는 금문교에는 17개의 통행료 징수대가 있다. 나는 지금까지 수천 번도 넘게 그 징수대들을 통과했지만 어떤 직원과도 기억에 남을 만한 가치있는 만남을 가진 적이 없다. 그냥 날마다 기계적으로 돈을 내고 받고 지나갔을 뿐이다. 1984년 어느 날 아침, 나는 샌프란시스코에서의 점심 약속 때문에 다리를 건너기 위해 통행료 징수대들 중 하나로 차를 몰고 다가갔다. 그때 내 귀에 큰 음악 소리가 들렸다. 마치 파티석상에서 울려 퍼지는 댄스뮤직이거나 마이클 잭슨이 콘서트라도 열고 있는 것 같은 요란한 음악이었다.(중략)
나는 통행료 징수대를 쳐다보았다. 그런데 그 안에서 한 남자가 춤을 추고 있었다. 내가 물었다. "지금 뭘 하고 있는 거요?" 그가 말했다. "난 지금 파티를 열고 있소" (중략) 몇 달 뒤 나는 그 친구를 다시 발견했다. 그는 통행료 징수대 안에서 음악을 크게 틀어 놓고, 아직도 혼자서 파티 중이었다. 내가 다시 물었다. "지금 뭘 하고 있는 거요?" 그가 말했다. "당신 지난번에도 똑같은 걸 물었던 사람 아니오? 기억이 나는구먼. 난 아직도 춤을 추고 있소. 똑같은 파티를 계속 열고 있는 중이라니까." (중략) 당신과 내가 사흘도 지겨워서 못 견딘 그런 좁은 공간 안에서 이 사람은 파티를 열고 있는 것이다. 나중에 그 사람과 나는 점심을 같이 먹었다. 그가 말했다. "다른 사람들이 내 직업을 따분하게 평가하는 걸 난 이해할 수 없소. 난 혼자만 쓸 수 있는 사무실을 갖고 있는 셈이고, 또한 사방이 유리로 되어 있소. 그곳에선 금문교와 샌프란시스코, 그리고 버클리의 아름다운 산들을 다 구경할 수 있소. 미국 서부의 휴가객 절반이 그곳을 구경하러 해마다 몰려오지 않소. 그러니 난 얼마나 행운이오. 날마다 어슬렁거리며 걸어와서는 월급까지 받으며 춤 연습을 하면 되거든요."

(캔필드·한센, 『마음을 열어주는 101가지 이야기』 중에서)

〈유의 사항〉

1. 제목은 쓰지 말고 본문부터 시작하도록 한다.
2. 답안 작성은 어문규정과 원고지 사용규칙을 따르되, 분량은 1,100-1,200로 한다.
3. 필기구는 반드시 흑색 또는 청색 펜만을 사용하여야 한다. (연필을 사용하여 작성한 답안, 흑·청색 이외의 색 필기구로 작성한 답안은 모두 0점으로 처리한다. 수정 시에 적색펜이나 수정액 등을 사용한 경우에도 0점으로 처리한다.)
4. 문제와 관계없는 불필요한 내용이나 자신의 성명 또는 자기 신분이 노출될 내용이 있는 답안, 낙서 또는 표지(標識)가 있는 답안은 모두 0점으로 처리한다.

(1) 출제 의도 파악하기

제시문(가)와 (나)는 주어진 삶의 조건에 어떻게 대응하면서 삶을 살 것인가 하는, 삶의 태도를 다른 각도에서 제기하고 있다. 글(가)는 주어진 조건에 안주하기를 거부하고 위험을 무릅쓰고 새로운 삶을 찾는 삶의 태도를 보여주어 '이상추구형'을 보여 주고 있다. 반면에 글(나)는 주위 환경을 탓하지 않고 주어진 삶 속에서 자기 나름대로 행복을 만들어내는 태도를 보여줌으로써 '현실적응형'을 보여주고 있다.

글(가)와 (나)는 서로 다른 모습을 보여 주고 있지만 주체적인 삶을 산다는 점에서는 공통점이 있다. 따라서 어느 것을 비판하는 것은 옳지 않다. 두 삶의 모습을 평등하게 놓고 각각의 삶이 어떠한 의미를 주고 있는가를 먼저 살펴야 한다. 그런 다음 두 삶의 태도 모두에서 비판적인 요소를 찾아내야 한다. 가령, 글(가)에 등장하는 토끼는 아무런 정보가 계획 없이 막연히 새로운 세계로 뛰어들었다든지, 주변 환경을 개선하려는 의지가 약했다는 비판이 가능할 것이다. 글(나)에서는 서는 과연 환경의 변화없이 새로운 삶을 사는 것은 가능한가라든지, 진정 행복한가? 또는 징수원의 삶은 자기 최면이 아닌지에 대해서 비판할 수 있다.

그 다음 두 삶의 태도를 종합하여 자신은 삶에 대해 어떠한 태도를 가질 것이며, 자신이 선택한 삶이 왜 진정으로 행복할 수 있는가를 논거를 통해 논리적으로 기술하면 될 것이다. 이 때, 두 삶의 태도를 적당히 섞어서는 안 될 것이다. 이 때가 바로 창의력을 발휘해야 하는 시점이라는 것을 명심해야 한다.

해당 대학에서 발표한 문제의 출제 의도는, 첫째 구체적인 상황으로부터 문제를 정확히 파악해 내는 분석능력을 검증하고자 하였다. 둘째 다양한 가치가 엇갈리는 상황에서 그 허실(虛實)을 주체적·논리적으로 가늠하는 판단능력을 보고자 하였다. 셋째, 자신의 판단을 설득력 있게 논증해 내는 능력을 살피고자 하였다. 넷째, 논지를 효과적으로 표현하는 능력 또한 평가의 대상이 된다로 정리할 수 있다.

(2) 모범 답안

글(가) 이 세상을 살아가는 사람들 가운데 자신의 삶의 조건에서 결핍과 부조리를 느끼지 않는 사람은 거의 없을 것이다. 사람들은 서로 다른 방식으로 그 상황에 대처한다. 불만을 느끼면서도 그냥 주어진 대로 살아가는 사람이 있는가 하면, 조건 속에서 자기 방식대로 삶의 가치를 찾아내는 사람도 있고, 주어진 상황에서 벗어나 새로운 길을 찾는 사람도 있다.

제시문(가)의 토끼는 자신의 삶이 갇힌 것임을 깨닫고는 그 동안 익숙해있던 삶을 과감히 박차고 새로운 세계로의 도전을 시도한다. 위험과 고통을 무릅쓰고 더 나은 삶의 가능성을 찾아 나선다. 적극적으로 이상을 추구하는 도전적인 삶의 태도다. 한편 제시문(나)의 징수원은 자신에게 주어진 열악한 조건을 오히려 복된 것으로 여기면서 삶의 의미를 찾아나가는 모습을 보여주고 있다. 적극적이고 독창적인 현실 적응의 삶이다. 두 가지 모두 주어진 상황에 순응하거나 불평하면서 살아가는 것과 구별되는 주체적인 삶의 태도라 할 수 있다.

이 중 어느 하나를 택하는 것은 쉬운 일이 아니지만, (가)에 제시된 도전적인 삶의 태도가 더욱 가치 있는 것으로 여겨진다. 주어진 틀 속에 머무는 삶을 통해서는 진정한 발전을 기대하기 어렵다. 틀을 깨고 새로운 가능성을 열어나가는, 토끼가 표상하는 삶의 태도를 통하여 개인과 사회의 변화와 발전이 이루어질 수 있다. 그에 비하면 (나)의 징수원의 삶은, 일견 행복하고 의미 있는 것으로 보이지만, 본질적으로 자기최면 식의 현실 안주에 해당하는 것이라고 할 수 있다. 그를 통하여 객관적 현실 자체가 바뀔 수는 없다.

　오히려 그것은 현실의 결핍과 부조리를 은연중에 용인하는 결과를 가져올 수 있다.

　한 가지 (가)의 토끼에게 아쉬운 것은 그가 신세계를 향한 발걸음을 내딛고서도 적극적으로 새 삶을 열지 못했다는 점이다. 비록 눈이 멀었다고 하더라도 새로운 세계를 온몸과 마음으로 느끼면서 자유와 행복의 삶을 살 수 있었지 않았겠는가 하는 것이다. 그러면 아픈 좌절이 오히려 빛나는 성공이 될 수도 있었을 것이다.

　틀을 깨는 새로운 도전이란 좌절과 아픔을 가져오곤 한다. 그렇지만 그로 인하여 도전하는 삶의 가치가 부정될 수는 없다. 좌절을 무릅쓰는, 좌절을 성공의 거름으로 삼는 도전적 태도를 통해 한 개인의, 나아가 사회의 삶이 혁신될 수 있다. 도전하는 행위는 그 자체로 아름답다.

　(나) 사람들은 각자에게 주어진 삶의 조건 속에서 무엇이 의미 있는 삶의 길인가를 두고 고민하곤 한다. 주어진 상황에 만족하는 사람도 있지만, 대개는 이런저런 결핍과 부조리를 느끼면서 거기서 벗어나려고 애쓰곤 한다. 제시문 (가)와 (나)는 서로 다른 삶의 태도를 보여주고 있다. (가)에서는 도전적인 이상 추구의 삶이 그려져 있다. 자신이 처한 갇힌 상황에 안주하기를 거부하고 결연히 새로운 세상을 찾아 나서는 토끼의 모습에서 우리는 진취적 도전정신을 보게 된다. 한편 (나)에는 독창적·적극적인 현실 적응의 삶이 그려져 있다. 열악한 삶의 조건에도 불구하고 통념을 깨는 자기만의 방법으로써 의미와 행복을 발견하는 삶이다. 두 가지 모두 안주적인 삶이나 불평의 삶과 구별되는 주체적인 삶의 태도라 할 수 있다.

　이 둘 중에서 더욱 가치 있는 것은 (나)에 그려진 징수원의 삶의 태도라고 판단된다. (가)의 토끼는 새로운 세계를 찾아감으로써 자신에게 주어진 결핍을 벗어나려는 몸짓을 보이지만, 결핍과 모순은 어디에나 있는 법이다. 계속 새로운 것, 남의 것을 좇다가 보면 언제 어느 곳에서 진정한 삶의 의미를 발견할 수 있겠는가. 새로운 세계에서 맞이한 토끼의 좌절은 이러한 진리를 상징적으로 보여준다. 모순의 진정한 극복이란 그것으로부터의 탈피가 아니라 그것과 맞서 이기는 것이어야 한다. (나)의 징수원이 보이는 삶의 태도가 바로 그러한 것이다. 그는 고귀한 인간정신의 힘으로써 악조건을 오히려 삶의 가치를 실현하는 기회로 바꿔놓고 있다. 그것은 어떤 의미에서 (가)에 나타난 것보다 더욱 적극적·분투적인 태도라고 할 수 있다. 그러한 태도는 나날의 삶을 행복하게 해줄 뿐 아니라, 새로운 삶의 가능성을 열어주기도 한다. 예컨대 그는 징수대에서 익힌 춤 솜씨를 활용하여 새로운 삶을 시작할 수 있을 것이다.

아니, 삭막한 도시의 삶에 지친 이들에게 즐거움과 희망을 주는 그 자체로서 그의 새로운 삶은 이미 시작되었다고 할 수 있다. 자신의 처지에 대해서 불평하는 사람들이 가득한 세상이다. 그들은 처지가 바뀌면 행복이 올 것처럼 말하곤 한다. 그렇지만 그것은 착각일 뿐이다. 참다운 행복이란 악조건을 최선의 조건으로 바꾸는 정신력으로부터 나온다. 그것이야말로 개인의 삶을, 나아가 한 사회의 삶을 풍요하게 만드는 원동력이다.

【문제 2】 인간은 때때로 극복하기 어려운 역경과 고통에 처한다. 그런데 이러한 상황을 이해하고 거기에 대처하는 방식은 사람에 따라 다를 수 있다. 카뮈의 소설 '페스트'에는 페스트로 인한 재난의 상황(제시문 A)에서 고통받는 오랑 시(市) 주민들의 사고와 행동이 나타난다. 제시문 (가), (나), (다)의 세 인물(기자 랑베르, 신부 파늘루, 의사 리유)이 각각 역경에 대처하는 방식을 정리하고, 그들의 사고 방식과 행동 양식을 자신의 인생관과 관련지어 비판적으로 논술하라.

(A) 며칠이 지나자 사태는 점점 더 심각해졌다. 죽은 쥐들의 수는 날로 늘어만 갔다. 나흘째 되는 날부터 쥐들은 떼를 지어 거리에 나와 죽었다. 집안의 구석진 곳으로부터, 지하실로부터, 지하 창고로부터, 수챗구멍으로부터 쥐들은 떼를 지어 비틀거리면서 기어 나와서는 햇빛을 보면 어지러운지 휘청거리고, 제자리에서 맴돌다가 사람들 곁에 와서 죽어버리는 것이었다. 밤이면 복도나 골목길에서 그놈들이 찍찍거리는 마지막 작은 소리가 들려오곤 했다. …(중략)…마치 건강한 사람의 짙은 피가 돌연 역류하기 시작하는 것처럼, 여지껏 그렇게도 고요하기만 했다가 불과 며칠 사이에 발칵 뒤집혀버린 이 자그마한 도시의 아연실색함이 어느 정도일 것인가를 상상만이라도 해보라!" …(중략)…갑자기 병이 급속도로 퍼져 나가기 시작했다. 사망자의 수가 다시 30명으로 늘어난 날, 리유는 전보 공문을 받았다. 전보에는 "페스트 사태를 선포하고 도시를 폐쇄하라."고 적혀 있었다.
그때부터 페스트는 우리들 전체의 문제가 되었다. 그때까지는 그 이상한 사건들로 인한 충격과 불안에도 불구하고, 오랑 시민들은 각자가 평소와 마찬가지로 맡은 자리에서 그럭저럭 일을 계속하고 있었다. 그리고 아마 그 상태는 그대로 이어질 것이었다. 그러나 오랑 시의 문들이 폐쇄되자 그들은 한 독 안에 든 쥐가 되었으며 거기에 그냥 적응하지 않을 수 없게 되었다.
그래서 가령 사랑하는 사람과의 이별 같은 개인적인 감정도, 처음 몇 주일부터 당장 모든 사람들 전체의 감정이 되었고, 공포심이 가세하면서 저 오랜 귀양살이 시절의 주된 고통거리가 되었다.

(가) "그러나 어쨌든," 랑베르는 말했다.
"나는 이 도시와 아무 상관이 없습니다." "아마 그렇겠죠. 그러나 어쨌든 전염병이 오래 가지 않기를 피차에 바랄 뿐입니다." 결국 그는 랑베르를 위로하면서, 오랑에서 흥미 있는 기사거리를 얻게 될지도 모르는 일이고, 무슨 일이건 간에 잘 살펴보면 반드시 좋은 면이 있는 법이라고 말해 주었다.

랑베르는 어깨를 으쓱 치켜올렸다. …(중략)… "선생은 이해하지 못해요. 선생님 말씀은 이성에서 나오는 것이지요. 선생님은 추상적이십니다." …(중략)…

"아! 알겠어요." 랑베르가 말했다. "공적인 일이라는 말씀이시죠. 그러나 공공 복지도 개개인의 행복으로 성립되는 것입니다."

(나) "오늘 페스트가 우리에게 닥쳐온 것은 반성할 때가 왔기 때문입니다. 올바른 사람들은 그것을 두려워할 필요가 조금도 없습니다. 그러나 사악한 사람들이 벌벌 떠는 것은 당연한 일입니다. 우주라는 거대한 곳간 속에서 가차없는 재앙은 짚과 낟알을 가리기 위해서 밀을 타작할 것입니다. 낟알보다는 짚이 더 많을 것이며, 선민들보다는 버림받는 사람들이 더 많을 것입니다. 그런데 이 불행은 하느님이 원하신 것은 아닙니다. 너무나 오랫동안 이 세상은 악과 타협해 왔습니다." …(중략)… "그렇습니다. 반성할 때가 온 것입니다. 여러분은 주일에 하느님을 찾아뵙기만 하면 나머지 시간은 자유라고 생각했던 것입니다. 서너 번 무릎을 꿇는 것으로 여러분의 그 죄스러운 무관심에 대한 대가를 하느님께 갚은 것이라고 생각했던 것입니다."

(다) "선생님은 신을 믿으시나요?" 질문은 역시 자연스럽게 나왔다.

그러나 이번에는 리유가 망설였다.

"믿지 않습니다. 그러나 그것은 무엇을 의미하는 것일까요? 나는 어둠 속에 있고, 거기서 뚜렷이 보려고 애쓴다는 뜻입니다. 그러는 것이 유별나다고 생각하지 않게 된 지가 벌써 오래됩니다." "좋아요." 파늘루가 말했다.

"선생님 자신은 신도 믿지 않으시면서 왜 그렇게까지 헌신적이십니까?" "선생님의 답변이 제가 대답하는 데 도움이 될 것입니다."

그늘에서 얼굴을 내밀지도 않은 채 의사는, 그 대답은 이미 했으며, 만약 어떤 전능한 신을 믿는다면 자기는 사람들의 병을 고치는 것을 그만두고 그런 수고는 신에게 맡겨 버리겠다고 말했다.

그러나 이 세상 어느 누구도, 심지어는 신을 믿는다고 생각하고 있는 파늘루까지도 그런 식으로 신을 믿는 이는 없는데, 그 이유는 전적으로 자기를 포기하고 마는 사람은 없기 때문이며, 적어도 그 점에 있어서는 리유 자신도 이미 창조되어 있는 그대로의 세계를 거부하고 있다. 투쟁함으로써 진리의 길을 걸어가고 있다고 생각한다고 말했다.

"당신 같은 사람이면 이해할 수 있는 일이라고 생각하는데, 어떠세요? 그러나 세계의 질서는 죽음에 의해 좌우되는 것이니만큼, 아마 신으로서도 사람들이 자기를 믿어 주지 않는 편이 더 낫고, 신이 그렇게 침묵하고 있는 하늘만을 쳐다볼 것이 아니라 있는 힘을 다해서 죽음과 싸워 주기를 더 바랄지도 모릅니다.

(1) 출제 의도 파악하기

제시문은 카뮈의 소설 『페스트』이다. 제시문은 '페스트'라는 재난에 처한 다양한 인간들의 사고방식과 행동양식을 보여주고 있다. 특히 기자 랑베르, 신부 파늘루, 의사 리유를 중심으로 직업의식에 근간을 둔 그들의 사고방식과 행동양식을 보여준다. 기자 랑베르는 페스트라는 전염병이 만연한 사실을 흥미 있는 기사거리로 생각하고, 신부 파늘루는 하느님과의 관계를 반성할 기회로, 의사 리유는 있는 힘을 다해 싸워야 할 것으로 받아 들인다.

결국 출제 의도는 위기 상황을 전제하고 그 위기 상황에 어떻게 대처하는 것이 바람직한 것인가를 묻는 것이다. 이를 통해 학생들의 인생관과 가치관을 들여다보겠다는 것이다. 따라서 세 인물의 사고방식과 행동양식의 차이점을 분석하고 그 차이는 무엇에 기인하는 것인가를 천착하여야 한다. 그 다음 어느 인물의 사고 방식과 행동양식이 지금 나에게 가장 바람직한 것인가를 설득력 있게 논술할 필요가 있다. 그 다음 세 인물의 사고방식과 행동양식은 어떤 점에서 무리가 있는지, 그리고 하나로 통합될 수는 없는지 모색하여야 한다. 마지막으로 창의력을 발휘하여 위기 상황을 헤쳐나가는 새로운 관점과 행동양식을 마련하면 될 것이다.

이 문제 역시 '삶'의 문제이다. 인간은 위기 상황에서 그 본성을 드러낸다. 따라서 논술을 통해 자신의 사고방식과 행동양식을 점검하고 내가 왜 그런 결론을 내렸는가를 곰곰이 생각하면서 더욱 뚜렷한 자아를 세우는 기회가 될 것이다.

(2) 모범 답안

새 천년을 맞아 희망적인 미래 기획이 많이 제시되고 있다. 하지만 긍정적인 전망의 이면에서 제기되는 부정적인 예측도 없지 않다. 환경오염이나 핵무기의 위협 등 위기 증폭 요인들이 늘어난다는 것이다. 희망찬 미래가 돌연 존재 파멸의 상황으로 돌변할 수도 있다는 점이 주목된다.

그런 면에서 제시된 "페스트" 사태는 비록 20세기 중반에 제기된 것이지만 21세기에도 여전히, 아니 오히려 더 심각한 문제의식을 제공한다.

제시문 (A)는 페스트 재난으로 인한 고통스러운 상황을 보여준다. 이어진 세 제시문에는 이에 대처하는 세 인물의 사고와 행동 양태가 나타난다. (가)에서 취재차 잠시 들렀던 기자 랑베르는 개인의 가치와 행복을 중시하는 인물로, 이 고통스러운 현실에 대처하기보다 빨리 탈출하기를 바란다. 이방인인 랑베르와 달리 오랑시의 주민인 신부 파늘루(나)나 의사 리유(다)는 고통스러운 현실 안에서 각각 상황을 인식하고 대처한다.

그 과정에서 두 인물의 의식과 태도는 대조된다. 파늘루신부는 구체적인 고통의 현상보다 그 근본적 원인이나 의미에 관심을 기울인다. 그가 보기에 페스트 사태는 인간에게 내린 처벌의 수단이자 "생명의 원천"인 하느님께 돌아가기 위한 장치다. 따라서 그는 하느님의 "말씀"을 준엄하게 전하며 회개와 반성을 촉구한다. 초월주의자의 모습이다.

이에 반해 의사 리유는 구체적 현실주의자의 면모를 보인다. 그는 일련의 죽음의 현상에서 신의 질서가 부조리함을 체험한 인물이다. 신을 믿지 않는 리유는 죽음의 현실에 반항하는 방식으로 치료를 선택하고 실천한다. 그에게 중요한 것은 이상적이고 초월적인 가치나 의미가 아니라 구체적인 현실에서 고통받지 않고 살아갈 권리다.

위의 세 인물은 각기 다른 입장과 의식으로 고통스러운 위기상황에 반응한 것으로 보인다. 따라서 어느 한 입장에서 다른 입장들을 비판하는 것은 쉽지 않다. 신부나 의사는 각각 그 역할이 다르다. 또 취재를 위해 잠시 들른 외지인 기자와 내부인의 입장이 같을 수 없다. 여기서 좀더 전면적인 시선으로 종합적 인식의 지평을 열 수 있을지 모른다. 어찌 보면 세 인물의 특성은 한 존재 안의 서로 다른 자아의 측면들일 수 있다. 랑베르처럼 본성에 입각해 나의 욕구를 우선적으로 발산하고 싶은 자아도 있고, 리유처럼 남의 고통을 치유하기 위한 현실적 자아가 있는가 하면, 파늘루처럼 이상적 가치에 헌신하기 위한 자아도 있다.

이런 다양한 가치들은 각자의 상황이나 처지에 따라 상충될 수도, 조화를 이룰 수도 있다. 아주 어렵고 드문 경우이긴 하겠지만 그것들이 조화를 이룰 수 있을 때 우리는 "전인적 인격"에 가까이 갈 수 있다. 다른 의식과 태도들의 상호작용을 통한 진정한 종합의 지평이 바람직하다.

이때 타자들과의 상호작용은 물론 내부 자아들간의 상호작용이 중요해진다. 나와 남, 주체와 대상, 개인과 집단, 인성과 신성간의 진정한 대화적 인식을 통해 개인적으로 전인적 인격을 도모할 수 있음은 물론 남이나 사회에 헌신할 수도 있다. 이를 위해 우리는 항상 "깊고 넓게" 사고하고 행동할 수 있어야 한다.

그것이 나의 인생관이다. 깊고 넓게 사고할 때 전면적 현실인식이 가능해지고 고통과 역경에 대처하는 진정한 행동방식을 알게 된다. 새 천년의 희망찬 구상의 이면에서 우리를 우울하게 하는 부정적 징후들로부터 실제로 고통받지 않기 위해서라도 우리는 전면적 성찰과 실천을 위한 고통의 인식 여정에 지혜롭게 동참할 필요가 있다.

【문제 3】 아래 제시문은 세상을 바라보는 서로 다른 관점을 보여 주고 있다. 이 두 가지 관점 가운데 하나를 선택하여 현대 사회의 삶과 연관시켜 어느 것이 타당한지를 논술하라.

〈유의 사항〉
1. 분량은 원고지 1,600자 안팎(띄어쓰기 포함)으로 할 것.
2. 원고지 사용법과 어문 규정을 준수할 것.

(가) 임금과 신하는 서로가 입장이 다릅니다. 즉 군주는 나라를 다스려 자기 지위를 보존하기를 원하고, 자기에게 유리하도록 일을 계획하므로 군신의 마음은 다를 수밖에 없습니다. 다시 말해서 군주는 자신의 이해를 계산하여 신하를 기르고, 신하 역시 자기의 이해를 계산하여 군주를 섬기는 것입니다. 그러므로 자신의 몸을 해치면서까지 나라의 이익을 도모하는 신하는 없으며, 나라를 해치면서까지 신하의 이익을 도모하는 군주는 없는 것입니다. 그러므로 신하로서는 자기의 몸을 희생하면 이익이 없을 것이라고 생각할 것이고, 군주로서는 나라를 해치면서 신하만을 사랑할 수는 없는 것입니다. 이렇듯 군신 사이는 계산된 관계인 것입니다. ([한비자](韓非子),〈식사〉(飾邪)편 중에서)

의원이 환자의 상처를 빨아 그 고름을 입에 담는 것은, 환자와의 사이에 부모 형제와 같은 골육의 정이 있어서가 아니라 이익이 있기 때문입니다. 즉 그렇게 하여 병을 고쳐 주면 사례를 받고 많은 사람을 단골로 삼을 수 있기 때문에 싫지만은 어쩔 수 없이 하는 것입니다. 때문에 수레의 제조자는 많은 사람들이 부자가 되기를 바라고, 장의사는 관을 만들면서 사람들이 많이 죽기를 바랍니다. 이것은 수레 제조자가 인자하고 장의사가 잔인하기 때문이 아니라, 사람이 부유하지 않으면 수레가 팔리지 않을 것이고, 사람이 죽지 않으면 관이 팔리지 않을 것이기 때문입니다. 장의사가 결코 사람을 미워하는 것은 아니지만, 사람이 죽어야만 그에게 이익이 있기 때문에 어쩔 수 없이 사람들이 죽기를 바랍니다. 그러므로 후궁·정실·태자들이 파당을 만들고 군주의 죽음을 바라는 것은, 군주가 죽지 않으면 그들이 세력을 확장할 수 없기 때문이며, 군주를 미워해서가 아니라 군주가 죽어야만 이익이 되기 때문입니다. 따라서 군주는 평소 자기의 죽음으로 이익을 보는 자들을 경계해야 합니다.

([한비자](韓非子),〈비내〉(備內)편 중에서)

(나) 맹자(孟子)가 양혜왕을 만났는데 왕이 "노인께서 천리를 멀게 여기지 않고 오셨는데, 장차 내 나라를 이롭게 함이 있겠습니까?"라고 말했다. 맹자가 대답하여 말하기를 "왕께서는 하필 이롭게 한다 이르십니까? 오직 인의(仁義)가 있을 따름입니다. 왕께서 어떻게 하면 내 나라를 이롭게 하나 하고 말씀하시면, 대부(大夫)는 어떻게 하면 내 집을 이롭게 하나 하고 말할 것입니다. 사서인(士庶人)은 어떻게 하면 나 자신을 이롭게 하나 하고 말할 것입니다. 이처럼 상하가 서로 이익을 취하면 나라가 위태롭게 될 것입니다. 만승(萬乘)의 나라에서 그 임금을 죽이는 자는 반드시 천승(千乘)의 가문이고, 천승의 나라에서 그 임금을 죽이는 자는 반드시 백승(百乘)의 가문입니다. 만(萬)에서 천(千)을 취하고, 천에서 백(百)을 취함은 많지 않은 것은 아니지만, 진실로 의(義)를 뒤로 돌리고서 이익을 앞세우는 짓을 하면 빼앗지 않고서는 만족해하지 않을 것입니다. 어질면서도 그의 어버이를 버린 자는 있지 않았으며, 어질면서도 그의 임금을 뒤로 돌린 자는 있지 않았습니다. 왕께서는 오직 인의(仁義)를 말씀함에 그칠 것이지 하필 이익을 말씀하시나요?"

([맹자(孟子)],[양혜왕장구(梁惠王章句)] 上중에서)

맹자가 말하였다. "사람마다 모두 차마 남에게 잔학하게 굴지 못해 하는 마음(不忍人之心)이 있다. 앞선 왕들은 차마 남에게 잔학하게 굴지 못해 하는 마음을 가지고 있었다. 그래서 차마 남에게 잔학하게 굴지 못해 하는 정치가 생겨났던 것이다. 차마 남에게 잔학하게 굴지 못해 하는 마음을 가지고 차마 남에게 잔학하게 굴지 못해 하는 정치를 한다면 천하를 다스리는 것은 그것을 손바닥 위에서 움직이는 것처럼 할 수 있을 것이다. 사람마다 모두 차마 남에게 잔학하게 굴지 못해 하는 마음이 있다고 말하는 까닭은 이러하다. 이제 사람들이 어린아이가 우물에 빠지려고 하는 것을 갑자기 보면 다들 겁이 나고 측은한 마음이 생긴다. 그런데 그것은 어린아이의 부모와 친교를 맺으려고 하기 때문도 아니고, 동네 사람들과 벗들로부터 칭찬을 받으려고 하기 때문도 아니고, 그 아이가 지르는 소리가 역겨워서 그러는 것도 아니다. 이런 것부터 살펴본다면 측은해 하는 마음이 없는 사람은 인간이 아니고, 부끄러워하는 마음이 없는 사람은 인간이 아니고, 사양하는 마음이 없는 사람은 인간이 아니고, 시비(是非)를 가리는 마음이 없는 사람은 인간이 아니다. 측은해 하는 마음은 인(仁)의 단서이고, 부끄러워하는 마음은 의(義)의 단서이고, 사양하는 마음은 예(禮)의 단서이고, 시비를 가리는 마음은 지(智)의 단서이다, 사람들이 이 네 가지 단서를 가지고 있는 것은 그들이 사지를 가진 것과도 같다. 이 네 가지 단서를 지니고 있으면서 선한 일을 하지 못한다고 스스로 말하는 것은 스스로를 해치는 사람이고, 자기 임금이 선한 일을 못한다고 말하는 것은 자기 임금을 해치는 사람이다. 자기에게 이 네 가지 단서가 있는 사람이면 모두 그것을 확충시킬 줄 알게 마련이다. 네 가지 단서는 불이 처음 타오르는 샘이 처음 솟아나는 것과 같아서, 진실로 그것을 확충시킬 수 있기만 하면 사해(四海)를 편안하게 하기에도 충분하고, 진실로 그것을 확충시키지 않는다면 부모를 섬기기에도 부족하다."

([맹자(孟子)], [양혜왕장구(梁惠王章句)上중에서)

(1) 출제 의도 파악하기

제시문은 세상을 바라보는 두 관점, 즉 인간의 모든 행동을 개인의 이익의 관점에서 바라보는 한비자와 인의를 앞세우는 맹자의 관점을 보여주고 있다. 따라서 출제 의도는 세상, 인간의 행동을 바라보는 기본적인 관점을 바탕으로 학생의 가치관을 보겠다는 것이다.

따라서 먼저 두 관점을 명확하게 파악해야 한다. 두 관점의 차이, 두 관점의 근거 등을 면밀하게 분석해야 한다. 그 다음 현실 사회에서는 어떤 관점이 우세한 가를 생각하고, 두 관점을 각각 현실 사회에 적용했을 어떤 현상들이 일어날까를 추론하여야 한다. 그 다음 문제에서 요구하고 있는 것처럼 나의 관점을 선택하고 그것을 논리적으로 전개하여야 한다.

어느 하나의 관점을 선택하는 그리 쉬운 일이 아니다. 한비자의 관점은 현실적이나 인간적이지 않고 맹자의 관점은 인간의 참된 가치를 가지고 있으나 현실적이지 않다. 가령, 자본주의는 철저한 시장원칙을 바탕으로 한다는 점에서 한비자의 관점으로 이루어진다. 그렇지만 그 폐단 또한 만만치 않다. 맹자의 이상주의적 관점은 경제전쟁이라 부르는 현사회의 구조에서는 패배자를 양산할 위험이 도사리고 있다.

결국 어느 하나의 관점을 선택해야 하지만 항상 잊지 말아야 하는 것은 '대립항'이다. 즉 상대 관점을 비판하는 데에만 치중할 것이 아니라 내가 선택한 관점이 지닌 단점까지를 인정하면서 그 단점을 뛰어넘을 수 있는 창의적인 관점과 해결책을 제시하여야 한다.

(2) 모범 답안

<u>(가) 한비자의 관점 주장</u>

중국의 전국 시대 말기에 살았던 순자는 현실을 바라보면서 '인간의 본성은 악하다'는 결론을 내렸다. 그는 인간의 악한 본성이 현실에 그대로 적용되면 사회는 큰 혼란에 빠질 것이기 때문에 이를 막기 위해 노력해야 한다고 주장했다. 순자가 제시한 방법은 '예'(禮)와 '교육'이었다. 교육을 통해 사람의 악한 본성이 선하게 되도록 이끌고, 그렇게 해서도 안 되면 예—지금의 법과 유사—로써 다스려야 한다는 것이었다.

그렇다면 현대 사회는 어떤가? 주위를 살펴보면 우리 사회는 부(돈)와 권력(힘)에 의해 운영됨을 알 수 있다. 먼저 한 국가 내에서 돈과 힘을 가진 자는 자기가 하고자 하는 바를 이룰 수 있다. 돈이 많은 사람은 그 돈으로 자기에게 필요한 재화와 서비스를 구입할 수 있을 뿐만 아니라 권력을 얻고 다른 사람을 부릴 수 있다. 이 때문에 사람들은 많은 돈을 벌기 위해 발버둥친다. 또 권력을 가진 자는 그 권력으로 돈을 벌고 다른 사람을 부린다. 이 때문에 사람들은 권력을 얻기 위해 발버둥친다.

한편 국제 사회에서는 힘의 논리가 더욱 철저하게 지배한다. 20세기 초기에는 군사력으로 대변되는 힘을 가진 경제 대국이 다시 세계를 지배하고 있다. 그래서 많은 국가들은 경제 대국이 되기 위해 노력한다. 이처럼 현대 사회는 철저하게 부와 권력을 중심으로 움직이고 있다.

이런 면에서 한비자의 현실 인식은 타당하다. 제시문에 나온 것처럼 그는 일찍이 현실 사회가 권력과 돈을 중심으로 움직이고 있음을 간파했다. 유가에서는 군신 관계를 충성과 신의의 관계로 본 데 비해, 한비자는 철저한 권력 관계로 파악했다. 그리하여 그는 군주에게 신하를 통제할 구체적인 방법을 제시했다. 이처럼 한비자(법가)는 현실을 객관적이고 정확하게 보았기 때문에 법가에 근거하여 통치를 했던 진나라가 전국을 통일할 수 있었다.

마찬가지로 우리는 이러한 관점에서 현실 사회의 문제를 보아야만 그것을 해결할 수 있다. 예를 들어 현재 우리 나라에는 정치가와 공직자의 부정 부패 문제가 심각하다. 이 문제를 어떻게 해결할 것인가? 그들의 공복 의식, 책임 의식을 다시 믿을 것인가? 아니다. 이 문제의 해결은 법과 제도를 통해서만 가능하다. 왜냐하면 정치가와 공직자도 돈과 권력을 추구하는 사람들이고, 따라서 그것을 막는 방법은 그들을 다시 믿는 것이 아니라, 그런 행위를 강제로 막는 것이기 때문이다.

그런데 어떤 사람들은 이상주의적인 관점에서 현실을 바라본다. 제시문에 나온 맹자의 견해가 대표적이다. 맹자는 사람들이 인(仁)·의(義)가 아닌 이익을 말하는 것은 잘못이라고 한다. 왜냐하면 그렇게 이익을 추구하면 현실 세계는 엉망이 되기 때문이라는 것이다. 또 사람에게는 윤리적 심성이 있어서 그것을 육성하면 현실 사회의 문제점을 해결할 수 있다고 주장한다. 그러나 이 주장은 '현실'과 '소망', '존재'와 '당위'를 혼동하는 잘못된 관점이다. 현실은 돈과 권력을 중심으로·움직이고 있다. 설사 사람들이 윤리적 심성을 갖고 있다 해도. 그래서 사람들이 그에 따라 살아야 한다고 주장해도, 지금과 같은 현실에서는 공허할 뿐이다. 특히 우리 사회처럼 돈벌이를 존중하는 자본주의 사회에서 이같은 주장은 설득력이 없다.

소망과 당위의 관점은 사회 문제의 해결에도 도움이 되지 않는다. 예를 들어 이들의 주장에 따르면, 정치가와 공직자의 부정 부패 문제는 이들의 공복 의식, 책임 의식을 함양함으로써 해결할 수 있다. 왜냐하면 인간에게는 원래 윤리적인 심성이 있기 때문이다. 하지만 현실은 어떠한가? 이와는 정반대다. 이러한 문제가 비교적 적은 선진 민주주의 국가에서는 공직자 부정 부패 방지법을 만들어 철저하게 집행함으로써 문제를 해결했다. 그들은 결코 정치가와 공직자의 도덕적 심성에 호소하지 않는다.

이상에서 본 것처럼 한비자의 관점은 우리 사회를 분석하는 데 합당할 뿐만 아니라, 우리 사회의 문제점을 해결하는 데도 타당하다. 따라서 우리는 객관적이고 정확한 관점에 입각하여 현실 사회를 보아야 할 것이다.

<u>(나) 맹자의 관점 주장</u>

한비자는 현실 사회가 이익과 권력을 중심으로 움직인다고 보았다. 그의 견해에 따르면 군신 관계는 충성과 신의에 근거한 관계가 아니라 단지 권력에 복종하고 권력을 부리는 관계일 뿐이다. 또 의사와 환자의 관계, 장인과 고객의 관계도 모두 이익 관계에 지나지 않는다. 한비자의 관점은 지금 우리 사회의 모습에 비추어 보면 타당한 것 같기도 하다. 왜냐하면 많은 사람이 이익과 권력을 중심으로 인간 관계를 맺고 있기 때문이다. 그러나 자세히 살펴보면 한비자의 관점에는 문제가 많다.

먼저 인간 관계를 이익과 권력의 관계로 파악하는 것은 일면적이다. 즉 인간 관계는 이익과 권력을 중심으로 맺어지지만 동시에 다른 정신적 가치를 중심으로 맺어지는 관계도 존재하기 때문이다. 예를 들어 어머니는 헌신적으로 자식을 위해 봉사하며, 어떤 때에는 자식을 위해 자기의 목숨을 바치기도 한다. 따라서 어머니와 자식의 관계를 단순히 이익 관계, 권력 관계로만 볼 수는 없다. 또 조선시대의 사육신은 사회의 정의를 위해 자신의 목숨을 기꺼이 바쳤다. 이 경우에도 신하와 군주의 관계를 단순히 권력 관계로 볼 수는 없다. 이 같은 예는 이 밖에도 얼마든지 많다. 따라서 사회를 이익과 계산을 중심으로 파악하는 것은 지나치다.

다음으로 한비자의 관점은 인간 사회의 목적이나 가치에 부합하지 못한다는 문제점이 있다. 인간은 단순히 물질적인 욕망이나 권력을 향한 욕망에 이끌리는 존재가 아니다. 만약 인간이 그렇다면 우리 사회는 동물의 세계와 하등 차이가 없을 것이다. 그러나 인간 사회는 동물 세계가 아니다. 인간은 돈과 권력 이외에 다른 소중한 가치를 간직하고 그것을 추구한다. 예를 들어 어떤 사람은 친구를 위해 자신의 손해를 감수하기도 한다. 자기 이익보다는 '우정'을 소중하게 생각하기 때문이다. 또 어떤 사람은 마을의 발전을 위해 개인의 이익을 희생시키기도 한다. 개인의 이익보다 '공동체 정신'을 더 소중하게 생각하기 때문이다. 이러한 소중한 가치가 있음으로 해서 인간 사회는 살 만한 세상이 된다.

그런데 한비자의 관점은 인간 사회의 이 같은 모습을 전혀 설명하지 못한다. 더 나아가 한비자의 관점은 이러한 가치를 무시하고, 돈과 권력을 추구하는 삶을 조장하기까지 한다. 왜냐하면 인간 사회가 돈과 권력에 의해 움직이는 사회라면 그것을 추구하는 것은 당연하고, 또 소중한 가치를 무시하는 행동도 전혀 이상할 것이 없기 때문이다.

이에 비해 맹자의 관점은 여러 가지 면에서 타당하다. 먼저 맹자는 인간을 종합적으로 이해하고 있다. 맹자는 인간에게는 착한 심성이 있고 이것을 키워야 한다고 주장할 뿐만 아니라, 다른 한편에서는 이익과 권력도 중요하다고 주장한다. 〔맹자〕에서 '항산(恒産)이 있어야 항심(恒心)이 있다'고 한 주장이 이를 증명한다.

다음으로 맹자의 관점은 인간 사회에서 소중한 가치를 적극적으로 권장한다는 면에서도 정당하다. 맹자는 이익과 권력을 무시하지는 않지만, 그것만을 추구하는 것에 반대한다. 대신 그는 인과 의를 추구할 것을 주장한다. 인과 의는 인간을 인간답게 만드는 소중한 가치 가운데 하나다. 따라서 우리가 맹자의 주장에 입각해서 생활한다면 우리 사회는 더욱 인간답게 발전할 수 있다.

마지막으로 현실 사회의 문제를 근본적으로 해결하려면 맹자의 관점을 따라야 한다. 그것이 비록 많은 시간과 노력을 필요로 한다고 해도, 우리 사회에 만연한 부정 부패와 범죄 행위는 궁극적으로 인간의 착한 심성을 키움으로써만 해결할 수 있다. 이처럼 여러 가지 면에서 맹자의 주장은 올바르다.

제8장 개요작성

논술문의 주제가 설정되고 그에 맞는 글감이 정리되면 세부적인 개요를 작성하지 않으면 안 된다. 실제로 글을 쓰기 전에 그 준비과정으로서 미리 만들어 놓은 글의 윤곽을 개요 또는 아우트라인이라고 한다. 물론 개요는 글감 수집 이전이나 정리 도중에도 일부 또는 전부가 작성될 수 있다.

개요 작성을 간단하게 말하면, 수집·정리한 글감을 어떻게 배열할까를 생각하고 결정하는 일이라 할 수 있다. 흔히 이 개요 작성을 건축의 설계도에 비유한다. 설계도가 없이 건물을 지을 수 없으며, 부실한 설계도는 부실한 건물을 만드는 것처럼 개요 작성 역시 글쓰기에서 반드시 거쳐야 할 중요한 단계이다.

논술문을 쓸 때에도 반드시 개요를 작성해야 한다. 문제지를 받으면 먼저 시험 시간의 10분의 1정도를 할애해 문제를 '서론, 본론, 결론'의 형식으로 나누고 다시 본론 부분을 몇 가지의 세부 주제로 나누어, 그 각각에 어떤 내용을 써넣을 것인가를 간단하게 답안지의 여백이나 뒷면에 메모하는 것이 바람직하다. 이렇게 해야만 필요한 사항을 빠뜨리지 않고 다 적을 수 있으며, 시험 시간을 안배하는 데에도 효과적이다.

개요 작성을 하려면 먼저 글의 기본 구조를 염두에 두어야 한다. 글은 그 종류에 따라 일정하지 않지만 대개 '서론, 본론, 결론'의 구조를 가진다. 서론과 결론은 짧고 본론은 다시 몇 개의 부분으로 갈리면서 길어지는 것이 보통이다. 일반적으로 서론과 본론은 각각 글의 1/6씩을, 본론은 4/6의 분량으로 쓴다.

서론은 글의 첫인상을 결정하므로 신중을 기해야 한다. 여러 가지 글감 가운데 어느 것을 서론에서 사용할 것인가를 심사숙고해야 한다. 본론은 대개 서론이나 결론에 비해 그 비중이 크기 마련이다. 따라서 본론에 배당

될 글감을 먼저 같은 성질의 것을 한 데 묶는 분류 작업을 해야 한다. 그런 다음에 묶여진 글감들을 각각 본론의 한 항목으로 배열하는 절차를 밟아야 한다. 본론의 항목을 배열할 때 그 순서에도 유의해야 한다. 글의 성격이나 글쓰는 사람의 취향이나 의도에 따라 달라지겠지만, 중요한 항목을 앞에 두느냐 뒤에 두느냐 하는 것도 좋은 글을 결정 짓는 하나의 요소가 된다.

개요 작성은 "구상 메모 – 화제식 개요 – 문장식 개요"로 나눌 수 있으며, 이 순서에 의해 점점 더 구체화된다.

구상 메모란 말 그대로 쓸거리·주제에 대해 떠오르는 생각을 순서 없이 간단하게 메모한 것을 말한다. 따라서 구상 메모는 화제식 개요나 문장식 개요를 작성하기 전에 만들어 놓은 개요 작성의 기초 작업이라 하겠다. 화제식 개요는 구상 메모를 기초로 하여 다루고자 하는 글의 내용을 화제(주제나 글감)로 정리한 것이다. 이 때 비로소 '서론 – 본론 – 결론'의 윤곽이 드러나며, 주제나 글감을 어떻게 배열할 것인가를 결정해야 한다. 문장식 개요란 화제식 개요를 좀더 구체화하여 각 항목을 주제문으로 작성하는 작업을 말한다. 문장식 개요를 통해 글의 내용이 확연하게 드러나게 된다.

문장식 개요가 작성되면 글이 완성되었다고 보는 사람도 있다. 각 문단의 소주제문이 완성되었으니, 이제 남은 일은 그 소주제문을 뒷받침 문장들로 입증하거나 풀어 쓰면 되기 때문이다.

한 가지 유의해야 할 사항은 어떤 개요로 작성하든 한 가지 형식으로 일관해야 한다는 점이다. 1에서는 화제식 개요로, 2에서는 문장식 개요로 혼합하여 작성해서는 올바른 태도가 아니다. 그리고 화제식 개요에서도 '1 서론. 2본론. 3결론'이라고만 해서는 안 된다. 되도록 이들 '서론, 본론, 결론'의 이름을 내세우지 말고 글의 내용을 해당하는 말을 써야 한다.

【연습문제 1】 〈보기〉를 참조하여 앞에서 자신이 작성한 쓸거리·주제를 가지고 "구상 메모 – 화제식 개요 – 문장식 개요" 순으로 개요 작성하시오.

〈보기〉
주제 : 환경 오염과 그 방지 대책
주제문 : 환경 오염은 인간의 건강을 해치고 쾌적한 생활 환경을 빼앗아 가므로 환경 보존에 힘써야 한다.
목적 : 최근 심각해지고 있는 환경 오염에 대해 깊이 인식하고 그 대책을 세워봄으로써 환경의 중요성을 깨닫게 한다.

구 상 메 모

1. 심각해지는 환경오염
2. 대기 오염
3. 수질 오염
4. 소음·진동
5. 환경 오염이 인간에게 미치는 영향
6. 환경 오염 방지 대책

화제식 개요 작성

1. 서론(문제 제기) : 심각해지는 환경 오염
2. 환경 오염 실태
  1) 대기 오염
  2) 수질 오염
  3) 소음·진동
3. 환경 오염이 인간에게 미치는 영향
4. 환경 오염 방지 대책
5. 결론(요약 정리, 강조)

구체적인 문장을 쓰기 위해 화제식 개요를 문장식 개요로 작성

1. 서론 : 산업의 발달로 환경 오염이 심각해지고 있다.
2. 환경 오염 실태
  1) 대기 오염은 산업혁명 후 공장의 증가와 인간 생활을 위한 에너지 이용 과정에서 발생한 각종 매연에 의해서 발생한다.
  2) 수질 오염은 공업의 발달, 인간의 도시 집중 등에 의해 오염된 물이 하천에 흘러 들어 정화능력을 초과한 데서 발생한다.
  3) 문명의 발달은 인간 생활의 편리를 가져왔고, 그 속에서 탄생된 교통기관의 증가, 기계의 대형화 및 공장의 주택가 접근으로 발생된 소음과 진동은 도시 공해 문제의 가장 중요한 요인이 되었다.
3. 환경 오염이 인간에게 미치는 영향 : 환경 오염은 인간의 건강을 해치고 생활을 황폐하게 만든다.
4. 환경 오염 방지 대책 : 각종 공해를 유발하는 물질의 사용을 억제하고, 대기 오염, 수질 오염 등을 줄일 수 있는 여러 시설을 마련한다.
5. 결론 : 환경오염은 인간의 건강을 해치고 생활 환경을 황폐하게 하므로 깨끗한 환경 보존에 힘써야 한다.

개요 작성의 유형에 대해 이해하고 익숙해졌다면 실제로 논술을 위한 개요 작성을 학습할 필요가 있다. 우선 단독형 논술로 개요 작성하기를 연습한 다음, 제시형 논술로 개요 작성하기를 연습한다면 더욱 효과적일 것이다.

이 곳에서는 제시형 논술의 기출 문제로 개요작성하기를 학습하고 그 개요를 바탕으로 쓴 모범 예문을 살펴보기로 하자.

〔예 1〕 다음은 황석영의 '삼포 가는 길'에서 발췌한 글이다. 이 글을 읽고, 현대 산업사회가 누리고있는 물질적 풍요의 이면에 있을 수 있는 문제점들과 이를 해결하기 위한 방안에 대해 논술하시오.〔기출문제〕

〈유의사항〉
1. 띄어쓰기 포함하여 1,600자 내외(±200)로 쓸 것.
2. 제목은 쓰지 말고 본문부터 시작할 것.
3. 한 편의 완결된 글이 되도록 할 것.
4. 맞춤법과 원고지 사용법을 준수할 것.
5. 답안 내용에 자신의 신분을 드러낼 수 있는 표현을 하지 말 것.

아직 초저녁이 분명한데 날씨가 나빠서인지 곧 어두워질 것 같았다. 눈은 더욱 새하얗게 돋보였고, 사위는 고요한데 나무 타는 소리만이 들려 왔다.
"감옥 뿐 아니라, 세상이란 게 따지면 고해 아닌가……."
정씨는 벗어서 불가에다 쬐고 있던 잠바를 입으면서 중얼거렸다.
"어둡기 전에 어서 가야지."
그들은 일어났다. 아직도 불길 좋게 타고 있는 모닥불 위에 눈을 한 움큼씩 덮었다. 산천이 차츰 희미하게 어두워졌다. 새들이 이리 저리로 깃을 찾아 숲에 모여들고 있었다. 영달이가 백화에게 물었다.
"그래 이젠 어떻게 할 셈요, 집에 가면……."
백화가 대답을 않고 웃기만 했다. 정씨가 말했다.
"시집가야지 뭐."
"시집은 안 가요. 이제 와서 무슨 시집이예요. 조용히 틀어박혀 집의 농사나 거들지요. 동네들이 많아요."
사방이 어두워지자 그들도 얘기를 그쳤다. 어디에나 눈이 덮여 있어서 길을 잘 분간할 수가 없었다. 뒤에 처졌던 백화가 눈 덮인 길의 고랑에 빠져 버렸다. 발이라도 삐었는지 백화는 꼼짝 못하고 주저앉아 신음을 했다. 영달이가 달려들어 싫다고 뿌리치는 백화를 업었다. 백화는 영달이의 등에 업히면서 말했다.
"무겁죠?"
영달이는 대꾸하지 않았다. 백화가 어린애처럼 가벼웠다. 등이 불편하지도 않았고 어쩐지 가뿐한 느낌이었다. 아마 쇠약해진 탓이리라 생각하니 영달이는 어쩐지 대전에서의 옥자가 생각나서 눈시울이 화끈했다. 백화가 말했다.
"어깨가 참 넓으네요. 한 세 사람쯤 업겠어."
"댁이 근수가 모자라니 그렇다구."
그들은 일곱 시쯤에 감천 읍내에 도착했다. 마침 장이 섰었는지 파장된 뒤인데도 읍내 중앙은 흥청대고 있었다. 전 부치는 냄새, 고기 굽는 냄새, 곰국 냄새가

풍겨 왔다. 영달이는 이제 백화를 옆에서 부축하고 있었다. 발을 디딜 때마다 여자가 얼굴을 찡그렸다. 정씨가 백화에게 물었다.

"어느 방향이오?"

"전라선이예요."

"나는 호남선 쪽인데, 여비는 있소?"

"군용차를 사정해서 타고 가면 돼요."

그들은 장터 모퉁이에서 아직도 따뜻한 온기가 남아 있는 팥시루떡을 사 먹었다. 백화가 자기 몫에서 절반을 떼어 영달에게 내밀었다.

"더 드세요. 날 업구 왔으니 기운이 배나 들었을 텐데."

역으로 가면서 백화가 말했다.

"어차피 갈 곳이 정해지지 않았다면 우리 고향에 함께 가요. 내 일자리를 주선해 드릴 게."

"내야 삼포루 가는 길이지만, 그렇게 하지?"

정씨도 영달이에게 권유했다. 영달이는 흙이 덕지덕지 달라붙은 신발 끝을 내려다보며 아무 말이 없었다. 대합실에서 정씨가 영달이를 한쪽으로 끌고 가서 속삭였다.

"여비 있소?"

"빠듯이 됩니다. 비상금이 한 천 원쯤 있으니까."

"어디로 가려우?"

"일자리 있는 데면 어디든지......"

스피커에서 안내하는 소리가 웅얼대고 있었다. 정씨는 대합실 나무 의자에 피곤하게 기대어 앉은 백화 쪽을 힐끗 보고 나서 말했다.

"같이 가시지. 내 보기엔 좋은 여자 같군."

"그런 거 같아요."

"또 알우? 인연이 닿아서 말뚝 박구 살 게 될지. 이런 때 아주 뜨내기 신셀 청산해야지."

영달이는 시무룩해져서 역사 밖을 멍하니 내다보았다. 백화는 뭔가 쑤군대고 있는 두 사내를 불안한 듯이 지켜보고 있었다. 영달이가 말했다.

"어디 능력이 있어야죠."

"삼포엘 같이 가실라우?"

"어쨌든......"

영달이가 뒷주머니에서 꼬깃꼬깃한 오백 원짜리 두 장을 꺼냈다.

"저 여잘 보냅시다."

영달이는 표를 사고 삼립빵 두 개와 찐 달걀을 샀다. 백화에게 그는 말했다.

"우린 뒷차를 탈 텐데...... 잘 가슈."

영달이가 내민 것들을 받아 쥔 백화의 눈이 붉게 충혈되었다.

그 여자는 더듬거리며 물었다.

"아무도...... 안 가나요."

"우린 삼포루 갑니다. 거긴 내 고향이오."

영달이 대신 정씨가 말했다. 사람들이 개찰구로 나가고 있었다. 백화가 보퉁이를 들고 일어섰다.

"정말, 잊어 버리지...... 않을게요."

백화는 개찰구로 가다가 다시 돌아왔다. 돌아온 백화는 눈이 젖은 채 웃고 있었다.

"내 이름은 백화가 아니에요. 본명은요…… 이점례예요."

여자는 개찰구로 가다가 뛰어나갔다. 잠시후에 기차가 떠났다. 〈중략〉

그들은 나무 의자에 기대어 한 시간쯤 잤다. 깨어 보니 대합실 바깥에 다시 눈 발이 흩날리고 있었다. 기차는 연착이었다. 밤차를 타려는 시골 사람들이 의자마다 가득 차 있었다. 두 사람은 말없이 담배를 나눠 피웠다. 먼 길을 걷고 나서 잠간 눈을 붙였더니 더욱 피로해졌던 것이다.

영달이가 혼잣말로, "쳇, 며칠이나 견디나……"

"뭐라구?"

"아뇨, 백화란 여자 말요. 저런 애들…… 한 사날두 시골 생활 못 배겨나요."

"사람 나름이지만 하긴 그럴 거요. 요즘 세상에 일이 년 안으루 인정이 획 변해 가는 판인데……"

정씨 옆에 앉았던 노인이 두 사람의 행색과 무릎 위의 배낭을 눈 여겨 살피더니 말을 걸어 왔다.

"어디 일들 가슈?"

"아뇨, 고향에 갑니다."

"고향이 어딘데……"

"삼포라고 아십니까?"

"어 알지, 우리 아들놈이 거기서 도자를 끄는데……"

"삼포에서요? 거 어디 공사 벌릴 데가 됩니까. 고작해야 고기잡이나 하구 감자 나 매는데요."

"어허! 몇 년 만에 가는 거요?"

"십 년."

노인은 그렇겠다며 고개를 끄덕였다.

"말두 마우 거긴 지금 육지야. 바다에 방둑을 쌓아 놓구, 추럭이 수십 대씩 돌을 실어 나른다구."

"뭣땜에요?"

"낸들 아나, 뭐 관광 호텔을 여러 채 짓는담서 복잡하기가 말할 수 없데."

"동네는 그대로 있을까요?"

"그대루가 뭐요. 맨 천지에 공사판 사람들에다 장까지 들어섰는 걸."

"그럼 나룻배도 없어졌겠네요."

"바다 위로 신작로가 났는데, 나룻배는 뭐에 쓰오. 허허 사람이 많아지니 변고 지, 사람이 많아지면 하늘을 잊는 법이거든."

작정하고 벼르다가 찾아가는 고향이었으나, 정씨에게는 풍문마저 낯설었다. 옆에 서 잠자코 듣고 있던 영달이가 말했다.

"잘 됐군. 우리 거기서 공사판 일이나 잡읍시다."

그때에 기차가 도착했다. 정씨는 발걸음이 내키질 않았다. 그는 마음의 정처를 잃어버렸던 때문이었다. 어느 결에 정씨는 영달이와 똑같은 입장이 되어 버렸다.

기차는 눈발이 날 리는 어두운 들판을 향해서 달려갔다.

'산업화'의 개념을 토대로 산업화의 특징과 산업화가 가져다 준 물질적 풍요 뒤에 가려진 부정적 측면을 해결하는 방안을 묻고 있다. 따라서 우선 현대 산업사회가 가져온 긍정적인 면을 살핀 다음, 현대 산업사회의 부정적인 측면을 분석하고 그 해결 방안을 논술하면 될 것이다.

(1) 개요작성의 예

주제 : 산업화로 인한 문제점과 그 극복 방안
주제문 : 산업화로 인해 인간적 가치가 무시되고, 인간 소외, 공동
　　　　체 의식의 약화, 생태계 파괴가 일어나고 있으므로, 인간적
　　　　가치의 존중과 공동체 의식 강화, 생태계 보호를 통하여 삶
　　　　의 질을 높여야 한다.

서론 : 산업화는 인간들에게 물질적 풍요를 가져다주었으나, 많은
　　　　문제를 야기하고 있다.
본론1 : 산업화가 가져온 부정적 측면
　(1) 물질 만능주의가 만연하여 인간적 가치가 무시되고 있으며, 이에
　　　따라 인간 소외현상이 일어나고 공동체 의식이 약화되고 있다.
　(2) 대량 생산과 대량 소비로 인해 환경이 오염되고 생태계가 파
　　　괴되고 있다.
본론2 : 해결방안
　(1) 정신 문화의 가치를 존중하여 인간적 가치를 높여야 한다.
　(2) 사회의 공동체 의식을 강화하여 인간적인 사회를 만들어야 한다.
　(3) 개인의 욕망을 절제하여 생태계를 보존하고 환경을 보호해야 한다.
결론 : 산업화로 인한 문제점을 인식하고 그 해결을 위해 전지구적인
　　　　노력을 해야 한다.

(2) 모범 답안

현대 사회는 산업 사회이다. 현대인들은 과거보다 훨씬 편리하고 안락한 삶을 누리고 있다. 우리 나라도 농업 국가에서 산업화를 성공적으로 수행하여 산업 사회로 진입했으며, 이제 정보화 사회로 나아가고 있다.

산업화로 인하여 생산성이 향상되었으며, 그 결과 고도의 물질적 풍요로움을 누리게 되었고, 생활 수준도 향상되었다. 통신과 교통 수단, 대중 매체의 발달로 대중들이 과거에는 쉽게 접해 보지 못했던 정보를 접하게 되어 높은 수준의 교양을 갖추고, 문화의 발달도 꾀할 수 있게 되었다. 그

러나 그 이면에는 많은 문제점들이 도사리고 있다.

먼저 물질 만능주의로 물질이 가져다 주는 쾌락에 취하여 인간의 주체적, 이성적 사고를 경시하게 되었다. 편리하고 당장 단 곶감이 먹기에 좋다는 식으로 생활하다 보니 인간적 가치가 무시되고 있다. 상품의 대량 생산을 위하여 표준화와 기계화가 진전되었다. 이것이 인간 생활에 적용되어 개인의 개성이 무시되고 획일화되고 있으며, 인간을 하나의 도구로 취급하여 인간 소외가 일어나고 있다. 그리고 개인주의가 확대되어 공동체 의식이 약화되어 사회가 갈수록 각박해지고 있다. 또한 상품의 대량 생산과 대량 소비로 인해 인간이 소비로 인한 쾌락에 젖게 되었다. 이에 따라 탐욕이 늘어나고, 점점 더 많은 물건을 소비하게 되었다. 이는 또 환경 오염과 생태계의 파괴를 유발하는 원인이 되었다.

산업화로 인한 이러한 문제들을 해결하기 위해서는 먼저 산업화를 바라보는 우리들의 인식을 바꿀 필요가 있다. 산업화로 인한 풍요와 편리한 삶이 인간에게 행복만 갖다 준 것은 아니다. 산업화는 삶의 질을 향상시킨 점도 있지만, 삶의 질을 하락시킨 점도 적지 않다. 이제 우리는 풍요로움에 취하기에 앞서 우리를 되돌아보고 반성해야 한다.

이러한 인식을 바탕으로 그 동안 물질 문화에 취하여 경시했던 정신 문화와 그 가치를 존중해야 한다. 인간적 가치는 자연 과학만으로 높아지지는 않는다. 오히려 인문 과학의 발달을 통하여 인간적 가치를 높여야 한다. 또 산업화는 개인주의를 촉진하여 이기적 개인을 양산하였다. 이에 따라 사회는 점점 각박해져 남과 더불어 살겠다는 공동체 의식이 약화되었다. 이제 서로가 서로를 존중하는, 남을 배려하는 가운데 보다 인간화된 사회를 만들어야 한다. 또한 우리가 살고 있는 지구는 후손에게 물려주어야 한다. 깨끗하게 사용하여 후손이 쾌적한 공간에서 살 수 있어야 한다. 그런데 산업 사회에서는 탐욕이 끝이 없어서 과소비를 일삼고 있다. 이로 인해 생태계가 파괴되고 있다. 생태계가 파괴되어 생물이 살 수 없으면 인간도 살 수 없다. 각 개인들은 각자의 욕망을 절제하여 생태계를 보존하고 환경을 보호하여 쾌적한 환경을 후손들에게 물려주어야 한다.

그 동안 무분별한 산업화로 인해 인간적 가치의 무시, 공동체 의식의 약화, 생태계의 파괴 등 많은 문제가 발생하였다. 이러한 문제들을 해결하기 위해서는 개인이나 한 사회, 한 국가만 나서서는 해결할 수 없다. 전지구적 노력을 경주하여 삶의 질을 높여 가야 한다.

〔예 2〕정의로움은 사회와 시대의 차이를 초월한 인간 덕목으로 높이 평가된다. 그러나 ‘인간은 왜 정의로워야 하는가.’에 대해서는 의견이 분분하다.

다음의 제시문은 정의로움의 자체적 가치에 대해 회의적 주장을 담고 있다. 이 주장의 타당성 여부를 검토하고, 정의로움의 가치에 대한 자신의 견해를 논술하시오.

전설에 의하면 귀고스(Gygos)는 양치기로서 리디아 왕을 섬기고 있었습니다. 그가 양들에게 풀을 먹이고 있는데, 하루는 폭우가 내리고 지진이 일어나 땅이 온통 갈라졌습니다. 그리하여 양들이 풀을 뜯고 있던 곳에 큰 구멍이 뚫렸습니다. 그는 이것을 보자 깜짝 놀라 그 구멍 속으로 들어갔는데, 거기서 여러 가지 신기한 광경을 목격하게 되었습니다.

특히 눈에 뜨인 것은 청동으로 된 말이었습니다. 그 말은 안이 비어 있고 작은 창문이 달려 있었습니다. 귀고스가 몸을 굽혀 그 창을 들여다보았더니, 거기에는 엄청나게 키가 큰 사람의 시체가 놓여 있었습니다. 그 시체는 손에 금가락지를 끼고 있을 뿐 몸에는 아무 것도 걸치지 않았다고 합니다. 그는 이 금가락지를 빼 가지고 그 구멍에서 나왔습니다.

그 후에 달마다 있는 양치기들의 모임에서 양치기들은 왕에게 양떼들의 현황을 보고하게 되었습니다. 귀고스도 다른 양치기들과 함께 이 모임에 참석하였습니다. 그는 손가락에 그 가락지를 끼고 다른 양치기들과 함께 앉아 있다가 무심코 가락지의 구슬이 자신을 향하도록 돌렸습니다. 그러자 갑자기 그의 모습이 남의 눈에 보이지 않게 되었습니다. 옆에 앉아 있던 친구들은 귀고스가 어디로 갔는지 보이지 않는다고 하면서 두리번거리는 것이었습니다. 그는 깜짝 놀라 그 가락지의 구슬을 다시 바깥쪽으로 향하도록 돌려보았더니 그의 모습이 다시 나타나게 되었습니다.

그는 가락지에 과연 그런 능력이 있는가를 다시 시험해 보았습니다. 결과는 역시 마찬가지였습니다. 구슬을 안쪽으로 돌리면 자기 모습이 남의 눈에 뜨이지 않게 되고, 바깥쪽으로 돌리면 자기 모습이 드러나는 것이었습니다. 그는 이러한 사실을 확인하고 나서, 왕에게 보고하러 가는 사자(使者)의 한 사람으로서 자기도 함께 참가하도록 일을 꾸몄습니다. 궁성에 도착한 그는 우선 왕비와 정을 통한 후에, 그녀와 공모하여 왕을 죽여 버리고 왕좌에 올랐다는 것입니다.

그런데 여기 그런 가락지가 두 개 있었다면 어떻게 되겠습니까? 하나는 선량한 사람이 끼고 또 하나는 불량한 사람이 끼었다고 합시다. 이 때 아무리 마음씨가 착한 사람이라도 강철같이 굳은 지조를 가지고 정의의 편에 서서 남의 물건에 전혀 손을 대지 않을 수 있다고 보장할 수 있을까요? 그런 사람은 아마 한 사람도 없을 것입니다. 시장에 가서 자기가 갖고 싶은 물건을 아무도 몰래 손에 넣을 수도 있고, 어떤 집에든지 들어가 자기 마음에 맞는 사람과 동침할 수도 있으며, 또 죽이고 싶은 자가 있으면 죽일 수도 있고, 결박된 자를 얼마든지 풀어 줄 수도 있을 것입니다. 이 경우에 선량한 사람이건 불량한 사람이건 다 비슷한 행동을 취할 것은 불문가지입니다.

그리하여 사람들은 누구나 자발적으로 정의로운 사람이 되는 것은 아니며, 단지 그렇게 강제될 뿐이라는 것을 알게 될 것입니다. 왜냐하면 부정을 저지르고서도 발각되지 않을 수만 있다면, 인간은 어디서나 불의를 행하게 되니까요. 누구나 불의가 정의보다 자기에게 훨씬 더 이익을 가져다준다고 생각하는 것이 사실임을 알 수 있습니다.

(1) 개요 작성하기의 예

출제 의도는 제시문에 나타난 주장의 타당성 여부를 검토하고, 정의로움의 가치에 대한 자신의 견해를 논술하라는 것이다. 따라서 먼저 제시문에 나타난 주장이 무엇인지 정리하여 한다. 그 다음 제시문에 나타난 주장이 타당한가를 검토해야 한다. 이 때 너무 추상적으로 생각하지 말고 현실 사회와 결부하는 것을 잊지 말아야 한다. 현실 사회와 결부하여 주장의 타당성을 검토했다면, 주장에 대해 동조할 것인가 동조하지 않을 것인가를 결정해야 한다. 어느 것을 선택하느냐 하는 것은 자유지만 어느 입장에 섰을 때 자신의 논리를 잘 펼칠 수 있는가를 고려해야 한다. 그런 다음 정의로움의 가치에 대한 자신의 견해를 정리하여야 할 것이다. 정의로움과 삶의 관계를 잘 따져 보아야 할 것이다. 정의로움은 현실적으로 어떤 가치가 있는지, 항상 정의는 승리하는지에 대해서도 생각해 보자.

결국 이 문제의 논술문은 인간은 정의롭게 살 필요가 있는가를 묻고 있는 것이다.

서 론 : 아무런 대가 없이 사회 봉사를 행하는 사람들
본 론I : 제시문에 나타난 주장 분석
　　　　 - '정의로움'은 자발적인 인간 행위가 아니라 사회적으로 강제된 불가피한 선택이다.
본 론II : 주장의 타당성 여부 검토
　　　　 - 인간은 본성적으로 선한 존재이며, 사회적 강제 없이도 정의로울수 있다.
본 론III : '정의로움'의 가치에 대한 자신의 견해
　　　　 - 정의로운 행위는 자신과 타인을 보호하고, 원만한 인간 관계를 맺게 하여 사회를 존속시킨다.
결 론 : 인간의 정의로운 행동이 공익을 위한 이타적인 행동으로 나타날 때, 우리 사회는 더욱 살기 좋은 곳이 될 것이다.

(2) 모범 답안

(가) 사람들은 타인과의 이해 관계에 얽혀 사회의 구성원으로 살아간다. 자기에게 좀더 득이 되는 것만을 추구하다 보니 이기주의가 만연하게 되고 정의롭지 않다고 판단되는 행동도 저지르게 된다. 이처럼 불의로 가득 차 있는 사회에서 인간의 정의로움은 고귀한 가치로 평가된다. 그래서 사회는 구성원에게 정의로움을 요구하며 그것이 지닌 미덕과 지켜야 할

당위성을 제시한다.

순자는 '인간은 본래 편하고 자기에게 이득이 되는 것만을 좋아하는 악한 본성을 지닌 존재'라고 하였다. 그래서 자연 상태의 인간을 악한 존재로 보았고, 지식의 습득과 자기 수양을 통해 선함을 쌓아가야 한다고 하였다. 이처럼 인간에게는 누구나 불의를 저지를 수 있는 마음이 내재되어 있다. 다만 가르침을 통해서 불의를 해서는 안 되는 행동이라는 식의 제재를 받게 되었다는 것이다. 귀고스 전설에서도 마찬가지다. 귀고스는 그의 행동이 정의롭지 못함을 분명히 알고 있었다. 그렇지만 그는 누구에게도 제재 받지 않을 수 있는 '금가락지'의 힘을 빌어 악행을 저지른다. 이는 그가 특별히 악한 사람이어서가 아니다. 인간이면 누구에게나 내재해 있는 이익을 좋아하는 마음, 그리고 불의가 정의보다 훨씬 더 많은 이익을 가져다 준다는 판단에 따라 이루어진 행동일 뿐이다. 인간은 제재나 강요에 의해 정의로움을 지니는 것이지, 정의 그 자체의 가치에 의해 자발적으로 정의로운 사람이 되는 것은 아니라고 할 수 있다.

정의로움의 가치는 인간의 필요에 의해 부여된 사회의 산물로 이해해야 한다. 사회는 불의를 저지를 수 있는 사람들의 모임이다. 그러나 불의로만 가득찬 사회는 존속될 수 없기 때문에, 사회 유지의 수단으로 구성원들의 정의로움이 요구된다. 그래서 현대인들은 사회화라는 교육을 통해 정의로움을 지켜야함을 배우고 불의를 저지를 경우 제재를 받게된다.

최근 인간의 행동 양식에 따른 분류 중 행위 대응적 인간이라는 개념이 주목을 끌고 있다. 즉, 인간은 자기가 받은 만큼 주는 것을 아는 존재라는 개념이다. 여기서 정의에 대한 또 다른 가치를 부여할 수 있다. 인간은 사회 구성원이 됨과 동시에 정의롭게 살 것을 요구받는다. 보통의 경우 사람들은 그에 대해 심한 반발이나 거부감을 드러내지 않는다. 자기가 불의를 저지름으로써 얻을 수 있는 이익을 포기하는 대신, 다른 사람의 정의롭지 못한 행동으로부터 보호받을 수 있고, 궁극적으로는 자기에게 미치게 될 피해를 미리 방지할 수 있다는 계산이 깔려 있기 때문이다. 인간은 정의로움을 수용함으로써 타인으로부터 나를 보호하고, 그 대신 자신도 타인에게 불의를 저지르지 않는 자기 보호의 가치를 얻게 된다.

정의로움은 인간의 내면에 본래 구비되어있는 것은 아니다. 그러나 인간은 그들의 필요에 의해 정의의 가치에 의미를 부여하게 되었으며, 그것을 통해 사회를 유지시키고 인간관계를 원만히 발전시켜 왔다. 결국 정의는 인간사회를 유지, 존속시키는 수단으로써 그 가치를 인정받았으며 사회의 유지, 존속이 계속 필요하다고 믿는 한 정의의 가치는 지속될 것임을 알 수 있다.

(나) 제시문에서 정의로움은 자발적인 것이 아니라 강제되는 것이라고 주장하였는데, 이는 타당하지 않다. 우선 제시된 '귀고스의 이야기'는 정의롭지 못한 한 사람의 이야기일 뿐이지, 정의로움 자체적인 가치를 논하기 위한 적절한 근거 자료가 되지 못한다. 예시문의 주장이 설득력을 얻기 위해서는 과학적인 사회 탐구 방법을 통해 신빙성 있는 자료를 제시해야 한다. 또한 이 주장은 '한 사람도 없을 것', '누구나'라는 등의 말을 사용함으로써 일반적인 사람들의 범주를 지나쳐 절대성에 입각한 주장으로 확대시켜 타당성을 잃고 있다.

정의로움의 가치를 논하기 위해서는 우선 정의로움에 대한 이해가 요구된다. 뉴스나 신문에서 우리는 '정의롭다', '정의롭지 못하다'라는 말을 많이 접한다. 그렇다면 정의라는 것은 무엇인가? 정의로움이란 단순히 머릿속에서 생각되는 관념적인 개념이 아니라, 실천 의지에 의해 행동으로 발현되어야 가치 있는 것이다. 가장 기본적인 정의의 실현은 사회 구성원들끼리 약속한 법 규범을 올바로 이행하는 것에서 시작된다. 그러나 단지 이것뿐이라면 강제적인 속성이 강하다. 또한 법 규범에 대한 무지를 이유 삼아 정의롭지 못함을 정당화시킬 수 있는 여지가 있다. 실제로 정의롭지 못한 행위는 무지에 의해서가 아니라 실천 의지의 부재에서 비롯된다.

모든 인간이 정의로울 수는 없다. 만약 사회 구성원이 모두 정의로운 사회라면 개인간에 갈등과 투쟁이 생기지 않을 것이고, 애초에 법규범이나 국가라는 것 자체가 생길 필요가 없었을 것이다. 그러나 실제 생활 속에서는 인간의 본성이 선하든 악하든 간에 물질적인 재화의 소유로 욕심이 생기기 되어, 결국 정의롭지 못한 행위에 대한 유혹에 빠지는 상황이 비일비재해진다. 사회가 혼란해지는 것을 미연에 방지하기 위해 인간은 법규범이나 제도를 만들어 자신들의 삶을 통제하게 된 것이다. 사회구성원의 계약에 의거한 법규범이 정의의 준수를 강제하고 있지만, 정의로움의 진정한 가치는 강제적 이행에 있는 것이 아니라 자발적인 실천의지에서 비롯되는 것이다.

정의롭지 못한 자는 불의가 정의보다 더 큰 이익을 가져다준다고 생각한다. 그리하여 부정이 발각되지 않는 범위 안에서의 이탈 행위에 정당성을 부여한다. 새벽길 횡단보도에서 신호를 지키는 것은 자신에게 이득이 될 게 없다고 판단하여 무시한다. 자신의 이익을 위해 적당히 새치기를 할 수도 있다. 그러나 이것들은 모두 근시안적인 대응책으로 결과적으로 자신에게 이익이 되는 행동이라 할 수 없다. 혼잡한 교통 체증 속에서의 갓길주행은 갓길 또한 막히게 되어 위급한 차량의 주행을 방해하는 사회악이 될 수도 있다.

정의로움의 가치는 그것이 개인을 위해 추구하지 않고, 이타심에 바탕을 둔 희생적인 행동으로 구현될 때 더욱 높이 평가된다. 자신의 목숨을 담보로 하는 희생적인 정의의 실현은 단순히 일회적 사건으로 의미를 소진하게 되는 것이 아니라, 많은 이에게 귀감이 되어 새로운 가치를 재창출해 나가게 된다. 그렇기 때문에 우리가 사는 사회는 더욱 평화롭고 밝은 사회로 발전·유지할 수 있는 것이다. 따라서 정의로움이란 시대의 조류에 휩쓸려 사라져버리는 가치가 아니라, '살만한 세상'을 만들고 그것을 지속해 나가기 위해 반드시 지켜야 할 윤리적 지향점이라는 가치를 지니게 되는 것이다.

(다) 인간은 오랜 역사를 거치면서 언제나 개인으로서가 아닌 공동체의 구성원으로 존재해 왔다. 과거 어느 시대를 살펴보더라도 인간이 '사회'라고 하는 집단을 형성하고, 그 속에서 안정과 행복을 추구하며 삶을 영위해 왔음을 쉽게 알 수 있다. 그렇다면 개인으로 하여금 안정감과 행복을 누릴 수 있게 하는 사회의 기능을 가능하게 하는 요인은 무엇인가?

시간과 공간을 초월하여 모든 사회에는 나름대로의 도덕적 덕목과 그것이 강제화된 규범과 제도가 존재하기 마련이다. 이러한 도덕, 규범 체계는 각 사회의 고유한 환경과 맥락에 따라 차이를 보이기도 하지만, 그 내용면에서 정의로움이나 성실, 정직과 같은 덕목을 공통적으로 요구한다. 사회에 이러한 보편적인 도덕 규범 체계가 있고, 구성원이 이를 준수하기 때문에 개개인의 인간다운 삶이 가능하고 사회가 안정되고, 발전해 나갈 수 있다.

이러한 관점에서 살펴볼 때, 제시문의 주장은 여러 모로 타당하지 못하다. 제시문에서는 우연히 신비한 가락지를 얻고 결국에 부도덕한 일들을 저지르고 마는 양치기의 이야기를 토대로, 개인에게는 정의보다는 불의가 이익이 되며, 인간은 강제에 의해 정의의 덕목을 지키게 된다는 주장을 펴고 있다. 그러나 과연 실질적으로 불의가 정의보다 많은 이익을 보장해 주는 지에 대해서는 생각해 볼 필요가 있다. 제시문에서처럼 한 개인이 신비한 반지를 갖게 되어, 마음대로 재화와 권력을 소유하고, 죽이고 싶은 사람을 죽일 수 있다고 하자. 그렇게 되었을 때, 그가 당장에는 자신의 극대화된 자유에 만족해 할 수 있을 것이다. 그러나 그러한 반지가 하나가 아니라, 여러 개 있었다면 그 사회는 결국 어떻게 될 것인가? 모든 사람들이 자신의 욕심을 추구하고, 욕망을 성취하려고 하는 가운데 '자유의 역리' 현상이 나타나게 되어 사회에는 불신과 불의만이 팽배한 아수라장이 되고 말 것이다. 이러한 사회에서 개인은 자신의 신변과 재산에 대해 심한 불안을 느끼게 될 것이며, 성실한 노력이나 노동의 의욕을 상실하게 될 것이다. 이러한 사실을 통해 우리는 개인이 정의의 덕목을 망각하고 불의를 추구하는 것은 그가 속한 사회뿐 아니라 당사자에게도 불이익과 파멸을 가져옴을 알 수 있다.

다음으로 인간이 과연 사회의 강제에 의해 어쩔 수 없이 정의의 덕목을 지키게 되는가에 대해 생각해 볼 필요가 있다. 인간을 다른 동물과 구별하는 가장 큰 특징은 이성과 자유 의지를 갖는다는 점이다. 인간은 이성을 가짐으로 해서 겪어 보지 않은 상황을 예측하고 그에 대처할 능력을 가지며, 자유 의지를 가짐으로 인해 부당한 요구에 의해 지배되지 않는 자율성을 지닌다. 여기에서 우리는 인간이 수동적으로 사회의 정의에 대한 요구를 따르는 것이 아니라, 스스로 불의가 가져올 폐해를 인식하고 능동적으로 정의의 덕목을 준수하려는 노력을 하고 있음을 알 수 있다.

위에서 살펴 본 내용을 토대로 할 때, 인간은 합리적인 판단과 자유 의지로 '정의'를 추구하고 있으며, 그 '정의'는 구성원 최대 다수의 행복을 보장하고 그들이 더욱 인간다운 삶을 살아가는 데에 도움을 준다고 결론지을 수 있다. '정의'는 개인과 그가 속한 사회를 무질서와 파멸로부터 지켜 주는 울타리가 되며 동시에 인간에게 이성과 자유 의지가 존재함을 증명하는 증거가 되기도 하다.

【문제】　다음을 주제로 논술을 하기 위한 개요를 작성하시오.
　　① 단독형 : ㉠ 남북 통일의 필요성과 그 방법
　　　　　　　 ㉡ 언어 순화의 절박성
　　　　　　　 ㉢ 언어 교육의 필요성
　　　　　　　 ㉣ 남녀 평등의 중요성
　　② 제시형 :

'촉탁 살인' 등장인물 인터넷 중독

인터넷 자살 사이트에서 만난 사람들끼리 돈을 받고 살해한 '촉탁 살인'은 가상 공간에 몰입된 '사이버 인간'들이 만들어낸 비극이었다.

최근 왜곡된 사이버 문화가 확산되고 현실을 회피하려는 인터넷 매니어가 급증해 언제든지 이같은 범죄가 재발할 환경이 조성되고 있는 것이다. 경찰에 따르면 지난 15일 촉탁 살인 혐의로 경찰에 붙잡힌 尹모(19)씨와 피살된 회사원 숲모(29·서울 노원구)씨는 모두 가상세계와 현실을 제대로 구분하지 못하는 사람들이었다. 尹씨는 지난 12일 새벽 서울 월계역 환승주차장에서 숲씨를 살해한 후 택시를 타고 바로 동대문 부근의 한 PC방

범행후 PC방서 게임
"죄의식 전혀 못느껴"

에서 3시간 가량 게임을 한 다음 귀가했다. 그만큼 죄의식도 없었던 셈이다.

평소 尹씨는 24시간 편의점의 아르바이트가 끝나면 오전 1~2시쯤 집 부근의 PC방으로 달려가 몇시간씩 게임을 즐기다 귀가하는 생활을 반복해 왔다. 尹씨는 경찰에서 "PC방에 가는 것 말고는 할 게 없었다"고 진술했다. 그는 "죽여달라고 해 좋은 일을 한다고 생각했기 때문에 전혀 죄책감을 느끼지 못했다"고도 말했다. 사이버 문화에 중독돼 사회성이 파괴되고 현실감각이 상실됐음을 보여주는 대목이다.

尹씨의 아버지는 "TV 등에서 자주

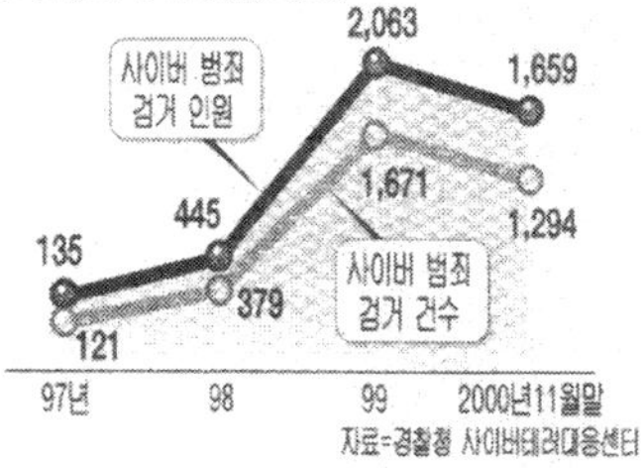

사이버 범죄 추이 (해킹제외)

인터넷 중독증의 위험성을 경고하는 것을 봐 PC방에 못가도록 아들을 말렸지만 소용 없었다"고 말했다.

숨진 숲씨 역시 살해되기 1주일 전 평소 짝사랑해 왔던 여자친구에게 e-메일을 통해 자살을 예고하는 등 상식적이지 않은 행동을 보였다.

그는 메일에서 "인터넷 사이트에서 만난 사람에게 죽여 달라고 부탁했다" "청부 자살 비용으로 1백만원을 주기로 했다" "당신이 마음을 허락하지 않으면 며칠 후 죽는다"고 밝혔다.

경찰 관계자는 "숲씨에게 인터넷은 유일한 욕구 해소 출구였는데 여자친구가 '장난치지 마라. 죽으려면 죽어라. 연극하지 마라'고 비아냥 섞인 e-메일을 보내자 좌절감이 커져 죽음을 결행한 것 같다"고 말했다. 경찰조사 결과 尹·숲씨 등이 이용한 자살 사이트 (개인 홈페이지) 개설자 李모(23·여)씨 역시 지난 1년간 인터넷에 빠져 별다른 직업 없이 외출까지 극도로 자제해온 사이버 중독자였다. 李씨는 지난해 말 자살 충동을 느낀 후

현실·가상세계 혼동
극단적 파괴심리로…

올해 초부터 인터넷 사이트를 전전하다가 지난 9월 스스로 자살 사이트를 만들었다.

서울대병원 신경정신과 권준수(權俊壽)교수는 "자살 충동을 느끼는 사람은 인터넷을 통해 만난 사람과 유대감을 느껴 언제든지 집단행동을 할 수 있다"고 경고했다.

한국사회병리연구소의 백상창(白尙昌)소장은 "청소년들이 인터넷에 빠지면 타인과의 관계가 사라져 자기중심적이 된다"며 "이에 따라 무의식 속에 파괴적 심리가 자리잡아 사이버 패륜이 일어날 수 있다"고 분석했다.

하재식·박현영 기자
<angelha@joongang.co.kr>

'원전 모독'인가 '유머러스한 재창조'인가.

서태지가 자신의 노래 '컴백홈' 뮤직비디오를 패러디해 발표한 '음치 가수' 이재수를 상대로 소송을 제기하면서 대중문화계에 '패러디 논란'이 뜨겁게 일고 있다. 때마침 낯익은 광고를 패러디한 TV 프로그램, 영화 장면을 비튼 뮤직비디오들도 쏟아지고 있어 "이번 기회에 패러디의 정의와 한계를 명확히 해야 한다"는 주장도 등장하고 있다.

'컴백홈'을 패러디한 이재수의 '컴배콤'은 가사와 창법, 뮤직비디오를 우스꽝스럽게 바꿨다. 96년 제조된 서태지 '컴백홈' 뮤직비디오는 독특한 구성과 앵글로 팬들의 열광적 반응을 얻었고, 그해 'MTV 뮤직비디오 대상'에서 '아시안 뷰어즈 초이스'를 수상하기도 했다.

◇ '컴백홈'의 서태지(왼쪽)와 '컴배콤'의 이재수가 정면 충돌했다. 서태지는 "패러디라는 이름을 빌려 내 음악을 돈벌이에 이용하고 있다"고 비난하고 있고, 이재수는 "웃어보자고 만든 패러디에 너무 엄격한 잣대를 대고 있다"고 반박하고 있다.

또 다른 창조냐 *패러디* 원작 모독이냐

이 '화제작'을 이재수는 '컴배콤'에서 마음껏 비튼다. 그는 서태지와 비슷한 의상과 머리모양을 하고 나와, '컴백홈'과 거의 똑같은 장소에서 비슷한 앵글로 촬영했다. 뜻밖에도 이 패러디 뮤직비디오 연출은 원작 '컴백홈'을 찍었던 홍종호 감독이 맡았다. 어두운 실내에 앉은 서태지 대신 이재수는 두루마리 휴지를 들고 변기에 앉았다. 입에 반창고나 빨래집게를 붙이고 등장하기도 한다. "야, 돌리 집에 들어가" 하는 가사도 나온다.

서태지는 지난달 31일 이재수를 '저작권법 위반'과 '모욕'죄로 고소하는 한편, '컴배콤' 판매와 상영 등을 금지해달라는 가처분 신청을 법원에 냈다. "저작권자와 상의도 없이 '컴백홈'을 훼손해 서태지에게 모멸감을 줬다"는 것이다.

지금 우리 대중 문화계에서 패러디의 대상은 '서태지'뿐이 아니다. 그 수준도 천차만별이다. 케이블 음악채널 m.net은 프로그램 '타임 투 록'을 알리는 자체 스폿을 이동전화 'TTL' 광고 '토마토편'을 패러디해 방영했다. 이 스폿은 광고필름을 아예 통째로 갖다 놓고, 모델 임은경의 얼굴만 도려내 그룹 '크래쉬' 리더 안흥찬의 얼굴을 붙였다. 마지막엔 'TTL' 대신 'TTR(Time To Rock)'란 글자가 뜬다. 같은 채널의 '왓츠 업 요'를 알리는 스폿은 하리수가 출연한 광고를 패러디했다.

댄스그룹 쿨의 '점포 맘보' 뮤직비디오는 영화 'JSA'를 패러디했다. 멤버 김성수가 지뢰를 밟고 유리와 이재훈이 북한군으로 출연한다. 김성수가 무전기를 들고 "살려달라"는 음성메시지를 녹음하려다 '*' 버튼이 없어 당황하는 식이다. 이 밖에도 핑클의 '당신은 모르실거야' 뮤직비디오는 '쉬리' '천장지구' '귀여운 여인' '러브레터' 등 4개 영화의 명장면을 패러디했다.

패러디를 옹호하는 쪽의 입장은 명확하다. "대중문화의 다양한 흐름에서 패러디도 얼마든지 시도해볼 수 있는 것이며 패러디한다는 것 자체가 원작의 유명세를 입증하는 것인 만큼 기본적으로 원작 훼손이 아니다"라는 것. 문화평론가 김지룡씨는 "원작자가 패러디를 보면 기분이 나쁠 수는 있지만 웃고 넘어가야 하는 것 아니냐"면서 "다만 새로운 창조보다 기존 텍스트의 유명세에 편승하는 듯한 '패러디 증후군'이 문제"라고 말했다. 그러나 "패러디가 원작을 훼손할 권리를 의미하지는 않는다"는 입장도 만만찮다. 서태지 소송을 대행중인 강성 변호사는 "'컴배콤'은 패러디를 넘어선 모멸적 작품 훼손"이라면서 "당연히 서태지의 사전 동의를 얻었어야 했다"고 말했다. 그는 "국내는 물론 미국도 패러디에 대한 법적 정의가 명확

◇ 'TTL' 광고 토마토 편(위)을 그대로 갖다쓰면서 얼굴만 도려낸 음악채널 m.net의 '타임 투 록'.

지 않다"면서 "그런 의미에서 이번 소송은 패러디의 한계를 처음으로 정의하는 기회가 될 것"이라고 덧붙였다.

/한현우기자 hwhan@chosun.com

◇ 영화 'JSA'를 패러디한 쿨의 뮤직비디오 '점포 맘보'.

제9장 도입부와 종결부 쓰기

이제까지 우리는 '단어 - 문장 - 문단'에 이르기까지 글쓰기 훈련을 해왔다. 이제 글의 도입부와 종결부를 쓰는 방법에 대해 알아보기로 한다. 도입부와 종결부는 글의 첫인상과 마무리에 해당되므로 중요한 의미를 갖는다. 사람에게 첫인상이 중요하듯이 글에서도 첫 부분이 중요하다. 첫인상이 좋지 않은 글은 사람들이 읽지 않는다. 아무리 좋은 글이라 하더라도 사람들에게 읽히지 않는 글은 생명이 없는 글이다. 또한 사람의 일에 '유종의 미'라는 것이 있다. 아무리 일을 잘 하다가도 끝마무리를 잘못하면 그 일은 낭패가 되고 만다. 글에서도 마찬가지다. 내용을 잘 전개했다 하더라도 마무리에서 실패하면 그 글은 실패한 글이 되고 만다.

물론 도입부나 종결부를 쓰는 방법은 고정되어 있는 것이 아니다. 여기서는 글쓰기 훈련의 한 과정으로 대표적인 몇 가지 방법을 공부하기로 한다.

9. 1 도입부 쓰는 법

쓸거리와 주제, 목적을 정하고 글감을 빈틈없이 정리하여 놓았다 하더라도 막상 글을 시작하려면 망설여지는 경우가 많다. 글을 어떻게 시작할 것인가는 글쓰는 것을 업으로 삼는 사람들에게도 그리 만만한 일이 아니다. 글을 시작할 때 염두에 두어야 할 사항은 '어떻게 사람들의 관심을 끌며, 강렬한 인상을 줄 것인가?'하는 것이다.

글을 처음 여는 단락을 도입단락이라 한다. 글에 따라서는 굳이 도입단락을 구분하지 않는 경우도 있으니 도입부라는 포괄적인 용어를 사용하여 시작하는 몇 가지 방법에 대해 알아보도록 한다.

9. 1. 1 주제를 내세우거나 주제를 암시하며 시작하는 경우

글의 중심 내용을 먼저 제시하면서 글을 시작하는 방법으로 가장 일반적인 방법이다. 글의 목적과 방향을 처음부터 명확하게 제시하므로 분명한 느낌을 줄 수 있다.

【예문】

헤어지는 일이 아주 서툰 스님이 있다. 사바의 나이가 쉰이 훨씬 넘은 연배에, 미처 열 살이 못되어 산문에 입적을 한 애기중 출신이니까 속칭 절 나이도 적지않게 든 스님이다. 그런 스님이 사람을 한번 만났다 하며, 이쪽서 먼저 헤어지자는 말이 나오기 전에는 그만 헤어지는 적이 없다.

(송기원, 「이별에 서툰 스님」 중에서)

위 예문은 이별에 서툰 스님의 이야기를 통해 글의 주제를 암시하며 시작하고 있다. 한 편의 일화이기에 관심을 끌만 하고, 현대인들에게 부족한 '정'에 관한 이야기이니 읽을 만한 글로 여겨질 것이 분명하다.

남의 말이나 글 또는 속담 등을 인용하면서 시작하는 방법도 흔히 사용되는 방법이다. 글을 쓸 때 흔히 자신이 주장을 내세우기 위해 인용의 방법을 사용하는데 이는 글의 객관성을 부여하는데 좋은 방법이다.

【예문】

"편작이 열이 와도 못고친다"는 말이 있다. 편작과 같은 명의도 고칠 수 없는 난치병을 두고 한 소리다. 정송강의 가사에도 "편작이 열히 오나"라는 구절이 있는데 이 경우에는 님을 그리워하는 마음의 병을 가르키는 말이다. 史記를 보면 죽었던 趙蘭子를 살려낸 그였지만 스스로 자신이 못 고치는 병의 경우를 여섯 가지나 들고 있다. 얼마나 대단한 병이기에 편작도 한숨을 쉬고 그 도규를 버렸겠는가.

그가 제일 먼저 손꼽고 있는 난치 제1조는 제 멋대로 행동하여 남의 말을 듣지 않는 사람의 경우이다. 그리고 제2조는 재물에만 욕심이 있어 몸을 돌보지 않는 경우, 제3조가 입고 먹는 생활이 적절하지 않는 경우이다. 제4조는 음양이 모두 막혀 움직이지 않고 그 균형을 잃은 경우이며 제5조는 극도의 영양실조로 약조차 먹을 수 없이 쇠약해진 경우이다. 그리고 마지막 여섯 번째로 든 것이 무당을 믿고 의사를 믿지 않는 경우라고 하였다.

편작을 울린 이 여섯 가지 조항들은 언뜻 보기에는 별로 어려운 문제처럼 보이지 않는다. 누구나 마음만 먹으면 금세 고칠 수 있는 조건들이다. 첫 번째 조항은 당장 독선이나 독재를 버리고 그 체질과 의식을 민주화하면 된다. 둘째 조항 역시 돈에 대한 욕심만 버리면 된다. 그리고 3, 4, 5의 경우는 바로 경제 문제를 해결하면 될 것이다. 마지막으로 든 것도 믿음의 문제이므로 헛된 귀신을 마음 속에서 몰 아내는 각오만 있으면 된다.

그런데 편작이 간 지 2천 5백년이나 되었는데도 아직 이 여섯 가지 난치병은 그 대로 살아 있다. 아무리 의술이 발달하고 첨단과학 기술과 경제가 발전했어도 그러 한 조항들을 해결하지 않고서는 백약이 무효이다. 결국 그 6조항들을 한마디로 요 약하면 병을 고치는 것은 의사가 아니라 바로 자기자신이라는 것이다. 편작은 남들 이 자신의 의술을 칭찬할 때마다 이렇게 대답했다는 것이다. "아니올시다. 살 사람 을 살렸을 뿐입니다. 단지 越人(편작의 이름)은 그 힘을 일으켜(起) 주었을 뿐이오" 원래 인간은 스스로 그 내부에 생명력과 치유력을 지니고 있다. 의술은 그것을 도 와 주고 일으키는 역할만 하면 된다. 이런 생각이야말로 「이를 가위로, 위를 항아 리로, 가슴을 풀무로 그리고 심장을 펌프로 보고 있는」 인체 기계론 같은 서양의학 과 구별되는 한방의학의 근본정신이라 할 수 있다.

최근 들어 학생들의 폭력시위, 탈법 노사분규 등 한국의 고질병이 다시 고개를 들고일어나는 기미가 보인다. 독선과 독재의 아집, 황금만능주의와 절대빈곤, 균형 성을 잃은 극단적 사고, 낡은 이데올로기의 귀신을 모시고 사는 광신자들……

편작이 열이 와도 못 고치는 이러한 병들은 환부를 도려내고 심장 이식수술을 하 는 양의학적 방법으로도 실효를 거둘 수가 없을 것 같다. 그 난치 6조항부터 하나씩 따져보고 바꿔 가는 자기치유의 노력 없이는 편작이 열이 와도 한국병은 어렵다.

(이어령 「扁鵲」 全文)

위의 예문은 "편작이 열이 와도 못 고친다"는 속담을 인용하여 글을 시 작하였다. 속담의 구체적인 내용과 옛 문인들의 글 속에서 어떻게 사용되 었나를 살펴 객관성을 더하고 있다. 아마 "한국병 고치기 어렵다"라는 주 제를 내세워 글을 시작했더라면 딱딱한 느낌을 주었을 것이다. 그래서 널 리 알려진 속담을 인용하면서 글을 시작한 것이다.

9. 1. 2 관련 있는 일을 제시하며 시작하는 경우

자신이 내세울 주장과 관련 있는 일을 내세우며 시작하는 방법이 있을 수 있다. 요즘 들어 이러한 방법으로 글을 시작하는 경우가 많은데 특히 다른 나라의 일을 제시하면서 글을 시작하는 경우를 종종 볼 수 있다. 이 는 다른 나라의 일을 거울 삼아 우리도 변해야 한다는 경각심을 일깨우는 데 효과적인 방법이다.

【예문】

일본에는 사원들에게 표정훈련을 시키는 회사들이 있다. 우리는 평생 듣지도 보 지도 못한 일이다. 「놀란 표정을 짓고 눈과 눈썹을 올리고…… 원위치로 돌아가 다음에는 양미간에 주름잡고……」 이런 테이프의 구령에 맞추어 전 사원이 여러 가지로 표정을 짓는다. 안면 에어로빅이라고 할 수 있는 이 미소훈련은 일본항공에서 스튜어디스 훈련용으로 만든 테이프가 그 시작이라고 한다.

인간의 몸에는 1백 78개의 근육이 있고 그중 거의 3분의 1에 해당하는 50개가 안면에 모여 있다. 평소에는 그 근육의 극히 일부밖에 쓰지 않기 때문에 이 안면체조를 하면 남보다 훨씬 더 풍부한 표정을 꾸밀 수가 있다. 물론 그 목적은 고객들에게 항상 미소와 부드러운 표정을 지어 친절을 서비스하자는 데 있다. 이쯤되면 자기 얼굴인지 회사 얼굴인지 분간하기 힘들 것이다.

우리나fk에서도 요즈음 젊은이들 사이에는 「표정관리」라는 말이 유행되고 있다. 표정이라는 것은 원래 감정이나 기분이 얼굴에 나타난 것이지만 그 말속에는 관리된 얼굴이라는 작위성이 없지 않다.

여기에 비해서 「낯빛」이라는 순수한 우리말에 표정이란 말로는 도저히 표현될 수 없는 오묘한 뜻이 담겨 있다. 松江은 續美人曲에서 이 낯빛이라는 말을 절묘하게 구사하여 한국인의 섬세한 표정관이 어떤 것인지 잘 보여주고 있다. 「반기시는 낯빛이 예와 어찌 다르신고」라는 시구가 그것이다. 이때의 낯빛은 그냥 표정이 아니라 표정 속의 표정이다. 아무리 감추고 꾸미려 해도 어쩔 수 없이 배어나오는 또 하나의 표정인 것이다. 松江이 말하는 그 낯빛은 표정 훈련이나 미소 체조로 찍어낸 그런 물리적 표정과는 차원이 다르다.

한국인은 직접적으로 자기 감정을 겉으로 드러내 보이려 하지 않는다. 그래서 내면의 표정 그것이 낯빛이 되고 내색이 되는 것이다. 그렇다. 낯빛의 그 빛은 外色이 아니라 바고 內色이다. 그래서 이 낯빛을 읽을 줄 모르는 서양 사람들은 한국인을 평할 때 흔히 무표정하다고 말한다. 칼집에 들어 있는 칼날을 보고 칼날이 없다고 하는 것과 같은 말이다. 그러나 한국인은 그들이 무표정하다고 하는 그 낯빛 속에서 천가지 만가지 섬세한 감정의 굴곡과 변화를 읽을 줄 안다.

한국인은 표정보다는 낯빛을 가지고 살아간다. 이 낯빛을 제대로 읽을 줄 모르면 한국 사회에서 살아가기 힘들다. 표정훈련보다는 남들의 낯빛을 잘 읽는 섬세한 감수성이나 눈치 훈련을 쌓는 것이 더 효과가 크다. 그러면 무뚝뚝해 보이는 한국인의 불친절 속에서도 오히려 일본인의 판박이의 미소에서 찾아볼 수 없는 정감을 찾을 수 있을 것이다.

그리고 반대로 웃는 얼굴에서도 무서운 태풍의 예고를 들을 수 있다. 한국 사회 전체에도 그리고 정치와 경제에도 그런 낯빛이 있다. 松江의 가사는 단순한 사랑의 시가 아니었다. 「반기시는 낯빛이 예와 어찌 다르신고」라는 그 변화는 바로 달라진 정치의 낯빛이기도 했던 것이다.

(이어령 「낯빛」 全文)

위 예문은 일본(서양) 사람들의 표정 훈련을 제시하면서 한국인의 '낯빛론'을 전개하고 있다. 글의 내용으로 보아 일본(서양)과 우리 나라 사람들의 얼굴빛에 대한 인식을 대조하면서 한국인이 갖는 낯빛의 장점을 되살리고자 하는 목적이 들어있다. 이처럼 우리의 무엇을 평가하거나, 예찬하는 글에 더욱 효과적인 글 시작 방법이다.

9. 1. 3 숙어를 풀면서 시작하는 경우

【예문】

중국 춘추시대에 월(越)나라의 침공을 가망할 수 없었던 오(吳)나라 임금은 월나라에 사죄를 하고 항복할 뜻을 비췄다. 이에 월나라 대부인 종(種)은 항복을 받아들이지 말고 싹 쓸어버릴 것을 강경하게 주장하였다. 이 소식을 들은 오나라의 한 대신이 대부 종에게 밀사를 보내어 다음과 같은 편지를 띄우고 있다. 「하늘 높이 날으는 새를 잡으면 쓸모가 없기에 버려두고, 교활한 토끼를 사냥하고 나면 좋은 사냥개는 쓸모가 없어져 잡아먹듯이(兎死拘烹) 오나라가 망하면 대부께서는 쓸모가 없어져 버림을 받게 될 것이 뻔한 일인데, 왜 굳이 오나라를 멸망시켜 스스로의 목숨을 죄려 드는 것입니까」 했다. 이 편지를 보고 종은 병이 났다는 핑계를 대고 출사를 하지 않았으며, 주변부에서는 반간을 음모하고 있다고 모략하는 이도 있었다. 이에 월나라 왕은 종에게 칼을 내렸고, 종은 그 칼로 배를 갈라 죽고 있다. 「韓非子」의 내저설편(內儲說篇)에 나오는 고사이다.

곧 적국이 망하면 공이 있는 모신(謨臣)은 쓸모없다 하여 버림받듯이, 쓸모가 있을 때는 아쉽게 쓰고는 다 쓰고 나면 헌신짝처럼 버린다는 인생무상을 빗대어 토사구팽(兎死拘烹)이라 한다. 이 인생무상은 너무나 흔하고 잦은 일이었던지 「史記」 「三略」, 「文子」, 「論衡」 「准南子」 등의 문헌에 자주 이용되고 있다. 내일 모레 다가오는 한식(寒食)도 바로 이 토사구팽의 원한에서 비롯되고 있다. 옛날 문공(文公)이 임금자리에서 쫓겨나 19년 동안 숨어살 때, 신하 개자추(介子推)는 굶주린 임금에게 자신의 허벅지 살까지 베어 먹여가면서까지 살려 냈는데, 임금이 된 연후에 부르기는커녕 거들떠 보지도 않았다. 이를 뒤늦게 알고 크게 뉘우친 문공이 개자추를 하산시키고자 산에 불을 질렀지만 끝내 내려오지 않고 타죽는 길을 선택했던 것이다. 토사구팽은 그 원한을 이처럼 자학(自虐)으로 처리하기도 하지만, 그 원한을 난(亂)으로 해소시키려 했던 인조(人祖) 때의 이괄(李适)처럼 파괴적으로 승화한 경우도 적지 않았다.

재야나 야당에서 와신상담(臥薪嘗膽)하다가 대권을 잡고 보면, 정권만을 시야에 두었던 시절과는 다른 거국적이고 공적인 시야가 겹쳐들기에 토사구팽 당했다고 원통해 하는 사람이 비일비재할 것이다. ○○○ 前前 대통령과 ○○○ 前 대통령과의 불편한 관계도 바로 이 토사구팽에서 야기된 앙금 때문일 것이다. ○○○ 前 국회의장이 부동산 투기혐의로 의원직을 사퇴하면서 ○○○ 대통령을 겨냥하여 토끼 잡는데 일익을 담당했는데, 이제 잡고 나서는 잡아먹으려 든다는 이 고사로 자신의 심정을 대변했다. 허물을 인정하지 않고 그런 말을 했다면 몰라도, 공직을 사퇴하고서 사적 인간(私的人間)으로서 한 말이라서 그러려니 하는 마음도 든다. 그렇게 생각하는 정치 「사냥개」가 적지 않을 테니 말이다.

(이규태의 「兎死拘烹」 全文)

"토사구팽"이라는 숙어를 풀어 글을 시작하고 있다. 이처럼 숙어의 뜻을 풀면서 다루고자 하는 내용을 써 가는 것도 좋은 방법 중에 하나이다.

9. 1. 4 사건을 내세우며 시작하는 경우

글 안에서 다루고자 하는 사건을 맨 앞에 내세워 시작하는 방법이다. 이러한 방법은 읽는 사람으로 하여금 강렬한 인상을 줄 수 있는 방법이다. 시작의 문장을 꾸미지 않고 간결하고 강하게 제시하면서 시작하는 방법으로서, 사회적인 문제를 다루는 글에 효과적이다.

【예문】

서울시는 장충동에 있는 리틀 야구장을 헐어버릴 계획이라고 한다. 南山 제 모습 찾기를 위해 이를 철거하고 인공폭포를 포함한 피크닉 공원을 조성한다는 것이다. 계획자체는 외견상 나쁠 것이 없다. 남산의 제 모습을 찾는 것은 원래의 자연으로 회복·보전한다는 의미에서나 서울 시민의 휴식처를 더 많이 확보한다는 면에서 바람직한 일이기 때문이다.

그러나 우리는 서울시가 하필이면 어린이 야구장을 허물고서 남산의 제 모습을 찾겠다는 것에 대해 찬성할 수 없다. 우선 이 리틀 야구장은 다른 것과 달리 남산의 경관을 해치는 장애물이 아니다. 남산의 자연경관을 가리는 것은 수십 층짜리 호텔이나 아파트 등 고층 건물들이지 남산의 자연 속에 파묻혀 이미 남산의 자연의 일부가 된 이 작은 야구장일 수 없다. 그러니까 이 야구장을 헐어낸 뒤 새로 인공폭포를 설치하고 피크닉 공원을 조성한다는 것은 오히려 남산의 제 모습을 해치는 것이 될 수도 있다. 뿐더러 리틀 야구장은 우리 어린이들에게는 서울에 하나밖에 없는 꿈의 스포츠 동산이다. 여기서 수십 년 내 우리의 어린 선수들이 야구를 하면서 이 나라 야구발전의 기틀을 다져왔던 것을 잊어서는 안 된다. 서울시가 어린이들을 위해 새로 야구장을 만들어주지는 못할망정 기왕에 있는 구장을 없애버린다는 것은 말도 안 된다. 서울시는 사회인用으로 만든 木洞 야구장을 이용하면 된다고 하지만, 그 이용의 불편은 말할 것도 없고 인구 1천만 명을 넘는 수도 서울에 어린이 전용 야구장의 여유를 하나도 남겨두지 않겠다는 것은 너무나 한심스럽다.

우리는 어린이들의 꿈을 키우고 국민들의 건전한 오락을 위해 막대한 비용이 드는 프로 야구를 유지하고 있는 나라다. 그럼에도 불구하고 어린이들이 직접 뛰어놀 리틀 야구장은 없애야 하겠다는 것은 무슨 셈인지 영문을 모르겠다. 그러고도 어른들이 어린이를 위한다고 할 수 있는지 당국에 묻고도 싶다. 이 구장을 살리라고 외쳐대는 어린이들의 애절한 호소가 귀에 쟁쟁하지 않은가.

이 야구장을 헐고 공원을 조성하는데는 70억 원의 예산이 든다고 한다. 그 돈의 10분의 1이라도 기왕에 있는 이 리틀 야구장을 단장하는데 쓴다면, 남산의 제 모습이 훨씬 정겨울 것은 물론, 그곳을 찾을 어린이들과 시민들의 마음이 한결 밝아지리라 믿어진다.

(사설 「어린이 야구장을 살리자」 全文)

9. 1. 5 문제를 제기하며 시작하는 경우

일반화된 견해나 다른 사람의 말, 글에 대해 문제를 제기하며 시작하는 방법이다. 제기된 견해나 말, 글이 과연 합당한가라는 질문에서 시작하여, 우리가 종합적으로 생각할 내용이나, 더 근원적인 문제를 불러내어 다시 한번 진정한 뜻을 주장하는 글에 합당한 방법이다.

【예문】

○ 대통령은 「내가 사고나지 않게 하라고 했는데 왜 이런 일이……」란 식으로 ○ 총리를 야단쳤다. 그러나 이건 아무래도 좀 잘못된 이야기 같다. 이번 참사가 어디 「사고나지 않게 하라」고 해서 안 일어날 일이었나? 문제의 뜻을 똑바로 보아야 한다. 이번 참사에서 희생된 사람들의 죽음의 의미를 제대로 읽어야 한다. 그 죽음은 우리에게 참으로 무서운 가르침을 주고 있다. 한마디로 우리는 아직도 멀었다는 것, 이 나라는 아직도 충분히 건설된 나라가 아니라는 것, 그런데도 우리는 마치 「근대 국민국가 건설」이 이미 완성된 것처럼 착각하고 있었다는 점이다. 어떤 학자가 말했듯이 이 나라는 아직 「未完成의 국민 국가」라는 게 증명된 것이다. 근대국가란 무엇인가. 쉽게 말해 엉성한 구석이 없이 잘 조직화되고 관리되는 나라다. 구석구석에 제도의 기계가 작동하고, 매사에 규칙이 살아 움직이고, 그것을 24시간 지켜보는 관료가 있고, 그래서 말도 안 되는 엉터리 같은 일이 일어나는 일이 없는 국가 형태 - 그것이 근대국가다. 서구에서는 이런 나라를 한 3백년 가까이 만들어 왔고, 우리는 일제 식민지 국가와 美군정국가를 제외하고 생각한다면 한 50년 해왔다. 세월의 길이만 두고 봐도 우리는 역시 갓 태어나 걸음마를 하는 신생국인 셈이다.

그러나 신생국치고는 한국의 근대국가 건설은 한때 세계의 이목을 집중시킨 것이 사실이다. 88년엔 올림픽을 여봐란 듯 치러낼 정도였으니까. 그런데 거기에 취해서 그랬는지 어쨌는지 좌우간 이제 와서 다시 보니 우린 어느 틈에 삐거덕거리고 있는 게 아닌가.

어떤 사람은 이런 현상을 外華주의(ritualism)라고 불렀다. 근대국가라고 하는 규범은 강하게 내세우면서도 근대국가다운 채비와 마련은 실상 없는 상태를 말함이다. 「사고나지 않게 하라」고 엄명했는데도, 그리고 「네 그렇게 하겠습니다」고 조아렸는데도 사고는 났다. 왜? 속빈 강정이었기 때문이다.

배는 헐었는데 승객과 짐은 많았다. 무전시설도 있고 항만청도 있는데 교신은 없었다. 행정당국은 있지만 연안 훼리 지역은 거의 無행정 상태였다. 말이 근대국가이지 거기엔 「국가」가 없었던 것이다. 다스림과 챙기기가 없는데 무슨 국가인가. 로빈슨 크루소를 조금 면한 정도였다고나 할까.

그렇다면 왜 이렇게 되었는가. 첫째는 지난 30년式의 근대국가化 방식이 21세기 前夜에 와서는 이제 한계에 온 때문이다. 더 이상 신통력이 없는 것이다. 그리고 둘째는 지도층이 그런 사실을 모른 채 나라 만들기 작업을 느슨히 한 때문이다.

다 된 줄 알았든가, 다른 데 정신이 팔렸든가 둘 중의 하나일 것이다 셋째의 이유는 그래 저래 우리 모두가 샴페인을 일찍 터뜨렸는지 각자 제몫 챙기기에만 급급했는지 어쨌든 와글거리며 산 탓이다.

이번 사고 희생자들의 죽음은 바로 그런 우리의 實相이 구조적으로 빚어낸 것이었으며, 이 점을 꿰뚫어보지 않는 한 「사고나지 않게 하라」고 아무리 지시해도 소용이 없을 것이다.

그래서 이번 사고는 사고 차원의 문제가 아니라 지금 단계에서의 우리의 근대국가 건설공사 자체의 어떤 문제점을 드러낸 경종으로 받아들여야 한다. 따라서 이에 대한 대응도 단지 人事와 刑事와 民事로 끝날 수 있는 성질의 것이 아니다. 느슨해진 나라 만들기 작업 자체를 총점검하고 다시 한번 시작해야 할 일이다. 그야말로 국가건설 차원에서 조명돼야 하겠다는 것이다. 이점에서 이번 사고는 「○○○정부」에 대해 오늘의 세계적인 대전환기에 처해서 국가의 議題들 가운데 과연 무엇을 最우선 순위에 올려 놓아야할 지를 준엄하게 묻고 있다.

필자보고 답하라면 그것은 문민정부가 국가건설과 국가 관리에 있어 권위주의 정부보다 정말로 더 能하다고 하는 것을 실제로 증명해 보이는 일이다. 이것을 못해 보이면 ○정부는 「정당성의 위기」대신에 「효율성의 위기」를 맞을 것이다. 그렇다고 해서 황금알을 당장 낳아 놓으라는 이야기는 아니다. 중요한 것은 이것을 국가적인 과제의 最우선으로 삼고서 시간낭비 정력소모함이 없이 신바람나게 국민의 마음을 어우러서 다시 한번 목표를 향해 뛰어가는 태세의 확립, 분위기의 앙양이다.

과도기의 부글거림과 지지부진함에는 이제 종지부를 찍어야 한다. ○정부 출범으로부터 벌써 몇 년째인가. 필요하고 불가피한 것이었겠지만 그래도 우리는 그동안 시간을 너무 그런데다만 썼다. 더 이상 그러다가는 海難 정도가 아닐 것이다.

이번의 악몽은 그 점에서 너무나 비극적인 것이었지만 그 희생자들은 「○○○정부」의 일대 심기일전, 그리고 그에 의한 「화합속의 일하는 태도」로의 전환을 죽음으로써 요구하고 있다. ○정부의 국가건설 工事를 대망한다.

(유근일 칼럼 「죽어서는 묻는다」 全文)

9. 1. 6 과거의 일을 떠올리며 시작하는 경우

과거와 현대를 비교하며 달라진 인심, 인식, 가치관을 다루기에 합당한 방법이다.

【예문】

이인직(李人直)의 소설〈血의 淚〉에 이런 대목이 나온다 「〈우〉자 박힌 벙거지 쓰고 감장 홀태바지 저고리 입고 가죽주머니 매고 문밖에 와서 문안을 기웃기웃하며 편지 받아 들여가오 편지 받아 들여가오 두세 번 소리하는 것은 우편군사라」 이 우편군사는 남의 집 안채를 기웃거렸다는 죄로 그 집 하인들에게 끌려 들어가 엉덩이를 얻어맞는다. 우리 나라에서 개화의 십자가를 맨 먼저 짊어진 것이 바로 우편

군사 또는 체전부 벙거지꾼으로 불리었던 우편 집배원이었다.

(이규태 〈郵便輯集配員〉 중에서)

9. 1. 7 개념을 정의하면서 시작하는 경우

논의할 대상의 개념이 일반인들에게 생소한 것이거나 또는, 글을 쓰는 사람이 나름대로 새롭게 정의 내릴 필요가 있는 경우에 좋은 방법이 될 수 있다.

【예문】

역사란 시간에 따라 변화하는 사물의 과정을 고찰하는 학문이라 할 수 있다. 그런데 시간은 강물처럼 끊임없이 흐르며 그 흐름 속에서 무수한 사건들, 사람들이 흐른다. 시간은 물리적으로 갈라질 수 없는 것이지만 우리는 시간의 흐름을 구분해 생각하지 않으면 역사를 명확하게 이해할 수 없다.

(차하순 〈역사의 의미〉 중에서)

9. 2 종결부 쓰는 법

종결부를 쓰는 가장 일반적인 방법은 논의해 온 내용을 요약하거나 결론을 내려주면서 마무리하는 방법이다. 반면 요즘에는 종결부에서도 강한 인상을 남기거나 여운을 남기며 끝을 맺기도 한다.

9. 2. 1 주제를 다지며 마무리하는 경우

글에서 논의한 내용을 다시 한번 거론하여서, 주제를 다지며 끝맺는 방법이다. 전체 글의 내용을 다시 상기할 수 있어서 좋고, 강한 인상을 주어서 효과적인 방법이라 할 수 있다.

【예문】

서울대, 高麗大 등 21개 주요대학 총장들이 95학년도부터 본고사 폐지를 유도하겠다는 정부의 방침과 관련, 모임을 갖고 본고사 실시여부는 대학자율에 맡겨야 한다는 데 의견을 모았다. 본고사 채택 여부는 물론, 대학의 일은 대학에 모두 맡겨야 한다. 그래서 자율경쟁을 통해 건실한 대학은 발전하도록 도와주고 입시부정

등 비리가 있는 대학은 교육부에서 철퇴를 내려야 한다.

(사설 「李考査는 대학자율에」 중에서)

9. 2. 2 여운을 남기며 마무리하는 경우

종결부를 간단하게 쓰거나 아예 생략하는 경우도 있다. 이러한 방법은 읽는 사람으로 하여금 다양하게 생각할 수 있는 기회를 준다는 장점도 가지고 있지만, 강한 인상을 주지 못한다는 약점도 가지고 있다. 따라서 무게 있는 글보다는 좀 부담 없는 글의 마무리 방법으로 사용된다. 그러나 이 방법을 잘 익혀서 효과적으로 사용하면, 강하게 마무리하는 방법보다 더 큰 효과를 얻을 수 있다.

【예문】

　　뉴욕시 보건국 부국장으로 일하던 리처드 애트킨氏는 작년 여름 직장을 그만뒀다. 자신보다 훨씬 돈 잘 버는 부인을 따라 LA로 이사가기 위해서였다. 시청공무원 봉급보다는 방송국 이사인 부인 월급이 훨씬 많기 때문에 부인의 LA전근을 따라 간 것이다. 요즘 같은 불황기에 새 직장 찾기는 별따기나 마찬가지, 애트킨 氏는 결국 부인한테 용돈을 타서 쓸 수밖에 없는 「신세」가 됐다.

　　최근 월스트리트 저널지는 「부부관의 역할이 바뀌는 일은 사회변화로 인한 가치변화들 중 가장 고통스런 경험」이라고 표현했다. 작년 미국 내 직장업무로 인한 전근자 중 19%가 여성직장인이었다. 12년 전인 80년 당시(5%)보다 13%가 늘어난 숫자이다. 이같은 추세는 미국에서 부부관계가 「역전」된 커플의 숫자를 늘여놓고 있다. 아내의 근무지에서 새로운 일자리를 구하지 못하면 主婦아닌 主夫로 가사와 자녀들을 돌보는 남편들이 점점 늘어나고 있다. 물론 미국의 남편들은 동양보다는 훨씬 가정적이지만, 사회통념이나 관습에서는 여전히 부부간의 역할이 구분돼 있다는 데서 스트레스가 발생한다. 지금은 인쇄공장 관리자로 일하고 있는 에이츠 예겐 氏(40)는 가장 특징적인 경험자 중 한사람이다. 외과 의사자격을 가진 부인이 전문의(연봉10만 5천달러)로 취업해 이사하면서 직장을 떠났던 그는 엄청난 스트레스에 시달렸다. 학교 다니는 두 아이를 돌보면서 식사준비와 세탁일을 맡아 하다, 우울증에 빠져 過食하는 습관이 생겼다. 특히 가장 「아찔했던」순간은 주부 30명 사이에 둘러싸여 딸아이 국민학교 입학식을 치렀던 일이라고 뉴욕의 직업상담 전문가들은 이제 「기업들마다 여성간부 발령 때는 남편들의 일자리 문제를 심각하게 고려해야 할 때가 왔다」고 입을 모으고 있다.

(김승연 「뒤바뀐 主婦-主夫」 全文)

위 예문은 아예 종결부가 없다. 글의 중간에서 자신의 주장을 언뜻 비추어 놓고는 막상 글의 끝에 와서는 아무 말 없이 글을 마무리하고 말았다. 그러나 이 글을 읽는 사람들은 글쓴이의 생각을 전해 듣고 있다.

이러한 방법을 익히면 글쓰기도 경제적으로 할 수 있다. 많은 말을 하지 않고 최대한의 공감과 생각할 거리를 제공하는 방법이기 때문이다.

9. 2. 3 기대하며 마무리하는 경우

주로 사회를 비판하는 논설문에서 자주 사용되는 방법이다. 특정인이나 일반인에 대해 요망사항을 제시하며 마무리하거나, 향후의 일을 전망하며 끝맺기도 한다.

【예문】

우리는 文民시대에 맞게 정부는 방송위에 대한 법이 허용하는 권한을 위임해야 하며 방송위는 최대한으로 기능을 강화. 우리방송이 건전하고 유익한 국민의 방송 으로 자라나도록 강력한 영향력을 발휘해 줄 것을 기대한다.

(사설 「文民時代의 xxx」 중에서)

9. 2. 4 당부하며 마무리하는 경우

기대하며 마무리하는 방법보다 좀 더 강한 마무리 방법이다. 이러한 방 법에는 종종 당부를 어겼을 때 어떠한 일이 벌어질 것인가를 말함으로써 자기의 주장을 강조하는 수법이 동원되기도 한다.

【예문】

그 점에서 우리는 정부 여당 지도자들에게 특별히 두 가지를 당부하고자 한다. 하나는 자신들로부터 솔선수범 하라는 것이다. 부모의 喪을 당한 지도자는 법에 따 라 3평 묘지를 쓰거나 火葬을 실천함으로써 고통분담이 무엇인지 국민에게 보여야 한다는 것이다. 화장 납골하는 국민에 대해 특별한 이익을 주는 정책도 중요하다. 아무 적극적인 시책이나 각오없이 말로만 개혁을 부르짖었지 국민은 결코 따르지 않을 것이다.

(사설 「개혁없는 『묘지』 보류」 중에서)

제10장 어휘

논술교육에서 어휘에 과한 학습은 크게 정서법과 표현론이라고 할 수 있다. 다시 말해서 한글맞춤법 통일안에 맞는 표기법과 나타내고자 하는 생각을 효과적으로 표현하기 위한 표현 수사학적인 내용이다.

이미 '논술고사의 채점 기준'에서 다루었듯이 한글맞춤법 통일안에 맞는 표기 역시 논술 교육에서 중요한 부분이다. 특히, 컴퓨터 시대의 학생들은 '주거(죽어)', '올아요(옳아요)', '시퍼요(싶어요)', '날 봐요(내일 보아요)' 등과 같은 왜곡된 표기에 익숙해져 있다. 따라서 정서법에 대한 교육의 필요성이 점점 커지고 있다.

이 장에서는 한글맞춤법 통일안과 표준어 규정 중 새롭게 바뀐 항을 설명하고 문제 풀이를 통해 실력을 더욱 탄탄히 쌓도록 하였다. 그리고 문맥에 맞는 어휘 선택 훈련을 통해 자신의 생각을 더욱 정확하고 효과적으로 드러낼 수 있도록 하였다.

10. 1 꼭 알아야 할 한글 맞춤법 통일안

지금 우리가 사용하고 있는 한글 맞춤법 통일안은 1988년 문교부가 고시한 것이다. 그 동안 맞춤법 통일안이 자주 바뀐 것을 생각한다면 개정된 한글 맞춤법 통일안은 상당히 오랫동안 바꾸지 않고 사용하고 있다. 이 사실은 개정된 한글 맞춤법 통일안이 어학계의 전반적인 의견을 수렴한 것이기 때문이다. 따라서 앞으로도 오랫동안 바꾸지 않고 사용할 것으로 보인다.

한글 맞춤법의 원리는 총칙 제1항에 나타나 있는 "한글 맞춤법은 표준어를 소리대로 적되, 어법에 맞도록 함을 원칙으로 한다"이다. 이를 풀어 말하면 우선 한글 맞춤법의 표기 대상이 표준어임을 나타내고 있으며, 적는 방식 중 '소리대로'를 강화했음을 의미한다. 따라서 뜻을 파악하는 데 별 차이가 없으면 어법보다는 소리나는 대로 적는 것을 원칙으로 삼았다.

특히, '사이 ㅅ'을 되도록 표기하지 않았다. '나뭇군 → 나무꾼', '칫과 → 치과', '숫병아리 → 수평아리' 등으로 표기한 것은 '사이ㅅ'을 표기하지 않고 소리나는 대로 적는다는 원칙을 적용한 것이다.

다음은 개정한 한글 맞춤법 통일안의 주요 항목이다.

> **제11항** 한자음 '랴, 려, 례, 료, 류, 리'가 단어의 첫머리에 올 적에는 두음 법칙에 따라 '야, 여, 예, 요, 유, 이'로 적는다.
> (ㄱ을 취하고 ㄴ을 버림).

ㄱ	ㄴ	ㄱ	ㄴ
양심(良心)	량심	용궁(龍宮)	룡궁
역사(歷史)	력사	유행(流行)	류행
예의(禮儀)	례의	이발(理髮)	리발

다만, 다음과 같은 의존 명사는 본음대로 적는다.

리(里) : 몇 리냐?
리(理) : 그럴 리가 없다.

[붙임 1] 단어의 첫머리 이외의 경우에는 본음대로 적는다.

개량(改良)	선량(善良)	수력(水力)	협력(協力)
사례(謝禮)	혼례(婚禮)	와룡(臥龍)	쌍룡(雙龍)
하류(下流)	급류(急流)	도리(道理)	진리(眞理)

다만, 모음이나 'ㄴ' 받침 뒤에 이어지는 '렬', '률'은 '열', '율'로 적는다 (ㄱ을 취하고 ㄴ을 버림).

ㄱ	ㄴ	ㄱ	ㄴ
나열(羅列)	나렬	분열(分裂)	분렬
치열(齒列)	치렬	선열(先烈)	선렬
비열(卑劣)	비렬	진열(陳列)	진렬

규율(規律)	규률	선율(旋律)	선률
비율(比率)	비률	전율(戰慄)	전률
실패율(失敗率)	실패률	백분율(百分率)	백분률

제13항 한 단어 안에서 같은 음절이나 비슷한 음절이 겹쳐 나는 부분은 같은 글자로 적는다(ㄱ을 취하고 ㄴ을 버림).

ㄱ	ㄴ	ㄱ	ㄴ
딱딱	딱닥	밋밋하다	민밋하다
씩씩	씩식	누누이(屢屢-)	누루이
연연불망(戀戀不忘)	연련불망		

제15항 용언의 어간과 어미는 구별하여 적는다.

〔붙임 2〕 종결형에서 사용되는 어미 '-오'는 '요'로 소리나는 경우가 있더라도 그 원형을 밝혀 '오'로 적는다(ㄱ을 취하고 ㄴ을 버림).

ㄱ	ㄴ
이것은 책이오.	이것은 책이요.
이리로 오시오.	이리로 오시오.

〔붙임 3〕 연결형에서 사용되는 '이오'는 '이요'로 적는다(ㄱ을 취하고 ㄴ을 버림).

ㄱ	ㄴ
이것은 책이요, 저것은 붓이요, 또 저것은 먹이다.	이것은 책이오, 저것은 붓이오, 또 저것은 먹이다.

제17항 어미 뒤에 덧붙는 조사 '-요'는 '-요'로 적는다.

읽어	읽어요
참으리	참으리요
좋지	좋지요

> **제18항** 다음과 같은 용언들은 어미가 바뀔 경우, 그 어간이나 어미가
> 원칙에 벗어나면 벗어나는 대로 적는다.

〔붙임 6〕 어간의 끝 'ㅂ'이 'ㅜ'로 바뀔 적

깁다:	기워	기우니	기웠다
굽다〔炙〕:	구워	구우니	구웠다
괴롭다:	괴로워	괴로우니	괴로웠다
맵다:	매워	매우니	매웠다
무겁다:	무거워	무거우니	무거웠다
밉다:	미워	미우니	미웠다
쉽다:	쉬워	쉬우니	쉬웠다

다만, '돕-, 곱-'과 같은 단음절 어간에 어미 '아'가 결합되어 '와'로 소
리나는 것은 '-와'로 적는다.

돕다〔助〕:	도와	도와서	도와도	도왔다
곱다〔麗〕:	고와	고와서	고와도	고왔다

> **제19항** 어간에 '-이'나 '-음/-ㅁ'이 붙어서 명사로 된 것과 '-이'나 '-히'
> 가 붙어서 부사로 된 것은 그 어간의 원형을 밝히어 적는다.

> **제25항** '-하다'가 붙는 어근에 '-히'나 '-이'가 붙어서 부사가 되거나, 부
> 사에 '-이'가 붙어서 뜻을 더하는 경우에는 그 어근이나 부사의 원
> 형을 밝히어 적는다.

1. '-하다'가 붙는 어근에 '-히'나 '-이'가 붙는 경우

급히   꾸준히   도저히   딱히   어렴풋이   깨끗이

〔붙임 1〕 '-하다'가 붙지 않는 경우에는 반드시 소리대로 적는다

갑자기   반드시(꼭)   슬며시

〔붙임 2〕 부사에 '-이'가 붙어서 역시 부사가 되는 경우

곰곰이   더욱이   생긋이   오뚝이   일찍이   해죽이

제27항 둘 이상의 단어가 어울리거나 접두사가 붙어서 이루어진 말은 각각 그 원형을 밝히어 적는다.

〔붙임 1〕 어원은 분명하나 소리만 특이하게 변한 것은 변한 대로 적는다.

할아버지　　　　　　　　　　　할아범

〔붙임 2〕 어원이 분명하지 아니한 것은 원형을 밝히어 적지 아니한다.

골병　　　골탕　　　끌탕　　　　며칠　　　아재비
오라비　　　　　　업신여기다　　　　　부리나케

〔붙임 3〕 '이〔齒, 虱〕'가 합성어나 이에 준하는 말에서 '니' 또는 '리'로 소리날 때에는 '니'로 적는다.

간니　　　덧니　　　사랑니　　　송곳니　　　앞니　　　어금니
윗니　　　젖니　　　톱니　　　틀니　　　가랑니　　　머릿니

제30항 사이시옷은 다음과 같은 경우에 받치어 찍는다.

1. 순 우리말로 된 합성어로서 앞말이 모음으로 끝난 경우

(1) 뒷말의 첫소리가 된소리로 나는 것

고랫재　　귓밥　　나룻배　　나뭇가지　　냇가　　댓가지
뒷갈망　　맷돌　　머릿기름　　모깃불　　못자리　　바닷가
뱃길　　볏가리　　부싯돌　　선짓국　　쇳조각　　아랫집
우렁잇속　잇자국　잿더미　　조갯살　　찻집　　쳇바퀴
킷값　　핏대　　햇볕　　혓바늘

(2) 뒷말의 첫소리 'ㄴ, ㅁ' 앞에서 'ㄴ' 소리가 덧나는 것

멧나물　　아랫니　　텃마당　　아랫마을　뒷머리
잇몸　　깻묵　　냇물　　빗물

(3) 뒷말의 첫소리 모음 앞에서 'ㄴㄴ'소리가 덧나는 것

도래깻열	뒷윷	두렛일	뒷일	뒷입맛
베갯잇	욧잇	깻잎	나뭇잎	댓잎

2. 순 우리말과 한자어로 된 합성어로서 앞말이 모음으로 끝난 경우

(1) 뒷말의 첫소리가 된소리로 나는 것

귓병	머릿방	뱃병	봇둑	사잣밥
샛강	아랫방	자릿세	전셋집	찻잔
찻종	촛국	콧병	탯줄	텃세
핏기	햇수	횟가루	횟배	

(2) 뒷말의 첫소리 'ㄴ, ㅁ' 앞에서 'ㄴ' 소리가 덧나는 것

곗날	제삿날	훗날	툇마루	양칫물

(3) 뒷말의 첫소리 모음 앞에서 'ㄴㄴ'소리가 덧나는 것

가욋일	사삿일	예삿일	훗일

3. 두 음절로 된 다음 한자어

곳간(庫間)	셋방(貰房)	숫자(數字)	찻간(車間)
툇간(退間)	횟수(回數)		

제39항 이미 '-지' 뒤에 '않-'이 어울려 '-잖-'이 될 적과 '-하지' 뒤에 '않-'이 어울려 '찮-'이 될 적에는 준 대로 적는다.

(본말)	(준말)
그렇지 않은	그렇잖은
적지 않은	적잖은
만만하지 않다	만만찮다
변변하지 않다	변변찮다

제40항 어간의 끝음절 '하'의 'ㅏ'가 줄고 'ㅎ'이 다음 음절의 첫소리와 어울려 거센소리로 될 적에는 거센소리로 적는다.

(본말)	(준말)
간편하게	간편케
연구하도록	연구토록
가하다	가타
다정하다	다정타
정결하다	정결타
흔하다	흔타

〔붙임 1〕 'ㅎ'이 어간의 끝소리로 굳어진 것은 받침으로 적는다.

않다	않고	않지	않든지
그렇다	그렇고	그렇지	그렇든지
아무렇다	아무렇고	아무렇지	아무렇든지
어떻다	어떻고	어떻지	어떻든지
이렇다	이렇고	이렇지	이렇든지
저렇다	저렇고	저렇지	저렇든지

〔붙임 2〕 어간의 끝음절 '하'가 아주 줄 적에는 준 대로 적는다.

(본말)	(준말)
거북하지	거북지
생각하건대	생각건대
생각하다 못해	생각다 못해
깨끗하지 않다	깨끗지 않다
넉넉하지 않다	넉넉지 않다
못하지 않다	못지않다
섭섭하지 않다	섭섭지 않다
익숙하지 않다	익숙지 않다

〔붙임 3〕 다음과 같은 부사는 소리대로 적는다.

결단코	결코	기필코	무심코	하여튼	요컨대
정녕코	필연코	하마터면	하여튼	한사코	

제42항 의존 명사는 띄어 쓴다.

아는 것이 힘이다.　　　나도 할 수 있다.
먹을 만큼 먹어라.　　　아는 이를 만났다.
네가 뜻한 바를 알겠다.　그가 떠난 지가 오래다.

제44항 수를 적을 적에는 '만(萬)' 단위로 띄어 쓴다.

십이억 삼천사백오십육만 칠천팔백구십팔
12억 3456만 7898

제45항 두 말을 이어 주거나 열거할 적에 쓰이는 다음의 말들은 띄어 쓴다.

국장 겸 과장　　　　열 내지 스물
청군 대 백군　　　　책상, 걸상 등이 있다.
이사장 및 이사들　　사과, 배, 귤 등등
사과, 배 등속　　　　부산, 광주 등지

제46항 단음절로 된 단어가 연이어 나타날 적에는 붙여 쓸 수 있다.

그때 그곳　　　　좀더 큰것　　　　이말 저말 한잎 두잎

제47항 보조 용언은 띄어 씀을 원칙으로 하되, 경우에 따라 붙여 씀도 허용한다(ㄱ을 취하고 ㄴ을 버림).

ㄱ	ㄴ
불이 꺼져 간다.	불이 꺼져간다.
내 힘으로 막아 낸다.	내 힘으로 막아낸다.
어머니를 도와 드린다.	어머니를 도와드린다.
그릇을 깨뜨려 버렸다.	그릇을 깨뜨려버렸다.
비가 올 듯하다.	비가 올듯하다.
그 일은 할 만하다.	그 일은 할만하다.
일이 될 법하다.	일이 될법하다.
비가 올 성싶다.	비가 올성싶다.
잘 아는 척한다.	잘 아는척한다.

　다만, 앞말에 조사가 붙거나 앞말이 합성 동사인 경우, 그리고 중간에 조사가 들어갈 적에는 그 뒤에 오는 보조 용언은 띄어 쓴다.

잘도 놀아만 나는구나!	책을 읽어도 보고…
네가 덤벼들어 보아라.	강물에 떠내려가 버렸다.
그가 올 듯도 하다.	잘난 체를 한다.

제48항 성과 이름, 성과 호 등은 붙여 쓰고, 이에 덧붙는 호칭어, 관직명 등은 띄어 쓴다.

김양수(金良洙)	서화담(徐花潭)	채영신 씨
최치원 선생	박동식 박사	충무공 이순신 장군

　다만, 성과 이름, 성과 호를 분명히 구분할 필요가 있을 경우에는 띄어 쓸 수 있다.

남궁억/남궁 억	독고준/독고 준	황보지봉(皇甫芝峰)/황보 지봉

**제52항 두 가지로 구별하여 적던 다음 말들은 한 가지로 적는다.
(ㄱ을 취하고 ㄴ을 버림)**

ㄱ	ㄴ	ㄱ	ㄴ
맞추다	마추다	뻗치다	뻐치다
(입을 맞추다.	양복을 맞추다)	(다리를 뻗치다.)	

제54항 다음과 같은 어미는 예사소리로 적는다(ㄱ을 취하고, ㄴ을 버림)

ㄱ	ㄴ
-(으)ㄹ거나	-(으)ㄹ꺼나
-(으)ㄹ걸	-(으)ㄹ껄
-(으)ㄹ게	-(으)ㄹ께
-(으)ㄹ세	-(으)ㄹ쎄
-(으)ㄹ세라	-(으)ㄹ쎄라
-(으)ㄹ수록	-(으)ㄹ쑤록
-(으)ㄹ시	-(으)ㄹ씨

-(으)ㄹ지	-(으)ㄹ찌
-(으)ㄹ지니라	-(으)ㄹ찌니라
-(으)ㄹ지라도	-(으)ㄹ찌라도
-(으)ㄹ지어다	-(으)ㄹ찌어다
-(으)ㄹ지언정	-(으)ㄹ찌언정
-(으)ㄹ진대	-(으)ㄹ찐대
-(으)ㄹ진저	-(으)ㄹ찐저
-올시다	올씨다

다만, 의문을 나타내는 다음 어미들은 된소리로 적는다.

-(으)ㄹ까?	-(으)ㄹ꼬?	-(스)ㅂ니까?
-(으)리까?	-(으)ㄹ쏘냐?	

> **제55항 다음과 같은 접미사는 된소리로 적는다(ㄱ을 취하고 ㄴ을 버림).**

ㄱ	ㄴ
심부름꾼	심부름군
익살꾼	익살군
일꾼	일군
장난꾼	장난군
지게꾼	지겟군
때깔	땟갈
빛깔	빛갈
성깔	성갈
귀때기	귓대기
볼때기	볼대기
판자때기	판잣대기
뒤꿈치	뒷굼치
팔꿈치	팔굼치
이마빼기	이맛배기
코빼기	콧배기
객쩍닷	객적다
겸연쩍다	겸연적다.

한 글 맞 춤 법 문 제

(1) 밑줄 친 부분의 표기가 맞는 것은? (제5항)
　　① 라면에 적당히 익은 <u>깍뚜기</u>와 찬밥은 그 누구도 부인할 수 없는 맛의 조화라니까.
　　② 오늘 새벽에 설날 귀성 열차표를 예매하려고 서울역에 갔는데 <u>야단법썩</u>이 났더라.
　　③ 골목에서 <u>갑짜기</u> 뛰어든 아이들 때문에 하마터면 교통 사고를 낼 뻔했어.
　　④ 혹시나 네가 치킨이라도 사올 줄 알고 <u>잔뜩</u> 기대하면서 안자고 있었단 말야.

(2) 밑줄 친 부분의 표기가 잘못 된 것은? (제5항)
　　① 아내는 화가 나서 아무 말 없이 식탁 위에 놓인 김치를 <u>싹둑싹둑</u> 자르기만 했다.
　　② 그녀의 연두빛 가디건은 5월의 봄햇살보다도 더 <u>산뜻하고</u> 따스해 보였다.
　　③ 이제 어둑어둑해지고 손님도 없으니 그냥 떨이로 <u>담뿍</u> 담아 주시면 안돼요?
　　④ 다시 검은색으로 염색하니까 단정하고 학생다운 게 <u>훨신</u> 이쁘다.

(3) 밑줄 친 부분의 표기가 잘못 된 것은? (제6항)
　　① 이 엄마는 아무리 힘들어도 우리 <u>맏이</u>만 보면 든든하단다.
　　② 정동진으로 가는 <u>해돋이</u> 열차에는 모두 연인들뿐이었다.
　　③ 비가 그치고 나면 구름이 <u>거치고</u> 우리에게도 밝은 햇살이 가득할 거야.
　　④ 문이 <u>닫히면서</u> 손까락이 낄 수도 있으니 항상 조심해야 한다.

(4) 밑줄 친 부분의 표기가 맞는 것은? (제7항)
　　① <u>돋자리</u>가 없으면 신문지라도 깔고 앉으면 되니 너무 까다롭게 굴지 마라.
　　② <u>덛저고리</u>가 너무 큰데, 품을 좀 맞춰야 하지 않을까요?
　　③ 깜빡 졸다가 <u>자칫하면</u> 중앙선을 넘어 거꾸로 달릴 뻔했다.
　　④ 아이들은 어렸지만 <u>사뭇</u> 진지하게 경청하는 분위기였다.

(5) 밑줄 친 부분의 표기가 잘못 된 것은? (제8항)
　　① 쓰지 않게 된 <u>폐품</u>이라도 반드시 쓸 때가 있으니 함부로 버리는 게 아니다.
　　② 말이 되는 <u>핑계</u>를 지어내야 내가 믿을 거 아냐?.
　　③ 취업공고문은 밖에 있는 <u>계시판</u>에 붙어 있으니 참고하시기 바랍니다.
　　④ 독립 기념일인데도 거리에는 국기를 <u>게양한</u> 곳을 찾아보기 힘들 정도다.

(6) 밑줄 친 부분의 표기가 잘못 된 것은? (제9항)
　　① 연푸른 <u>잔디</u> 위에서 놓친 풍선을 잡으려고 뛰어 다니는 아이들을 우두커니 바라보
　　　았다.
　　② 이 <u>무니는</u> 정교한 손길이 많이 들어가는 거라 새기려면 꽤 비쌀 텐데 괜찮으세요?

③ 할머니는 "늴리리야 늴리리야 니나노." 민요를 부르시며 덩실덩실 어깨춤을 추셨다.
④ 서쪽에서 하늬바람이 불어올 때쯤 온다고 하셨던 아빠는 그 해에도 돌아오지 않으
  셨다.

(7) 밑줄 친 부분의 표기가 잘못 된 것은? (제10항)
  ① 1920년대 신여성이란 단어는 허울만 좋은 겉치레일 뿐이었다.
  ② 밀레니엄 시대에 아직도 남존녀비 운운하는 너의 구시대적 발상은 정말 놀랍다 놀
    라워!
  ③ 연세가 많이 드셨으니 이제는 자식들만 챙기지 말고 당신 삶을 즐기면서 사세요.
  ④ 가지고 있는 패물이라곤 작년에 우리 딸이 준 은 두 냥쭝밖에 없다오.

(8) 밑줄 친 부분의 표기가 맞는 것은? (제11항)
  ① 우리 학원은 전국에서 명문대 진학율이 가장 높으니 믿고 따라 오십시오.
  ② 제 2의 IMF로 올해 대학 졸업생의 취업율이 20%정도를 밑돌 것으로 예상된다.
  ③ 이런 분위기로는 능율이 오를 것 같지 않으니 단합대회라도 가졌으면 합니다.
  ④ 통계 수치의 백분율로 제시하는 것이 사람들의 마음에 실제적으로 와 닿을 텐데요.

(9) 밑줄 친 부분의 표기가 잘못 된 것은? (제11항)
  ① 별주부는 토끼를 용궁으로 데리고 갔다.
  ② 꿈에 쌍용이 내게 달려들어 여의주를 떨어뜨렸지 뭐야.
  ③ 유유상종이라더니 너희들을 두고 한 얘기구나.
  ④ 강은 하류로 내려갈수록 유속이 완만해지며 굵은 줄기를 이룬다.

(10) 밑줄 친 부분의 표기가 잘못 된 것은? (제12항)
  ① 무령왕능은 2,500여점에 달하는 부장품이 발굴된 백제 문화의 보고이다.
  ② 고랭지 채소는 제 철이 아닐 때 시장에 공급할 수 있으므로 투자가치가 있다.
  ③ 괜히 허튼소리 써놓지 말고 제발 답란에는 정답만 쓰길 바란다.
  ④ 밀턴의 장편 서사시 실낙원을 읽어보았니?

(11) 밑줄 친 부분의 표기가 잘못 된 것은? (제12항)
  ① 영월각이란 누각에 올라 달을 맞이하니 옛 선인들의 고적함을 느낄 수 있었다.
  ② 옛날에 그렇게 정정하시던 분이 연로하시니 마음이 되게 안 좋더라.
  ③ 이 잡지에서 볼만한 것은 가정란밖에 없다.
  ④ 그 분은 평생 현세에 뜻을 두지 않고 극낙왕생을 꿈꾸며 불도를 닦으셨습니다.

(12) 밑줄 친 부분의 표기가 잘못 된 것은? (제13항)
  ① 이 가구는 신혼가구치고는 너무 밋밋한 거 같다.

② 돌아오지 않을 사람을 <u>연연불망</u> 기다리는 것처럼 어리석은 짓은 없다.
③ 형과 나는 <u>연년생</u>으로 태어나서 부모님 고생이 더욱 심했다.
④ 어머니는 비오는 날의 <u>눅눅한</u> 느낌이 싫어 여름날에도 방에 불을 때곤 하셨다.

(13) 밑줄 친 부분의 표기가 맞는 것은? (제14항)
① 내가 스물 <u>여덜</u>에는 날아가는 새를 바라보기만 해도 떨어졌었지.
② 아는 사람 아무도 없는 한적한 시골에 집을 짓고, <u>바츨</u> 일구며 살고 싶다.
③ 서울은 <u>집값이</u> 너무 비싸 사람 살 곳이 못 된다.
④ 마음 속에 남들이 다가올 수 없는 <u>골만</u> 만들며 사는 사람은 나누는 삶을 살 수 없다.

(14) 밑줄 친 부분의 표기가 잘못 된 것은? (제15항)
① 당신이 진정 풍족할 때가 아닌 가난으로 허덕일 때 당신의 쌀을 퍼 <u>주십시오.</u>
② 이것은 수채화 <u>붓이요,</u> 저것은 유화용 <u>붓이요,</u> 그것은 수묵화용 붓이니 구별 잘 해라.
③ 오늘 누추한 집에 찾아주시니 감사하고, 안녕히 <u>가십시요.</u>
④ 봄이 되어 겨울 내 쌓인 눈이 녹듯 이젠 가을 내 바래가던 은행잎이 지고 <u>있어요.</u>

(15) 밑줄 친 부분의 표기가 잘못 된 것은? (제15항)
① <u>업어지면</u> 코 닿을 데니까 걱정하지 말고 타세요.
② 경사가 급해서 <u>넘어지면</u> 큰일나니 조심히 내려오세요..
③ 이번 폭풍으로 땀흘려 키워놓은 벼들이 다 <u>쓰러졌다.</u>
④ 낙엽이 하나 둘 투명한 가을하늘로 <u>흩어졌다.</u>

(16) 밑줄 친 부분의 표기가 잘못 된 것은? (제16항)
① 보내고 나서 평생 후회하지 말고 사랑한다면 <u>잡어라.</u>
② 가슴이 답답해서 견딜 수 없는 날은 절 뒷산에서 온 산이 울려라 나무를 <u>베었다.</u>
③ 미친 운전자로 인해 무고한 시민이 다 죽는걸 <u>막아야하는</u> 것이 종교의 역할 아닙니까?
④ 아무리 <u>저어</u> 가도 닿을 수 없는 항구도 있는 것이다.

(17) 밑줄 친 부분의 표기가 잘못 된 것은? (제17항)
① 요즘에는 시간이 소중하다는 생각 때문에 조각 시간을 이용해서 시집을 <u>읽어요.</u>
② 아우가 와야지 형이 다 늙어서 거기까지 <u>가리오.</u>
③ 그 논문에 대한 자료가 필요하다면 언제든지 나를 <u>찾아오시오.</u>
④ 아름다운 요양원이라서 여행가는 기분으로 당신을 만나러 가는 것은 나에게도 <u>좋지요.</u>

(18) 밑줄 친 부분의 표기가 잘못 된 것은? (제18항)
  ① 이렇게 옥상에 앉아 수많은 집들의 불빛들을 바라보면 살아있음이 <u>아름다워져.</u>
  ② 네가 그렇게 인생을 함부로 뒹굴리는 걸 보는 내 마음은 더 <u>괴로와</u> 죽겠다.
  ③ 맨날 투정만 부리지 말고 아프신 어머니 좀 <u>도와 드려라.</u>
  ④ 우리 고향집은 제주도에서도 성산 일출봉과 아주 <u>가까워.</u>

(19) 밑줄 친 부분의 표기가 맞는 것은? (제18항)
  ① <u>멀지않아</u> 다시 기회가 돌아올 거라고 생각해.
  ② 이 끈으로 <u>잇어서</u> 연결해 보자.
  ③ 예쁜 강아지 집을 <u>짓어서</u> 선물해 주면 좋아할꺼에요.
  ④ 입이 닳도록 말해 <u>마지못해</u> 하는 건 나도 원치 않아.

(20) 밑줄 친 부분의 표기가 잘못 된 것은? (제19항)
  ① 저기 저 산 <u>너머에</u> 네 어미가 묻혀있단다.
  ② 이 고개만 <u>넘으면</u> 정상이 코앞인데 그냥 갈 수는 없어.
  ③ 학교도 못 다니고 어깨 <u>넘어로</u> 공부해서 여기까지 왔어..
  ④ 사람들과 연락을 끊고 이 섬에 온 지도 한 달이 <u>넘었다.</u>

(21) 밑줄 친 부분의 표기가 맞는 것은? (제19항)
  ① 비록 <u>살림사리는</u> 초라하지만 서로 아껴주는 사랑이 있으니 남부럽지 않다.
  ② <u>궂이</u> 직접 오실 필요는 없습니다.
  ③ <u>귀먹어리이지만</u> 입모양을 통해 무슨 말을 하는지 알아들을 수는 있어요.
  ④ 오늘은 달이 탐스러우니 할머니 모시고 뒷산으로 <u>달맞이</u> 가자.

(22) 밑줄 친 부분의 표기가 맞는 것은? (제19항)
  ① 그는 부인이 죽고 난 후 알콜중독에 <u>놀음까지</u> 폐인이 돼버렸다.
  ② 아무리 말해도 <u>곧이듣지</u> 않으니 이제 나도 상관하지 않겠다.
  ③ 넉넉히 만들어서 먹고, <u>남어지는</u> 반찬거리로 싸주려고 한다.
  ④ 말을 <u>너무</u> 함부로 했지만, 여자라서 <u>참아</u> 때릴 수는 없었다.

(23) 밑줄 친 부분의 표기가 잘못 된 것은? (제20항)
  ① 일은 않하고 게으름만 피우면서 자기 <u>모가치는</u> 다 챙기는 게 얄밉다.
  ② 세월이 가도 잊지 않고 <u>간간이</u> 연락해주니 고마울 뿐이다.
  ③ <u>모가지에</u> 칼이 들어와도 절대 꿈쩍 안할껄세.
  ④ 이 길의 <u>끝으머리에는</u> 미지의 인생이 기다리고 있을 것이다.

(24) 밑줄 친 부분의 표기가 맞는 것은? (제21항)
  ① <u>밤낚시의</u> 진정한 맛은 고기를 낚는데 있는 게 아니고 밝아오는 새벽을 낚는데 있다.

② 네가 슈퍼에 갔다오면 그동안 내가 집안을 <u>말끔하게</u> 치워놓고 있을게.

③ 고기는 이 강물 속에 넉넉히 있으니 이제부터 <u>맛갈스럽게</u> 매운탕 끓일 준비나 하게.

④ 한 마리도 못잡으면 <u>넙치라도</u> 한 마리 사들고 가야지 이놈의 마누라 핀잔을 안듣지.

(25) 밑줄 친 부분의 표기가 맞는 것은? (제21항)

① 심리학적으로 사람은 머쓱해질 때면 무의식적으로 머리를 <u>긁적거린다고</u> 한다.

② 우리 손자가 이렇게 <u>말쑥하게</u> 차려입으니 다 늙은 이 할망구 가슴도 설레는구나.

③ 네가 아무리 외쳐도 돌아오지 않을 <u>넉두리</u>라는 걸 왜 알지 못하는 거니?

④ 마을 어귀의 <u>널따란</u> 평상에는 늘 할머니들이 모여 정겨운 이야기를 하신다.

(26) 밑줄 친 부분의 표기가 잘못 된 것은? (제22항)

① 경사가 심하니 기반 작업을 위해 땅을 <u>돋아</u> 평탄하게 만들어야 합니다.

② 새벽에 집에서 나와 하얀 눈이 쌓인 길을 가로등과 함께 걸었다.

③ 우린 이미 실타래처럼 <u>얼켜버려서</u> 그 누구도 풀 수 없는 관계가 되어 버렸다.

④ 부모님께 조금만 <u>굽히면</u> 될텐데 왜 네 맘대로 하려고만 하니?

(27) 밑줄 친 부분의 표기가 맞는 것은? (제22항)

① 그 편지는 <u>붙이지</u> 못하고 늘 가방 한켠에 넣어서 다녔다.

② 돈과 정성을 <u>드려</u> 산 물건인데 내 맘에 안든다고 버릴 수야 있겠느냐?

③ 늘 월급의 대다수를 세금으로 <u>받혀도</u> 개선되는 사항이 없으니 이민 붐이 이는 것이다.

④ 동학의 거센 함성은 대부분이 못배우고 못사는 농민들이 <u>일으킨</u> 운동이었다.

(28) 밑줄 친 부분의 표기가 맞는 것은? (제23항)

① 한 번 앓고 나더니 왜 이렇게 <u>홀쭈기</u>가 되었니?

② 결코 쓰러지지 않는 <u>오뚜기</u>처럼 굳세게 버텨내야 한다.

③ 청소 다 해놨는데 이렇게 과자 <u>부스러기</u>를 흘려놓으면 어떡하니?

④ 개굴개굴 <u>개굴이</u> 노래를 한다. 아들 손자 며느리 다 모여서.

(29) 밑줄 친 부분의 표기가 맞는 것은? (제24항)

① 급한 일인 줄 알고 이렇게 <u>헐떠기며</u> 뛰어왔는데 고작 이런 일이야?

② 그때 날카로운 칼이 <u>번쩌기며</u> 허공을 가르더니 처참한 비명소리가 울려나왔어요.

③ 자네는 겉으로 보기에 둔한데 <u>번득이는</u> 아이디어를 내서 가끔씩 나를 놀래키는군.

④ 고개를 <u>끄더겨서</u> '다 알아듣거니' 했거늘 여태까지 잤단 말인가?

(30) 밑줄 친 부분의 표기가 맞는 것은? (제25항)

① 내가 힘들 때 <u>슬며시</u> 다가와 내 곁에 앉아 내 이야길 들어줄 사람이 필요해.

② 오십 평생 살아오면서 <u>일찌기</u> 이렇게 황당한 적은 처음이라네.
③ 이번 시험은 <u>반듯이</u> 합격해서 부모님 실망시켜드리지 말아야 하는데.
④ 그렇게 <u>생그시</u> 웃는다고 봐줄 줄 알아?

(31) 밑줄 친 부분의 표기가 맞는 것은? (제26항)
① 자네도 <u>따칸</u> 처지지만 집주인으로서 나가라고 말할 수밖에 없네.
② 잘 안 봉해놔서 바람이 셌는지 그새 과자가 <u>눅누케졌다.</u>
③ 늘 지갑을 잃어버리니 다 큰애가 왜 저렇게 <u>칠치라지 못한지</u>…
④ 버스 떠난 후에 돌아오라고 소리쳐 봐도 모두 <u>부질없는</u> 짓이다.

(32) 밑줄 친 부분의 표기가 잘못 된 것은? (제27항)
① 충치보다 더 무서운 것은 <u>잇몸병</u>이니 자일리톨이 들어간 치약이나 껌을 사용하세요.
② 맨날 저녁에 양치질 안 하고 자니까 <u>어금이</u>에 충치가 생기지.
③ 화장실에 유리잔 안에는 그가 빼어놓은 <u>틀니</u>가 흉물스럽게 담겨 있었다.
④ <u>아랫니가</u> 빠지자 헌 이빨 가져가고 새 이빨 달라고 외치며 이빨을 지붕으로 던졌다.

(33) 밑줄 친 부분의 표기가 잘못 된 것은? (제27항)
① 버스에서 발을 내딛자 어머니의 살내음같은 <u>흙내</u>가 코끝을 찡하게 했다.
② 철수는 병정놀이에도 곧 <u>실증</u>을 냈다.
③ 아빠가 부르면 곧장 '네'하고 <u>부리나케</u> 달려와야지!
④ 맨날 너 깨우느라 이 엄마가 <u>골병</u>들겠다

(34) 제 밑줄 친 부분의 표기가 맞는 것은? (제27항)
① 그 아이의 눈동자에는 <u>샛파란</u> 하늘이 담겨 있었다.
② 덕수궁을 걷다가 <u>샛노란</u> 은행잎 하나를 주워 책갈피에 끼웠다.
③ 이번 크리스마스에는 <u>샛하얀</u> 눈이 온 세상을 덮었으면.
④ 후레쉬도 없는 <u>싯꺼먼</u> 산길을 나 혼자서 헤메이고 다녔다.

(35) 밑줄 친 부분의 표기가 맞는 것은? (제28항)
① 너는 자신의 몸이 타죽는 지도 모르고 빛을 향해 네 몸을 부딪히는 <u>불나비</u> 같아.
② 매월 <u>달달이</u> 20만원의 집세와 관리비를 이층 주인집에 내 주십시오.
③ 이 <u>여닫이문</u>은 어찌나 <u>빡빡</u>한지 장정 둘이 힘을 줘도 꼼짝도 안할꺼야.
④ 조그만 돌 하나에도 <u>물자위</u>가 강을 뒤흔들 듯 파문은 누그러들지 않고 계속되었다.

(36) 밑줄 친 부분의 표기가 맞는 것은? (제29항)
① 오랜만에 온 애를 그렇게 달달 볶으니 <u>이틀날</u> 올라가 버리잖아요!

② 너는 사내자식이 여름에 생풀만 먹고 자란 <u>푿소</u>같으니 어디다 써먹겠나?
③ 어머니는 시집가는 딸을 위해 <u>바느질고리</u>며, 가재도구를 꼼꼼히 챙겨 주셨다.
④ 삼월 <u>삼질날</u>은 산에 핀 진달래꽃을 꺾어다 화전을 부쳐먹는 날이다.

(37) 밑줄 친 부분의 표기가 맞는 것은? (제29항)
  ① 다음 달 <u>초사흗날</u> 들놀이나 갈까?
  ② <u>반짓고리는</u> 여성의 필수품이다.
  ③ <u>이튿날</u>은 영희의 생일이었다.
  ④ 이번 <u>삼짇날</u>에는 화전놀이 가는 것이 어때요?

(38) 밑줄 친 부분의 표기가 맞는 것은? (제30항)
  ① 나는 <u>칫과</u>에 가는 것이 죽기보다도 더 싫다.
  ② 이 방 저 방 <u>세방살이</u>를 더해갈수록 아내는 점점 말이 없어졌다.
  ③ <u>아래마을</u>에 가면 큰 슈퍼가 있으니 그리로 가면 살 수 있을 거에요.
  ④ 아무리 소리쳐도 <u>뒷일</u>이 두려워서 아무도 도와주지 않았다.

(39) 밑줄 친 부분의 표기가 맞는 것은? (제30항)
  ① 오늘 뉴스의 <u>초점</u>은 70년만에 불어닥친 한파에 관한 것이었다.
  ② 옛날에는 <u>사글세방</u> 하나에서 다섯 식구가 모여 살아도 좁은 줄 몰랐었는데.
  ③ 만난 지 4년째 되었을 때 당신은 <u>나루배</u> 위에서 반지를 끼워주며 청혼했어요.
  ④ 고물상의 <u>쇠조각</u>을 모아서 현대의 삭막함을 표현하는 작품을 만들어보자.

(40) 밑줄 친 부분의 표기가 잘못 된 것은? (제30항)
  ① <u>머리말</u>이 본문보다 길면 어떡하라는 거냐?
  ② 나잇살이 찌는지 <u>허리띠</u> 구멍이 점점 바깥으로 밀려나오는 구나.
  ③ 얼마나 굶었는지 <u>배가죽</u>이 허리에 붙을 것 같다.
  ④ 치마를 걷어 올려 <u>허리춤</u>에 찌르고 개다리 춤을 추는 모습에 모두 기절하고 말았다.

(41) 밑줄 친 부분의 표기가 잘못 된 것은? (제30항)
  ① <u>양칫물</u>인지를 깜빡 잊고 그만 삼켜버리고 말았다.
  ② 참치에 <u>깻잎</u>을 싸 먹으면 별미지.
  ③ 서러움 때문에 눈물로 <u>베게닛</u>이 다 젖었다.
  ④ 대나무에 흰 꽃이 핀걸 보니 <u>예삿일</u>이 아니구나.

(42) 밑줄 친 부분의 표기가 잘못 된 것은? (제30항)
  ① 큰 강에서 줄기가 갈려 섬을 이루고, 다시 본류와 합류하는 것을 <u>샛강</u>이라 한다.
  ② 아침에 <u>머리방</u>에 가면 모닝컷으로 값이 싸니까 아침에 만나자.

③ 교통사고로 성모병원 <u>내과</u>에 입원해 계세요.
④ 이 작은 노점상 하나 하는데도 <u>자릿세</u>를 내야하다니 정말 못살겠구나.

(43) 밑줄 친 부분의 표기가 맞는 것은? (제31항)
① <u>입때껏</u> 살면서 뭘 했길래 나이 마흔에 네 집 하나 없이 떠돌이라더냐?
② 선생님! 질문 있는데요, <u>수닭</u>인지 암닭인지 어떻게 구분하나요?
③ 재봉에 들어가기에 앞서 천의 <u>안밖</u>을 잘 살펴서 박도록 해라.
④ <u>머리가락</u>도 손질을 안 해주니까 빗자루처럼 퍼석거리는 구나.

(44) 밑줄 친 부분의 표기가 맞는 것은? (제39항)
① <u>그렇찮아도</u> 이번 주 쯤에 병문안을 드릴 참이었는데 회복이 빠르다니 다행입니다.
② 어른 앞에서 허락도 없이 담배를 피워 물다니 참 <u>점잖잖다</u>.
③ 매일 매일 우리는 우리에게 부딪쳐오는 <u>적잖은</u> 문제와 시련을 직면하며 살아간다.
④ 이 식당은 반찬 가지 수는 많아도 음식 맛은 <u>변변잖아서</u> 젓가락 둘 데가 없다.

(45) 밑줄 친 부분의 표기가 맞는 것은? (제39항)
① 우리 딸이 이렇게 성실하고 좋은 남자 만나서 결혼하니 <u>남부럽잖다.</u>
② 원래 애들 싫어하는 양반이 손자는 이쁜지 <u>귀찮찮은게</u> 신기할 뿐이다.
③ 요즘 시대에는 부모님을 모시고 살려하는 부부가 <u>많찮다</u>.
④ 나이 들어서 신세대 문화를 배우는 것도 <u>만만잖은</u> 일이다.

(46) 밑줄 친 부분의 표기가 맞는 것은? (제40항)
① 너는 영영 못 보게 될지도 모르는데 인사조차 못하고 떠나는게 <u>섭서치 않니</u>?
② <u>생각타</u> 못해 떠날 결심을 한 것이니 붙잡을 생각은 하지 마세요.
③ 대기가스 오염을 줄일 수 있는 방안을 <u>연구토록</u> 해 주기 바란다.
④ 미루어 <u>생각컨대</u> 아무래도 그는 심각한 병에 걸렸음에 틀림이 없다.

(47) 밑줄 친 부분의 표기가 맞는 것은? (제40항)
① <u>요컨대</u> 이 논문의 주제는 컴퓨터로 인해 야기되는 하이퍼 리얼리티에 관한 것입니다.
② 이번 결승에서는 내 생명을 걸고 <u>기필고</u> 승리하고 말꺼야.
③ <u>아무렇치</u> 않게 웃는 그 심정이 오죽하겠냐?
④ 계획만 세워봤자 소용없고, <u>실천도록</u> 노력을 해야하는 것이다.

(48) 밑줄 친 부분의 표기가 맞는 것은? (제40항)
① 내일은 등산을 할 예정이니, 복장은 <u>간편케</u> 차려 입고 오십시오.
② 너무 과음하지 마시고 속이 <u>거북치</u> 않게 적당히 좀 드세요.

③ <u>익숙치</u> 않은 곳을 가는 거니까 정신 바짝차리고 운전하세요.
④ <u>이렇튼지 저렇튼지</u> 우리야 안내자만 따라가면 되니까 걱정하지 맙시다.

(49) 아래의 문에서 올바르게 띄어 쓴 것은? (제41항)
　① 부모님 하고 친구한테서 만은 돈을 빌리지 말았어야지.
　② 부모님하고 친구 한테서 만은 돈은 빌리지 말았어야지.
　③ 부모님 하고 친구 한테서만은 돈을 빌리지 말았어야지.
　④ 부모님하고 친구한테서만은 돈을 빌리지 말았어야지.

(50) 아래의 문에서 올바르게 띄어 쓴 것은? (제42항)
　① 밀려난다는것은 억울한 일이다. 지난번에 은행에서 밀려날때도 어쩔수가 없었다.
　② 밀려난다는 것은 억울한일이다. 지난번에 은행에서 밀려날 때도 어쩔 수가 없었다.
　③ 밀려난다는 것은 억울한 일이다. 지난 번에 은행에서 밀려날 때도 어쩔 수가 없
　　 었다.
　④ 밀려 난다는 것은 억울한 일이다. 지난 번에 은행에서 밀려 날때도 어쩔 수가 없
　　 었다.

(51) 아래의 문에서 올바르게 띄어 쓴 것은? (제42항)
　① 찬성할 이도 반대할 이만큼이나 많을 것이다.
　② 찬성할이도 반대할이만큼이나 많을 것이다.
　③ 찬성할이도 반대할이 만큼이나 많을 것이다.
　④ 찬성할 이도 반대할 이 만큼이나 많을 것이다.

(52) 아래의 문에서 올바르게 띄어 쓴 것은? (제42항)
　① 네가 말하는 바는 알겠지만, 나는 그것을 할 수 없다.
　② 네가 말하는바는 알겠지만 나는 그것을 할수없다.
　③ 네가 말하는바는 알겠지만 나는 그것을 할 수 없다.
　④ 네가 말하는 바는 알겠지만 나는 그것을 할수 없다.

(53) 아래의 문에서 올바르게 띄어 쓴 것은? (제42항)
　① 배운 대로 하면 틀림없이 잘 될 거야.
　② 부디 당신 뜻대로 하십시오.
　③ 너는 너대로 나는 나대로 따로 가자.
　④ 이젠 나도 모르겠다. 될대로 되라!

(54) 아래의 문에서 올바르게 띄어 쓴 것은? (제43항)
　① 두 시 삼십 분까지 3 학년은 모두 모여라.

② 두 시 삼십 분까지 3학년은 모두 모여라.
③ 두시 삼십분까지 3학년은 모두 모여라.
④ 두시 삼십분까지 3 학년은 모두 모여라.

(55) 아래의 문에서 올바르게 띄어 쓴 것은? (제43항)
  ① 생일 선물로 양말 한켤레와 옷 한 벌을 받았다.
  ② 생일 선물로 양말 한 켤레와 옷 한 벌을 받았다.
  ③ 생일 선물로 양말 한켤레와 옷 한 벌을 받았다.
  ④ 생일 선물로 양말 한 켤레와 옷한벌을 받았다.

(56) 다음 문에서 띄어쓰기가 잘못 된 것은? (제44항)
  ① 일금 : 삼십일만오천육백칠십팔원정.
  ② 3243조 7867억 8927만 6354
  ③ 십이억삼천사백 오십육만칠천 육백구십팔 : 1,234,567,698
  ④ 13억 5897만 8752

(57) 아래의 문에서 올바르게 띄어 쓴 것은? (제45항)
  ① 가게에 가서 사과를 열개 내지 열두개쯤 사오너라.
  ② 가게에 가서 사과를 열 개 내지 열두 개쯤 사오너라.
  ③ 가게에 가서 사과를 열 개내지 열두 개쯤 사오너라.
  ④ 가게에 가서 사과를 열개 내지 열 두 개쯤 사오너라.

(58) 아래의 문에서 올바르게 띄어 쓴 것은? (제45항)
  ① 이사장 및 이사들은 모두 부산, 광주등지로 출장을 갔다.
  ② 이사장및 이사들은 모두 부산, 광주 등지로 출장을 갔다.
  ③ 이사장 및 이사들은 모두 부산, 광주 등지로 출장을 갔다.
  ④ 이사장및 이사들은 모두 부산, 광주등지로 출장을 갔다.

(59) 아래의 문에서 올바르게 띄어 쓴 것은? (제45항)
  ① 교실에는 열내지 스무개의 책상, 걸상등이 있었다.
  ② 교실에는 열 내지 스무 개의 책상, 걸상 등이 있었다.
  ③ 교실에는 열 내지 스무 개의 책상, 걸상등이 있었다.
  ④ 교실에는 열내지 스무 개의 책상, 걸상 등이 있었다.

(60) 다음 문에서 띄어쓰기가 잘못 된 것은? (제46항)
  ① 20년 우정에 내것 네것이 어디 있겠냐?
  ② 한잔 술에 온갖 시름을 덜어 버린다.

③ 사람의 욕심은 항상 좀 더 큰 새집을 바라며 그칠 줄 모른다.
④ 나는 이제 힘들어서 더 못 가니 너희 마음대로 해라.

(61) 다음 문에서 띄어쓰기가 잘못 된 것은? (제47항)
① 분명히 초등학교 동창인데 모르는체한다.
② 별이 하나도 보이지 않는 걸 보니 비가 올듯도하다.
③ 과일을 권해도 드시지 않길래 직접 깎아 드렸다.
④ 보증을 서준다는데 믿을 만은 한거니?

(62) 다음 문에서 띄어쓰기가 잘못 된 것은? (제47항)
① 내가 이때까지 저한테 해준 것을 생각하면 도와줄 법하다.
② 이 책은 알려지진 않았지만 정신분석 면에서는 읽어볼만하다.
③ 평소에는 별로 친하지도 않다가 필요할 때면 잘 아는척한다.
④ 시작부터 일이 술술 풀리는 걸 보니 일이 될법하다.

(63) 다음 문에서 띄어쓰기가 잘못 된 것은? (제48항)
① 충무공 이순신 장군   ② 채영신 씨   ③ 독고 준   ④ 김사장

(64) 다음 문에서 띄어쓰기가 잘못 된 것은? (제49항)
① 대통령 직속 국가안전보장회의   ② 서울대공원관리사업소 관리부 동물관리과
③ 한국 대학교 사범 대학   ④ 한국대학교 의과 대학 부속병원

(65) 다음 문에서 띄어쓰기가 잘못 된 것은? (제50항)
① 긴급 재정 처분   ② 모음조화   ③ 탄소 동화 작용   ④ 도면그리기와도면읽기

(66) 밑줄 친 부분의 표기가 맞는 것은? (제51항)
① 그렇게 멀리 있지 말고 내 곁에 <u>가까히</u> 앉아라.
② 이렇게 손님이 많을 때는 <u>느긋이</u> 음악이나 들으면서 쉬는 꿈을 꾼답니다.
③ <u>솔직이</u> 말해서 중간고사 때 백지 내고 나왔으니 이 점수가 나오는 건 당연한 일
    이지.
④ 한꺼번에 벼락치기로 하지 말고 평소에 <u>틈틈히</u> 해뒀으면 이런 일이 없잖아.

(67) 밑줄 친 부분의 표기가 잘못 된 것은? (제51항)
① 좀더 <u>일찍이</u> 이 책을 읽었다면 내 인생은 180도 바뀌어졌을 텐데.
② <u>꾸준히</u> 노력하고 아끼면, 반드시 이 경제난을 극복할 수 있어.
③ 유리창을 <u>깨끗이</u> 닦으면서 내 마음의 먼지도 투명해짐을 느낄 수 있었다.
④ 처음부터 제가 맡은 프로젝트이니 <u>확실이</u> 믿고 맡겨 주십시오.

(68) 밑줄 친 부분의 표기가 잘못 된 것은? (제51항)
　　① 아무리 <u>샅샅이</u> 뒤져도 찾아낼 수 없었다.
　　② 사고가 날 때마다 이렇게 <u>번번히</u> 폐를 끼치니 면목이 없습니다.
　　③ 그는 봄비처럼 <u>고요히</u> 내 가슴에 다가왔다.
　　④ 당신에 대한 이야기는 <u>익히</u> 들어 알고 있습니다.

(69) 밑줄 친 부분의 표기가 잘못 된 것은? (제53항)
　　① 안그래도 이 문제에 대해 <u>논란</u>이 많아서 검토하고 있으니 결과를 기다려 보십시오.
　　② 믿었던 친구가 나를 배신했다는 걸 알았을 때 <u>분노(忿怒)</u>와 함께 허탈감이 엄습
　　　해 왔다.
　　③ 문지방에 붙여 놓은 부적을 떼어버렸을 때 할아버지께서는 <u>대노(大怒)</u> 하셨다.
　　④ <u>오뉴월</u> 감기는 개도 안 걸린다는데 때아닌 감기에 걸려 겔겔대고 있다.

(70) 다음 문장에서 표기가 잘못된 것은? (제54항)
　　① 모든 것을 잃게 <u>될지라도</u> 한 번 부딪쳐 볼꺼야.
　　② 아빠! 다음엔 시험 공부 열심히 해서 꼭 일등 <u>할게.</u>
　　③ 저 말하는 꼴 좀 보게. 제는 도대체 누구를 닮아서 저 <u>모양일고.</u>
　　④ 나의 모든 것을 포기하고 선택한 이 길이 정말 <u>옳은 걸까?</u>

(71) 밑줄 친 부분의 표기가 맞는 것은? (제54항)
　　① 잡으면 <u>터질쎄라</u> 불면 <u>날아갈쎄라</u> 귀하게 키웠건만 다 컸다고 이럴 수가 있느냐?
　　② 모두들 살려고 아등바등인데 나라고 그냥 앉아서 절망과 후회만 하고 <u>있을쏘냐?</u>
　　③ 그렇게 죽은 걸 보면 그냥 이웃인 나도 <u>괴로울찐대</u> 그 부모 심정은 오죽하겠냐?
　　④ 내가 지금은 이렇게 늙었소만은 그 당시엔 베트남전까지 참전했던 <u>사람이올씨다.</u>

(72) 밑줄 친 부분의 표기가 맞는 것은? (제55항)
　　① 모여 든 <u>구경꾼들</u> 때문에 나는 더 이상 아무 말도 못하고 돌아와 버렸다.
　　② 아니, 제 부모 생일인데 어찌 이 집 자식들은 <u>콧배기도</u> 볼 수 없소?
　　③ 누나와 나는 아버지가 돌아오시는 <u>언덕빼기에서</u> 늘 해질녘까지 기다리곤 했다.
　　④ <u>귓대기라도</u> 맞을 각오로 죽기 살기로 열심히 하기 바란다!

(73) 밑줄 친 부분의 표기가 맞는 것은? (제55항)
　　① 할머니는 <u>고들배기</u> 김치를 좋아하셨다.
　　② 모기가 하필이면 <u>발뒤꿈치를</u> 물었다.
　　③ 널을 뛸 넓고 긴 <u>판대기를</u> 구해오너라.
　　④ 청아한 한복의 <u>빛갈이</u> 너의 자태를 더욱 아름답게 하는구나.

(74) 밑줄 친 부분의 표기가 잘못 된 것은? (제55항)
　　① 아침도 못 먹었으니 제 것은 곱빼기로 담아주십시오.
　　② 그 아저씨는 내가 어렸을 때부터 지독한 주정배기였다.
　　③ 시금치 나물이 맛적으니 소금을 더 넣어서 간을 맞춰보거라.
　　④ 이런 자리에 멋적게 이런 옷을 입고 오다니 파격적이다.

(75) 밑줄 친 부분의 표기가 맞는 것은? (제55항)
　　① 세상에서 가장 비싼 요리사가 만든 음식일지라도 내 입맛에는 네 요리가 안성마
　　　　춤이야.
　　② 바위에 걸터 앉느니 차라리 다리를 쭉 뻗치고 쉬기 좋은 땅바닥에서 쉬겠어요.
　　③ 내일은 결혼식 예복으로 입을 양복을 마춘다.
　　④ 그 일이 탄로나지 않기 위해 세시간 동안 입을 마춘다.

(76) 밑줄 친 부분의 표기가 맞는 것은? (제56항)
　　① 겨울이 되면서 깊든 물이 얕아지고 겨울산도 수척해졌다.
　　② 매일 실천하지는 못하면서 말은 잘하든데!
　　③ 어차피 결정은 네가 하는 거니까 사던지 말던지 마음대로 해라.
　　④ 너와 헤어진 그 해 겨울은 왜 그리도 춥던지.

(77) 밑줄 친 부분의 표기가 맞는 것은? (제57항)
　　① 인간이 한평생 살 것 같지만 반듯이 죽기 때문에 신에게 자신을 의탁하는 것이다.
　　② 과일주를 오래 놔두면 썩기 때문에 2년 정도 되면 술을 체로 받힌다.
　　③ 너는 맨날 말리지는 못할 망정 싸움을 붙이는구나.
　　④ 밥과 국만 앉혀 놓으면 제사 준비는 얼추 끝납니다.

(78) 밑줄 친 부분의 표기가 잘못 된 것은? (제57항)
　　① 친구로서 하는 말이니 기분 나쁘게 듣지 말아줘.
　　② 내가 그럼으로써 너에게 도움이 된다면 다행이다.
　　③ 오직 인내와 사랑으로써만 그 병을 고칠 수 있다.
　　④ 우리 인내로서 끝까지 포기하지 말고 지켜봅시다.

(79) 밑줄 친 부분의 표기가 잘못 된 것은? (제57항)
　　① 6.25는 동족상잔의 전쟁으로써 많은 피해를 냈다.
　　② 톱으로(써) 나무를 자른다.
　　③ 나는 피해자로써 고소할 권리가 있습니다.
　　④ 우리 이제 사랑으로(써) 하나 될 때이다.

(80) 밑줄 친 부분의 표기가 잘못 된 것은? (제57항)

　① 소설을 <u>읽음으로</u> 내가 겪어보지 못한 숱한 삶을 경험할 수 있다. . .

　② 너가 나를 <u>믿음으로</u> 나도 너를 믿는다.

　③ 그는 늘 해맑은 <u>웃음으로</u> 사람들을 대한다.

　④ 날씨가 <u>차므로</u>, 돌아다니는 사람이 없다.

(81) 밑줄 친 부분의 표기가 잘못 된 것은? (제57항)

　① 언어영역에서 남들보다 20점 정도를 더 <u>마쳐서</u> 합격할 수 있었다.

　② 문이 세게 <u>닫치는</u> 부주의한 사고로 인해 그는 손가락 하나를 잃게 되었다.

　③ 밤 세워 약을 <u>달이는</u> 네 엄마의 정성을 생각해서 쓰더라도 꼭 삼켜봐.

　④ 젓갈을 만들려면 우선 소금에 푹 <u>절이거라</u>.

(82) 밑줄 친 부분의 표기가 맞는 것은? (제57항)

　① 수출 부진으로 재정 적자가 심하니, 수출량을 더 <u>늘여주십시오.</u>

　② 바지가 길어서 걸을 때 밟히니, 바지 길이를 <u>늘려</u> 주세요.

　③ 규정이 <u>그러므로</u> 아쉽지만 기회를 더 줄 수는 없습니다.

　④ 네가 자꾸 속을 <u>썩이므로</u> 어머니의 병세가 더 악화되셨다.

10. 2 표준어 규정

　　　표준어 사정 원칙은 "표준어는 교양 있는 사람들이 두루 쓰는 현대 서울 말로 정함을 원칙으로 한다"이다. 이는 조선어 학회가 1933년 '한글맞춤법 통일안' 총론 제2항에서 정한 "표준말은 대체로 현재 중류 사회에서 쓰는 서울말로 한다"가 이렇게 바뀐 것이다. 표준말을 '표준어'로 바꾼 것은 비표준어와 대비에서 걸맞지 않기 때문이고, '중류사회'는 그 기준이 모호하여 '교양 있는 사람들'로 바꾼 것이다. 표준어란 국민 모두가 사용하는 공용어이므로 표준어를 사용하지 않았을 때, 교양 없는 사람으로 취급받는다는 의도도 담고 있다.

　　하지만 표준어 사정 원칙은 아직도 명확하지 않다. 표준어 사정 항목들을 보면 거의가 다 "~ 중 사람들이 널리 쓰이는 것을 표준어로 삼는다"라고 설명하고 있다. 그러나 과연 표준어로 규정한 것이 정말 널리 쓰이고 있는가는 의문일 수 밖에 없다.

　　그리고 문명·문화가 발전하고 다양한 사회로 변화하면서 사용할 단어 수는 많아지는 데 표준어로 삼은 단어들이 너무 빈약하지 않은가 하는 생각도 든다. 사투리(방언)로 규정한 말 중에서도 표준어로 삼을 것들이 많다. 우리 어휘를 풍부하게 하여야 외국어나 외래어를 덜 사용하지 않을까 생각한다.
 다음은 개정된 표준어 규정의 핵심 항목들이다.

제3항 다음 단어들은 거센소리를 가진 형태를 표준어로 삼는다.
(ㄱ을 표준어로 삼고, ㄴ을 버림.)

ㄱ	ㄴ	비고
끄나풀	끄나불	
나팔-꽃	나발-꽃	
녘	녁	동~, 들~, 새벽~, 동틀~
부엌	부억	
살-쾡이	삵-괭이	
칸	간	1. ~막이, 빈~, 방 한~ 2. '초가삼간, 윗간'의 경우에는 '간'임.
털어-먹다	떨어-먹다	재물을 다 없애다.

제5항 어원에서 멀어진 형태로 굳어져서 널리 쓰이는 것은, 그것을 표준어로 삼는다.(ㄱ을 표준어로 삼고, ㄴ을 버림.)

ㄱ	ㄴ	비고
강낭-콩	강남-콩	
고삿	고샅	겉~, 속~
사글-세	삭월-세	'월세'는 표준어임.
울력-성당	위력-성당	떼를 지어서 으르고 협박 하는 일

제6항 다음 단어들은 의미를 구별함이 없이, 한 가지 형태만을 표준어로 삼는다.(ㄱ을 표준어로 삼고, ㄴ을 버림.)

ㄱ	ㄴ	비고
돌	돐	생일, 주기
둘-째	두째	'제2, 두 개째'의 뜻
셋-째	세-째	'제3, 세 개째'의 뜻
넷-째	네-째	'제4, 네 개째'의 뜻
빌리다	빌다	1. 빌려 주다, 빌려 오다 2. '용서를 빌다'는 '빌다'임.

다만, '둘째'는 십 단위 이상의 서수사에 쓰일 때에는 '두째'로 한다.

ㄱ	ㄴ	비고
열두째		열두 개째의 뜻은 '열둘째'로
스물두째		스물두 개째의 뜻은 '스물둘째'로

> **제7항 수컷을 이르는 접두사는 '수-'로 통일한다.(ㄱ을 표준어로 삼고, ㄴ을 버림.)**

ㄱ	ㄴ	비고
수-꿩	수-퀑, 숫-꿩	'장끼'도 표준어임.
수-나	숫-놈	
수-사돈	숫-사돈	
수-소	숫-소	'황소'도 표준어임.
수-은행나무	숫-은행나무	

다만 1. 다음 단어에서는 접두사 다음에서 나는 거센소리를 인정한다. 접두사 '암-'이 결합되는 경우에도 이에 준한다. (ㄱ을 표준어로 삼고, ㄴ을 버림.)

ㄱ	ㄴ	비고
수-캉아지	숫-강아지	
수-캐	숫-개	
수-컷	숫-것	
수-키와	숫-기와	
수-탉	숫-닭	
수-탕나귀	숫-당나귀	
수-톨쩌귀	숫-돌쩌귀	
수-퇘지	숫-돼지	
수-평아리	숫-병아리	

다만 2. 다음 단어의 접두사는 '숫-'으로 한다. (ㄱ을 표준어로 삼고, ㄴ을 버림.)

ㄱ	ㄴ	비고
숫-양	수-양	

숫-염소　　　수-염소
숫-쥐　　　　수-쥐

> **제8항** 양성모음이 음성모음으로 바뀌어 굳어진 다음 단어는 음성모음
> 형태를 표준어로 삼는다. (ㄱ을 표준어로 삼고, ㄴ을 버림.)

ㄱ	ㄴ	비고
깡충-깡충	깡총-깡총	큰말은 '껑충껑충'임.
-둥이	-동이	←童-이. 귀-, 막-, 선-, 쌍-, 검-, 바람-, 흰-
발가-숭이	발가-송이	센말은 '빨가숭이', 큰말은 '벌거숭이, 뻘거숭이'임.
뻗정-다리	뻗장-다리	
오뚝-이	오똑-이	부사도 '오뚝-이'임.

　다만, 어원 의식이 강하게 작용하는 다음 단어에서는 양성모음 형태를
그대로 표준어로 삼는다.(ㄱ을 표준어로 삼고, ㄴ을 버림.)

ㄱ	ㄴ	비고
부조(扶助)	부주	~금, 부좃-술
사돈(査頓)	사둔	밭~, 안~
삼촌(三寸)	삼춘	시~, 외~, 처~

> **제9항** 'ㅣ' 역행동화 현상에 의한 발음은 원칙적으로 표준 발음으로 인
> 정하지 아니하되, 다만 다음 단어들은 그러한 동화가 적용된 형태
> 를 표준어로 삼는다. (ㄱ을 표준어로 삼고, ㄴ을 버림.)

ㄱ	ㄴ	비고
-내기	-나기	서울-, 시골-, 신출-, 풋-
냄비	남비	
동댕이-치다	동당이-치다	

　〔붙임 1〕 다음 단어는 'ㅣ'역행동화가 일어나지 아니한 형태를 표준
어로 삼는다. (ㄱ을 표준어로 삼고, ㄴ을 버림.)

ㄱ	ㄴ	비고
아지랑이	아지랭이	

〔붙임 2〕 기술자에게는 '-장이', 그 외에는 '-쟁이'가 붙는 형태를 표
준어로 삼는다. (ㄱ을 표준어로 삼고, ㄴ을 버림.)

ㄱ	ㄴ	비고
미장이	미쟁이	
유기장이	유기쟁이	
멋쟁이	멋장이	
소금쟁이	소금장이	
담쟁이-덩굴	담장이-덩굴	
골목쟁이	골목장이	
발목쟁이	발목장이	

제10항 다음 단어는 모음이 단순화한 형태를 표준어로 삼는다. (ㄱ을 표준어로 삼고, ㄴ을 버림.)

ㄱ	ㄴ	비고
괴팍-하다	괴팍-하다/괴팩-하다	
-구먼	-구면	
미루-나무	미류-나무	←美柳~
여느	여늬	
으레	으례	
허우대	허위대	
허우적-허우적	허위적-허위적	허우적-거리다

제11항 다음 단어에서는 모음의 발음 변화를 인정하여, 발음이 바뀌어 굳어진 형태를 표준어로 삼는다. (ㄱ을 표준어로 삼고, ㄴ을 버림.)

ㄱ	ㄴ	비고
-구려	-구료	
깍쟁이	깍정이	1. 서울~, 알~, 찰~ 2. 도토리, 상수리 등의 받침은 '깍정이'임.
나무라다	나무래다	

미수	미시	미숫-가루
바라다	바래다	'바램〔所望〕'은 비표준어임.
상추	상치	~쌈
주책	주착	←主着. ~망나니, ~없다
튀기	트기	
호루라기	호루루기	

> **제12항** '옷-' 및 '윗-'은 명사 '위'에 맞추어 '윗-'으로 통일한다.(ㄱ을 표준어로 삼고, ㄴ을 버림.)

ㄱ	ㄴ	비고
윗-눈썹	웃-눈썹	
윗-니	웃-니	
윗-도리	웃-도리	
윗-머리	웃-머리	
윗-목	웃-목	
윗-사랑	웃-사랑	
윗-자리	웃-자리	

　다만 1. 된소리나 거센소리 앞에서는 '위-'로 한다. (ㄱ을 표준어로 삼고, ㄴ을 버림.)

ㄱ	ㄴ	비고
위-짝	웃-짝	
위-쪽	웃-쪽	
위-채	웃-채	
위-층	웃-층	
위-치마	웃-치마	
위-턱	웃-턱	~구름〔上層雲〕
위-팔	웃-팔	

　다만 2. '아래, 위'의 대립이 없는 단어는 '웃-'으로 발음되는 형태를 표준어로 삼는다. (ㄱ을 표준어로 삼고, ㄴ을 버림.)

ㄱ	ㄴ	비고
웃-국	윗-국	

웃-기	윗-기	
웃-돈	윗-돈	
웃-비	윗-비	~걷다
웃-어른	윗-어른	
웃-옷	윗-옷	

> **제13항**　한자 '구(句)'가 붙어서 이루어진 단어는 '귀'로 읽는 것을 인
> 정하지 아니하고, '구'로 통일한다. (ㄱ을 표준어로 삼고, ㄴ을 버림.)

ㄱ	ㄴ	비고
구절(句節)	귀절	
결구(結句)	결귀	
경구(警句)	경귀	
대구(對句)	대귀	~법(對句法)
성구(成句)	성귀	~어(成句語)
시구(詩句)	시귀	

　다만, 다음 단어는 '귀'로 발음되는 형태를 표준어로 삼는다. (ㄱ을 표준
어로 삼고, ㄴ을 버림.)

ㄱ	ㄴ	비고
귀-글	구-글	
글-귀	글-구	

> **제22항**　사어(死語)가 되어 쓰이지 않게 된 단어는 고어로 처리하고,
> 현재 널리 사용되는 단어를 표준어로 삼는다. (ㄱ을 표준어로 삼고,
> ㄴ을 버림.)

ㄱ	ㄴ	비고
난봉	봉	
낭떠러지	낭	
설거지-하다	설겆다	
애달프다	애닯다	
오동-나무	머귀-나무	
자두	오얏	

표 준 어 규 정 문 제

(1) 다음 중 밑줄 친 부분이 표준어가 아닌 것은? (제3항)
　① <u>새벽녘</u>이 되니 모든 물건들이 하나 둘씩 제 형태를 찾아갔다.
　② 우리 중에 경찰의 <u>끄나풀</u>이 있을지도 모른다.
　③ 외지 생활 하다보면 집 한 간 없이 몸만 고되기 한이 없다.
　④ 그 집의 담벽에는 보라색 <u>나팔꽃</u> 줄기가 덩굴로 뻗어있다.

(2) 다음 중 밑줄 친 부분이 표준어가 아닌 것은? (제3항)
　① <u>초가삼간</u>이 다 타도 빈대 죽는 것만 시원하다.
　② 그 집 큰아들이 사업한답시고 집도 땅도 다 <u>털어먹었다</u>.
　③ 저 <u>삵쾡이</u>처럼 노려보는 것 좀 보게.
　④ 엄마, 이제 나도 대학생인데 내 방 <u>한 칸</u> 주면 안돼?

(3) 다음 밑줄 친 부분이 표준어로 맞게 표기된 것은? (제3항)
　① <u>동틀녁</u> 수평선의 광경은 정말 아름답다.
　② <u>새벽녘</u> 어느 집에선가 희미한 자명종 소리가 들려온다..
　③ <u>부엌</u>에 가서 아버지 드실 물 좀 가져오너라.
　④ <u>북녁</u> 하늘을 바라보면 고향 생각이 난다.

(4) 다음 중 밑줄 친 부분이 표준어가 아닌 것은? (제4항)
　① <u>거시기</u> 그게 뭐였더라. 도통 생각이 나지 않는구먼.
　② 부지런한 농부는 다음 해의 농사를 위해 미리 <u>가을-카리</u>를 해 놓을 줄 안다.
　③ 아무 준비도 없이 일도 거의 끝나갈 때 왔으면서 자기 <u>모가치</u>는 다 챙기는군.
　④ 항상 약속 시간에 늦는 습관 때문에 내 시계의 <u>분침</u>은 늘 남들보다 10분 더 앞서있다.

(5) 다음 중 밑줄 친 부분이 표준어가 아닌 것은? (제5항)
　① 그렇게 <u>울력성당</u>으로 밀어 부친다고 해서 될 일이 아니니 돌아가게.
　② 나는 <u>강낭콩</u>이 들어간 밥을 싫어한다.
　③ 혼수상태에서 깨어났다니까 <u>저으기</u> 마음이 놓이네요.
　④ 요즘에는 <u>사글셋방</u> 구하기가 더 힘들더라.

(6) 다음 중 밑줄 친 부분이 표준어가 아닌 것은? (제6항)
　① 나의 <u>스물두째</u> 생일날 나는 텅 빈 방에 홀로 앉아서 깡소주를 마셨다.
　② 나는 <u>셋째</u>로 태어나서 그런지 부모님의 별 기대 없이 자랐다.
　③ 합격자 대기 번호 <u>열둘째</u>로 있다가 아슬아슬하게 대학에 합격했다.

④ 어제는 우리 이쁜 조카 민성이의 <u>돌잔치</u>가 있었다.

(7) 다음 중 밑줄 친 부분이 표준어가 아닌 것은? (제6항)
① 게으르면 거지처럼 평생 <u>빌어먹는</u> 수밖에 없다.
② 파티복이 하나도 없어 <u>빌어입을</u> 수밖에 없었다.
③ 네게 <u>빌린</u> 돈을 빨리 갚았으면 싶다.
④ 네가 잘못했으면 당연히 용서를 <u>빌어야지</u>.

(8) 다음 중 밑줄 친 부분이 표준어가 아닌 것은? (제7항)
① <u>수꿩</u> 한 마리가 콩알을 먹으려다 덫에 걸리고 말았다.
② 저기 풀을 뜯고 있는 암소와 <u>수소</u> 중 누가 더 일을 잘해요?
③ 저 <u>숫강아지</u> 우리가 데려가서 키우면 안돼요?
④ 이 집에서는 <u>숫양</u>을 기른다

(9) 다음 중 밑줄 친 부분이 표준어가 아닌 것은? (제7항)
① 암말과 <u>수탕나귀</u> 사이에서 난 것이 노새이다.
② <u>수은행나무</u>와 암은행나무가 같이 있어야 열매가 맺는다.
③ 암기와 사이에 엎어 놓는 기와를 <u>수키와</u>라고 한다.
④ 학교 앞에서 파는 닭은 다 <u>숫병아리</u>라서 알을 나을 수 없단다.

(10) 다음 중 밑줄 친 부분이 표준어가 아닌 것은? (제8항)
① 옆집 꼬마는 <u>오뚝이</u> 같이 배가 불룩한 게 너무 귀엽다.
② 외숙모의 동생과 나는 <u>사돈간</u>이라고 한다.
③ <u>아서라</u>! 모닥불도 빨리 타오르면 빨리 식는 법이니 너무 서두르지 말거라.
④ <u>뻗장다리</u>로는 오래 달릴 수 없다.

(11) 다음 중 밑줄 친 부분이 표준어가 아닌 것은? (제8항)
① 무엇이든지 <u>주춧돌</u>을 잘 세우지 못하면 사상누각(沙上樓閣) 격이 되어버리고 만다.
② 큰집 혼사 때 <u>부조</u>는 단순한 돈보다 우리 마음이 담겨진 걸로 했으면 해요.
③ 마치 내가 그 많은 사람들 앞에 <u>발가숭이</u>로 서있는 듯 했다.
④ 나는 작은아버지보다 <u>외삼촌</u>이 훨씬 더 좋아요.

(12) 다음 중 밑줄 친 부분이 표준어가 아닌 것은? (제9항)
① 아버지가 조금 꾸중을 했더니 밥상에 숟가락을 <u>내동댕이치고</u> 나가버렸다.
② 찌개를 퍼놓고 그 <u>남비</u>에 밥을 해야겠는데?
③ 입사한지 6일밖에 안된 <u>신출내기</u>가 무엇을 알겠니?
④ 붉은 벽돌이 온통 <u>담쟁이</u> 덩굴로 덮인 대학로의 한 커피숍에서 우리는 만났다.

(13) 다음 중 밑줄 친 부분이 표준어가 아닌 것은? (제9항)
　① 그녀와 헤어지고 돌아오는 길에 흐린 날인데도 눈가에 <u>아지랭이</u>가 한없이 피어올랐다.
　② 우리집에 왔던 그 <u>유기장이</u> 꽤 <u>멋장이</u>더군.
　③ 그렇게 온 골목을 휘어잡고 다니니 골목쟁이라는 말을 듣지.
　④ <u>시골내기</u> 주제에 감히 나와 겨루겠다는 거야?

(14) 다음 중 밑줄 친 부분이 표준어로 맞게 표기된 것은? (제9항)
　① 갑자기 밝은 데로 나오자 눈앞에 <u>아지랭이</u> 같은 게 아른거렸다.
　② '<u>난장이</u>가 쏘아올린 작은 공'이라는 소설을 읽어 봤니?
　③ 그 숲에는 물방개와 <u>소금장이</u>가 살고 있는 조그마한 연못이 있다.
　④ <u>풋내기</u> 주제에 감히 내 앞에서 시건방을 떨다니.

(15) 다음 중 밑줄 친 부분이 표준어인 것은? (제9항)
　① 노인은 그 소녀의 꿈을 지키기 위해 <u>담쟁이</u>에 마지막 잎새를 벽에 그리고 죽었던거야.
　② 겉모습만 <u>멋장이</u>였던게 아니라 매너도 정말 좋은 사람이더라구.
　③ 오늘쯤이면 <u>미쟁이</u>가 동네에 올테니 구멍난 솥이나 손봐야할 연장을 챙겨두거라.
　④ <u>소금장이</u>가 헤엄도 치치 않고 물 위에 떠있는 걸 보면 정말 신기하다.

(16) 다음 중 밑줄 친 부분이 표준어가 아닌 것은? (제10항)
　① 물에 빠져 <u>허위적대는</u> 사람을 구하지 않고 뭐하고 있는 거요.
　② <u>미루나무</u> 꼭대기에 조각 구름이 걸려 있네.
　③ <u>여느</u> 때처럼 나를 둘러싼 그 무엇도 변하지는 않았지만 무언가 달라져 있었다.
　④ 사내자식이 멀쩡한 <u>허우대로</u> 그것 하나 들지 못하다니.

(17) 다음 중 밑줄 친 부분이 표준어로 맞게 표기된 것은? (제10항)
　① 정말이지 귀신이 곡을 할 <u>일이구먼.</u>
　② <u>여늬때</u>와 다름없이 그날도 지하철을 타고 출근하고 있었다.
　③ 그렇게 <u>케케묵은</u> 생각에 사로잡혀 있다간 얼마 안가서 <u>괴팍한</u> 사람으로 치부되고
　　만다.
　④ 말하지 않아도 <u>으례</u> 챙겨 놓으실 줄 알았는데 이거 조금 실망인데요.

(18) 다음 중 밑줄 친 부분이 표준어가 아닌 것은? (제11항)
　① <u>지루한</u> 강의 시간에 노트에 너의 이름 세자를 <u>끄적여</u> 본다.
　② 이번 겨울에는 따뜻한 늑대목도리에 싸여 다녔으면하는 <u>바램</u>을 가져본다.
　③ 저 사람은 정상적인 한국인이 아닌 <u>튀기</u>라던데?
　④ 바쁘시면 <u>미숫가루라도</u> 타주겠으니 후루룩 마시고 가세요.

(19) 다음 중 밑줄 친 부분이 표준어가 아닌 것은? (제11항)
  ① <u>깍정이</u>가 떨어진 도토리 열매는 제 값을 못 받는다.
  ② 여보, 여행 한 번 제대로 시켜주지 못하고 항상 고생만 <u>시키는구료</u>.
  ③ 이제 나도 <u>허드레일</u>만 하는게 아니라 내 이름 석자를 걸고 일하고 싶어.
  ④ 언젠가 네가 돌아올 날만을 <u>바라고</u> 살아온 나다.

(20) 다음 중 밑줄 친 부분이 표준어로 맞게 표기된 것은? (제11항)
  ① 서울 사람들은 모두 <u>깍정이</u>야.
  ② <u>상치</u> 없이 고기를 무슨 맛으로 먹냐?
  ③ 꾸중보다는 칭찬이 꿈이 되니 아이들을 너무 <u>나무라지</u> 말거라.
  ④ <u>호루루기</u> 소리가 울리자 아이들의 함성소리와 함께 줄다리기 경주가 시작되었다.

(21) 다음 중 밑줄 친 부분이 표준어가 아닌 것은? (제12항)
  ① 내 <u>윗입술</u>은 왜 이렇게 튀어나왔는지 아프리카 토인같잖아.
  ② <u>윗어른</u>을 제대로 공경할 줄 알아야 사람이지.
  ③ <u>윗니</u>가 벌어진 게 콤플렉스라서 웃을 때 입을 가리고 웃는 습관이 있어요.
  ④ <u>위층</u>은 사람이 살지 않은지 1년이 넘은 것 같습니다.

(22) 다음 중 밑줄 친 부분이 표준어가 아닌 것은? (제12항)
  ① 시댁에 인사드리러 가는 사람이 <u>웃도리</u>가 너무 달라붙는 거 아니냐?
  ② <u>웃돈</u>까지 얹어 주고 산 콘서트 표인데 버리긴 아깝잖아.
  ③ 더운데 <u>웃옷</u>은 벗고 있거라.
  ④ 주인집은 <u>위층</u>이고 저희가 1층을 쓰고 있습니다.

(23) 다음 중 밑줄 친 부분이 표준어로 맞게 표기된 것은? (제13항)
  ① 단 한 줄의 <u>시귀</u> 속에도 밤을 지새우며 고뇌한 시인의 삶과 아픔이 들어있단다.
  ② “아직과 이미 사이의 푸른 희망의 사람이어야 해” 라는 <u>귀절</u>이 정말 좋았어.
  ③ 몇 번 배우지도 않았는데 다 깨우치는걸 보면 넌 참 <u>글귀</u>가 밝구나.
  ④ 2행과 4행의 문장은 서로 <u>대귀</u>가 된다.

(24) 다음 중 밑줄 친 부분이 표준어로 맞게 표기된 것은? (제14항)
  ① 구렁이가 기왓장 위에 <u>또아리</u>를 틀고 앉아 있었다.
  ② 푸른 가을 하늘을 가르는 <u>소리개</u>
  ③ 요즘에는 옷이 너무 많으니까 설이라고 <u>설빔</u>을 사주는 사람은 거의 없다.
  ④ 나 지금 완전 비맞은 <u>새앙쥐</u>처럼 덜덜 떨고 있으니 빨리와.

(25) 다음 중 밑줄 친 부분이 표준어가 아닌 것은? (제14항)
① <u>온갖</u> 부귀와 권력과 명성을 다 준다고 하여도 변치 않을 각오가 돼있다.
② 오늘 저녁에는 시원하게 <u>무우국</u>이나 끓여서 먹자꾸나.
③ <u>장사치</u>들이 하나도 남는 거 없다고 하는 것은 뻔한 거짓말이다.
④ 너를 보내고 난 후 나의 마음은 <u>미어지는</u> 슬픔으로 가득했다.

(26) 다음 중 밑줄 친 부분이 표준어가 아닌 것은? (제15항)
① 정월 대보름날 아침에는 밤·잣·호두·땅콩 따위의 <u>부럼</u>을 까먹는다.
② 자꾸 긁으면 <u>부스럼</u>이 생기니 꾹 참고 손대지 말아야 한다.
③ 어디를 둘러보건 <u>수둑한</u> 이 정도의 실력으로 우리 회사에 지원했다니 배짱이 있구만.
④ 무슨 모이들을 하고 있는지 <u>낌새</u>가 이상하니 자네가 현장 파악을 해야겠네.

(27) 다음 중 밑줄 친 부분이 표준어가 아닌 것은? (제16항)
① 어른이 <u>거짓부리</u>를 하면 쓰나.
② 물이 든 시험관에 암모니아수를 넣고 <u>유리 막대기</u>로 1분간 저어 주세요.
③ 너의 어깨 위로 지는 <u>저녁놀</u>이 매우 아름답다.
④ <u>음식찌꺽지</u>가 많이 나오지 않도록 적당량만 퍼 가세요.

(28) 다음 중 밑줄 친 부분이 표준어로 맞게 표기된 것은? (제17항)
① 이제 남의 <u>꼭둑각시</u> 노릇은 그만하고 나의 삶을 살고 싶다.
② 키가 이렇게 크다니 <u>까딱하면</u> 천정에 닿게 생겼구나.
③ 이 건물은 부실하니 헐고 다시 <u>짓든가</u> 해라.
④ 이번 가을에는 꼭 그녀와 <u>결혼하려고</u> 해.

(29) 다음 중 밑줄 친 부분이 표준어로 맞게 표기된 것은? (제17항)
① 도박하는 버릇으로 그 가정까지 <u>망가뜨리게</u> 된걸 모르다니.
② 여자가 <u>귀거리</u>를 하면 세배로 예뻐 보인데.
③ 엄마는 언니의 <u>뺨따구니</u>를 때리고 안방으로 들어가서 소리 죽여 우셨다.
④ 우리 며느리도 왔으니 <u>아궁지</u>에 불을 가득 때야겠구나.

(30) 다음 중 밑줄 친 부분이 표준어로 맞게 표기된 것은? (제17항)
① 쌀집에 가서 쌀 <u>서</u> 말만 받아오너라.
② 옷감 <u>세</u> 자만 주세요.
③ 이 반지는 금 <u>석</u> 돈 짜리이다.
④ 노자돈으로 <u>네</u> 냥이면 충분하겠지?

(31) 다음 중 밑줄 친 부분이 표준어로 맞게 표기된 것은? (제17항)
　① 쪼그리고 앉아 있었더니 <u>오금탱이</u>가 펴지지도 않네.
　② 아직 날도 밝지 않았는데 동자승이 <u>댑싸리</u>로 절 마당을 쓸고 있었다.
　③ 그 놈 참 <u>얌냠거리며</u> 잘도 먹는다.
　④ 크리스마스가 오기 전까지 <u>봉숭화물</u>이 손톱에 있으면 사랑이 이루어진다.

(32) 다음 중 밑줄 친 부분이 표준어로 맞게 표기된 것은? (제17항)
　① 남이야 뭘 <u>사든지</u> 무슨 상관이람.
　② 막 저녁 <u>할려고</u> 하는 참이었는데 같이 좀 드세요.
　③ 그 양반 지금도 <u>정정하시든데</u>.
　④ 신문을 <u>보든가 말든가</u> 맘대로 해라.

(33) 다음 중 밑줄 친 부분이 표준어로 맞게 표기된 것은? (제20항)
　① 밀린 <u>설겆이</u> 다 해주면 그 때 말해줄게!
　② <u>오얏나무</u>가 모두 몇 그루인가요?
　③ 어머니가 돌아가신 후에 <u>애닯은</u> 가슴으로 얼마나 울었는지 모릅니다.
　④ <u>난봉</u> 자식이 마음 잡아야 사흘이다.

(34) 다음 중 밑줄 친 부분이 표준어가 아닌 것은? (제21항)
　① <u>푼전</u>을 아껴 쓸 줄 알아야 부자가 될 수 있다.
　② 한시도 가만있지 못하고 그렇게 방정을 떠니 <u>구들장</u> 무너지겠다.
　③ 재산이라고 해봤자 한 뙈기 남짓한 <u>사래밭</u>이 전부다.
　④ <u>박달나무</u>는 목질이 단단하여 바퀴·기계·기구 따위의 재목으로 쓰인다.

(35) 다음 중 밑줄 친 부분이 표준어가 아닌 것은? (제22항)
　① 할머니는 한번 심하게 앓고 나신 후로 <u>어질병</u>으로 고생하고 계십니다.
　② <u>부항단지</u>로 뜸을 뜬 자리에 보기 흉한 빨간 반점 같은 게 생겼어요.
　③ 옛날에는 남녀가 유별하여 부부간에도 <u>겸상</u>하지 못하였다.
　④ <u>알타리무</u>는 처녀들이 더 좋아한다더라.

(36) 다음 중 밑줄 친 부분이 표준어가 아닌 것은? (제24항)
　① 아버지의 <u>귀밑머리</u>가 하얗게 센걸 보니 세월의 그늘은 어쩔 수 없나보다.
　② 맨날 밥하기 귀찮아서 라면만 먹었더니 이제 라면 냄새만 맡아도 <u>역겹다.</u>
　② 비오는 날은 따뜻한 방에 배 깔고 누워 <u>빈대떡</u> 부쳐먹는 게 최고라니까.
　④ <u>코보</u> 아저씨는 코가 크대요.

(37) 다음 중 밑줄 친 부분이 표준어가 아닌 것은? (제25항)
① 힘들어하는 너에게 다가가지 못하고 먼 발치에서 늘 바라볼 수밖에 없었다.
②이거 내 남자친구하고 같이 한 커플 손목시계야.
③ 그래도 자기 하는 일에는 얼마나 까탈스러운지 믿음은 가더라.
④ 엄마도 눈치 없이 그런 말을 물어보다니 진짜 주책없다.

(38) 다음 중 밑줄 친 부분이 표준어가 아닌 것은? (제25항)
① 사내들의 심한 농지거리에 숙희는 얼굴을 붉혔다.
② 겨울의 지리산은 길앞잡이가 있어야만 오를 수 있는 장대한 산이다.
③ 배 부르고 등때기가 따뜻하니까 네가 속 편한 소리만 하는구나.
④ 밤톨이 이렇게 동굴동굴하니 쌍동밤은 없을 것 같구나.

(39) 다음 중 밑줄 친 부분이 표준어로 맞게 표기된 것은? (제25항)
① 건데기 한 점 없이 맹맹한 멀국을 무슨 맛으로 먹냐?.
② 제작 년에 심은 감나무에서 딴 감이 광우리로 하나 가득이란다.
③ 식은땀이 어찌나 나는지, 애먹었다.
④ 참감자는 조선시대에 수입되었다.

(40) 다음 중 밑줄 친 부분이 표준어로 맞게 표기된 것은? (제25항)
① 이렇게 열심으로 준비했는데 포기한다는 게 아깝지 않니?
② 엄마가 열심히 간호했으니 빨리 네 병을 낫워야지.
③ 매일 깨워도 안 일어나던 애가 데이트라고 새벽부터 설치는 모습이 정말 신기롭다!
④ 원래 의젓하고 속이 깊은 애라서 저토록 안절부절하는 건 처음 봅니다.

10. 3 적합한 어휘 선택

10. 3. 1 문맥에 맞는 어휘 선택

글을 쓸 때 우리를 가장 괴롭히는 것이 바로 '어떤 단어를 선택할 것인가'일 것이다. 이렇게 단어 선택에 고심한 이유는 자신이 나타내고자 하는 생각을 효율적으로 표현하고자 하는 본능을 누구나 가지고 있기 때문이다. 단어는 사전적인 뜻(개념)은 가지고 있지만 생각을 나타내지는 못한다고 하였다. 즉, 문장에서 단어는 사전적인 뜻으로 이해되는 것이 아니라 문장 안의 다른 단어들과의 관계(문맥)에서 하나의 생각을 완성하여 표현·전달되는 것이다.

적합한 표현을 위한 어휘 선택은 크게 네 가지 관점에서 접근하여야 한다. (1) 일반적인 단어의 의미를 잘 나타내는가. (2) 단어의 짜임을 통해 의미를 생성할 수 있는가. (3) 문맥에서 단어의 의미를 추론할 수 있는가. (4) 전체 내용을 이해하는 데 어긋나지 않는가 등이다.

그러나 학교 현장에서는 적합한 표현을 위한 어휘 선택에 대한 구체적인 학습이 이루어지지 않고 있다. 이는 참으로 불행한 일이다. 왜냐하면 어휘는 글의 표현과 이해에 바탕이 되며, 사물과 생각을 인지하는 최초의 매개이기 때문이다. 사물과 생각은 단어로 이름지어지며 행동과 상황 역시 단어로 표현되고 인식된다.

적합한 표현을 위한 어휘 선택은 문장 쓰기에만 해당하는 것이 아니라 일상적인 언어 생활에서도 매우 중요하다. 일상 생활에서 겪는 의사 소통의 어려움은 사용할 단어에 대한 이해 부족과 알고 있는 어휘수의 부족이거나 화자와 청자가 서로 다른 의미 영역 안에서 표현하고 이해했기 때문이다. 즉, 글쓴이의 입장에서 본다면 자신의 생각이나 감정을 적절하게 표현할 수 있는 단어를 찾지 못했거나 읽는이의 수준과 취향을 고려하지 못했기 때문이다.

따라서 문장 쓰기의 시작은 적합한 표현을 위한 어휘의 선택, 다시말하면 풍부한 어휘력과 문맥에 맞는 어휘 선택, 그리고 읽는이를 고려한 어휘 선택이라 할 수 있다. 덧붙여 쓰고자 하는 글의 성격이나 목적 등도 어휘 선택시 고려해야 할 사항이다.

【연습문제 1】　　다음에 제시된 글을 읽고 문맥에 알맞은 단어를 (　　)속에 찾으시오.

① 젊음은 언제나 한결같이 아름답다. 지나간 날의 애인에게는 ㉠(동경, 애수, 환멸, 연민)을(를) 느껴도, 누구나 잃어버린 젊음에게는 안타까운 ㉡(회한, 미련, 추억, 비애)을(를) 느낀다.

나이를 먹으면 젊었을 때의 초조와 번뇌를 해탈하고 마음이 가라앉는다고 한다. 이 '마음의 안정'이라는 것은 무기력으로부터 오는, 모든 사물에 대한 무관심을 말한다. ㉢{무디어진, 빛바랜, 형편없는} 지성과 ㉣{엉성한, 둔해진, 느린} 감수성에 대한 슬픈 ㉤{차탄, 위안, 개탄, 자성}의 말이다. 늙으면 플라톤도 ㉥{허수아비, 바보, 허깨비}가 된다. 아무리 높은 지혜도 젊음만 못하다.

'인생은 사십부터' 라는 말은 인생은 사십 ㉦{이라야, 에서야, 까지, 조차도}라는 말이다. 다른 것은 몰라도, 내가 읽은 소설의 주인공들은 구십삼 퍼센트가 사십 미만의 인물이다. 그러니 사십부터는 ◎{반생(半生), 필생(畢生), 재생(再生), 신생(新生), 여생(餘生)}인가 한다.

② 난세에 구차이 성명(姓名)이나 보존한다는 이른바 ㉠의 태도나 내 아니더라도 남이 할 터이지 하는 ㉡의 태도나, 내 힘으로는 어쩔 수 없다는 ㉢의 태도는 이

제 백성의 이름으로 규탄될 것이다. 나라의 힘으로 길러지고 백성의 신망을 짊어진 식자인(識者人)의 의무를 저버릴 수 없고, 남의 희생만을 요구할 수도 없으며, 애국 성충(誠忠)을 바치기 전에 앉아서 자멸을 기다릴 수는 더구나 없을 것이다. 선비의 기절(氣節)은 몸소 행하고 마침내 ㉣의 경지에까지 그 정신의 높이를 끌어올릴 수 있는 신념 있는 행동에의 사모다. 나라는 흥망의 관두(關頭)에 서 있다. 선비도 해야 할 말이 있고 하지 않으면 안 될 일이 있다. 오랫동안 ㉤ 해 온 지성인들도 일이 이에 따르면 침묵만 지킬 수는 없을 것이다. 우리가 당면한 중대한 문제에 대한 지성인의 태도를 언명해야 할 때가 왔다는 말이다. 직언하는 선비는 함부로 죽이지 못한다. 역사의 준엄한 감시가 있기 때문이다. 바른 말 한 마디로 목숨을 잃는 세상이라면 그런 세상에 살아서 뭣할 것이가. 그렇게 생각해야 한다.

㉠ 명철보신(明哲保身), 안분지족(安分知足), 입신양명(立身揚名)
㉡ 수수방관(袖手傍觀), 요지부동(搖之不動), 속수무책(束手無策)
㉢ 만사휴의(萬事休矣), 자업자득(自業自得), 자포자기(自暴自棄)
㉣ 제세안민(濟世安民), 선우후락(先憂後樂), 살신성인(殺身成仁)
㉤ 자강불식(自强不息), 은인자중(隱忍自重), 각고면려(刻苦勉勵)

【연습문제 2】   다음 밑줄 친 부분에 가장 알맞은 어휘는?

〈보 기〉
【문제】 아드님이 대학입시에 떨어져서 ______가 무척 크셨겠습니다.
① 염려(念慮)   ② 심려(心慮)   ③ 배려(配慮)   ④ 우려(憂慮)

단 어	사전 의미	용 례
염 려	여러 가지로 헤아려 걱정함 또는 그 걱정	"부모님께선 객지에 있는 자식의 건강을 염려하신다."
심 려	마음으로 염려함, 마음을 놓지 못하고 걱정함	"너무 심려를 끼쳐드려 죄송합니다."
배 려	관심을 가지고 도와주거나 보살펴 줌	"남을 위하여 이리 저리 마음을 씀."
우 려	근심이나 걱정을 함, 또는 그 근심이나 걱정	"우려할 만한 사태가 드디어 발생했다."

(1) 사회 질서가 ______되면 민심이 몹시 어지러워진다.
① 파멸(破滅)   ② 요란(搖亂)   ③ 소란(騷亂)   ④ 교란(攪亂)

(2) 허위(虛僞)를 ______하여 진실이라 우기는 너의 생고집에는 정말 못 당하겠다.
① 위조(僞造)   ② 변조(變造)   ③ 날조(捏造)   ④ 개조(改造)

(3) 못된 일을 ______하여 이익을 얻는 것은 아무에게도 이롭지 못하다.
① 사조(使嗾)   ② 사역(使役)   ③ 초치(招致)   ④ 시사(示唆)

(4) 이자는 고사하고 ______만이라도 받았으면 좋겠다.

     ① 본전(本錢)   ② 밑천   ③ 자본(資本)   ④ 자금(資金)

(5) 세무원들은 밀린 세금을 강제로 ______했다.
     ① 징수(徵收)   ② 수합(收合)   ③ 수거(收去)   ④ 추렴(出斂)

(6) 회의는 서로의 주장이 ______하게 대립하면서 좀처럼 끝나지 않았다.
     ① 예리(銳利)   ② 첨예(尖銳)   ③ 명민(明敏)   ④ 예민(銳敏)

(7) 역사가 끊임없이 ______하는 것이라면, 오늘날과 유사한 사회현상을 지난 날의 인류 역사 속에서 발견할 수 있을 것이다.
     ① 변화(變化)   ② 순환(循環)   ③ 진보(進步)   ④ 발전(發展)

【연습문제 3】　다음 { }안의 어휘 중 문맥에 맞는 알맞은 어휘를 골라라.

〈보 기〉
【문제】 모르는 말의 뜻을 정확히 파악하려면 사전을 찾아보는 것이 {적격, 첩경, 도리, 대책, 대안}이다.

단 어	사전 의미	용 례
적격(適格)	알맞은 자격	"그 역할을 맡았다니 아주 적격이군."
첩경(捷徑)	① 지름길 ② 아마, 틀림없이 ③ 어떤일을 함에 있어 쉽고 빠른 방법	"그런 일이란 첩경있게 마련이다."
도리(道理)	어떤 입장에서 마땅히 지켜야 할 바른길	~에 어긋나다.
대책(對策)	어떤 일에 대처할 방책	
대안(對案)	어떤 안에 대신할 안	~을 내 놓다.

(1) 그는 뇌물수수사건에 {연루, 연결, 관계, 상관, 관련}되어 조사를 받았으며, 그것이 사실로 드러나 드디어는 형을 살기까지 하였다.

(2) 자네가 내 자식을 맡아 주게. {무식, 미거(未擧), 몽매(蒙昧), 난폭, 우둔}한 자식이지만 자네가 데리고 지도한다면 철이 날 것 같네.

(3) 독단이 생기는 이유는 어떤 사람이 주장을 하면서 자신의 그 주장에 대한 근거를 제시하지 않을 뿐만 아니라 그것에 대한 검토를 자신에 대한 {공격, 멸시, 모멸, 공박, 도전} (으)로 여기기 때문이다.

(4) 병이 더 깊어져서 {중상(重傷), 중환(重患), 중증(重症), 중병(重病), 중태(重態)}에 이르게 되면 환자들은 거의 말을 못하는 상황에까지 이르게 된다.

(5) 양국이 언제쯤에 우호조약을 {체결(締結), 타결(妥結), 조인(調印), 합의(合意), 성취(成就)}할 수 있을지 그 귀추가 주목되는 바이다.

(6) 우리 사회에는 지금 서구로부터 유입되어 온 문화가 {충만(充滿), 팽배(澎湃), 성숙(成熟), 성행(盛行), 팽창(膨脹)}해 있어서, 오히려 우리 민족 고유의 것들이 그것에 밀려나는 안타까운 모습을 보이고 있다.

(7) 이번 천하장사 대회에서는 누가 {판가름, 판막음, 손바꿈, 눈겨룸, 모두뜀}을 했지?

【연습문제 4】　　　다음 밑줄 친 곳에 알맞은 단어나 숙어를 골라 쓰시오.
　　　【예문 가】 '가족(家族)'이란 말은 학술어이고, 일상적으로 광범위하게 사용되는 것은 '집'이란 용어이다. '집'이란 단어는 한국인의 일상용어이면서도 복잡한 내용을 가지고 있다.
　　　"저 집은 상당히 큰 집이다" 할 때의 '집'은 ______을(를) 의미하고, "저 집은 훌륭한 집이다"라고 말할 때는 ______을(를) 내포한다. "저집은 양반(兩班)집이다" 할 때는 ______을(를) 표시하고, "저집은 두양주(兩主)뿐이다" 할 때는 ______을(를) 말하는 등 사용되는 범위가 실로 다양하다.

〈보 기〉

가풍(家風),　　가문(家門),　　건물(建物),　　식구(食口)

　　　【예문 나】 일상생활에서 체득한 진리를 예리한 풍자와 엄숙한 교훈과 실감나는 비유를 통해 압축한 속담에는 생활 양태, 풍속, 관습, 신앙 등이 반영되어 있으며 민중의 기지가 번뜩이고 있다.
　　　예를 들면, ______은(는) 사람의 욕심에는 끝이 없음을, ______은(는) 욕심 많은 사람이 이(利)끝을 보고는 그냥 지나쳐 버리지 못함을, 그리하여 ______은(는) 지나친 욕심을 내게 되면 도리어 손해를 보게 됨을 잘 묘파하고 있다. 늘을수록 욕심은 커 가기에 ______이라 하고, 사리를 잘 알면서도 짐짓 모르는 체하고 욕심을 채우려 함에 ______라는 속담이 그것을 날카롭고 적시(摘示)하여 비판하고 있다.

〈보 기〉

말타면 견마(牽馬) 잡히고 싶다. 늙은 소 콩팥으로 간다. 미친 척하고 떡 목판에 엎드러진다. 참새가 방앗간을 그냥 지나랴. 묏돌 잡으려다 집돌 잃었다.

10. 3. 2 고유어에 대응하는 한자어

언어 정책의 최종 목표는 순 우리말을 사용하는 데 있을 것이다. 하지만 현재 우리의 언어 현실은 순 우리말만을 가지고 의사 소통을 이루는 데에는 많은 어려움이 있다. 그 동안 순 우리말을 사용하자고 주장하는 사람들은 많았지만 우리말을 살려내고 현대 사회의 다양성에 맞게 발전시키고 보급하는 사람은 많지 않았다. 현재 우리말만 가지고는 효과적인 의사 소통을 이룰 수 없다.

그리고 한자어는 오랫동안 우리 민족과 같이 하였기 때문에 우리말화한 것이 많다. 가령, 부모님은 한자어 '父母' + 우리말 접미사 '님'이 결합하여 이루어진 말로 이제 우리말처럼 쓰이는 낱말이다. 통계 조사마다 다 다르긴 하지만 대략 우리가 쓰고 있는 말 중에서 85% 내외가 한자어라는 것은 우리말 조사나 어미를 제외한다면 거의 모두의 낱말이 한자어에서 유래하였다는 것을 의미한다.

따라서 우리말과 관련한 한자어에 대한 접근은 두 가지 방향에서 이루어져야 할 것이다. 하나는 지금 쓰고 있는 한자어를 점차 우리말로 바꾸어 나가는 것이고, 다른 하나는 지금 쓰고 한자어를 더욱 분명하고 적확하게 사용할 수 있도록 교육하는 것이다.

이 두 가지 방향은 모두 '우리말을 효율적으로 사용하고 새 시대에 걸맞는 다양하고 풍부한 표현이 되도록 하여야 한다'는 귀결점을 가져야 한다. 한 나라의 언어 정책과 언어 교육의 목표는 그 나라 언어를 일상 생활에서 효율적으로 사용하고 언어를 시대 변화에 맞도록 다양하고 풍부하게 발전시키는 데에 있기 때문이다.

고유어에 대응하는 한자어 찾기 활동은 우리가 일상 생활에서 사용하고 있는 한자어를 정확하게 사용하는 데에도 목표가 있을 뿐 아니라 다양한 한자어를 통해 우리말을 풍부하게 하는 데에도 그 목적이 있다.

가령, 〈보기〉처럼 우리말 '가지다'를 상황과 목적에 맞게 다양한 한자어로 적확하게 표현할 수 있을 것이다.

<보기>

● 신분증을 <u>가지고</u> 있다
　① 신분증을 소유하고 있다.
　② 신분증을 소지하고 있다.
　③ 신분증을 지참하고 있다.
　④ 신분증을 보유하고 있다.
　⑤ 신분증을 소장하고 있다.

● 신분증을 <u>가지고</u>　　　　을 하였다
　⑥ 신분증을 사용하여 정문을 통과하였다.
　⑦ 신분증을 이용하여 정문을 통과하였다.

①에서 ⑦까지의 문장은 모두 '가지다'로 표현될 수 있다. 그러나 ① ~ ⑦의 문장은 모두 발화 상황이나 나타내고자 하는 뜻에 달라서 각기 다른 한자어로 표현되어야 한다.

①의 경우에는 신분증이 재산적 가치를 가지고 있을 때, 혹은 신분증을 재산적 가치로 표현하고자 하는 의도를 가지고 있는 문중이다. ②는 가치와는 관계없이 지금 몸에 가지고 있다는 것이 강조된 문장이고 ③은 신분증을 '가지고' '참석했다'는 의미를 동시에 나타내는 문장이다. 그런 반면 ④는 신분증의 정신적 가치, 또는 신분증 자체에 가치를 두는 표현이고 ⑤는 신분증의 정신적, 재산적 가치를 동시에 표현한 문장이다. 즉 신분증이 유물적인 가치를 가지고 있다는 것을 나타내는 문장이다.

⑥과 ⑦은 신분증의 쓰임 용도가 서로 다른 것을 나타내는 문장이다. ⑥은 신분증을 원래의 용도로 썼음을 나타낸다면, ⑦은 신분증을 원래의 용도가 아닌 다른 용도로 썼음을 의미한다. 즉, ⑥은 자신의 신분을 밝히는 신분증의 원래 용도로 정문의 검사를 통과하였다는 의미인 반면 ⑦은 신분증으로 정문을 열었다든지 아니면 다른 사람의 신분증으로 정문을 통과하였다든지 하는, 신분증이 가진 별도의 기능이나 올바르지 않은 방법으로 썼음을 나타내는 문장이다.

이처럼 한자어는 현재 우리 고유어가 가지고 있지 못하는 다양하고 풍부한 의미를 나타낼 수 있다. 따라서 한자어에 대한 이해를 높이고 한자어 어휘 능력을 높일 수 훈련도 필요하다.

【연습문제 5】   다음은 하나의 고유어에 대응하는 한자어의 뜻을 밝히고 있다. 〈보기〉를 참조
하여 다음 한자어의 사용 예와 의미의 차이를 밝혀라.

[표 1] '없애다' 대응 한자어 풀이표

대응 한자어	용 례	의 미
제거(除去)하다	· 사회의 구습을 제거하자 · 이 프로젝트에 방해가 되는 k를 제거해 버립시다 · 들판에 잡초를 제거해야 한다 · 장애물을 ~	· 정적이나 훼방꾼 경쟁자 등을 죽이거나 축출하는 것을 완곡하게 이르는 말. 덜어 없애다
척결(剔抉)하다	· 새 정부는 정책목표로 부정부패 행위를 척결하는 것으로 삼았다 · 잘못된 관행을 척결하자	· 모순 부정이나 결함 등을 찾아내어 깨끗이 없애다. · 살을 긁어내고 뼈를 발라내다.
말소(抹消)하다	· 주민 등록이 말소되었다 · 대출금이 상환하여 부동산 근저당이 말소되었다 · 등기를 ~	· 기록되어 있는 사실을 지워 없애다
근절(根絶)하다	· 범죄와의 전쟁선포는 우리 사회에서 범죄 행위를 근절하기 위한 것이다 · 사치 풍조를 ~ · 탈세를 ~	· 좋지 않은 현상이나 대상을 다시 생기지 못하도록 근본적으로 없애다
탕진(蕩盡)하다	· 그 많던 재산을 도박으로 탕진 했다	· 재물 따위를 죄다 써서 없애 버리다
일소(一掃)하다	· 일제 식민의 잔재를 ~ · 구악(舊惡)을 ~	· 죄다 쓸어 버리다 · 모조리 없애 버리다
폐지(廢止)하다	· 남북통일을 가로막는 보안법을 폐지하다 · 노예 제도를 ~ · 자율 학습을 ~	· 실시하던 제도 법규 일 등을 그만두거나 없애다
소거(消去)하다	· 이 테잎을 자기장에 넣으면 기존의 데이터 들이 소거 될 것이다 · 이 식을 풀기 위해서는 x를 우선 소거해야 한다	· 지워 없애다 · 사라져 없어지다 · 기록을 제거하다
해소(解消)하다	· 스트레스를 ~ · 분쟁을 ~ · 갈증을 ~ · 지역 감정을 ~ (이제 새 시대를 맞이하여 상호 불편한 관계를 해소하는 것이 좋겠다)	· 어떤 일의 어려움이나 문제가 되는 상태를 풀어서 없어지게 하다

[도표2] 의미 분석표

'없애다' 대응 한자어	대상 정신(+) 물질(−)	결 과 가치상승(+) 가치소멸(−)	기 간 장기(+) 단기(−)	주 체 사회(+) 개인(−)	양상 자율(+) 강압(−)	법적 구속력 있다(+) 없다(−)
(ㄱ) 제거(除去)하다	−	+	−	±	+	±
(ㄴ) 척결(剔抉)하다	±	+	−	+	−	+
(ㄷ) 말소(抹消)하다	−	±	±	+	−	+
(ㄹ) 근절(根絶)하다	+	+	+	+	±	±
(ㅁ) 탕진(蕩盡)하다	−	−	±	−	+	−
(ㅂ) 일소(一掃)하다	±	+	−	+	±	−
(ㅅ) 폐지(廢止)하다	+	+	−	+	−	+
(ㅇ) 소거(消去)하다	−	+	−	±	+	−
(ㅈ) 해소(解消)하다	+	+	±	±	+	−

[도표3] 목적어를 대입한 의미 변별 도표
    ; 대입한 목적어 – "부정부패를"

대응한자	사용가능	의 미
제거(除去)하다	○	바람직하지 않은 정부의 부정부패를 축출하여 제거하다
척결(剔抉)하다	○	부정부패를 찾아내서 깨끗이 없애다
말소(抹消)하다	×	
근절(根絶)하다	○	부정부패를 뿌리 채 뽑아 없애다
탕진(蕩盡)하다	×	
일소(一掃)하다	○	부정부패를 모조리 한번에 쓸어 없애 버리다
폐지(廢止)하다	×	
소거(消去)하다	×	
해소(解消)하다	×	

① 바라다 : ㉠ 원(願)하다, ㉡ 소망(所望)하다, ㉢ 희망(希望)하다, ㉣ 소원(所願)하다, ㉤ 갈망(渴望)하다, ㉥ 갈구(渴求)하다, ㉦ 염원(念願)하다, ㉧ 기대(期待)하다

② 알리다 : ㉠ 고지(告知)하다, ㉡ 통고(通告), ㉢ 통보(通報)하다, ㉣ 보고(報告)하다, ㉤ 전(傳)하다, ㉥ 선전(宣傳), ㉦ 광고(廣告)하다, ㉧ 선포(宣布)하다, ㉨ 공고(公告)하다, ㉩ 공포(公布)하다, ㉪ 포고(布告)하다, ㉫ 공지(公知)하다.

③ 바꾸다 : ㉠ 교환(交換)하다, ㉡ 교체(交替)하다, ㉢ 호환(互換)하다, ㉣ 교대(交代)하다, ㉤ 대체(代替)하다, ㉥ 대치(代置)하다, ㉦ 전환(轉換)하다, ㉧ 치환

(置換)하다, ㉢ 개혁(改革)하다, ㉣ 혁신(革新)하다, ㉤ 쇄신(刷新)하다

④ 지키다 : ㉠ 수호(守護)하다, ㉡ 보호(保護)하다, ㉢ 경비(警備)하다, ㉣ 감시(監視)하다, ㉤ 감수(監守)하다, ㉥ 수비(守備)하다, ㉦ 방어(防禦)하다, ㉧ 방비(防備)하다, ㉨ 보전(保全)하다, ㉩ 보수(保守)하다, ㉪ 고수(固守)하다, ㉫ 보존(保存)하다, ㉬ 유지(維持)하다

10. 3. 3 형태는 비슷하나 뜻이 다른 단어

　세계 모든 언어가 그러하듯이 서로 형태가 비슷하여 구분없이 쓰는 단어가 있다. 우리 말에는 대표적으로 '가르치다'와 '가리키다'가 있다. '가르치다'와 '가리키다'는 엄연히 뜻이 다른 단어 임에도 불구하고 일상 생활의 언어 사용이나 글쓰기에서 혼동하는 경우가 있다. 심지어는 '가르키다' 또는 '가리치다' 등 국어사전에도 없는 형태의 단어를 만들어 두루뭉실하게 단어를 사용하는 경우가 있다.

　그러나 정확한 단어 사용은 단어 차원의 문제만은 아니다. 정확한 단어를 사용하는 것은 바로 우리들의 사고의 정확성과 사고의 깊이와 밀접한 관련을 맺고 있다. 다시 말하면, 정확한 단어를 사용하지 않는다면 정확하고 깊은 사고를 기대하기 어렵다는 것이다. 따라서 형태가 비슷하다고 뜻의 구별없이 사용하는 단어는 한시 바삐 시정해야 할 일이다.

【연습문제 6】　다음은 비교적 비슷한 형태를 지니고 있지만 의미는 다른 어휘들이다. 보기와 같은방식으로 사전에서 뜻을 찾고 적당한 예문을 들어 그 의미를 구별하라.

〈보 기〉

> 가르치다 ① 기능이나 지식을 가지고 알아듣게 설명하여 인도하다.
> 　　　　　　(헤엄치는 법을 가르치다.)
> 　　　　　② 상대방이 아직 모르는 일을 일러주다. (비밀을 가르쳐주다.)
> 　　　　　③ 타일러서 경계하다. 인식시키다. (역사가 가르치는 교훈)
> 가리키다 ① 손가락 따위로 지시하거나 알리다.
> 　　　　　　(시계 바늘은 6시를 가리키고 있다. 북쪽을 가리키다.)
> 　　　　　② 말, 동작으로 무엇이 있는 곳을 알려주다. (길을 가리키다.)
> 　　　　　③ 특별히 지적하다.
> 　　　　　　(자네 같은 사람을 가리켜 무골호인이라 하네.)

① 자질 / 재질
② 보전 / 보존

③ 가름 / 갈음
④ 갑절 / 곱절
⑤ 매기다 / 메기다
⑥ 매다 / 메다
⑦ 묻히다 / 무치다
⑧ 살지다 / 살찌다
⑨ 얽매어 / 얽매여
⑩ 일그러지다 / 이지러지다 / 찌그러지다
⑪ 집다 / 짚다 / 짓다 / 짖다 / 짙다
⑫ 젖히다 / 제끼다 / 제치다 / 제키다
⑬ 바치다 / 받치다 / 받히다 / 밭이다 / 밭치다
⑭ 숫하다 / 숱하다
⑮ 우기다 / 욱이다
⑯ 장사 / 장수

10. 3. 4 집약적인 표현을 위한 숙어

한자성어나 숙어, 속담은 함축적인 표현과 정서적인 표현을 하는 데 매우 효과적이다. 뿐만 아니라 이들은 주관적인 내용을 객관화하는 데에도 효율적이다. 한자성어나 숙어, 속담은 많은 내용을 집약적으로 나타내어 감칠맛 나는 표현을 돕는다.

말을 잘 하는 사람, 글을 잘 쓰는 사람들은 숙어와 속담을 적절하게 잘 사용할 줄 안다. 그리고 그들은 다른 사람을 자신의 생각과 주장으로 끌어들이는 묘한 능력을 가지고 있다. 사람들은 그들의 생각과 다른 생각을 가지고 있으면서도 자신도 모르게 그들의 논리, 그들의 생각과 주장 속으로 빨려 들어가고 만다.

이렇게 사람들로 하여금 자신의 생각과 주장에 공감하고 동조하도록 만드는 기법 중에 하나가 바로 적절한 숙어나 속담을 사용하는 것이다. 숙어나 속담은 많은 사람들이 알고 있는 일반화된 개념이며, 유사한 사건·행동의 대표성을 띠는 표현이다. 따라서 숙어나 속담을 사용하면 자신의 주관적인 생각, 복잡하여 잘 정리가 되지 않는 생각 등을 선명하고 간단하게 표현할 수 있으며 동시에 자신의 생각을 일반화하는 효과를 얻을 수 있다.

숙어·속담을 활용하여 표현력을 기르기 위한 방법은 여러 가지가 있을 수 있다. 하지만 논의의 집약을 위해 대표적인 것만 소개하도록 한다. 이러한 방법 중에는 수업 시간에 활용하고 있거나 시험 문제의 유형으로 사용되고 있는 것이 있을 것이다. 하지만 숙어와 속담을 사용한 표현력 기르기의 목적으로 활용되지는 않는 것 같다.

숙어·속담을 활용하여 표현력을 기르는 방법의 유형은 크게 두 가지가 있다. 하나는 문장 수준 유형이고 하나는 문단 수준의 유형이다. 문장 수준의 유형은 하나의 문장을 단위로 문장이 나타내는 뜻을 숙어나 속담으로 바꾸는 것이고 문단 수준의 유형은 문단을 단위로 문단이 나타내는 뜻을 숙어나 속담으로 표현하는 것이다.

문장 수준의 유형은 우선 문장 안에서 적절한 숙어나 속담을 써넣는 방법이 있다.

① 김영감의 그 후의 소식은 물어 낼 필요도 없었으나, 거리에서 만나 박 서방 입으로 우연히 한 구절 얻어듣게 되었다.

병든 둥글개첩은 기어코 김 영감의 눈을 감춰 최 서기와 줄행랑을 놓았다. 종적을 수색 중이나 아직 (   )(이)라 한다.

사랑방에서는 고시랑고시랑 잠을 못 이룰 육십 노인의 꼴이 측은하게 눈에 떠올랐다. 에매한 머슴을 내쫓았음을 뉘우치라고 생각되었다.

(이효석, 〈산〉 중에서)

② 아무도 기다리는 사람이 없는 고향에 여섯 살 난 딸아이를 업고 불쑥 바람처럼 나타난 그는, 물에 잠겨 버린 지 삼 년째가 되는 방울재 뒷동산 각시바위에 댕동같이 앉아서는 목이 터져라고 마을 사람들의 이름을 하나하나 불러 대는가 하면, 혼자서 고개를 끄덕거려가며 오순도순 (   )를 중얼거리다가도, 불컥 고개를 쳐들어 하늘을 찔러보고, 창자가 등뼈에 달라붙도록 큰 소리로 웃어대고, 느닷없이 징을 두들기며 경중경중 도깨비춤을 추었다.

(문순태, 〈징소리〉 중에서)

①은 한자 숙어를, ②는 속담을 써 넣은 활동이다. 이 때 ( ) 안에 넣을 수 있는 숙어나 속담은 하나일 수 없다. 앞뒤 문장의 문맥적 의미를 살펴 ( ) 안에 알맞은 숙어나 속담을 복수로 찾을 수 있다. 이것이 문장 수준의 유형이 갖는 장점이다. 문맥에 맞는 여러 개의 숙어와 속담을 찾은 다음 가장 알맞은 속담이나 숙어를 토론을 통해 확정해 나가면서 속담과 숙어에 대한 이해도 높이고 어휘력도 높일 수 있다.

문장 수준의 활동에는 ( ) 넣기 식 방법 이외에 일반적인 문장을 숙어나 속담으로 바꾸어 표현하는 방법이 있다.

③ 흉년을 만나매 호구하기 어려워서 가만히 종을 시켜 자기 의복을 팔러 보냈더니, 그 남편이 보고 그 뜻을 보려고 말하여 왈,

"이렇게 굶으니 나가 벼슬을 함이 어떻겠는가?"

하니 부인이 정색하여 왈,

<u>"대장뷔 무도한 세상에 명절을 세울지니 설령 굶어 죽을지언정 어찌 훼절하고 벼</u>

<u>슬하리오?</u>" 하니 구포 웃고 더 공경하더라

(〈정경 부인 초계 정씨 행장〉 중에서)

④ 돌아와서 그 날 밤에, 그젯밤이올시다. 그젯밤 아니라 어제 아침이올시다. 요새 저는 정신이 하나도 없어요. 그래 밤에는 들어와서 반찬 없다고 밥도 안 먹고, 곤해서 쓰러져 자길래 그런 말을 못하고, 어제 아침에야 그 이야기를 했지요. 그랬더니 '<u>내가 아나, 임자 마음대로 하게 그려'</u>. 그리고 일어서 지게를 지고 나가 버리겠지요. 그리고는 저 혼자서 온종일 이리저리 생각을 해 보았지요. 아무러나 제자식을 남을 주고 싶지는 않지만 어떻게 합니까.

(전영택, 〈화수분〉 중에서)

⑤ 꽃을 들고 냄새를 맡고 있던 어머니는 내 말이 끝나기가 무섭게 무엇에 놀란 사람처럼 화다닥 하였습니다. 그리고는 금시에 어머니 얼굴이 그 꽃보다 더 빨갛게 되었습니다. 그 꽃을 든 어머니 손가락이 파르르 떠는 것을 나는 보았습니다. 어머니는 무슨 무서운 것을 생각하는 듯이 방 안을 휘 한 번 둘러보시더니,

"옥희야, 그런 걸 받아 오문 안 돼."

하고 말하는 목소리는 몹시 떨렸습니다. 나는 꽃을 그렇게도 좋아하는 어머니가 이 꽃을 받고 그처럼 성을 낼 줄은 참으로 뜻밖이었습니다. <u>어머니가 그렇게도 성을 내는 것을 보니까 그 꽃을 내가 가져왔다고 그러지 않고 아저씨가 주더라고 거짓말을 한 것이 참 잘 되었다고 나는 속으로 생각했습니다.</u> 어머니가 성을 내는 까닭을 나는 모르지만 하여튼 성을 낼 바에는 내게 내는 것보다 아저씨에게 내는 것이 내게는 나았기 때문입니다.

(주요섭, 〈사랑 손님과 어머니〉 중에서)

③은 밑줄 친 부분에 드러난 부인의 반응을 알맞은 한자 성어로 바꾸는 활동이고, ④는 밑줄 친 부분에 담긴 화자의 심리를 한자 성어로 바꾸는 활동이다. ⑤는 밑줄 친 부분에 대한 평가를 속담으로 표현하는 활동이다.

이처럼 속담이나 숙어를 통한 표현력 기르기 활동은 줄거리의 내용, 주제, 심리 상태, 평가 등 다양한 형태로 질문을 이끌어 낼 수 있다. 다양한 질문을 이끌어 낼 수 있다는 것은 일반적인 표현을 거의 모두 숙어나 속담으로 표현을 바꿀 수 있다는 것을 의미한다.

앞에서 말한 바와 같이 숙어나 속담을 활용하여 표현을 바꾸는 훈련은 주관적인 생각을 객관화하고, 특수한 의미를 보편적인 의미로 바꾸는 효과를 얻을 수 있다. 그리고 그 대상은 내용에서부터 심리, 또는 내용에 대한 읽는 이의 평가까지 다양하다. 따라서 어휘 지도에서 숙어나 속담을 많이 알 수 있도록 특별한 훈련이 필요하다.

문단 수준의 유형은 문단 전체의 내용을 숙어나 속담으로 정리하는 활동이다. 따라서 이 수준의 활동은 문단 전체의 내용 파악이나 내용 파악에

서 얻은 생각이나 주장 역시 숙어나 속담으로 바꾸어 표현할 수 있다.

⑥ 정씨 옆에 앉았던 노인이 두 사람의 행색과 무릎의 배낭을 눈 여겨 살피더니 말을 걸어 왔다.

"어디 일들 가슈?"

"고향이 어딘데...."

"삼포라구 아십니까?"

"어 알지, 우리 아들놈이 거기서 도자를 끄는데..."

"삼포에서요? 거 어디 공사 벌릴 데나 됩니까. 고작해야 고기잡이나 하구 감자나 매는데요"

"어허! 몇 년 만에 가는 거요?"

"십 년."

노인은 그렇겠다며 고개를 끄덕였다.

"말두 마우, 거긴 지금 육지야. 바다에 방둑을 쌓아 놓구, 추럭이 수십 대씩 돌을 실어 나른다구."........

작정하고 벼르다가 찾아가는 고향이었으나, 정씨에게는 풍문마저 낯설었다. 옆에서 잠자코 듣고 있던 영달이가 말했다

"잘 됐군. 우리 거기서 공사판 일이나 잡읍시다."

그 때에 기차가 도착했다. 정씨는 발걸음이 내키질 않았다. 그는 마음의 정처를 잃어버렸던 때문이었다

(황석영, 〈삼포가는 길〉 증에서)

⑦ 하루는 밤에 아저씨 방에서 놀다가 졸려서 안방으로 들어오려고 일어서니까 아저씨가 하얀 봉투를 서랍에서 꺼내어 내게 주었습니다.

"옥희, 이거 갖다가 엄마 드리고 지난간 달 밥값이라구, 응"

나는 그 봉투를 갖다가 어머니에게 드렸습니다. 어머니는 그 봉투를 받아 들자 갑자기 얼굴이 파랗게 질렸습니다. 그 전날 달밤에 마루에 앉았을 때보다도 더 새하얗다고 생각되었습니다. 어머니는 봉투를 들고 어쩔 줄을 모르는 듯이 초조한 빛이 나타났습니다.

(주요섭, 〈사랑 손님과 어머니〉 증에서)

⑧ 나무는 덕을 가졌다. 나무는 주어진 분수에 맞게 만족할 줄을 안다. 나무로 태어난 것을 탓하지 아니하고, 왜 여기 놓이고 저기 놓이지 않았는가를 말하지 아니한다. 등성이에 서면 햇살이 따사로울까, 골짜기에 내려서면 물이 좋을까 하여, 새로운 자리를 엿보는 일도 없다. 물과 흙과 태양의 아들로, 물과 흙과 태양이 주는 대로 받고, 후박과 불만족을 말하지 아니한다. 이웃 친구의 처지에 눈떠 보는 일도 없다.

(이양하, 〈나무〉 중에서)

⑥은 글 속에 나타난 주인공의 심리를 한자 숙어로 표현하는 활동이고

⑦은 글에 나타난 '어머니'의 상황을 역시 한자 숙어로 표현하는 활동이다.
⑧은 문단 전체의 내용을 한자 숙어로 표현하는 활동이다.

이처럼 문단 수준의 유형은 문단의 전체의 뜻이나 문단의 핵심 사항을 숙어나 속담으로 표현하는 활동이다. 문장 수준의 유형과는 달리 문단 수준의 유형은 문단 전체의 내용 안에서 이루어지는 활동이다. 따라서 문단 전체의 내용 파악과 관련한 형태의 질문들이 가능하다.

이러한 활동은 산문에만 국한되는 것이 아니다. 시나 시조와 같은 운문에서도 숙어나 속담을 통한 표현력 기르기 활동은 가능하다.

⑨ 걸어서 항구에 도착했다.
　길게 부는 한지의 바람
　바다 앞의 집들을 흔들고
　긴 눈 내릴 듯
　낮게 낮게 비치는 불빛
　지전에 그려진 반듯한 그림을
　주머니에 구겨 넣고
　반쯤 탄 담배를 그림자처럼 꺼 버리고
　조용한 마음으로
　배 있는 데로 내려간다.
　정박 중에 어두운 용골들이
　모두 고개를 들고
　항구의 안을 들여다보고 있었다.
　어두운 하늘에는 수삼 개의 논송이
　하늘의 새들이 따르고 있었다.
　　　　　　　　　　　（황동규, 〈기항지〉）

⑩ 살구꽃 핀 마을은 어디나 고향 같다.
　만나는 사람마다 등이라도 치고지고,
　뉘 집을 들어서면은 반겨 아니 맞으리.
　　　　　　　　　　（이호우, 〈살구꽃 핀 마을〉）

⑪ 언제부턴가 갈대는 속으로
　조용히 울고 있었다
　그런 어느 조용한 밤이었을 것이다.
　갈대는 바람도 달빛도 아닌 것.
　그의 온몸이 흔들리고 있는 것을 알았다.
　갈대는 저를 흔드는 것이 제 조용한 울음인 것을
　까맣게 몰랐다.

> ——산다는 것은 속으로 이렇게
> 조용히 울고 있는 것이란 것을
> 그는 몰랐다.
>
> (신경림, 〈갈대〉)

⑨, ⑩, ⑪ 모두 시·시조를 대상으로 숙어나 속담을 통한 표현력 기르기를 훈련하기 위한 것이다. ⑨는 '중심 이미지를 배로 볼 때, 이와 가장 가까운 것은?'의 질문 형태로, ⑩은 글의 주제와 가장 가까운 뜻을 지닌 한자 숙어를 찾는 활동이다. ⑪은 시에 나타난 서정적 자아의 자세와 같은 뜻을 가진 숙어·속담을 찾는 활동이다.

이처럼 시나 시조를 대상으로 하여 이미지, 시적 화자의 태도, 내용, 주제 및 감상·평가 등을 숙어나 속담으로 바꾸는 훈련은 얼마든지 가능하다. 산문을 대상으로 한 활동과 다른 점은 운문에서 중시하는 이미지, 감상, 시적 화자(자아)의 자세·태도 등으로 질문의 내용을 형성하는 것이 더욱 효과적이라는 것이다.

① ~ ⑪의 활동을 위해 교사나 학생이나 숙어와 속담에 대한 실력을 쌓아야 한다는 것이다. 방학 과제를 이용하거나 수업 시간에 틈틈히 숙어와 속담을 소개하고 특별한 준비를 통해 숙어와 속담에 대한 실력을 쌓아가야 할 것이다.

【연습문제 7】 〈보기〉를 참조하여 다음 숙어들이 어떤 의미로 사용되는지 밝혀라

〈보 기〉

ㄱ) 바지 저고리 : 능력이나 실권이 통 없는 사람
ㄴ) 억지 춘향이 : 하기 싫은 일을 억지로 함

---

(1) 가시방석 : ＿＿＿＿＿＿＿＿＿＿＿＿＿＿＿＿＿＿＿＿

(2) 주판을 튕기다 : ＿＿＿＿＿＿＿＿＿＿＿＿＿＿＿＿＿

(3) 발이 넓다 : ＿＿＿＿＿＿＿＿＿＿＿＿＿＿＿＿＿＿＿

(4) 붓을 꺽다 : ＿＿＿＿＿＿＿＿＿＿＿＿＿＿＿＿＿＿＿

(5) 초를 치다 : ＿＿＿＿＿＿＿＿＿＿＿＿＿＿＿＿＿＿＿

(6) 좀이 쑤시다 : ＿＿＿＿＿＿＿＿＿＿＿＿＿＿＿＿＿

(7) 산통을 깨다 : ＿＿＿＿＿＿＿＿＿＿＿＿＿＿＿＿＿

(8) 오지랖이 넓다 : ＿＿＿＿＿＿＿＿＿＿＿＿＿＿＿

(9) 발을 빼다 : ＿＿＿＿＿＿＿＿＿＿＿＿＿＿＿＿＿＿＿

(10) 담을 쌓고 지내다 : ＿＿＿＿＿＿＿＿＿＿＿＿＿＿

(11) 거지발싸개 같다 : ＿＿＿＿＿＿＿＿＿＿＿＿＿＿＿

(12) 남잡이 나잡이 : _______________________________
(13) 홍부집 굴뚝이라 : _______________________________
(14) 썩어도 준치 : _______________________________
(15) 마파람에 게 눈 감추듯 한다 : _______________________________
(16) 깜냥으로 일을 하다 : _______________________________
(17) 선손질 후방망이 : _______________________________

10. 3. 5 순우리말

　순우리말에는 우리가 상상할 수 없을 정도의 아름다운 말이 많다. '시나브로', '살별' 등 우리가 모르는 정감 있는 말들이 매우 많다. 그러나 우리는 흔히 외래어를 사용하고 또 외래어 사용을 은근히 뽐내고 있다.

　말은 그 민족의 얼과 정신, 문화를 나타낸다. 우리의 외래어 사용은 우리 얼과 정신 문화의 말살을 의미한다. 우리가 언어 말을 사용해야 할 지는 묻지 않아도 될 것이다.

　우리말의 낱말 만들기는 크게 두 가지 방법이 있는데 하나는 '실질형태소 + 형식형태소'와 '실질형태소 + 실질형태소'이다. 이러한 낱말 만들기의 좋은 예로는 북한의 언어가 있다. 남북이 통일이 되면 남한과 북한 언어의 이질성을 회복하는 게 급선무일텐데 북한의 언어에서 우리가 배워야 할 언어도 많이 있다. 몇 가지 예를 들어보면 다음과 같다.

남 한	북 한	남 한	북 한
가사(家事)	집안거두메	각 선 미	다 리 매
게 시 판	알 림 판	거 짓 말	꽝 포
골 키 퍼	문 지 기	구 설 수	말 밥
기 성 복	지 은 옷	구 성	엮 음 새
다이얼(전화)	번 호 판	노 크	손 기 척
도넛(츠)	가락지빵	도 화 선	불 심 지
레 코 드	소 리 판	롤 러	굴 개
리 본	댕 기	몽 타 쥬	판 조 립
명 령 문	시 킴 문	보 조 개	오 목 샘

　이 밖에서 '스킨로션 – 살결물', '로션 – 영양물'들 의미를 구체적으로 드러내면서도 정감 있는 말들이 많다. 우선 우리말에 대한 문제들을 풀어 보면서 우리말의 아름다움에 젖어 보자.

【연습문제 8】   다음 제시된 낱말은 순우리말이다. 뜻으로 옳은 것은?

〈보기〉
(1) 살별
  가) 본 것을 잊지 않고 잘 기억하는 능력   나) 환하게 빛나는 빛깔
  다) 빛나는 긴 꼬리를 끌고 도는 별. 혜성   라) 처음으로 솟아오르는 햇볕

(2) 얼뜨다
  가) 언행이 경망하고 조급하다.   나) 다부지지 못하고 어리석어 보이다.
  다) 모양이나 몸짓이 어울리지 않다. 라) 철이 덜 들어 아둔하다

(3) 마뜩하다
  가) 마음에 마땅하다.   나) 일러주어서 깨닫게 하다.
  다) 모양이나 태도가 마음에 들고 믿음직하다. 라) 마음이 편하지 못하다.

(4) 귀거칠다
  가) 말과 행동이 거칠고 미련스럽게 보이다.
  나) 상리에 벗어나 상스럽고 막되다.
  다) 놀라거나 겁에 질려 황급한 소리를 지르다.
  라) 듣기에 매우 거북하다.

(5) 앵돌아지다
  가) 냉대하여 멀리하거나 거절하다.
  나) 말을 불쑥하여 정답지 않은 빛이 보이다.
  다) 마음이 틀어져 토라지다.
  라) 생각이나 성질이 비뚤어지다.

(6) 울력
  가) 여럿을 모아 한 덩어리나 한 판이 되게 하다
  나) 여러 사람이 힘을 합해서 하는 일
  다) 목적이 같은 사람이 한패를 이룬 무리
  라) 농민들이 협력하기 위하여 이룬 모임

(7) 봄눈 슬듯
  가) 오래 안가고 이내 없어지는 모양 나) 성질이 부드럽고 다정스럽다.
  다) 그다지 쉽사리   라) 슬그머니

(8) 의초
  가) 짝이 되는 친구
  나) 서로 너니 나니 하고 부르며 터놓고 지내는 사이

　　다) 동기간의 우의　　　　　　　라) 서로 마음이 통하는 벗

(9) 미상불
　　가) 대강, 거의 가깝게　　　　　나) 마땅히, 차라리
　　다) 아닌게 아니라　　　　　　라) 도저히

(10) 입매
　　가) 음식을 조금 먹어 시장기를 면함　나) 먹고 싶은 생각이 나다
　　다) 먹으려고 하는 탐심　　　　　라) 때없이 군음식을 마구 먹는 입버릇

(11) 소소리바람
　　가) 동풍　　　　　　　　　　나) 서풍
　　다) 남풍　　　　　　　　　　라) 북풍
　　마) 살 속으로 기어드는 듯한 찬바람

(12) 어금지금하다
　　가) 비슷하다.　　　　　　　　　　나) 다음가는 차례.
　　다) 서로 비슷하여 대소장단의 차이가 없다.　라) 비스듬히 비치다.

(13) 기연미연
　　가) 일을 끝내지 않고 중간에 흐지부지 그만 둠
　　나) 일의 뒤끝을 마무르는 성질이 없다.
　　다) 그런지 그렇지 않은지 분명하지 않은 모양
　　라) 결단성이나 다잡는 힘이 모자란

(14) 오지랖이 넓다.
　　가) 끝이 없다. 한이 없다.
　　나) 자기 편의에 따라 이랬다저랬다하는 기회주의자의 행동.
　　다) 아무 관계없는 남의 일에 간섭하다.
　　라) 하는 짓이 분수에 넘쳐 비웃음을 살 때 씀.

(15) 시나브로
　　가) 모르는 사이에 조금씩 조금씩　나) 대수롭지 않게
　　다) 슬그머니　　　　　　　　라) 언제나 변함없이 한 모양으로, 늘

(16) 눈총기
　　가) 어떤 기준을 잡다.
　　나) 대강 겉가량으로 헤아림.
　　다) 본 것을 잊지 않고 잘 기억하는 능력
　　라) 겉을 보면 속까지도 짐작하여 알 수 있다

(17) 비기다
　　가) 피하느라고 몸을 옮기다.　　　나) 비스듬하게 기대다.
　　다) 한쪽으로 비스듬히 기울어지다. 라) 비스듬하게 늘어지거나 놓이다.

(18) 누리
　　가) 해질녘에 푸르스름하고 흐릿한 기운
　　나) 공중에서 빗방울이 찬기운을 만나 얼어서 떨어지는 덩어리
　　다) 해나 달의 둘레에 생기는 둥근 테
　　라) 굴뚝이나 벽에 허옇게 얼어붙는 것

(19) 여우비
　　가) 겨우 먼지나 일지 않을 정도로 조금 오다 마는 비
　　나) 아직 비가 올 듯한 기색은 있으나 좍좍 내리다가 잠깐 그친 비
　　다) 볕이 나 있는데 잠깐 오다가 그치는 비
　　라) 안개보다 조금 굵고 이슬보다 조금 가는 비

(20) 감실감실
　　가) 매달린 것이 가볍게 흔들리는 모양
　　나) 먼 곳에서 어렴풋이 움직이는 모양
　　다) 귀엽게 생긴, 작고 또렷한 여러 덩어리가 고르지 않게 놓여 있는 모양
　　라) 아기가 곱게 자는 모양

(21) 숲정이
　　가) 사람이 심어 가꾸거나 또는 저절로 나서 자란 온갖 나물
　　나) 잡풀이 무성한 땅
　　다) 마을 부근의 수풀 있는 곳　　　라) 큰 나무의 밑동

(22) 그루 앉히다
　　가) 겉으로는 사양하는 체하고 뒤로 슬그머니 벌리는 손
　　나) 일의 뒤를 마물러서 끝내는 일
　　다) 앞으로 해나갈 일에 바로 나갈 터를 잡아주다
　　라) 물건을 잘 정돈하여 간수함.

(23) 손어림
　　가) 오래 길들여 쓰다.
　　나) 남의 수고에 대하여 주는 작은 물건.
　　다) 손으로 하는 일을 허술한 데 없이 회동그랗게 잘하다.
　　라) 손으로 대강 헤아림.

(24) 입씻이

    가) 아주 적은 음식으로 시장기를 면하는 일

    나) 지은 죄를 사실대로 말함

    다) 까닭 없이 남을 탓하는 짓

    라) 다른 말을 못하도록 또는 비밀이 새지 않도록 주는 돈이나 물건

(25) 도리기

    가) 여러 사람이 돈을 추렴하여 같은 음식을 나눠 먹는 일

    나) 음식을 돌려가며 제각기 내는 일

    다) 여러 몫으로 고루 나누어주는 일

    라) 힘든 일을 거들어 주어서 서로 품을 지고 갚음

(26) 비거스렁이

    가) 비를 맞지 않도록 물건을 치우는 일

    나) 비가 오다가 날이 개는 동안

    다) 비가 온 뒤에 바람이 불고 시원해지는 일

    라) 초목에 내려 눈같이 된 서리

(27) 팔죽지

    가) 팔꿈치로부터 손목까지의 부분   나) 팔꿈치와 어깻죽지 사이의 부분

    다) 팔꿈치를 오그린 안쪽　　　　　라) 손이 잇닿은 팔의 끝 부분

(28) 우금

    가) 논두렁이나 밭두둑을 따라 난 좁고 꼬불꼬불한 길

    나) 굽은 길

    다) 길, 물줄기, 산줄기 등이 휘어서 굽은 곳

    라) 시냇물이 급히 흐르는 가파르고 좁은 산골짜기

(29) 메

    가) 돌을 쪼아 다듬는 쇠연장　　　나) 쇠붙이를 쓸거나 다듬는 연장

    다) 풀, 콩깍지, 짚 등을 써는 연장　　라) 물건을 치는데 쓰는 연장

(30) 도린곁

    가) 한 곳으로만 통하는 길　　　　나) 길의 가장자리

    다) 사람이 별로 가지 않는 외진 곳 라) 사물의 제일 중요한 데

(31) 고빗사위

    가) 승부를 마지막으로 결정하는 일

    나) 가장 긴요한 고비의 아슬아슬한 순간

    다) 사물의 제일 중요한 데　　　　라) 일에 관계되는 긴한 목

(32) 옹골지다
  가) 야무지고 기운차다   나) 실속있게 꽉 차다.
  다) 태도와 행동이 침착하고 참을성이 있다.
  라) 생각한 대로 튼튼하게 잘된 물건

(33) 살갑다
  가) 마음에 썩 달갑지 않거나 내키지 않다.   나) 야속한 느낌이 있다.
  다) 마음씨가 너그럽고 미덥다.   라) 은근히 속마음으로 기뻐하다.

(34) 바리
  가) 과일이나 채소를 100개씩 세는 말
  나) 마소에 잔뜩 실은 짐을 세는 단위
  다) 쇠붙이로 된 돈이나 가마니같이 납작한 물건을 세는 단위
  라) 논밭의 넓이의 단위

(35) 함초롬하다.
  가) 가지런하고 곱다.   나) 수수하게 풍족하고 아름답게 보이다.
  다) 깨끗하고 아담하다.   라) 부드럽고 가볍게

(36) 사부자기
  가) 앞 뒤 헤아리지 않고 얼른 하는 모양   나) 우선 급한대로
  다) 남 모르는 사이에 재빠르게   라) 재빠르게 혀나 손을 놀리는 모양

(37) 돋을볕
  가) 큰 내   나) 세상
  다) 처음으로 솟아오르는 햇볕   라) 마음의 본바탕

(38) 이지러지다
  가) 차츰 희미해지면서 없어지다.   나) 한쪽이 차지 않다.
  다) 온전하다.   라) 내용이 충실하다.

(39) 곱새기다
  가) 해석을 그릇되게 하다   나) 같은 말을 되풀이하다
  다) 한번 삼킨 먹이를 내어 다시 씹다
  라) 잘못을 꾸짖을 때 도리어 반항하다

(40) 진배없다
  가) 일정한 용량이 없다   나) 조금도 틀리지 않고 들어맞다.
  다) 못할 것이 없다   라) 어떠한 표준을 잡을 수가 없다

(41) 괴덕스럽다
　가) 언행이 경망스럽고 조급하다
　나) 말을 불쑥하여 정답지 않은 빛이 보이다
　다) 생각이나 성질이 비뚤어지다　　라) 수선스럽고 실없다

(42) 드레질
　가) 키로써 바람을 내는 짓　　　나) 까붐질
　다) 여러 몫으로 고루 나누어주는 일 라) 인격의 무겁고 가벼움을 떠보는 것

(43) 갈음하다
　가) 다른 것으로 서로 바꾸어 대신하다
　나) 여럿 가운데서 분간하여 골라내다
　다) 일의 뒤끝을 맺다　　　　　　　라) 가지런하고 곱다

(44) 부엉이 셈
　가) 숫자를 써서 셈함　　　　나) 어리석어 이해타산이 분명하지 못한 셈
　다) 머리 속으로 계산　　　　라) 실속 없는 셈

종 합 문 제

※ 다음 밑줄 친 곳을 바르게 고쳐라.

1. 그 중소기업의 직원들은 10억불 수출의 탑을 <u>넘보며</u> 열심히 땀을 흘리고 있습니다.
2. <u>저희나라</u>는 국민의 사치와, 정치의 부패, 기업의 횡포로써 IMF라는 국난을 겪게 되었습니다.
3. 겨울비가 추적추적 내리고 나더니 <u>강추위</u>가 들이닥쳐서 닭들까지 얼어죽었다지 뭐야.
4. 오늘은 영화 '서편제'로 한국의 정신을 세계에 알린 <u>장본인</u> 임권택 감독을 만나보겠습니다.
5. 아주머니! 여기 <u>쇠고기 수육</u> 한 접시와 제육, 편육 한 접시씩 가득 주십시오.
6. 장님이 호수라고 생각하여 늪으로 걸어 들어가고 있는 것과 <u>꼭 같은</u> 어리석은 행동이야.
7. 너는 올해 나이가 몇인데, 매일 <u>말괄량이</u> 사내아이들하고 노는 것이니?
8. 형! 歸天이라는 한자를 잘 모르겠는데, <u>토</u> 좀 달아 줄래?
9. 우리는 모든 아픔, 모든 슬픔, 눈물까지도 함께한 아주 <u>막연한</u> 친구 사이라고 할 수 있죠.
10. 검찰은 대기업의 뇌물 수수혐의를 밝혀내기 위해 본격적인 증인 <u>심문</u>에 들어갔습니다.
11. <u>비행기 값</u>은 얼마든지 내가 책임질테니까 하루라도 내려와서 푹 쉬고 가!
12. 설 귀경 길을 15시간이나 걸려 도착하니 도저히 다음 설에는 내려 올 <u>염두</u>가 나지 않아요.
13. 젊어서 그렇게 고생시키고 이제는 어린 자식들까지 놔두고 가다니 참 <u>못 쓸</u> 사람!
14. 아버지가 교통사고로 돌아가셨다는 소리에 <u>애끓는</u> 슬픔을 참을 수 없었습니다.
15. 대출 서류 중에서 <u>빠친</u> 것이 있나없나 다시 한 번 확인하십시오.
16. 전화로 통화하는 것보다 사무실에 <u>들려</u> 직접 그 도안을 보시고 결정하시지요.
17. 전세가 더 좋다는 건 알고 있지만 <u>뭉돈</u>이 없으니 사글세에 사는 수밖에... ...
18. 내가 퀴즈를 낼테니 ①, ②, ③, ④번 중에서 <u>알맞는</u> 답을 골라봐!
19. 이래봬도 나는 고등학교 시절 우리학교 육상부의 <u>넓이뛰기</u> 대표선수였습니다.
20. 이렇게 덥고 짜증나는 날은 친구랑 호프집에 앉아 시원한 맥주나 쭉 <u>들이키고</u> 싶다.
21. <u>어스름</u> 달밤에 동네 어딘가에서 들려오는 희미한 노래 소리에 귀를 기울이며 잠 못 들다.
22. 산 <u>넘어</u> 저 곳에 무엇이 있는지, <u>옛부터</u> 멍한 눈으로 저 곳만을 바라보며 앉아 있구나.
23. 팬시점에서 도둑으로 몰리는 <u>곤혹</u>을 당하고도 아무 말도 못하는 바보가 어디 있니?
24. 기차 건널목을 <u>건네다가</u> 자동차 시동이 꺼져 옴짝달싹 못하고 끔찍한 참변을 당했습니다.
25. 면접회장에서 갑자기 아무 생각도 나지 않아 <u>멋적게</u> 머리만 긁적이다가 나오고 말았다.
26. 먹고 싶은 것도 안 사먹고 <u>푼푼히</u> 모은 돈이지만 너에게 주는 거라면 아깝지 않아.
27. 우리 막내딸 결혼식까지 내 손으로 <u>치루고</u> 나니 이제 죽어도 여한이 없겠구나.
28. 직접 만나서 말하기에는 서로 부담스러운 문제이므로 이렇게 용기내어 <u>글로서</u> 적습니다.
29. 이번 저의 고별 연주회에 시장님 내외를 <u>모시고저</u> 하오니 부디 참석해 주시기 바랍니다.
30. 이번 가을동안 이 별장을 <u>빌어</u> 쓰기로 친구한테 말해놓았으니 편안하게 쉬도록 해.
31. 위에 있는 <u>두째</u> 항과 <u>세째</u> 항은 우리의 판매 전략에 부합하지 않는 것 같습니다.
32. 요즘 회사의 분위기를 보면 상부에서 뭔가 <u>심상챦은</u> 일이 벌어지고 있는 것 같습니다.

33. 그 해 여름은 고시원에 들어가 <u>공부하노라고</u> 밤을 지새는 일이 다반사였다.

34. 당신은 <u>누구시길래</u> 남의 가슴에 들어와 잔잔한 파문을 일으키고 가십니까?

35. 얼음이 녹아서 스케이트 타기 위험하니 제발 <u>강가엘랑</u> 가지 말거라.

36. 해질 무렵 들길을 산책하는 당신의 <u>바지가랭이</u>를 적시는 들꽃으로 피어나고 싶습니다.

37. 비도 오고 적적한데 어디 재미있는 옛날 이야기나 하나 해 <u>주시구료</u>.

38. 정말 내가 이 가게 주인이라고 생각하고 모두 <u>열심으로</u> 일해주기 바랍니다.

39. 재산상속 때문에 형제를 찔러 죽이는 <u>믿기지</u> 않는 사건들이 실제로 일어나고 있습니다.

40. 국민의 녹(祿)을 먹는 공무원이 귀찮다고 해서 그렇게 <u>졸속스런</u> 행정 처리를 하면 됩니까?

41. 사람이 젊을 때는 가난해도 괜찮지만 늙어서 남한테 손 벌리고 다니면 <u>추접하게</u> 보인다.

42. 시끄러워서 안들리니까 지금 전화기를 <u>들으시고</u> 좀 조용한 곳으로 가서 통화해 주시죠.

43. <u>딱다구리</u>는 날카롭고 단단한 부리로 나무를 쪼아 구멍을 내고 그 속의 벌레를 잡아먹는다.

44. 처음 서울에 올라갔을 때는 돈이 없어서 홍제동 마을버스 종점의 <u>언덕배기</u>에서 살았었다.

45. 오직 살 수 있다는 믿음과 끊임없는 <u>사랑으로서</u> 그 아이의 병을 치료할 수 있습니다.

46. 자기가 주인공인데 연습을 하나도 못했으니, 무대에 서려면 <u>저으기</u> 걱정이 되기도 하겠지.

47. 경매가 끝난 새벽시장에서 몇몇 <u>장사아치</u>들이 모닥불을 피워놓고 불을 쬐고 있었다.

48. 키가 <u>짝달막하다</u>고 그 사람을 무시했다가 큰 코 다친 이가 한두 명이 아닙니다.

49. 한여름에는 <u>깡보리밥</u>에 열무김치, 풋고추 반찬이면 한 그릇은 뚝딱 해치우지요.

50. 성격이 <u>두리뭉실하여</u> 모나지 않으니 대인관계 때문에 걱정할 일은 없겠구나.

51. <u>티각태각거리며</u> 웬 사랑싸움을 그렇게들 하는지, 애인없는 사람은 서러워서 살겠냐?.

52. 그는 음주운전으로 단속에 걸리자 지갑에서 수표를 꺼내 경찰관에게 <u>넌즈시</u> 건네주었다.

53. 저는 다른 것은 몰라도 절대로 남을 속이거나 거짓말은 하지 않는 <u>사람이올습니다</u>.

54. 태풍이 몰아쳐서 배가 끊겼으므로 우리는 그 섬에서 <u>옴짝달싹</u>할 수 없게 되었다.

55. 여기 있는 것은 좋지만, 당신에게 조금이라도 <u>거치장스러운</u> 존재가 되는 것은 싫습니다.

56. 물에 빠진 사람 구해줬더니 보따리 내노라 한다더니 <u>되려</u> 나에게 화를 내는 당신을 도저히
    이해할 수 없군요.

57. 저 먼 하늘을 <u>날으는</u> 새처럼 모든 것을 잊고 훨훨 날아갈 수만 있다면.

58. 매일 그 섬이 생각날 때마다 네가 준 소라 <u>껍질</u>을 귀에 대고 바다의 파도 소리를 들어.

59. <u>오손도손</u> 행복하게 살자고 맹세해 놓고, 개나리봇짐 달랑 싸들고 도망을 가다니……

60. 자네가 끝 마무리를 <u>시시무지</u>하니까, 결국 주문해놓은 물량마저 전부 취소되고 말았잖나!

61. 순대 2인분 주시구요 저희 여기 단골이니까 대신 양은 <u>곱배기</u>로 주셔야 해요.

62. 너는 여자애가 돼서 <u>칠칠맞게</u> 어찌 그리 물건을 놓고 다니니?

63. 이번 내 생일에는 네 품만큼이나 따뜻하고 <u>두터운</u> 목도리 받고 싶어.

64. 3월, 유관순 누나의 얼을 <u>쫓아</u> 조국에 대해 사랑하는 마음을 키워야 한다.

65. 그는 그의 손에 들어간 어떤 문제라도 척척 풀어 <u>제키는</u> 수학 천재였습니다.

66. 그는 정말 유능함에도 불구하고 <u>비양거리는</u> 버릇으로 인해 되려 사람들의 미움을 산다.

67. 자라 보고 놀랜 가슴 솥뚜껑 보고도 <u>놀랜다</u>더니 내가 딱 그짝 났지 뭐니?

68. 강한 헤드라이트 불빛이 <u>비치는</u> 순간 몸이 굳어 움직일 수 없기 때문에 사고가 나는 거죠.

69. 싸한 가을 아침 공기가 나를 깨울 때면 <u>웬지</u> 모르게 삶이 참 적막하다는 생각이 든다.

70. 내일은 태풍 사오마이의 세력이 한반도까지 <u>뻐칠</u> 예정이오니 철저히 대비하십시오.

71. 그 결혼식에는 정계, 재계에서 <u>내노라하는</u> 사람이 다 모였습니다.

72. 자버리고 시험 공부 하나도 못했다고 <u>안절부절하는</u> 모습 이번 학기 내 사전엔 없어!

73. 4학년이나 돼서 새내기들 노는데 끼면 <u>주착없다는</u> 소리를 듣기 일쑤죠.

74. 김장에 쓰려고 하니 너는 빨리 슈퍼에 가서 <u>황새기젓과</u> 멸치젓 좀 사오너라.

75. 요즘에는 절개하지 않고 매몰시켜서 만드는 <u>쌍까풀</u> 수술이 더 인기가 있습니다.

76. 방 값은 다른 데 보다 싸지만 <u>으시시한</u> 이곳 분위기가 마음에 들지 않습니다.

77. 내 전 재산을 <u>통털어도</u> 아내의 수술비를 댈 수 없는 내 현실이 더 가슴아팠습니다.

78. 번개와 우뢰가 칠 때 잘 관찰해보면, 빛이 소리보다 더 빠르다는 것을 알 수 있습니다.

79. 6.25 전쟁 때, <u>주검의</u> 순간이 어디 한 두 번이었습니까?

80. 아이는 시장에서 배추잎 <u>나부래기를</u> 주워 담던 어머니가 부끄러워 멀리 떨어져 걸었다.

81. 심심한데 책가방 들고 갈 사람을 <u>심지뽑기로</u> 정해서 한번에 몰아주기로 한자.

82. 인형이나 과자로 초등학생들을 <u>꼬셔서</u> 성추행한 주한 미군에게 아무런 사법권도 행사할 수 없는 정부의 무력함은 SOPA협정의 허구성을 드러내고 있다.

83. 구세군의 <u>자선남비가</u> 사람들의 무관심 속에 혹독한 날씨만큼이나 차갑게 서있다.

84. 올 가을에는 <u>알타리무</u> 시세가 괜찮을 것 같으니 무김치를 담죠!

85. 결승에서 상대 선수를 경기 경험이 없는 <u>신출나기라고</u> 얕보았다가 지고 말았습니다.

86. 일주일동안의 <u>지리한</u> 장마가 끝나자 불볕더위가 기승을 부리기 시작했다.

87. <u>가리마같이</u> 곧게 난 논길 위로 해가 뉘엿뉘엿 지며 긴 그림자를 만들었습니다.

88. 우리 민족의 유일한 <u>바램인</u> 남북통일이 머지않아 실현될 것으로 보입니다.

89. 손으로 막 파지말고 고막에 상처나지 않게 <u>귀후비개로</u> 조심 조심 파렴.

90. 어렸을 때 <u>트기라고</u> 놀리는 아이들을 피해서 늘 혼자서 구석에 숨어있곤 했습니다.

91. 무늬가 있는 천의 바느질을 할 때에는 <u>이음새를</u> 잘 맞추는 것이 가장 힘들다.

92. 아무리 돈이 없고 가난한 사람이라고, 겉모습만 보고 <u>업수이여길게</u> 아니다.

93. 청년은 한창 <u>푸르름이</u> 더해가는 6월의 나무처럼 멈추지 않고 성장해야 한다.

94. 경쟁자가 많았지만 무난히 1차 예선을 통과해서 24명이 <u>겨누는</u> 본선에 진출했습니다.

95. 대기업에 그 땅을 불하해 버린 것을 보면 <u>알쪼가</u> 아니겠습니까?

96. 오늘이 첫 출근인데 빈둥거리다 늦어서 허둥대지 말고 아침 일찍 <u>차비를</u> 서두르거라.

97. 너는 나이가 몇인데 다 큰놈이 <u>조무라기들을</u> 모아놓고 전쟁놀이를 하고 있니?

98. 소위 출세한 친구들이 나를 은근히 <u>괄세하는</u> 것 같아서 이제 동창모임에 나가지 않는다네.

99. 평소에 자기 욕심만 채우며 <u>심뽀를</u> 나쁘게 쓰더니 천벌을 받은 게 분명해.

100. <u>잔전이라고</u> 함부로 쓰는 게 아니라 한 푼 두 푼 아끼는 게 절약의 근본임을 명심해라.

101. 술에 취하면 평소에는 드러나지 않는 그 사람의 본성을 <u>적나라하게</u> 볼 수 있다.

102. <u>허위대만</u> 멀쩡하고 속은 비었으니 속 빈 강정이 따로 없구나.

103. <u>살고기만</u> 골라 먹는 걸 보니 너는 진짜 고기의 맛을 모르는 구나.

104. 일제의 <u>끄나불</u> 노릇을 한 사람들은 오히려 부와 권력을 쥐고 땡떵거리며 살고있습니다.

105. 투표인 열 명 중 <u>과반수 이상</u>인 여섯 병이 찬성했기 때문에, 이 안건은 통과됐습니다.

106. 그때는 가진 것이 없어도 젊음 하나 만으로 무슨일이든지 <u>무데뽀</u>로 부디쳤었어.

107. 여자는 어디서나 <u>단도리</u>를 잘 해야 한다고 엄마는 귀에 못이 박히도록 얘기하셨다.

108. 술에 취하시면 아버지는 아버지의 <u>18번</u> '눈물 젖은 두만강'을 부르시고는 하셨습니다.

109. 하늘거리는 <u>소라색</u> 원피스를 입은 그녀가 내 마음에 나비처럼 사뿐히 들어와 앉았다.

110. 면접 보러 가는 거니까 밝은 색보다는 <u>곤색</u> 원피스가 더 차분해 보일 것 같아.

111. 우리아이는 야채는 전혀 안먹고 햄, 소시지, <u>돈까스</u> 같은 것만 좋아하니 큰일이에요.

112. 이 레스토랑의 <u>비후까스</u>는 육질이 연하고 소스맛이 일품입니다.

113. 이렇게 지저분하게 놔두지 말고 어디서 <u>보루박스</u>를 구해서 재활용 쓰레기 함을 만들자.

제11장 문장

한 편의 글을 이루기 위해 유의해야 할 사항은 한두 가지가 아니다. 그러나 글을 쓰는 데에 가장 유의해야 할 사항은, 글은 문장으로 이루어진다는 점이다. 문장 하나 하나가 모여 단락이 되고 그 단락을 적절하게 연결하면 글이 된다. 말하자면 글의 가장 기본적인 요소는 문장이라는 것이다. 따라서 글은 우선 문장 하나 하나가 올바르게 만들어져야 한다.

그렇다면 올바른 문장이란 어떤 문장인가? 무엇보다 먼저 문법에 맞는 문장이어야 올바른 문장이라 할 수 있을 것이다. 주어가 서술어와 얼마나 잘 상통하고 있는지, 조사가 문맥의 흐름과 잘 맞물리고 있는지, 시제가 적절하게 사용되었는지, 존비법이 바르게 구사되었는지 하는 것이 올바른 문장의 기본 요소일 것이다.

문법에 맞지 않은 문장은, 아무리 많은 내용을 말하고 있다 하더라도 명확하게 전달될 수 없다. 명확하게 전달되지 못하는 문장은 이미 죽은 문장이 되는 것이다. 문법에 맞는 문장만이 명확하게 내용을 전달할 수 있다는 것을 항상 염두에 두어야 할 것이다.

11. 1. 1 국어의 기본 문형

국어의 기본 문형은 학자에 따라 다소간 다르게 설정되어 있지만, 어떤 견해를 따르더라도 논의를 전개하는 데는 그리 문제될 것이 없다. 국어의 기본 문형을 서술어의 성질에 따라 구분하면 다음과 같다.

1) 무엇이 어찌한다 (아이가 웃는다)
2) 무엇이 어떠하다 (강물이 푸르다)
3) 무엇이 무엇이다 (인호는 학생이다)

이는 '주어 + 서술어'를 기본 골격으로 하는 문장으로, 1)은 '주어 + 동사', 2)는 '주어 + 형용사', 3)은 '주어 + (체언 + 이다)'의 형태이다. 이러한 '주어 + 서술어'의 기본 골격에 필수적인 성분의 목적어와 보어가 결합되어 여러 가지 기본 문형이 나타난다.

우선 1)의 '주어 + 동사'의 형태는 다음과 같은 기본 문형으로 나누어 진다.

① '주어 + 자동사' (바람이 분다)
② '주어 + 목적어 + 타동사' (보연이가 노래를 부른다)
③ '주어 + 보어 + 두 자리 서술어' (물이 얼음이 된다)

자동사는 주어 하나만을 필요로 하는 한 자리 서술어이고, 타동사는 주어와 목적어를 필요로 하는 두 자리 서술어이며, 수여(授與)동사 '주다, 보내다' 등은 주어, 목적어, 부사어 등을 필요로 하는 세 자리 서술어이다. 그러나, 보어를 필요로 하는 두 자리 서술어는 동사의 '되다'와 형용사의 '아니다'가 있을 뿐이다.

2)의 '주어 + 형용사'의 형태에서는 다음과 같은 기본 문형이 이루어진다.

① '주어 + 한 자리 서술어' (꽃이 아름답다)
② '주어 + 보어 + 두 자리 서술어' (나는 천재가 아니다)

위의 문형에 사용된 성분들, 주어, 서술어, 목적어, 보어 들은 문장이 성립하기 위해 없어서는 안 될 최소한의 필수 성분으로, 문장의 골격을 이루는 주성분이다.

이들 기본 문형에 수의적인 성분을 더하거나, 기본 문형과 기본 문형을 합성하여 문장을 확대해 나갈 수 있다.

① 철수가 빠르게 달린다.
② 하늘은 높고, 물은 깊다.

①은 수식어의 첨가로, ②는 기본 문형의 합성을 통해 새로운 문형을 이

루고 있다.

이상이 국어의 기본 문형이며, 기초적이긴 하지만 문법에 맞는 문장의 형태이다. 이러한 규칙과 형태를 벗어난 문장은 올바른 문장이 아니다. '문법을 초월한 문장'이란 현실적으로 있을 수 없다. 물론, 문법에 맞는 문장이라고 해서 다 좋은 문장이라는 말은 아니다. 좋은 문장, 훌륭한 글의 요건은 문법만이 아니기 때문이다. 그러나 좋은 글이 되려면 무엇보다 먼저 그 문장들이 문법에 맞아야 한다는 사실을 가볍게 지나쳐서는 안 된다.

11. 1. 2 비문법적인 문장

가끔 "시를 짓는 데에도 반드시 문법적인 문장을 써야 합니까?"라는 질문을 하는 학생이 있다. 간단히 대답하면 그렇지 않다. 그러나 시(또는 문예문)에서 일상의 문법과 다른 문장을 쓴다 하여도 결국 문법의 테두리 속에 있는 것이며, 어떤 문장이든 문법이라는 장치를 통해 새로운 표현 효과와 의미를 창출한다. 따라서 문법에 어긋나는 문장은 엄격히 말해 非文이다. 글이란 앞에서 말한 바와 같이 문장의 집합체인데 문장이 아닌 비문이 섞여 있어서는 곤란하다. 글을 쓸 때 적어도 비문법적인 문장을 쓰지 않도록 유의해야 한다.

우리 주변의 비문법적인 문장들을 살피고, 그것들을 바르게 고쳐 가면서 문장에 대한 이해를 높이고 올바른 문장 사용의 계기를 만들고자 한다.

1) 단어 선택의 잘못
  : 단어의 뜻을 혼동하거나 정서법을 몰라 단어 선택을 잘못한 경우

① 그래, 가는 길에 들릴게.
② 선거 분위기를 돋구려 했던 경선분위기
③ 지연이를 꼬셔 영화를 봐야지.
④ 술이라면 사죽을 못쓴다.
⑤ 오랜동안 생각해 봤는데…
⑥ 그의 발언은 의제의 핵심에서 비껴간 것이다.
⑦ 위치는 구 천안 소방서 뒤의 둘쨌 건물 3층
⑧ 오늘이 대체 몇일이야?
⑨ 일을 벌렸으면 끝장을 보아야지.
⑩ 그는 이웃 사람들과 발길을 일체 끊고 산다.
⑪ 지금 시간이 몇 시입니까?

⑫ 지나가는 길에 잠깐 들렸어요.

⑬ "런던은 우리나라보다 9시간이나 느린거지."

⑭ "너희 이모는 김치 담는 법도 몰라."

⑮ "미처 생각지도 못한 교수님의 질문에 곤욕스러웠어."

⑯ "열쇠를 잃어버려서 복사하려구."

⑰ 황사 현상으로 호흡기 질환이 발생할 우려가 높습니다.

⑱ 포도, 구기자 다립니다.

⑲ 그 소년은 이불에 쌓여 불안할 듯 떨고 있었다.

⑳ 노약자나 임산부는 관람하실 수 없습니다.

㉑ 꿈은 쫓는 자의 몫이다.

㉒ 지난번에 샀던 옷하고는 색상이 틀리네

㉓ 한자말식 이름을 고운 우리말 이름으로 바꿨다.

㉔ 철수가 실수를 많이 한 덕분에 우리 조가 꼴찌를 했다.

㉕ 망치를 이용하여 못을 박다.

㉖ 한참 일할 나이에 죽다

㉗ 파손율이 적은 유연한 탄력의 해동 보론 낚싯대 - 달인트로

㉘ 흡연을 삼가합시다.

㉙ 보일러는 펌프를 부착하므로서 완제품이 됩니다.

㉚ 컴퓨터를 키지 마세요

2) 잘못된 표현

: 일상에서 흔히 사용하는 표현이나 문맥의 의미가 잘못된 것

① 보일러 불 좀 올려놓아라

② 택시 잡아!

③ 그런데 수십 명의 승객을 태운 운전 기사가 혼잡한 도심이나 고속도로를 달리
며 한 손으로 통화를 한다는 것은 끔찍한 일이다

④ 그녀는 말을 하다말고 눈썹을 치켜 떴다.

⑤ 오늘 목욕합니다.

⑥ 나는 어제 접수를 했다.

⑦ 신랑, 신부를 박수로 맞아 주시기 바라겠습니다.

⑧ 미안해. 차가 막혀서 늦었어.

⑨ 천년의 사랑

⑩ 내리실 때는 뒷문으로 꼭 벨을 눌러주세요.

⑪ '전국 노래 자랑'을 사랑해 주시는 여러분께 고마운 인사를 드립니다.

⑫ '운동 중 발의 부상을 획기적으로 개선시킨 테니스화의 일대 혁신!

⑬ 보다 멀리, 보다 정확하게!!

⑭ "이 기쁨을 여러분과 같이 하고 싶습니다."

⑮ 조계사 사태와 깊은 관련을 갖는 상무대 정치 자금에 대한 국정 조사가 표류하는 상황은 정부와 여당의 정치적 입장이나 태도에 대한 본질적인 의문을 낳고 있다고 할 것이다. 이러한 현실은 6공 사람들을 증인으로 채택하기가 버거운, 현정권의 어려운 입장을 방증하는 것이다. 과거의 잘못을 조사하지도 못하는 현정부가 어찌 개혁을 내세울 수 있을 것인가하는 의문을 불러오는 것이다.

⑯ 처참한 세계대전이 연이어 일어났고 발달된 과학이 만들어낸 무기는 많은 사람들을 죽게 만드는 데 큰 공헌을 하였다.

⑰ A: 상 받으신 소감은?

　　B: 기분이 참 좋은 것 같아요.

⑱ "조용히 말해!"

⑲ 환경 보호를 위하여 쓰레기 분리 수거를 생활화하자.

⑳ 냉방중이오니 문을 닫고 들어오세요.

㉑ 안전모 없이 현장출입을 할 수 없습니다.

㉒ 자기 쓰레기는 되가져 옵시다.

㉓ 자기가 먹은 쓰레기는 다 치워

㉔ 승객 50여명을 실을 버스가 추락해 10여명이 중경상을 입었습니다.

㉕ 머리가 맑아지니 공부가 쏙쏙 들어와요

㉖ 반쪽지폐 (언론매체)

㉗ 선배님들, 돌아가시면서 한마디씩 해주세요.

㉘ 내리실 때 뒤에 오는 오토바이를 조심하세요.

㉙ 터널 횡단 불법 이민자 급증〈조선일보. 2001. 5. 23〉

㉚ 담배 조금만 참아 주세요.

㉛ 한 소방관이 생명을 무릅쓰고 지하실에서 가스누출 사고로 질식한……(KBS9시 뉴스)

3) 모호한 표현

① 귀여운 아빠의 딸

② 한 사람이 웃고 가면 열 사람이 다시 온다.

③ 이것은 우리 어머니의 책이야.

④ 그 착한 수정이의 삼촌은 사람들을 도우면서 살아가신데….

⑤ 그녀는 빗속에서 떨고서 있었다. (소설 '센스&센스빌리티')

⑥ 장애인 집에서 투표한다 (6월 1일 조선일보 기사)

4) 비속어적 표현

: 비속어 사용과 컴퓨터 시대의 오염된 표기

① 너가 이번엔 쏴라.

② 나 낑겼어. 〈영화 『마우스 헌트』 중〉

③ 오늘 우리 주거 버립시다! 〈축제 콘서트 벽보〉

④ 내일 모하실 껀가여?

⑤ 오늘 저녁에 전화 때릴게.

5) 문장 성분의 호응

(가) 주어와 서술어의 호응

① 귀중품은 업주에게 맡기시고 만일 분실 시 책임지지 않습니다

② 현재 기온은 18도를 보이고 있습니다.

③ 내일은 비가 예상됩니다.

④ 운전 기사와 잡담을 하거나 과속을 금지한다.

⑤ 앞으로 다가구 주택도 취득세를 내게 되었다.

⑥ 어린이들 가운데에는 과자나 사탕 같은 단것만을 즐겨 먹고 식사를 걸러서 건
   강을 해치는 일도 있습니다.

⑦ 이 사진은 지난 4일 종로 5가 전철역 근처를 지나던 행인들이 임시로 설치된
   월드컵 복권 판매대에서 즉석복권을 사 당첨 여부를 확인하고 있다.

⑧ 자동발매기의 이용 순서는 먼저 동전 및 지폐를 투입한 후 해당 목적지의 운임
   버튼을 누르시면 승차권 및 거스름돈이 지불됩니다.

⑨ 국민체육진흥공단이 체육진흥기금 마련을 구실로 발행하는 복권이 시민들의
   사행심을 부추기고 있다는 여론이다. 국민체육진흥공단은 복권 수익사업으로
   인한 수익금에 대해서도 공개할 의무가 있다는 지적이다.

(나) 목적어와 서술어의 호응

① 그 소방관은 생명을 무릅쓰고 불로 뛰어들어 사람을 구출하였다.

② 그 비싼 한국음식점을 찾아 시간과 돈을 낭비하느니, 현지의 음식문화 체험 또
   한 여행의 중요한 부분이므로 적응하려고 애써 보도록 하자.

③ 우리 성이는 모름지기 열심히 공부한다.

④ 승자다운 면모를 발휘하다.

(다) 부사어와 서술어의 호응

① 기분이 너무 좋다

② 그는 내키지 않는 일은 반드시 하지 않는다.

③ 나는 결코 이 일을 하겠어!

④ 오곡이 들어있어 흔들어 드세요〈롯데 아침의 우유〉

6) 문장 성분의 생략 : 필요한 문장 성분을 생략한 경우

   (가) 주어 생략
① 그는 값비싼 보석을 가지고 왔지만, 그것을 숨기었다.

   (나) 서술어 생략
① 전나무 숲이 끝나면 단풍길이, 그 앞으로 300년 된 보리수가 서 있다.
② 맛도 영양도 훨씬 많다.
③ 이 배는 사람이나 짐을 싣고 하루에 다섯 번씩 운행한다.
④ 이 타이어는 소음과 제동성을 높이기 위해 개발된 제품입니다.

   (다) 조사생략
① "충남 최초 학생, 일반인 고등교육을 실시합니다." 〈운전면허 광고 전단지〉

   (라) 부사어 생략
① 길을 다니거나 놀 때 사고 위험이 많다.

7) 수식어와 피수식어의 거리
  : 피수식어는 수식하는 말 바로 앞에 와야 하는 규칙을 어긴 문장

① 가장 큰 해결되지 않은 문제 중 하나이다.
② 자동 커피 판매기
③ 안전을 위하여 손잡이를 꼭 잡읍시다. 〈버스〉
④ 절대 비밀 보장, 절대 다른 차 출입 금지, 절대로 거짓말을 하지 않는다.

8) 의미 겹침(중복)
① 어제 집을 계약을 맺었다.
② ○일 ○○시경에 ○○○동의 k양이 피살되었습니다.
③ 나는 약 한 달 가량 영국에 가 있었다
④ 직장인 남자의 대략 절반쯤은 담배를 피우지 않는다.
⑤ 원고를 많이 투고하여 주세요. 그러나 투고한 원고는 돌려주지 않습니다.
⑥ 서오릉이나 동구릉, 북한산, 관악산 등도 나무 숲이 무성하며, 이보다 다소
   떨어진 곳으로는 경기도 양평군 용문산 송림이 적당한 산림욕장이 될 수 있다.

9) 높임법 : 높임법을 잘못 쓰는 경우
① 아버지께서 신문을 읽으시고 계셨다.
② 나는 손님을 내 가족처럼 모시겠습니다. 〈버스〉
③ 아버지 둘째형이 오늘 서울에 도착하신대요.

10) 필요없이 늘여 쓴 문장

① 양선수에게 기념패 전달이 있겠습니다.
② 이것은 사회 분화에 따라 언어도 분화해 갔음을 의미한다고 볼 수 있다.
③ 가장 좋은 것은 보리차입니다.

11) 변화있는 문장

: 같은 어미를 사용하지 않고 변화를 주어, 읽고 이해하기 쉽게 하는 문장

① 어린이들이 갖고 노는 장난감 중 모양이 조잡하고 페인트 색깔이 현란하고 조악한 것은 납 성분이 들어 있을 가능성이 높다. 〈2001. 5. 24 조선일보〉

12) 올바른 인용 표현

: 인용한 내용이 무엇인지 분명하게 드러내는 문장

① 검찰 관계자에 따르면 마약 상습 투약자는 20여 만 명에 이르는 것으로 추산된다.
② 다만 감사원 발표 중 법원의 허가 기준을 벗어난 감청이 성행하고 있다는 지적은 하루빨리 시정돼야 할 대목이다.

13) 영어 직역투

: 영어 문장을 그대로 번역하여 우리 문장의 표현 구조에 어긋나는 문장

(1) '이루어지다' 형 문장
⑯ 수업이 체계적으로 이루어지도록 하였다.
⑰ 진행 상황으로 볼 때 예상보다 이른 이번 주 초반에라도 고발이 이루어질 수 있다는 게 주변의 관측이다.
⑱ 물론 법인도 탈루 금액이 크거나 범법성 의도가 뚜렷하면 법인에 대한 고발(이 경우 고발 당사자는 주로 대표이사)도 이뤄진다.
⑲ 단체 협약에 노사협의 속에 이루어지도록 명시되어 있는 전환배치를 사측은 일방적으로 강요했습니다.
⑳ 공정한 법 집행이 이루어져야 한다.
① 정부 부처에서 서류제출이 이루어지지 않아

(2) '주어지다'형 문장
① "1등을 하신 분께는 특별히 부상이 주어집니다."
('주어지다'한 말은 어떤 기회나 행운이 자신에게 돌아옴을 나타내는 말이다. 그러므로 물체를 주는 것에는 드린다. 또는 주다의 표현이 옳다)

② 세금감면 혜택이 주어진다.
③ 자신의 생각과 느낌을 주어진 시간 안에 써야 한다.

(3) '가지다'형 문장
① 형태소는 의미를 가진 최소의 단위이다.
② 흥미와 다양한 관심을 가지는 과정에서 인간과 세계를 이해하게 되면 궁극
   적으로 자아의 성장을 가져오게 된다.
③ 학생에 대해서 가지는 교사의 심리적 태도는 판단과 깊은 연관이 있다.

(4) '요구되다'형 문장
① 자기 자신을 솔직하게 들여다 보는 노력이 요구된다.
② 세계인을 하나의 식구처럼 감싸안는 변신이 요구된다.
③ 앞으로도 20여개의 댐 건설이 요구된다고 주장한다.
④ TV드라마 내용을 자주 수정하는 것은 시청자 의견이 요구되어서 그런 것은
   아니다.

(5) '필요로 한다'형 문장
① 21세기를 이끌어갈 어린이들에겐 풍부한 창의력을 필요로 한다.
② 음절을 만들 때는 반드시 모음을 필요로 한다.
③ 지금 세계가 가장 필요로 하는 것은 평화이다.
④ 지금 우리가 필요로 하는 건 성실하게 일하는 사람이다.

(6) '~에 의하여'형 문장
① 우리 학생들에 의하여 그 일이 처리되었다.
② 저 책은 우리 출판사에 의해 만들어졌다.
③ 서울 관악 경찰서는 1일 장홍선씨가 강도 2명에 의해 살해되었다고 발표
   했다.

(7) '~(으로, 로)부터'형 문장
① 한국은 떼도둑으로부터 아직 비교적 안전해 보인다. 〈중앙일보. 2001. 6. 25〉
② 1892년부터 1954년까지 세계 각지로부터 1천 2백만명이 이곳을 통해 '약속
   의 땅' 미국으로 들어왔다.
③ 탤런트 김희선씨는 광고사로부터 억대의 광고 계약을 제의 받았다.
④ 인간은 전쟁의 공포로부터 해방되어야만 행복한 삶을 이룰 수 있다.
⑤ 세계는 테러의 위협으로부터 충분히 벗어날 수 있는 대책을 강구해야 한다.

14) 일어 직역투
  : 일어 문장을 그대로 번역하여 우리 문장의 표현, 구조에 어긋하는 문장

가) 관형격조사 '의'를 오용한 기형문

  (1) '의' 단독형

 (가) 주격
① 미국의 테러 참사의 혼란에도 불구하고 우리경제가 흔들리지 않고 있다
② 이처럼 다양한 내용의 글을 읽으면서, 정보를 얻는 것은 매우 유익하다.
③ 이런 과정을 통해 자신의 말하기의 능력도 신장한다.
④ 신부의 입장이 있겠습니다.

 (나) 목적격
① 단순히 사실의 나열에만 그치지 않고
② 승자다운 면모의 발휘입니다.
③ 기재 사항의 정정 또는 금융 기관의 수납인 및 취급자인이 없으면 무효입니다.

 (다) 관형격
① 같은 뜻의 말을 반복해서 쓰는 것은 옳지 않다.
② 어머님 기도의 덕분으로 합격했습니다.
③ 우리는 시련 극복을 위해 반성과 지괴의 심경으로 새로 시작해야 한다.

  (2) '여느 조사 + 의'형

 (가) ~과의, ~와의
① 그녀는 아직도 그와 자신과의 인연을 믿고 있었다.
② 조사는 체언 뒤에 결합해서 다른 말과의 문법적 관계를 나타낸다.
③ 실제 영화에서는 장면과의 관계에 따라 생략할 수 있다.

 (나) ~에의
① 법집행에의 공정성이 확인되지 않았다.
② 대기업은 임원 급여 삭감으로 고통 분담에의 동참을 유도하기로 했다.

(다) ~에서의
① 전통적인 <u>의미에서의</u> 예절은 고유한 민족 정신과도 연관된다.
② <u>정치에서의</u> 이상은 필요하지만, 그것은 어디까지나 현실에서 선택하는 것이다.
③ <u>학교에서의</u> 심리상태와 <u>집에서의</u> 심리상태는 차이가 난다.

 (라) ~으로의
① 독서 교육의 중요성을 알리는 일은 <u>앞으로의 과제다.</u>
② 테러 문제는 <u>앞으로의</u> 세계 평화를 위해 적극적으로 대처해야 한다.
③ <u>백화점으로의</u> 왕래가 수월치 않은 자가용 운전자들이 도로를 점유하고 농성
   했다.

 (마) ~으로서의
① 그것도 <u>구비문학으로서의</u> 특색이라 할 수 있다.
② 표준말을 하는 것은 <u>교양인으로서의</u> 기본 소양이다.
③ 우리 기업의 중국 진출은 <u>생산기지로서의</u> 개념이 강하다.

 (바) ~에 있어서의
① 미래 <u>사회에 있어서의</u> 국가 안보는 매우 중요하다.
② 개성있는 동작과 <u>표현에 있어서의</u> 의미는 주인공 성격에 꼭 필요하다.

 (사) 나름대로의
① 우리들은 우리들 <u>나름대로의</u> 성격과 특징을 지닌다.
② 교육현실의 붕괴를 우려하는 교사들은 <u>나름대로의</u> 애환을 말하고 있다.

(아) 마다의
① 사람은 <u>저마다의</u> 처지와 목표가 다르므로 <u>각기 다른 삶을 살고 있다.</u>
② <u>색채마다의</u> 차이가 분명히 있다.

 (자) 부터의
① 그 사건은 <u>오래전부터의</u> 계획으로 시작되었다.

 (차) 으로부터의
① 미국은 <u>빈라덴으로부터의</u> 테러행위를 막을 수 없었다.(2001. 9. 12)
② 세계 무역센터에서의 첫 번째 충돌은 세스나형 경비행기로 보이는 항공기
   가 <u>서쪽으로터의</u> 접근 이후, 북쪽 빌딩 상층부에 돌진하여 폭발과 화재를
   일으켰다.

(3) '~에 있어서'

① 가족 윤리의 <u>실종에 있어서</u> 우리는 그 원인을 다시 생각해야 한다.
② <u>당시에 있어서</u>는 혁명과도 같은 사실이었다. 〈현 고교 국어교과서 上 192쪽〉
③ 현장 <u>출입에 있어서</u> 안전모를 쓰는 것은 규정된 사항이다.

(4) 일본말 '~임에'를 직역한 말투로 쓴 기형문

① <u>자살테러임에</u> 틀림없다고 발표했다.
② 아직까지는 공무원들의 단체 행동이 <u>불법임에 틀림없다.</u>
③ 충격적인 <u>사건임에</u> 경악을 금치 못하고 있다.

(5) 일본말 '~나고 있는'을 흉내낸 말

① 우리말에 <u>높임법이 발달해 있다는</u> 점도 두드러진다.
② 자주 <u>일어나고 있는</u> 자연재해 현상은 환경파괴가 그 원인이다.

(6) '있으시다'

① 자치 단체장의 <u>인사 말씀이 있으시겠습니다.</u>
② 주례 선생님의 주례사가 <u>계시겠습니다.</u>

(7) '~시키다'형 사동문

① 국제적인 품질을 자랑하는 옥 매트를 <u>소개시켜 드리도록 하겠습니다.</u>
② 우리는 환경을 <u>개선시켜야 한다.</u>
③ 무료로 <u>교육시켜</u> 드립니다.
④ 다행히 평소 세 남매의 처지를 걱정하던 이웃 어른들이 '플랜인터네셔널'이라
  는 외국 구호단체를 <u>연결시켜 주었다.</u>

(8) '~되다'형 문장

① 이런 과정을 통해 자신의 말하기 능력도 <u>신장된다.</u>
② 아시아에서는 단지 여자라는 이유로 태어나기 전에 <u>어린 생명들이 살해된다.</u>
③ 이 물건은 3,500원 <u>되겠습니다.</u>
④ 즐거운 주말 <u>되십시오.</u>
⑤ 당신의 위궤양도 <u>치료될 수 있습니다.</u>

(9) '~어지다'형 문장

① 소극적인 환경에 <u>길들여진</u> 영희에게 영업 업무는 무리였다.
② 시간이 지남에 따라 양팀의 우열이 드러날 것으로 <u>보여진다.</u>
③ 태풍으로 우리집 지붕이 송두리째 <u>뒤집어졌다.</u>
④ 학교는 이번 소동이 교권 침해로 <u>비춰질까</u> 우려하고 있었다.
⑤ 그 사건의 진상이 반드시 <u>밝혀져야</u> 합니다.
⑥ 우리 조상의 손으로 <u>만들어진</u> 청자
⑦ <u>사이비 종교가 많은 사람들에 의해 믿어지고 있다.</u>

(10) '쓰이다'형 문장

① 비자금도 회사안에 유보돼 <u>경영을 위해 쓰이고 있다면</u> 사법처리까지 가진않
   을 수 있다.
② 후추는 음식을 만들 때 <u>쓰이는</u> 향신료다.
③ 다른 나라에서는 <u>쓰이지 않지만,</u> 우리나라에서는 <u>쓰이는</u> 재료가 있다.

(11) '~되어지다'형 문장

① 이런 점이 <u>극복되어져야</u> 합니다.
② 감사원 발표 중 법원의 허가 기준을 벗어난 감청이 성행하고 있다는 지적은
   하루 빨리 <u>시정되어져야</u> 할 대목이다.

(12) '~화(化)하다'형 문장

① 내용과 도표를 좀 더 <u>세분화하여</u> 구체적으로 제시하였다.
② 은행들이 지나치게 몸을 사리면 오히려 <u>기업 도산에 의한 은행 부실 가속화</u>
   <u>를 초래한다.</u>
③ 우리는 현재 <u>정보화 시대</u>에 살고 있다.

(13) '~화 시키다'형 문장

① 환경 파괴를 <u>최소화 시키는</u> 미래사회로 발전해야 한다.
② 민주주의를 <u>약화시키고</u> 위협하는 요소를 제거해야 한다.
③ 이번 사고는 경제 발전을 <u>악화시켰다.</u>

(14) '~화 되다'형 문장

① 이제 '도(道)'사상은 우리나라 국민들에게 널리 <u>보편화 되어 있다.</u>

② 대량 실직은 곧 <u>현실화 될</u> 전망이다.
③ 공항의 검문검색이 <u>매우 강화되었다.</u>

   (15) '~곤 하다'형 문장

① 그는 하루도 빠짐없이 <u>술에 취하곤 했다.</u>
② 고향에 갈 때마다 꼭 한번씩 <u>돌아보곤 하던</u> 저수지가 지난여름 장마에 사라
져 버렸다.

   (16) '~도록하다'형 문장

① 밤하늘을 바라보며 <u>상상해 보도록</u> 하자.
② 긴급구조반을 <u>구성하도록 했다.</u>

   (17) '~기로 하다'형 문장

① 가을에는 어떤 색깔의 옷을 많이 입는지 <u>조사하기로 한다.</u>
② 기존 체인점들이 따라 할 수 없는 차별화로 <u>고객을 만족시키는 맥주 전문점</u>
<u>을 열기로 했습니다.</u>

   (18) '~이 아닐 수 없다'형 문장

① 정당한 문제제기를 여론오도라고 몰아 붙이는 것은 언론의 입을 막겠다는 <u>논</u>
<u>리가 아닐 수 없다.</u>
② 미국 테러 참사는 세계가 <u>경악할 일이 아닐 수 없다.</u>
③ 고려 청자는 빛나는 예술품으로 <u>명작이 아닐 수 없다.</u>

   (19) '~이 아닐까 싶다'형 문장

① 상대방을 이해하지 못하는 것은 각자의 <u>이상 차이 때문이 아닐까 싶다.</u>

   (20) '그렇게 ~ㄹ 수가 없다'형 문장

① 동강에서 해 본 레프팅이 <u>그렇게 재미있을 수가 없어요.</u>

   (21) '~이지 않아?'형 문장

① 지나친 표현이 더 <u>개성적이지 않을까</u> 생각하는 것은 잘못이다.

15) 동사를 형용사로 알고 잘못 쓰는 경우

① 지금까지 드러난 사실만으로도 그가 범인이라는 증거는 <u>모자라지 않다.</u>
② 끝이 보이지 않는 항해에 심신이 <u>피로하다.</u>
③ 창공에 <u>빛난</u> 별 물 위에 여리어, 바람은 고요히 불어 오누나

16) 형용사를 동사로 잘못 알고 쓰는 경우

① 그들은 노조원들이 불법행위를 하고 있다는 쪽으로 몰아가는데 <u>급급하고</u> <u>있다.</u>
② <u>대수롭지도 않는</u> 일로 법썩을 떨지 말아라.
③ 건전하고 흐뭇한 오락 프로를 <u>위해</u> 관계자들의 노력을 바란다.
④ 자리를 빼앗길까봐 <u>연연하고 있는</u> 모습을 보았다.
⑤ 불우 이웃을 돕는데 너무 <u>인색하지 말아라.</u>

17) 타동사를 자동사로 잘못 알고 쓰는 일

① 이 수입이 해외에서 발생한 것이라면 외화 밀반출로 <u>간주돼</u> 외환 관리법 위반 혐의까지 추가 적용 받는다.
② 토끼는 <u>낳은 지</u> 1주일이 지나면 털이 나기 시작한다.
③ 우리 정치 논쟁은 여야 논쟁에서 색깔 논쟁의 시대로 <u>옮겨가고</u> 있다.
④ 그룹총수가 자산을 외국에 <u>도피했다는</u> 소문이 있다면 조사해야 한다.
⑤ 일반 국민들은 자아에 <u>눈이 뜨고</u>
⑥ <u>정 선생님 바꾸어 주시오. 예, 전화 바꾸었습니다.</u>

18) 주동과 사동의 혼동

① 기사님, 저 앞에 사거리 지나서 <u>내려 주세요.</u>
② 복권 수익 사업으로 생기는 수익금의 내용도 <u>공개해야 할 의무가 있다는</u> 지적이다.
③ <u>창의력을 키워주고</u> 자연과 사물의 이치를 발견하는 책
④ 대통령에게 남편을 살해한 ○ 여인을 <u>풀어 달라고</u> 호소하였다.

11. 2 효과적인 표현을 위한 문장

11. 2. 1 문장 만들기

본 항에서는 문장 만들기의 여러 방법 중 교과서나 읽기 자료에서 선택한 문장에서 체언(명사 중심)을 뽑아내어 그것을 활용하여 문장을 만드는 방법에 국한하여 살피기로 한다.

체언을 중심으로 한 문장 만들기는 주어에 올 수 있는 문장 성분을 이해하는 데 목표가 있다. 그러면서 동시에 다양한 상상력으로 문장을 만드는 상상력 훈련의 효과도 얻을 수 있다.

주격 조사 '은/는, 이/가'가 붙어 문장의 주체를 나타내는 주어는 체언 이외에도 ㉠ 동사의 명사형(놀기가, 먹기가 등), ㉡ 형용사의 명사형(아름다움이, 슬픔이 등), ㉢ 명사구(아주 새 옷이 등), ㉣ 명사절(우리 학교가 승리했음이 등), ㉤ 체언 상당어4)('짚다'가 올바르다) 등으로 성립을 한다. 본 항에서는 명사 중심으로 문장 만들기 훈련을 하지만 수업의 목표에 따라 다양한 주어를 만들 수 있을 것이다.

수업 중에 다룰 교과서나 읽기 자료 중에서 체언(명사 중심)이 3~4개 정도 사용된 문장을 고른다. 문장을 고를 때 학생들의 수준을 고려하는 것이 좋고 속담이나 격언 등을 활용하는 것도 좋다. 아니면 신문이나 잡지, 교지와 같은 일반적으로 수업 시간에 활용하지 않는 자료를 사용하는 것도 좋다. 교육적으로 활용되는 교과서나 읽기 자료에서 활동 자료를 선택하는 것보다 잘 쓰지 않는 자료를 활용하면 학생들의 흥미를 높일 뿐 아니라 상상력을 자극해 다양한 내용의 문장을 만드는 데 도움이 될 것이다.

교과서에서 활동 자료를 선택해야 한다는 고정 관념을 버리면 학생들에게 조금 더 즐거운 수업을 제공할 수 있을 것이다. 교과서에서 활동 자료를 선정할 때에도 교사가 한두 가지 자료를 더 준비하는 것이 좋다.

① 교과서에서 활동하기 용이한 문장을 고른다. 속담이나 격언을 선정하는 것도 좋다.

> 호랑이는 죽어서 가죽을 남기고, 사람은 죽어서 이름을 남긴다.

② 문장에서 주어가 될 수 있는 명사를 뽑는다.

> 호랑이, 가죽, 사람, 이름

---

4) 체언 상당어란 명사 상당어를 의미하는 것으로, 명사가 아니면서 명사처럼 쓰이는 말이다.

③ 주어진 명사를 주어로 사용하여 적어도 3개 이상의 문장을 만들도록 한다. 이 때 원래의 문장과 의미가 달라도 된다는 것을 말하고, 되도록 같은 주어를 만들지 않도록 요구한다.

> ㉠ 사람이 제 이름 값도 못하고 죽으면 호랑이가 가죽을 안 남기고 죽는 것과 무엇이 다르랴.
> ㉡ 어떤 사람이 이름도 안 밝히고 호랑이 가죽을 가져갔다.
> ㉢ 호랑이 같은 성향을 가진 사람은 이름이 높은 회사의 가죽 제품만을 산다.

④ 새롭게 만든 문장을 짝과 바꾸어 보고 잘못된 문장, 재미있게 표현된 문장을 발표하게 한다.
⑤ 교과서나 읽기 자료와 관련이 적은 것으로, 교사가 준비한 낱말을 불러 주고 문장을 만들도록 한다.
⑥ 짝과 바꾸어 보고 재미있는 문장을 발표하게 한다.

11. 2. 2 주어 바꾸기

주어 바꾸기는 12. 2. 1의 문장 만들기의 변형된 활동이면서 동시에 주격 조사 '은/는, 이/가'의 차이점에 대하여 학습하기 위한 활동이다. 즉 주어 바꾸기는 문장 만들기의 한 형태이면서 12. 2. 1과 달리 제시된 문장 안에서 문장의 뜻을 어긋나지 않게 하면서 다양한 주어로 바꾸어 보는 활동이다. 이러한 활동을 통해서 자연스럽게 주어를 바꾸면 원래 제시된 문장의 뜻과 어긋나지 않게 하기 위해 문장의 다른 성분들을 변형해야 한다는 것을 알게 되므로 12. 2. 1보다는 조금 더 구체적인 문장 지도를 할 수 있다. 그러면서 동시에 주격 조사의 쓰임에 대해서도 학습할 수 있다.

주어진 문장 안에서 뜻이 변하지 않도록 하여야 하므로 고심하여 문장을 선택하여야 한다. 문장의 성분을 공부하는 종합적인 활동이므로 목표를 달성하기 위해 복수의 문장을 미리 준비하는 것이 좋다. 그리고 문장 성분에 대한 구체적인 설명을 할 수 있는 문법적인 내용도 미리 준비하였다가 학생들의 활동 후 문장 성분에 대해 설명하면 학습 효과가 더욱 커진다.

① 교과서나 읽기 자료에서 활동에 적합한 문장을 복수로 정한다.

> ㉠ 내가 연구하기를 원하는 대상은 삼국시대의 의상이다.
> ㉡ 사람들은 주로 제주도로 신혼여행을 간다.

② 다른 낱말을 주어로 하여 문장을 만들도록 한다.

> ㉠ → ⓐ 나는 삼국시대의 의상을 대상으로 연구하기를 원한다.
>   → ⓑ 삼국시대의 의상은 내가 원하는 연구대상이다.
> ㉡ → ⓐ 사람들이 주로 신혼 여행을 가는 곳은 제주도이다.
>   → ⓑ 제주도는 주로 사람들이 신혼여행을 가는 곳이다.

③ 주어를 바꾸었을 때 순서나 형태가 변하는 성분들을 조사하고 왜 변하는지 토론하고 교사가 그 이유를 문법적으로 설명한다.

④ 주어를 바꾸었을 때 문장의 의미가 어떻게 달라지는지 토론한다.

⑤ 주어진 문장이나 ②에서 활동한 문장을 대상으로 '은/는'을 '이/가'로 '이/가'를 '은/는'으로 바꾸어 본다.

> ㉠* 나는 연구하기를 원하는 대상이 삼국시대의 의상이다.
> ㉠ ⓐ* 내가 삼국시대의 의상을 대상으로 연구하기를 원한다.
> ㉠ ⓑ* 삼국시대의 의상이 내가(나는, ×) 원하는 연구 대상이다.
> ㉡* 사람들이 주로 제주도로 여행을 간다.
> ㉡ ⓐ* 사람들은 주로 신혼여행을 가는 곳은 제주도이다. (×)
> ㉡ ⓑ* 제주도가 주로 사람들이(-은, ×) 신혼여행을 가는 곳이다.

⑥ 바꾼 문장의 의미가 어떻게 달라지는지 토론한다.

바꾼 문장 ㉠ⓑ*와 ㉡ⓑ*가 성립하지 못하는 이유는 주격조사 '이/가'를 받을 서술어가 없기 때문이고 문장 ㉡ⓐ*가 성립할 수 없는 이유는 한 문장에 전체 서술어가 두 개이기 때문이다.

주격 조사 '은/는'은 전체 서술어와 어울리고 '이/가'는 바로 뒤에 오는 서술어와 어울린다. 주격 조사 '은/는'은 호흡이 길어 주어와 서술어 사이에 있는 모든 문장 성분의 의미를 다 끌어안는 반면, 주격 조사 '이/가'는 호흡이 짧아 주어를 강조하는 기능을 한다.

'주어(은/는) + 전체 서술어' 형태의 문장은 '누가 무엇을 하였지(누가 어떻지, 또는 무엇이 무엇이지)'에 대한 대답의 문장으로 '주체'와 '어찌하다/어떠하다/-이다'를 동시에 표현하는 일반적인 문장이라면, '주격 조사(이/가) + 서술어'의 문장은 '누가 하였지'에 대한 대답의 문장이다.

즉 '나는 삼국시대의 의상을 대상으로 연구하기를 원한다.'는 문장은 '나'와 '연구하기를 원한다'가 큰 줄기를 이루면서 '나(주체)', '삼국시대의 의상(목적어)', '연구하기를 원한다(서술어)'를 모두 표현하고자 하는 일반적인 문장이라면, '내가 삼국시대의 의상을 대상으로 연구하기를 원한다.'는 삼국시대의 의상을 연구하기를 원하는 사람이 '바로 나'라는 것을 강조하기 위한 문장이다.

단지 조사 '은/는'은 주격 조사로만 쓰이는 것이 아니라 한정 조사로도 쓰이기 때문에 이때에는 대상을 강조하는 기능을 갖는다. 가령, ㉠ⓑ문장 '삼국시대의 의상은 내가 원하는 연구대상이다.'에서 '삼국시대의 의상은'의 '은'은 한정 조사의 기능을 하므로 '삼국시대의 의상'을 강조하는 문장이다. 조사 '은/는'이 한정 조사로 쓰인 것을 알기 위해서는 '은/는'이 붙은 낱말 이 목적어가 될 수 있는 가를 살피면 된다. ㉠ⓑ 문장에서 '삼국시대의 의 상'은 목적어로 바꿀 수 있기 때문에 이때 쓰인 '은/는'은 한정 조사의 기능 을 하는 것이다.

11. 2. 3 문장의 결합

문장의 결합이란 둘 이상의 문장을 하나의 문장으로 만드는 작업을 뜻 한다. 사실 문장의 결합은 그 동안 국어 교육에서 관심의 대상이 아니었 다. 문법적으로 문장의 결합은 아주 간단한 공식을 가지고 있고, 그 공식 에 의해 별다른 고민 없이 문장을 결합해왔기 때문이다. 그러나 문장을 결 합하는 활동은 문장의 짜임새를 학습하는 가장 효과적인 방법이다. 그러 므로 해당 단원을 학습할 때 문자의 결합에 대하여 시간을 할애하는 것이 좋다.

문장 결합의 원리는 아주 간단하다. '반복되는 어구나 낱말을 생략한다' 가 그것이다.

① ㉠ 철수는 밥을 먹었다.
　㉡ 철수는 물을 마셨다.
　→ 철수는 밥을 먹고, 물을 마셨다.

② ㉠ 철수는 밥을 먹었다.
　㉡ 순희는 밥을 먹었다.
　→ 철수와 순희는 밥을 먹었다.

①은 반복되는 주어를 생략한 것이고 ②는 반복되는 서술어를 생략한 것이다. 이러한 문장 결합의 원리는 문법의 테두리 안에서 인정되고 규격 화하였다.

그러나 글을 '문법적인 글'에서 '효과적인 글'로 인식하였을 때에는 문제 는 사뭇 복잡해진다. 더욱이 결합할 문장뿐만이 아니라 앞뒤 글의 문맥적 흐름 속에서 문장의 결합을 생각하면 더욱 심각해진다. 가령,

> <u>내가 물어보면, 순희는 어머니를 좋아한다고 한다. 내가 물어보면, 순희는 아버지도 좋아한다고 한다.</u> 하기야 누가 아버지, 어머니가 싫겠는가?

위 글에서 문장을 결합해야 할 부분은 밑줄 그은 곳이다. 문장 결합의 원리에 의해 문장을 결합하려면 반복되는 부분을 생략하면 될 것이다. 즉, 두 문장에서 반복되는 '내가 물어보면', '순희는', '좋아한다고 한다'를 생략해서

① 내가 물어보면, 순희는 어머니와 아버지를 좋아한다고 한다

정도의 문장을 만들면 된다.

그러나 이 두 문장의 결합의 결과로 생길 수 있는 문장을 좀 더 생각해 보자.

② 내가 물어보면, 순희는 어머니도 좋아하고, 아버지도 좋아한다고 한다.
③ 내가 물어보면, 순희는 어머니도, 아버지도 좋아한다고 한다.
④ 내가 물어보면, 순희는 어머니와 아버지 모두를 좋아한다고 한다.
⑤ 내가 물어보면, 순희는 어머니와 아버지 둘 다 좋아한다고 한다.
⑥ 내가 물어보면, 순희는 어머니와 아버지를 함께 좋아한다고 한다.

이 문장 외에도 더 많은 문장들이 있겠지만 ② ~ ⑥까지 다섯 개의 문장만 더해서 생각해 보기로 하자.

문장②는 반복되는 서술어 '좋아하다'를 생략하지 않은 형태의 문장이고 문장③은 접속 조사 '-와'를 생략하고 대신 쉼표(,)를 사용한 문장이다. 문장 ④·⑤·⑥은 문장①을 변형하여 '모두', '둘 다', '함께'를 사용한 문장이다.

문법적인 문장인 문장①만을 고집하지 않고 어떤 문장이 가장 효과적인 문장인가를 생각한다면 문장의 결합 역시 간단한 문법적 공식만으로는 풀어내기 어려운 문제이다.

문장의 결합에서 우선 생각해야 할 것은 세 가지이다. 첫째, 글쓴이가 나타내고자 하는 바를 가장 효율적으로 나타내는가. 둘째, 다른 문장과의 문맥 속에서 적절한가. 셋째, 다른 문장과의 흐름이 원만한가 등이다.

이 중에서 가장 중요한 것은 첫째, 글쓴이가 나타내고자 하는 바를 가장 효율적으로 나타내는가 이다. 이를 충족하기 위해 둘째와 셋째를 고려하게 되는 것이다. 특히 셋째, 다른 문장과의 흐름이 원만한가는 그 동안 섬세하게 고려되지 않았다.

글은 우선 읽는다. 소리내어 읽던 아니면 소리를 내지 않고 읽던 글을 이해하기 위해서 우선 읽는다. 따라서 좋은 글은 우선 읽는 일에 부담이 없이 잘 읽혀야 한다. 부담 없이 잘 읽힌다는 것은 리듬과 밀접한 관련이 있다. 한마디로 표현한다면 잘 읽히는 글은 리듬을 타며 읽히는 글이다. 그리고 리듬은 억양과 음보, 길이가 주도적으로 결정한다.

억양과 음보까지 고려한다면 복잡해지고 학생들의 활동을 어렵게 하므로 길이만을 생각해 보자. 좋은 글, 잘 읽히는 글을 찬찬히 살펴보면 문장의 길이가 반복되지 않고 일정한 변화를 갖는 것을 알게 된다. 즉, 긴 문장이 반복된다든지 짧은 문장이 반복되지 않는다.

긴 문장이 반복되는 문장은 문장의 의미 단위와 관계없이 끊어 읽게 되고 따라서 의미를 잘 파악할 수가 없다. 반면으로 짧은 문장이 반복되는 글은 왠지 건조하고 딱딱한 느낌을 준다. 이와 반대로 잘 읽히는 글은 긴 문장과 짧은 문장이 변화를 주면서 교체된다. 그러므로 문장의 결합뿐만이 아니라 글을 쓸 때 문장의 길이에 고려하여 글을 써야 한다.

위 문장의 결합에서 문장의 길이를 고려한다면 그 뒷 문장의 길이라든지 내용 구조를 살펴보아야 한다. 즉 '누구인들 아버지, 어머니가 싫겠는가?'의 길이와 내용 구조를 따져보아서 결합한 문장의 형태를 결정하여야 할 것이다.

뒷 문장, '누구인들 아버지, 어머니가 싫겠는가?'는 우선 두 가지 특징을 가지고 있다. 우선 아버지와 어머니가 '아버지, 어머니'로 짧게 기술되어 있다. 따라서 우선 문장의 길이만을 생각한다면 앞 문장인 결합 문장의 형태는 긴 것이 좋을 것이다. 그리고 '싫겠는가?'는 반어적(反語的)인 의문문의 형태로 끝나고 있다. 이를 고려한다면 앞 문장은 역시 짧은 문장보다는 글쓴이의 의도가 다 드러나는 긴 문장이 보다 적합할 것이다.

이러한 의미에서 문장 ②는 뒷 문장이 지니고 있는 두 가지 특징을 고려했을 때 효과적으로 대응하고 있는 문장이라고 할 수 있을 것이다. 반면에 문장③은 뒷 문장과 적절하게 대응하고 있지 못하다. 결정적으로 뒷 문장의 '아버지, 어머니'와 같은 형태가 반복되고 있다. 글을 쓸 때 같은 낱말의 반복을 피하라는 원칙이 있듯이 문장을 쓸 때에도 같은 구조의 문장 형태를 반복하여 쓰는 것은 바람직하지 못하다. 물론 감정이 최고조에 달한 것을 표현하기 위해, 또는 긴장이나 위급 상황을 나타낼 때 짧은 구조의 문장을 반복하여 쓰기도 한다. 그러나 위 문장과 같은 일반 문장에서의 구조로는 바람직하지 못하다.

문장 ④ · ⑤ · ⑥은 문장①을 변형하여 각각 '모두(문장④)', '둘 다(문장⑤)', '함께(문장⑥)'를 덧붙인 문장이다. '동일어(同一語)란 없다'라는 말을 상기한다면 문장 ④ · ⑤ · ⑥은 각각 다른 의미를 나타내는 문장들이다.

'모두'는 어머니와 아버지를 하나로 인식하는 것이고 '둘 다'는 어머니와 아버지를 각각의 독립 개체로 인식하고 있는 것이며, '함께'는 모두의 의미에 '동시에'라는 의미가 덧붙은 것이다. 따라서 결합하는 두 문장의 상황과 이어지는 뒤 문장을 고려한다면 이 곳에서는 '둘 다'를 덧붙인 문장⑤가 가장 적절할 것이다.

문장의 결합은 어느 것이 맞고 틀리다의 차원이 아니라 어느 문장이 가장 적절한가 차원으로 결정되어야 한다. 위의 결합한 문장 ① ~ ⑥에서 가장 적절한 문장은 문장②가 될 것이다. 왜냐하면 뒤의 문장 '하기야 누가 아버지, 어머니가 싫겠는가'가 짧은 문장이고 결합하는 두 문장과는 다르게 '싫겠는가?'하고 반어적 질문을 하고 있기 때문에 '좋아하다'를 강조할 필요가 있기 때문이다.

연습을 위해 활동에 적합한 두 문장을 교과서나 읽기 자료에서 선정하는 것이 우선해야 할 일이다. 문장 선정 시 이어진 문장 외에도 안긴 문장의 형태로 결합하는 문장도 준비하여야 한다. 가능하다면 '명사절 · 관형절 · 서술절 · 부사절 · 인용절로 안기는 문장' 등을 폭넓게 준비하는 것도 좋다. 이러한 문장을 선정할 때 학생들의 수준을 충분히 고려해야 하고 수준이 높다면 '그는 나에게 영희가 여행을 간 것을 나느냐고 물었다'와 같은 겹안긴 문장도 제시하고 학생들이 활동할 수 있도록 배려를 한다.

① 단원을 공부하면서 활동이 가능한 문장에 밑줄을 긋고 칠판에 적는다.
② 두 문장을 결합한 다양한 문장들을 발표하게 하고 모두 칠판에 적는다.
③ 칠판에 적은 결합한 문장 중에서 원 문장과 뜻이 멀어진 문장을 살피고 지운다.
④ 토론을 통해 남은 문장 가운데 앞뒤 문장의 문맥을 살펴 가장 적절한 문장을 고른다.
⑤ 활동한 문장과 다른 형태의 문장을 제시하고 위와 같은 활동을 반복한다.

㉠ 그는 미술 분야에 취미가 있다. 그러나 그는 미술 분야의 전문가는 아니다.
㉡ 흥부전은 착한 심성을 그린 것이다. 그것은 우리 어린이들의 영원한 교과서가 되어야 할 것이다.
㉢ 그는 심성이 착하다. 그는 사려가 깊다. 그는 남의 존경을 받는 것이다

---

11. 2. 4 문장의 연결

문장과 문장이 어떻게 연결되느냐 하는 것을 이해하고 학습하는 것은 글을 이해하는 과정과 전략에서 매우 중요한 위치를 차지한다. 왜냐하면

모든 문장은 어떠한 연결 고리를 가지고 다른 문장과 연결되기 때문이다. 그 연결 고리를 '문맥'이라 하기도 하고 '문장 간의 관계'라고도 한다.

어떤 용어를 사용하든, 모든 문장과 문장 사이에는 두 문장의 관계를 나타내는 연결어나 접속어가 존재하기 마련이다. 실제로 글을 읽는 다는 것은 바로 문장과 문장의 관계를 밝히는 일이라 할 수 있다.

물론 문장과 문장 사이의 관계를 모두 연결어나 접속어로 나타내는 것은 아니다. 모든 문장에 앞 문장과의 관계를 밝히기 위해 연결어나 접속어를 사용하면 글을 읽는 흐름이 깨지기 때문에 글쓴이는 읽는 이들이 모두 의미를 파악할 수 있을 것이라는 것을 전제하고 연결어나 접속어를 생략하는 것이다.

일반적으로 '추론'이라는 것은 바로 문장과 문장 사이의 관계를 파악해 내는 것이다. '상상'도 이와 같은 과정을 거친다.

① 그는 밥을 세 공기나 먹었다. 그는 병원에 갔다.
② 그는 밥을 세 공기나 먹었다. 그의 눈에는 병원 간판이 보였다.

두 문장 다 연결어나 접속어가 생략되었다. 그러나 ①을 읽으면서 문장과 문장 사이에 '그래서'와 같은 접속어를 넣어 두 문장의 관계를 원인과 결과의 관계로 '추론'하며 읽는다. ②의 경우에도 머리 속에 ①과 같이 원인과 결과로 추론하면서 두 문장 사이에 생략되어 있는 상황과 관계를 '상상'하게 된다. 가령, '배가 너무 아픈 나머지 눈에서 병원이 왔다갔다 하는구나'로 파악하거나 '배가 아파 병원을 가는 과정이 생략되고 그가 병원에 도착한 것을 설명하고 있구나' 하는 식으로 상상하게 될 것이다. 이처럼 '상상'도 문장과 문장 사이의 관계라는 범주 안에서 가능한 것이다. 만일 이 범주를 벗어난 상상은 상상이 아니라 '공상·망상'이 될 뿐이다.

모든 문장과 문장 사이에는 반드시 연결어나 접속어가 있다. 이는 바로 모든 문장과 문장은 일정한 관계를 가지고 연결된다는 것을 의미한다. 단지 글쓴이의 전략에 의해 연결어나 접속어를 생략할 뿐이다.

【예 문】

전통은 인습(因襲)과 다르다. (구체적으로 말하자면, 자세히 설명하자면) 인습이 새로운 역사를 이룩해 가는 과정에서 마땅히 버려져야 할 찌꺼기라며 전통은 오히려 새 역사 창조에 없어서는 안 된 씨앗이요, 밑거름이다. 따라서, 전통 문화라고 하는 것은 단순히 옛날의 문화를 뜻하는 것이 아니라, 옛 것 중에서 오늘에 되살릴 만한, 가치 있는 문화적, 정신적 바탕을 뜻하는 것이다.

　　그런데 이른바 개화(開化)이후, 우리는 이 전통과 인습을 혼동(混同)한 나머지.
옛 것은 모두 낡은 인습이라고 싸잡아 천대(賤待)하고, 그 반면에 새로운 것, 특히
서구적(西歐的)인 것은 모두 훌륭한 것으로만 여겨, 다투어 흉내내기에 여념(餘念)
이 없었다. 그 결과, 우리는 낡은 인습을 타파(打破)하려다가 아름다운 전통마저
많이 잃어버리고 말았다. 오늘에 와서, 우리의 전통 문화를 계승 발전시켜야 한다
는 주장이 크게 일고 있는 것이 이 때문이다.

(중학교 국어 3 - 2, 홍일식 '전통 문화와 효(孝) 사상' 중에서)

　　첫 문장과 두 번째 문장 사이에만 접속어가 생략되어 있을 뿐 모든 문장
과 문장 사이에 접속어가 쓰였음을 알 수 있다. 그리고 접속어와 접속어는
문장과 문장의 관계를 명확하게 해주는 기능을 하고 있어 글을 이해하는
데 도움을 주고 있다.

　　문장과 문장의 연결 관계를 따라 읽는 법을 학습하는 것은 능동적인 글
읽기. 능동적인 글읽는이를 만드는 데에도 효과적이다. 글읽기를 어려워하
거나 글읽기를 싫어하는 이유 중에는 사용된 어휘가 어려운 경우도 있지
만 핵심은 문장과 문장 사이의 연결 원리를 잘 알지 못해 글을 이해하지
못하기 때문인 경우가 많다.

　　글을 읽어도 이해가 되지 않으므로 글읽기가 어렵거나 글읽기 자체가 싫
어질 수밖에 없다. 또한 문장의 연결을 이해하지 못하여 글의 내용을 파악
하지 못하면 글의 구조를 이해하는 데에도 어려움을 겪을 뿐만 아니라 동시
에 글의 중심 생각, 주제를 파악하지 못하게 되는 것이다.

　　문장의 연결을 다양하게 학습하기 전에 교과서나 읽기 자료에서 명시되
었거나 생략된 연결어나 접속어를 이해하고 찾아내는 활동이 필요하다.
위의 【예문】에서처럼 문장과 문장 사이의 모든 연결어나 접속어를 찾아내
는 활동도 필요하고 유사한 연결어나 접속어를 비교하여 정확한 쓰임을
이해하는 것도 중요하다.

　　본 항에서는 집약적인 논의를 위해 유사한 기능을 가진 접속어들을 비
교함으로써 접속어와 문장 연결에 대한 이해를 높이고자 한다. 접속어 중
에는 두 개 이상의 기능을 하는 접속어가 있다. 가령 '그리하여'의 경우 '그
는 배고픔을 느꼈다. 그리하여 밥을 먹었다'에서 '그리하여'는 원인을 나타
내는 반면 '그는 경기에 참가하지 않았다. 그리하여 다음 경기에서 좋은
성적을 얻고자 하였다'에서는 목적의 뜻을 나타낸다.

　　본 항에서는 접속어를 하나의 의미 안에서만 비교하여 그 차이점을 알
아보고자 한다.

1) 그래서 / 그러므로

'그래서'와 '그러므로'는 앞 문장과 뒷 문장을 원인과 결과의 관계로 연결해 주는 접속어이다. 원인과 결과의 관계로 두 문장을 이어준다 하더라고 두 문장이 문맥의 의미 안에서 밀접하게 관련이 있어야 한다.

　　　그는 순식간에 통닭을 한 마리 다 먹었다. 그래서(그러므로) 집에서는 평소에 닭 요리를 먹지 않는다.

　　위 두 문장의 연결은 그다지 원만하지가 않다. 그 이유는 앞 문장이 가지고 있는 내용 요소와 뒷 문장이 가지고 있는 내용 요소가 긴밀한 관계에 있지 않기 때문이다. 앞 문장에는 '순식간에'라는 시간적 내용 요소와 '통닭 한 마리를 다 먹었다'라는 양을 나타내는 내용 요소가 있다. 하지만 뒷 문장에서는 '집'이라는 공간적 내용 요소와 '요리하지 않는다'는 행위적 내용 요소가 있다. 이 두 가지 내용 요소 중에서 핵심은 '집'이라는 공간을 나타내는 내용 요소이다. 즉 요리를 하지 않는 것이 중요한 것이 아니라 '집'에서는 하지 않는다는 것이 뒤 문장에서 나타내고자 하는 핵심 내용인 것이다.

　　그러나 앞 문장에는 뒷 문장의 '집'이라는 공간을 나타내는 내용 요소를 받을 수 있는 내용이 나타나있지 않다. 그러므로 이 두 문장의 연결은 인과 관계를 나타내는 접속어 '그래서'를 표면에 내세워 썼음에도 불구하고 내용의 연결이 원만하지 않아 비문에 가까운 문장이 되고 마는 것이다.

　　두 문장이 인과 관계로 무리 없이 연결되려면 적어도 다음과 같은 형태를 이루어야 한다.

　　　그는 집에서는 음식 맛을 느낄 수가 없다. 그래서 집에서는 좋아하는 닭 요리도 먹지 않는다.

　　두 문장을 연결 할 때에는 이처럼 순접이든 역접이든 인과관계든 동일한 내용 요소에서 출발한다는 것을 잊지 않아야 한다.

　　　: 그는 순식간에 통닭을 한 마리 다 먹었다.
　　　→ ① 그래서 배가 아프다.
　　　→ ② 그러므로 배가 아프다.

　　문장 ①과 ②는 언뜻 보았을 때 별 차이가 없어 보인다. 그러나 '그래서'

는 뒤 문장과 같은 일이 왜 일어났는가를 앞 문장에서 설명하는 형식을 띠고 있으며, 앞 문장의 일로 어떠한 상황이 일어났는가를 뒤 문장에서 나타낼 때 쓰인다. 반면에 '그러므로'는 '어떻게'라는 당위적 진술, 즉 결과적으로 일어난 행동·일을 기술하는 데 쓰인다. 당위적인 진술에 쓰이므로 '그러므로'는 미래성·지향성을 갖는다. 또한 '그러므로'는 '그래서'보다 주관적인 의도가 강한 접속어이다.

배가 아프다 ┌ 그래서   병원에 ┌ 갔다
          └ 그러므로   └ 가야한다.

'배가 아프다. 그래서 병원에 갔다' 혹은 '배가 아파서 병원에 갔다'는 무리가 없는 문장의 연결이다. 그러나 '배가 아프다. 그러므로 병원에 갔다', 혹은 '배가 아프므로 병원에 갔다'는 그 연결이 어색하다. 반면에 '배가 아프다. 그러므로 병원에 가야한다', 혹은 '배가 아프므로 병원에 가야한다'는 무리 없는 문장의 연결이라 할 수 있다.

위 문장에서 '그래서'로 연결되는 문장은 '배가 아파서 어떻게 했어', 혹은 '병원에 왜 갔니'의 물음에 대응하는 문장이다. 그러나 '그러므로'로 연결되는 문장은 '배가 아프니 다음에 어떻게 해야해', 혹은 '배가 아픈 상황에서는 어떤 행동을 해야 하지'에 대응하는 문장이다.

그러므로 '그래서'로 이어지는 문장에서는 앞 문장에 의미 비중이 큰 반면, '그러므로'로 이어지는 문장은 뒤 문장에 의미 비중이 더 있다.

2) 그리고 / 또/ 또한 – 대등 병렬

'그리고', '또', '또한'은 대등한 성질·성향·의미 내용을 가진 낱말이나 구, 절을 연결하는 데 쓰이는 말이다.

① 밥을 먹었다. 그리고 국을 먹었다. 그리고 과일을 먹었다. 그리고 차를 마셨다.
② 밥을 먹었다. 또 국을 먹었다. 또 과일을 먹었다. 또 차를 마셨다.
③ 밥을 먹었다. 또한 국을 먹었다. 또한 과일을 먹었다. 또한 차를 마셨다.

위의 문장은 문법적으로는 문제가 없어 보인다. 그러나 실제 문장에서는 잘 쓰지 않는 문장들이다. 일부러 만든 문장의 냄새가 짙으나 '그리고', '또', '또한'의 쓰임을 구별하기 위한 문장들이므로 제시된 문장 안에서 이들의 의미 차를 살펴 보기로 하자.

①의 문장을 일상 생활에서 굳이 쓴다면 '밥을 먹고, 국을 먹고, 과일을

먹고, 차를 마셨다' 정도가 될 것이다. 우선 '그리고'는 대등한 내용을 나열하는 연결어 중에서 시간 개념을 담고 있다. 즉 '밥을 먹은 다음 국을 먹고 그 다음 과일을 먹고 그 다음 차를 마셨다'는 시간적 경과를 나타낸다. 그러면서 동시에 종결의 기능도 가지고 있다.

밥도 먹고 국도 먹고 과일도 먹고 그리고 차도 마셨다.

위 문장에서 '그리고 차를 마셨다'는 '밥·국·과일'을 먹은 것과는 달리 시간적 경과, 즉 과일을 먹은 뒤 약간의 시간적 경과가 있었을 것 같다는 시간적 경과와 함께 행동의 종결을 나타낸다. 차를 마신 것으로 '먹는 행위'는 끝났음을 나타내는 것이다.

㉠ 일기를 쓰고 청소를 하고 빨래를 널고 잠을 잤다.
㉡ 일기를 쓰고 청소를 하고 빨래를 했다(하고). 그리고 잠을 잤다.

㉠의 문장은 일기 쓰는 일과 청소를 한 일과 빨래를 한 일, 잠을 잔 일이 행위의 순서나 비중이 등가적으로 파악되지만 ㉡의 문장은 일기 쓴 일, 청소, 빨래를 넌 일과 잠을 잔 일이 등가적이지 않다. 즉 모든 행위를 한 다음에 마지막으로 잠을 잤다는 의미이다. 이러한 이유로 앞의 다른 일보다 잠을 잔 일을 더욱 비중 있게 다루고 있는 것으로 파악된다.

'또'는 일반적으로 동일한 행위가 반복됨을 나타낸다.

밥을 먹었다. 또 밥을 먹었다.
밥을 아까 먹고 또 먹어

그러나 문장②처럼 대상이 바뀌는 경우에는 또 다른 행위를 덧붙이는 기능을 한다. 하나의 행위에 행위를 덧붙이고 덧붙이는 과정을 나타내는 것이다. 그러나 그 행위는 대상만 바뀌었을 뿐 동일하거나 유사한 행위일 때 어색해지지 않는다.

밥을 먹었다. 또 책을 읽었다.

위 문장은 문장 안에서만 의미를 형성할 때 어색한 문장이다. '밥', '책'이라는 대상도 바뀌었고, '먹다', '읽다'의 행위도 유사한 것이 아니기 때문이다. 위 문장은 적어도 다음과 같은 상황을 전제해야 어색하지 않은 문장이 된다.

(저 아이는 책만 읽는다) 밥을 먹었다. 또 책을 읽었다.
(저 아이는 공부밖에 모른다) 밥을 먹었다. 또 책을 읽는다.

즉 '또'로 연결되는 뒤 문장은 앞 문장이나 문맥에서 그와 유사하거나 동일한 행위를 전제로 하였을 때 성립된다.

'또'는 '그리고'와 달리 종결의 기능이 약하다. 문장②는 표면적으로는 문장이 종결되었지만 의미상으로는 왠지 문장이, 행동이 종결되지 않았다는 느낌을 준다. 차를 마신 뒤에도 다른 일이 더 일어날 것 같기도 하고 다른 행위가 더 있는데도 기술을 그친 것 같은 느낌이 든다.

문장③은 문장 연결이 매끄럽지 않음이 확연히 드러나는 문장이다. 왜냐하면 '또한'은 앞 문장과 뒤 문장을 다른 차원의 것으로 덧붙이며 연결하기 때문이다. 그렇다고 앞 문장과 뒤 문장이 전혀 다른 것이어서는 안 된다.

㉠ 밥을 먹었다. 또한 차를 마셨다.
㉡ 밥을 먹었다. 또한 서울에 갔다.

㉠의 문장에서 '밥'과 '차'는 다른 차원의 것이지만 '먹는다', '마신다'와 같이 유사한 행위이다. 그러므로 '또한'으로 별 무리 없이 연결될 수 있다. 그러면서 뒤 문장은 예상하지 못했거나 기대하지 않았던 일이 있음을 나타내기도 한다. 즉, 밥을 먹고(밥을 먹는 것은 예상하거나 예정된 일이다) 차까지 마실 줄은 예상하지 못했거나 기대하지 않았음을 나타낸다.

그러나 문장㉡은 잘 연결되지 않는다. '밥을 먹다'와 '서울에 갔다'의 거리가 너무 크기 때문이다. '밥'과 '서울', '먹다'와 '갔다'가 다른 장치가 없는 한 동일하거나 유사한 의미를 갖지 못한다. 따라서 '또한'은 서로 다른 차원의 내용을 연결하는데 쓰이지만 그 차이가 너무 커서는 안 된다는 것을 알 수 있다.

① 밥을 먹고 국을 먹고 과일을 먹고 그리고 차를 마셨다.
② 밥을 먹고 국을 먹고 과일을 먹고 또 차를 마셨다.
③ 밥을 먹고 국을 먹고 과일을 먹고 또한 차를 마셨다.

위 세 문장은 끝 문장의 연결만 다를 뿐 나머지는 동일한 구조를 가지고 있는 문장이다. 그러나 마지막 문장을 연결하는 낱말이 달라짐으로 해서 나타내고자 하는 뜻이 모두 다른 문장이 되었다.

문장①은 '밥·국·과일'을 먹은 다음 마지막으로 '차'를 마셨다는 뜻이 되고 문장②는 '양이 찼는데도 불구하고' 또는 '먹지 말아야 할' 차를 마셨다고 말하고 있는 것이다. 문장③은 예상하거나 기대하지 않았는데 차를 마셨음을 나타내는 문장이 되는 것이다.

　3) 그런데 / 그러나

　'그런데'와 '그러나'는 앞 문장과 뒤 문장을 역접 관계로 이어주는 연결을 한다. 그러나 화자의 주관적인 감정의 전달에는 서로 차이가 있다. '그런데'는 화자의 감정을 전달하는 데 주된 관심이 있는 반면에 '그러나'는 객관적인 상황을 전달하는 데 초점이 있다.

　　① 안면도 꽃박람회에 갔었다. 그런데 꽃이 없었다.
　　② 안면도 꽃박람회에 갔었다. 그러나 꽃이 없었다.

　'그런데'로 연결된 문장①에는 꽃박람회에 가면 꽃이 많이 있을 거라는 화자의 기대 심리와 기대 심리에 어긋난 상황이 들어있다. 즉 많은 꽃을 보러 꽃박람회에 갔는데 꽃박람회에 꽃이 없어 실망하였다는 화자의 심리가 두드러지게 기술된 문장이다.
　그러나 문장②는 화자의 이러한 감정을 표현하기보다는 박람회에 갔는데 꽃이 없었었다는 객관적인 사실을 전달하는데 그치고 있다. 적어도 문장①과는 달리 문장②에는 박람회에 꽃이 없는 것에 대한 화자의 감정이 깃들어 있지 않다. 문장②에 화자의 감정을 넣으려면 적어도 다음과 같은 문장 형태가 되어야 자연스럽다.

　　안면도 꽃박람회에 갔었다. 그러나 꽃이 없더란 말이야.

　'그러나'는 앞 문장에 반대되는 상황을 객관적인 자세로 전달하는 데 목적이 있다면 '그런데'는 화자의 주관적인 감정을 나타내는 데에도 일정하게 영향을 미치고 있다. 따라서 화자의 주관적인 감정이나 생각을 나타내는 문장에 '그러나'를 쓰면 어색한 문장이 되고 만다.

　　① 그는 평소에 점잖은 사람이야. 그런데 술만 먹으면 어쩌면 그렇게 달라질 수
　　　있어.
　　② 그는 평소에 점잖은 사람이야. 그러나 술만 먹으면 어쩌면 그렇게 달라질 수
　　　있어.
　　②* 그는 평소에 점잖은 사람이야. 그러나 술만 먹으면 달라져.

　문장①에 비해 문장②는 어색한 문장이다. 그만큼 '그러나'에 화자의 주

관적 가정을 담기에는 부담스럽다는 이야기이다. '그러나'를 쓴다면 문장②
보다는 문장②*가 어울린다.

4) 예컨대 / 마치

'예컨대'와 '마치'는 앞 문장의 내용을 구체적이고 효과적으로 설명하기
위해 쓰이는 연결어이다. '예컨대'와 '마치'를 효과적으로 사용하기 위해서
는 뒤 문장에 앞 문장과는 다른 사물이나 다른 차원의 기술을 필요로 한
다. 예를 들어 다음과 같은 문장은 '예컨대'와 '마치'로 연결되기 어려운 문
장이다.

>   그는 순식간에 통닭 한 마리를 다 먹었다.
>   → 예컨대 / 마치 : 닭다리 하나 남김없이 먹어 버렸다.

'그는 순식간에 통닭 한 마리를 다 먹었다. 예컨대 닭다리 하나 남김없이
먹어 버렸다.' 나 '그는 순식간에 통닭 한 마리를 다 먹었다. 마치 닭다리
하나 남김없이 먹어 버렸다.' 두 문장 모두 정확히 연결된 문장이 아니다.
왜냐하면 '예컨대'는 앞 문장을 구체적인 예를 들어 설명하는 기능을 하
며 '마치'는 다른 사물·사건을 들어 비유적으로 표현하는 기능을 하기 때
문이다. 위의 문장은 '예컨대'로 연결되기에는 부자연스럽다. 왜냐하면 '그
는 순식간에 통닭 한 마리를 다 먹었다.'는 앞 문장을 더 구체적으로 설명
하기에 어렵기 때문이다. 물론 구체적인 설명을 필요로 하는 '예컨대'도 비
유적인 표현을 포함하기 때문에 다음과 같은 표현이 가능하다.

>   그는 순식간에 통닭 한 마리를 다 먹었다.
>   → 예컨대 두꺼비가 파리를 잡아먹듯이.
>   → 마치 두꺼비가 파리를 잡아먹듯이.

그러나 '마치'는 '예컨대'와 달리 구체적인 설명의 기능을 갖고 있지 않다.

>   돈은 살아가는데 꼭 필요하다.
>   → 예컨대 가장 기본적인 음식을 사는 데도 돈이 필요하다.(○)
>   → 마치 가장 기본적인 음식을 사는 데도 돈이 필요하다. (×)

이처럼 '예컨대'와 '마치'는 앞 문장을 구체적인 예를 들어 설명하거나 비
유하여 나타내는 기능을 가지고 있다. 단지 '예컨대'는 비유의 문장이 구체
적인 설명의 기능을 하여 비유적인 기능까지도 담고 있지만 '마치'는 구체
적인 예를 들어 설명하는 기능을 갖고 있지 못하다.

문장 연결을 학습하기 위한 자료를 구하는 일은 매우 간단하다. 모든 문장과 문장은 일정한 관계를 가지고 연결되어 있기 때문에 교과서나 읽기 자료의 어느 부분, 문장을 선정해도 관계가 없다. 단지 하나의 문장을 선정하여 뒤 문장을 연결하는 훈련을 할 때에는 문단의 뒤 부분보다는 앞 부분에서 선정하는 것이 좋다. 즉, 내용이 구체적으로 다 기술된 문장보다는 추상적이거나 포괄적인 내용을 담고 있는 문장이 효율적이라는 것이다.

수업 준비를 위해서는 문단 단위의 활동을 할 것인가 문장 수준의 활동을 할 것인가를 결정해야 한다. 문장 연결을 학습하는 방법은 '빈 칸 넣기·연결어 제시하기·연결어 카드 놀이·배열하기' 등 다양하지만 무엇보다 중요한 것은 어떤 단위로 활동할 것인가를 결정하는 일이다.

활동할 단위(문단, 문장)가 결정되면 다음과 같은 방법으로 활동할 수 있다.

우선 문단 단위로 활동할 때의 방법을 알아 보자.

① 문단 단위의 활동인 경우에는 표면에 드러나지 않는 연결어 접속어를 찾는 것이다. 이 때 빈 칸 넣기와 병행해도 좋다.
② 문장에 드러난 연결어·접속어를 빈칸으로 만들고 알맞은 연결어·접속어를 찾아 넣는 것이다.

①과 ②를 종합하여 활동할 수도 있다.

【예 문】

국문학의 특질은 다른 나라 문학과의 비교에서 드러난다. (   ) 다른 나라. 특히 중국이나 일본의 문학과 비교하여 국문학의 특질을 찾는 작업이 알게 모르게 거듭 시도되어 왔다. ((그러나)) 아직 그 성과가 집약되지 않았고, 재론의 여지도 있다.
(   ) 문학의 특질은 사실 자체의 인식으로 끝나는 것이 아니고, 어떤 것이 더 가치 있는가 하는 가치의 우열을 염두에 두고 논의되어야 한다. ((지금까지)) 국문학의 특질로 논의되어 온 것들 중에서 어떤 것은 민족의 처지에 대하여 비관하면서 자학에 사로잡힌 푸념이 스며들어 있으므로 주의하여야 한다.
(중학국어, 3 - 1. 조동일 '국문학의 특질' 중에서)5)
③ 문면에 드러나 있는 접속어를 다른 접속어로 바꾸어 보고 다른 접속어로 바꾸면 문장의 의미가 어떻게 달라지는가, 또는 문장의 형태를 어떻게 바꿔야 온전한 문장이 되는지를 검토하도록 한다.

---

5) (   )는 내재된 연결어·접속어를 넣는 곳이고, ((   ))는 드러난 연결어·접속어를 감춘 곳이다.

다음으로 문장 단위로 활동할 때의 방법을 알아보자.

① 문장 단위의 활동을 할 때 연결어 카드를 사용하는 방법이 있다. 제시된 문장과 문장 사이에 어떠한 연결어가 적합한지 연결어 카드를 사용하여 문장을 완성하는 방법이다. 이 방법은 초등하교 학생들에게 사용하기 적합한 방법이다.

② 앞 문장과 뒤에 올 문장을 복수로 써 놓고 적합한 연결어를 사용하여 잇는 방법이다. 따라서 하나의 앞 문장에 여러 개의 뒤 문장이 올 수 있다. 중학교 학생 이상의 수준의 학생들에게 권할만 활동 방법이다. 하나의 문장에 여러 개의 뒤 문장이 올 경우 각기 그 뜻이 어떻게 다른가를 토론하면 좀 더 확실한 연결어 학습을 할 수 있다.

③ 하나의 앞 문장을 주고 다양한 연결어를 사용하여 뒤 문장을 짓는 방법이다.

사람들은 자신의 잘못은 잘 깨닫지 못한다.

그래서 ____.
그러므로 ______________________________________.
그러나 ____.
그런데 ____.
그리고 ____.
또 ____.
또한 ____.
또는 ____.
예컨대 ____.
마치 ____.
더욱이 ____.
즉 ____.

이 방법은 연결어의 변별적 자질에 대해 확실하게 학습할 수 있는 방법이다. 주어진 앞 문장은 수업 시간에 단원을 학습하면서 쉽게 선정할 수 있다.

좋은 글은 글의 첫 문장을 들어 올리면 글의 마지막 문장까지 다 들어 올려진다고 한다. 이는 좋은 글은 밀접한 관계를 지닌 문장들이 연결되어 기술된다는 것을 의미한다. 글의 '통일성'이라는 것은 바로 그 글에 사용된 문장들이 통일된 관계성에 의해 연결된다는 것을 말하는 것이다.

따라서 문장 연결에 대한 학습은 글을 이해하는 핵심적인 활동이며 동시에 좋은 글을 쓰는 핵심적인 활동인 것이다. 평소에 교과서나 읽기 자료를 읽으면서 잠재된 연결어를 찾고 연결어를 통해 문장의 관계를 살피는 일은 국어 교육의 핵심이라고 할 것이다. 이러한 문장 연결에 대한 지식이 갖추어졌을 때 글의 구조를 파악하는 일이나 그를 통해 글의 전체 생각, 주제를 정확히 이해하는 일이 가능해진다.

11. 2. 5 문장 전개

문장 전개가 문장의 영역인가 문단의 영역인가에 대해서는 보는 시각에 따라 각기 다를 수 있다. 문장의 뜻을 문장으로 펼쳐나간다는 데에서는 문장의 영역이지만 그 결과가 문단이 된다는 것에 주목하면 문단의 영역이 될 수 있기 때문이다.

본고에서는 문장의 영역에서만 문장 전개를 다루고자 한다. 즉 하나의 완성된 문단을 목적으로 하지 않고 문장의 뜻을 문장으로 펼쳐나가는 활동에 집중할 것이다. 따라서 본 활동을 통해 이루어진 문단은 온전한 문단이 되지 않을 것이다. 문장의 뜻을 펼치는 데에만 목적을 두었기 때문에 그 결과가 문단의 형태를 갖추었다고 하지만 하나의 온전한 문단으로 보기에는 어려울 것이다.

그럼에도 불구하고 본고에서 다룰 문장 전개 활동은 문단을 완성하는 밑바탕이 될 것이다. 활동 결과로 생긴 문단을 하나의 문단으로 보기에는 어렵지만 이러한 활동이 하나의 온전한 문단을 만드는 기초가 되고 기본 원리가 될 것이라는 것이다.

하나의 문단을 만들기 위해 문장을 전개는 방식으로는 다음과 같이 세 가지가 있다.

> (1) 구체화의 순서 : 일반명제(소주제문) → 구체적 사실
> (2) 일반화의 순서 : 구체적 사실 → 일반화 명제(소주제문)
> (3) 반전의 순서 : 긍정 서술 → 반대 서술 → 결론(소주제문)

그러나 본고에서는 문단의 완성이 목적이 아니기 때문에 문장을 전개하는 방법, 즉 구체적으로 전개하는 방법과 합리적으로 전개하는 방법에 국한하여 활동하기로 한다.

우선 구체적으로 전개하는 방법이란 일반적이고 추상적인 소주제를 내걸고 그것을 구체적으로 전개하여 풀이하는 뒷받침문장들을 늘어 놓는 방법이다. 구체화 순서로 서술하는 요령은 "풀어 말하면, 다시 말하면, 구체적으로 말하면, 바꾸어 말하면, 덧붙여 말하면, 곧, 즉" 등과 같은 접속 어구를 사용하여 문장을 이어나가는 것이다. 이러한 접속 어구를 사용한다는 것은 내용의 동일성을 말한다. 따라서 이러한 접속 어구들은 뒷받침 문장의 내용이 소주제의 내용과 어긋나지 않도록 하는 길잡이 구실을 한다.

다만, 모든 문장에 접속 어구를 글 표면에 드러낼 필요는 없고 속으로 되뇌이거나 가끔 필요할 때에만 표면화 시키면 된다.

이러한 문장 전개하는 방법을 다른 말로 '설명적으로 전개하는 방법'이라고 할 수도 있다. 이 전개 방법을 효율적으로 학습하기 위해서는 속담이나 격언과 같이 뜻이 잘 알려지고 비유적인 표현의 문장을 선택하는 것이 좋다.

① '정승집 개 죽은 데는 가도 정승 죽은 데는 안 간다.'는 속담이 있다.
② 풀어말하면 이 말은 정승집 개가 죽었을 때에는 조문을 가지만 정작 정승이 죽었을 때에는 조문을 가지 않는다는 말이다.
③ 다시 말하면 정승집 개가 죽었을 때에는 정승에게 잘 보이기 위해 조문을 가지만 정승이 죽었을 때에는 잘 보일 대상이 없으므로 조문을 가지 않는다는 말이다.
④ 바꾸어 말하면 진정한 인간 관계를 갖지 못하고 이익을 위한 물질적 관계를 갖는 점을 비방한 말이다.
⑤ 즉, 이 말은 물질적 가치만이 남아 있는 인간 관계를 따끔하게 꼬집은 말이다.

문장①을 문장②에서 문장⑤까지 단계적으로 펼쳐나갔다. 문장 전개 활동을 할 때 중요한 것은 문장을 전개할 때 각 문장간의 뜻이 단계적으로, 일정 비율로 구체화하여야 한다는 것이다. 즉 위 글은 문장①과 문장⑤만으로도 가능하다.

'정승집 개 죽은 데는 가도 정승 죽은 데는 안 간다.'는 속담이 있다. 이 말은 물질적 가치만이 남아 있는 인간 관계를 따끔하게 꼬집은 말이다.

그러나 문장 전개의 훈련을 위해 문장② ~ ④까지 단계적으로 풀어나가는 과정을 거치는 것이다. 이렇게 문장을 단계적으로 풀어나가는 훈련을 위해 주어진 문장에 3~ 4개의 문장을 활용하도록 한다.

또한 훈련의 효과를 극대화하기 위하여 제시하는 문장도 단계적이어야 한다. 가령 다음과 같은 단계로 제시문을 제공할 수 있다.

1단계 : 뜻을 충분히 아는 속담이나 격언

'과전불납리(瓜田不納履)'라는 고사성어가 있다.
'돌다리도 두드려 보고 건너라'라는 말이 있다.

2단계 : 포괄적이면서도 구체적인 사고가 가능한 문장

> 규칙은 지켜야 편하다.
> 컴퓨터는 깡통이다.

3단계 : 원론적이며 추상적인 문장

> 우리의 삶은 고통의 연속이다.
> 우리는 사랑 없이는 살 수가 없다.

4단계 : 원론적이며 추론이 필요한 문장

> 가장 높이 나는 새가 가장 멀리 본다.
> 창업보다는 수성이 어렵다.

이와는 달리 소주제문의 내용을 합리화하여 펼치는 방법이 있다. 이는 일종의 논증법으로 소주제문이 보여주는 명제가 과연 옳은 내용이며 타당한 주장인지를 밝힐 필요가 있을 때 사용한다. 소주제에 대한 자세한 풀이만으로 그치지 않고 그 타당성을 적극적으로 제시하는 논증적인 전개 방식이다.

주어진 문장을 합리화 방식으로 펼치는 한 가지 요령은 "왜냐하면, 그 까닭은, 그 이유는, 그 원인은, 그러므로, 그래서, 그 결과로…" 등과 같은 접속 어구를 되뇌이면서 근거 제시 문장을 이끌어내는 방법이 있다.

① 무너진 효의식을 되살려야 한다.
② 왜냐하면 효의식이 무너지는 사회에서는 인간다운 삶을 영위하기 어렵기 때문이다.
③ 그 이유는 '효'가 모든 인간 행동의 기본이 되기 때문이다.
④ 그 원인은 부모에 대한 효의식이 천륜이고 천륜이 이루어졌을 때 다른 인간 관계, 즉 인륜도 설 수 있기 때문이다.
⑤ 따라서 하늘이 내리신 효를 다할 때 인간 관계는 본 모습을 다시 찾을 수 있다.

이 역시 문장①과 문장⑤만으로도 하나의 문단이 가능하다. 즉 '무너진 효의식을 되살려야 한다. 왜냐하면 하늘이 내리신 효를 다할 때 모든 인간 관계가 본 모습을 다시 찾을 수 있기 때문이다'의 형태로 하나의 완결된 의미를 타나낼 수 있다.

그러나 논리적인 사고, 체계적인 사고를 신장시키기 위해 적어도 3 ~ 4개의 문장을 받쳐서 활동할 수 있도록 한다. 그리고 각 문장과 문장 사이에 비약은 없는지, 단계적으로 잘 풀어나갔는지 점검해야 한다.

합리적으로 전개하는 방법에도 제시문을 제공하는 단계가 있다.

1단계 : 일상적인 문제

> 우리는 표준어를 사용하여야 한다.
> 노인에게 자리를 양보하는 미덕을 길러야 한다.

2단계 : 역설적이거나 구체적 사고가 필요한 문제

> 현대 사회에서는 침묵이 미덕이다.
> 시나 소설은 젊은 사람도 쓸 수 있지만, 수필은 젊은 사람이 쓰기 어렵다.

3단계 : 이중 명제가 가능한 문제

> 남성은 여성보다 우월하다 / 여성은 남성보다 우월하다.
> 악법도 법이다 / 악법은 법이 아니다

4단계 : 추상적이거나 형식적 사고가 필요한 문제

> 신은 존재한다 / 신은 존재하지 않는다
> 인간을 늘 외로움을 느낀다.
> 人인 다 人이냐 人다운 人만이 人이다.

이 외에 예시적으로 전개하는 방법이 있다. '예시'는 설명의 한 방식이어서 설명적으로 전개하는 방법의 한 방식이긴 하지만, 예시는 다른 전개 방식들과는 달리 1 : 1의 구조로 이루어지기 때문에, 또는 풀어나가는 전개 방식이 아니라 보여주는 방식이기 때문에 별도로 '예시적으로 전개하는 방법'을 설정하기도 한다.

예시적으로 전개하는 방법은 '예를 들어, 가령, 예컨데, 마치' 등과 같은 접속 어구를 사용하여 문장을 전개한다.

① 나의 어머니는 헌신적이다. ② 예를 들어 몸이 아프신 데도 불구하고 몸을 아끼지 않고 자식들을 돌보는 것을 보면 알 수 있다.

물론 문장①에 대하여 문장② 이외의 다른 예를 더 들어가며 기술할 수 있다. 그러나 이는 다른 문장 전개 방법이 단계적으로 풀어나가는 성격을 갖는데 비해 문장①을 구체적으로 설명하기 위해 여러 가지 예를 반복적

으로 보여주는 것이므로 그 성질이 다른 것과는 다르다. 이 때문에 설명의
범주에 두지 않고 별도로 '예시적으로 전개하는 방법'을 두는 것이다.

11. 2. 6 문장 표현력 기르기

'한 마디 말로 천 냥 빚을 갚는다'는 말이 있다. 이 때 말이란 '적재적소
의 말', '꼭 필요한 말', 또는 '효과적으로 표현한 말'로 풀이될 수 있다. 이
것을 하나로 묶으면 '말이란 꼭 필요한 말을 적재적소에 효과적으로 하여
야 한다'로 표현할 수 있을 것이다.

말이란 꼭 필요한 때에 꼭 필요한 말을 하여야 한다. 그러나 표현의 묘
미를 살려서 말을 한다면 더욱 효과적일 것이다. 가끔 내가 말한 의도와는
다르게 전달되거나 혹은 전혀 예기치 않게 말 때문에 다툼이 일어나는 경
우가 있다. 이는 말을 효과적으로 표현하지 못했기 때문이다.

글을 읽을 때도 마찬가지이다. 표현의 묘미를 살린 문장을 잘 이해하지
못해 글 전체의 뜻을 파악하지 못하는 경우가 있다. 특히 시나 소설과 같
은 문예문, 또는 문학적인 표현을 잘못 읽어 이해에 도달하지 못하거나 전
혀 다른 뜻으로 해석하는 경우가 많다.

문학적인 표현, 비유적인 표현을 잘 이해하고 또 그와 같은 표현을 잘
쓸 수 있다는 것은 인간의 정서적인 세계와 관련이 있다. 문학적인 표현,
비유적인 표현은 어떠한 사실을 설명하거나 논증하려는 데 목적이 있지
않다. 물론 효과적인 설명을 위해 비유적인 표현을 쓰는 경우도 있지만 그
것은 동시에 정서적인 교감을 목적으로 하고 있다.

우리가 시나 소설을 학습하는 이유도 바로 여기에 있다. 인간 세계의 존
재 이유는 정보 전달과 시시비비를 가리는 데에만 있지 않다. 오히려 정신
을 풍요롭게 하고 정서를 살찌우게 하는 데 있다. 즉 인간은 서로의 의사
소통을 위해서 말을 하고 글을 쓰는 것이 아니라 서로의 감정과 정서를 교
환하기 위해 말을 하고 글을 쓰는 것이다. 그리고 감정과 정서를 교환하는
글읽기와 글쓰기가 더 고도의 활동인 것이다.

'아 다르고 어 다르다'는 말이 있다. 이 말은 음운적으로 '아'하고 '어'가
다르다는 것을 나타내는 말이 아니라, 표현의 차이를 말하는 것이다. 그렇
다면 '아'와 '어'는 정보 전달을 위한 의사 소통에서는 아무런 차이가 없다.
그러나 감정 · 정서적 차원에서는 매우 다르다. '아'는 사람을 기쁘게 하지
만, '어'는 사람을 화나게 할 수 있다. '아'는 사람에게 용기를 주지만, '어'
는 사람에게 좌절을 줄 수 있다.

'아'와 '어'는 다르다. 음운적 차이뿐만 아니라 감정과 정서적인 차원에서

도 다르다. '사랑해요'라는 말로 마음을 돌리지 못한 사람의 마음을 다음
말로 끌어 올 수 있다.

【예 문】

내가 당신을 얼마만큼 사랑하는지 당신은 알지 못합니다.
당신과 영원히 함께 있고 싶습니다.
당신이 내 목숨보다 소중합니다.
당신 없이는 살 수 없습니다.
난 당신을 위해 24시간 언제나 대기 중이에요
나는 당신을 전부라고 생각합니다.
나는 당신의 흑기사이고 싶다
하늘이 맺은 인연입니다.
당신을 위해 모든 걸 바치고 싶습니다.
당신을 본 순간 큐피드의 화살이 꽂혔습니다.
제가 늘 생각하는 사람은 당신입니다.
당신만 보면 얼굴이 빨개지고 가슴이 뜁니다.
하루종일 당신만 생각합니다.
당신 때문에 잠을 이룰 수가 없습니다.
당신을 생각하면 기분이 좋아집니다.
당신이 보고 싶을 땐 참을 수가 없습니다.
보고 있어도 보고 싶은 당신
나는 항상 당신만을 생각합니다
내 맘에 당신이 들어와 있어요
제 눈에는 당신밖에 안 보여요
당신과 함께라면 전 세상에서 가장 행복합니다
당신이 나를 어떻게 생각하느냐가 중요한 것이 아니라 내가 당신을 얼마
　　나 사랑하는가가 중요합니다.
우리가 완벽해지는 길은 오직 서로 사랑하는 것뿐입니다.
당신이 행복해지는 길은 나의 사랑을 받아 줄 문을 열어 놓는 것입니다.
이제껏 내가 살아온 이유는 당신을 만나 사랑하기 위함이요
나의 복잡한 마음을 사랑이란 말로 대신해도 되겠소?
내 삶이 의미가 있는 것은 당신과 함께이기 때문입니다.
하늘이 갈라놓지 않는 한 당신과 나는 영원할 겁니다.
어떠한 고난이 닥쳐도 당신을 포기하지 않을 겁니다.
내가 새라면 당신에게 날개를 주고, 내가 꽃이라면 당신에게 향기를 주
　　겠지만 나는 사람이기에 당신에게 사랑을 드리겠습니다.
누군가를 사랑한다는 것이 이런 느낌인지 당신을 만나면서 처음으로 생
　　각해 봅니다.

> 나는 당신을 사랑하기 위해 이 세상에 태어났습니다.
> 이 쓸쓸한 가을이면 그대 얼굴이 더 선명해집니다.

이처럼 '사랑해요'라는 말을 다양하게 표현할 수 있다. 사랑을 비유하여 표현한 것, 사랑하는 마음을 구체화 한 것, 자신의 존재 가치를 사랑에서 찾은 것, 사랑하는 사람을 대할 때 일어나는 심리적 · 신체적 상태의 변화에 대한 설명 등 모두 내가 당신을 사랑하고 있음을 묘미를 살려 효율적으로 표현하고 있다.

이러한 표현들의 공통점은 사랑을, 사랑하는 마음의 정도를 설명하고 전달하는 데 최종 목적이 있는 것이 아니라, 상대방과 감정적 · 정서적으로 교감하기 위한 것들이다. 그러기에 '사랑해요'라는 말보다 모두 상대의 마음을 움직이는 데 효과적이다.

다시 한번 강조할 것은 말이나 글은 정보를 전달하는 것을 목적으로 삼을 것이 아니라 인간 사이의 감정과 정서, 마음을 전달하는 것을 목적으로 삼아야 한다는 것이다. 정보와 지식의 전달만을 목적으로 한 말이나 글은 깊은 인간 관계를 형성하지 못한다. 현대 사회가 가져온 인간 소외라든지, 이기주의, 삭막한 사회 등은 모두 감정과 정서를 교감할 수 있는 말과 글의 부족에서 온 것이다.

표현력은 '상상력' · '종합적 판단력'과 일정한 관계에 있다. 표현은 단지 낱말을 많이 알고 있다고 되는 것이 아니다. 특히 표현력 기르기 훈련은 원래의 문장을 바꾸거나 생략된 표현을 유추하는 것을 중심으로 이루어지기 때문에 상상력이 필요하고, 앞 뒤 문맥을 잘 살펴야 하기에 종합적 판단력이 요구된다.

따라서 표현력을 학습할 때에는 항상 상상력과 종합적 판단력을 기르는 활동과 병행하여야 효과를 얻을 수 있다.

제12장 문단

　문단은 하나의 소주제문과 하나 이상의 뒷받침 문장으로 이루어졌다. 물론 '도입문단', '예시문단', '강조문단', '전환문단' 등은 이러한 형식을 갖추고 있지 않은 경우가 있다. 그러나 이러한 특수한 경우를 제외하고 거의 모든 문단은 하나의 작은 생각과 그 작은 생각을 자세히 풀어주는 문장들로 구성된다.

　하나의 문단에 여러 가지 생각이 들어 있으면 무엇을 말하려고 하는지 정확히 파악할 수 없으며 그렇다고 문단을 너무 자주 나누면 글의 흐름이 단절되거나 산만해져서 역시 글의 내용을 정확하게 이해할 수 없다.

　그러므로 문단의 구성 원리를 알고 정확한 곳에서 문단을 나누는 훈련이 필요하다.

　첫째, 문단에서 다루는 내용은 글의 전체 주제에서 벗어나면 안 된다. 문단의 내용이 전체 글의 주제에서 벗어나지 않으려면 문단 단위의 개요를 작성할 때 문단의 소주제가 전체 주제와 관련 있는 내용이 되도록 짜야 한다. 곧 문단의 소주제는 글 전체 주제의 일부이어야 한다.

　둘째, 문단은 반드시 하나의 중심 생각만을 가져야 한다. 한 문단에 여러 개의 생각을 함께 드러내려고 하면 결국 글이 혼란스럽고 산만해진다. 그러므로 하나의 문단에서는 하나의 소주제만을 다루어야 한다.

　셋째, 뒷받침문장은 소주제와 관련된 것만을 써서 통일성을 기해야 한다. 아무리 훌륭한 내용이라 하더라도 소주제와 관련 없는 뒷받침문장은 글의 초점을 흐릴 뿐이다.

　넷째, 뒷받침문장은 소주제를 점차 구체화하여야 한다. 뒷받침문장이 소주제를 그대로 풀이하는 데 그쳐서는 안 된다. 뒷받침문장이 소주제를 확대하거나 발전시켜야 읽는 사람이 글쓴이의 생각을 충분히 이해할 수 있다.

다섯째, 소주제를 충분하게 뒷받침하여야 한다. 소주제를 충분히 뒷받침한다는 것은 필요한 만큼의 설명, 논증, 서사, 묘사를 해야 한다는 것이다. 이해가 안 되는 글은 대개 글을 쓰는 사람이 소주제에 대해 충분한 자료를 갖고 있지 못하거나 소주제를 구체적으로 기술하지 못했기 때문이다. 따라서 글을 쓸 때에는 자신이 충분히 이해하고 있는 내용을 주제로 삼아야 하며, 글감을 되도록 많이 수집하고 내용별로 분류하여 정리하는 데 신경을 써야 한다.

12. 1 소주제문을 구체적으로 기술하기

문단 쓰기 훈련 전에 소주제 문단의 문장들이 갖추어야 할 기본 요소는 첫째, 자신의 사상과 감정을 똑똑하게 그려내야 한다는 것이요 둘째, 읽는 사람에게 그 내용을 올바르게 이해시키고 감동을 줄 수 있어야 한다는 것이다. 그러므로 문단을 쓸 때는 자신의 사상이나 감정을 구체적으로, 전체적으로 표현해야 한다.

그러나 '구체적'이란 말과 '생략'이라는 말은 항상 대립 관계에 있다. '구체적'이란 말은 쓸데 없는 것까지 무조건 구체적으로 쓰라는 말은 아니다. 생략하면 읽는 사람이 이해하기 곤란하거나 유추가 불가능해지는 한계까지는 생략해도 무방하다. 그렇지만 문단 쓰기 훈련을 위해 주어진 문장을 쓸 수 있는 데까지는 구체적으로 풀어 보는 작업은 필요하다. 가령

그 사람은 의자에 앉아서 책을 읽고 있다.

는 소주제를 가정하자. 이 소주제문에서도 글쓴이가 표현하고자 하는 내용을 어느 정도 짐작할 수 있다. 그러나 우리는 문단 훈련을 위해 최대한 이 문장을 풀어 써 보자. 즉, '그 사람'은 어떤 사람인가? 키와 용모와 성격과 연령과 직업 등의 설명을 해 보자. 그리고 '의자'에 대해서도 의자의 종류나 품질 등을 설명해 보고, '앉아서'에 대해서도 어떻게 앉았는지 또 앉는 버릇 등도 설명하여 문장을 구체적으로 풀어 보자. 뿐만 아니라 '책'에 대하여도 책의 종류, 크기, 색깔 등에 대하여도 설명하고, 읽는 방법이나 읽는 모습 등에 대하여도 가능한 한 많이 설명을 하자.

만약 위에서 열거한 여러 사실들을 함께 다 밝혀 낸다면, 그 문단의 내용은 앞의 소주제문보다 훨씬 더 구체적인 문장이 될 것이다.

키가 후리후리 크고, 날씬하며, 늙어서 얼굴이 새하얗고, 코가 유난히 높으며, 눈이 큰, 나전 칠기의 무역왕인 그 사람은, 왕골로 엮어 만든 구식의 낡은 의자에, 뒤로 젖혀 기대어 앉아서, 미국의 베스트셀러 〈케인호의 반란〉이란, 빨간 표지로 예쁘게 장정한 국판의 두툼한 소설책을, 돋보기를 끼고, 여느 때와는 달리 간간이 미소 지으며 퍽 흥미롭게 읽고 있다.

물론 이 문단을 실제로 쓸 때에는 이처럼 길게 쓸 것이 아니라, 몇 개의 짧은 문장으로 나누어서 읽기 좋게 써야 한다. 다만 여기서는 구체적이며 전체적인 문단 표현이 과연 어떠한가를 보여 주기 위해서 모두 연결하여 쓴 것이다.

【문제 1】 다음 소주제문들을 가능한 한 구체적인 문장으로 풀어 쓰시오.

① 해가 떠오르자 바다는 일렁이기 시작했다.
② 그녀는 고개를 들어 날아가는 비행기를 쳐다보았다.
③ 눈이 쌓인 길을 걸 가는 연인의 모습이 아름답다.
④ 텔레비전은 바보상자이다.
⑤ 그 남자는 행복한 사람이다.

【문제 2】 〈보기〉를 참조하여 다음 두 문장 사이에 3개 이상의 문장을 부려 써서 전체의 글을 통일성 있게 앞 뒤의 문장을 연결하라.

〈보기〉

●나는 안전띠를 매지 않겠다
  (   )
●설사 그렇다고 할지라도 난 안전띠를 매지 않겠다.

☞ 내 생명은 나의 것이고 민주주의 국가에서는 행동의 자유가 보장되어 있으므로 난 안전띠를 매지 않겠다. 또한 그 귀찮은 일을 하기 싫기도 하고 물론 나도 안전 띠를 매지 않으면 사고났을 때 크게 부상을 입을 가능성이 높고, 교통법규위반으로 불이익을 당한다는 것쯤은 알고 있다. 그러나,

① 그의 얼굴이 천천히 내게로 다가왔다.＿＿＿＿＿＿＿＿＿＿＿＿＿＿＿＿
＿＿＿＿＿＿＿＿＿＿＿＿＿＿＿＿＿＿＿＿＿＿＿＿＿＿＿＿＿＿＿＿＿＿＿＿
＿＿＿＿＿＿＿＿＿＿＿＿＿＿＿＿＿＿＿＿＿＿＿＿＿＿＿＿＿＿＿＿＿＿＿＿
＿＿＿＿＿＿＿＿＿＿＿＿＿＿＿＿그녀는 자신의 눈물진 뺨을 어루만지고 있었다.

② 수필은 청자연적이다.＿＿＿＿＿＿＿＿＿＿＿＿＿＿＿

＿＿＿＿＿＿＿＿＿＿＿＿＿＿＿＿＿＿＿＿＿＿＿＿＿＿

＿＿＿＿＿＿＿＿＿＿＿＿＿＿＿＿＿＿＿＿＿＿＿＿＿＿

＿＿＿＿＿＿＿＿＿＿＿＿＿＿＿＿＿＿＿＿＿＿수필은 청춘

의 글은 아니오, 서른여섯 중년 고개를 넘어선 사람의 글이다.

③ '아는 것이 힘이다'라고 한다.＿＿＿＿＿＿＿＿＿＿＿

＿＿＿＿＿＿＿＿＿＿＿＿＿＿＿＿＿＿＿＿＿＿＿＿＿＿

＿＿＿＿＿＿＿＿＿＿＿＿＿＿＿＿＿＿＿＿＿＿＿＿＿＿

＿＿＿＿＿＿＿＿＿＿＿＿＿＿＿＿＿＿＿＿＿＿＿＿＿＿

＿＿＿＿＿＿＿＿＿＿＿＿＿따라서 때로는 '모르는 것이 약'이 될 수도 있다.

【문제 3】 다음 각각의 소주제문을 "풀어 말하면", "다시 말하면", "세부적으로 말하면", "바꾸어 말하면", "덧붙여 말하면", "즉" 등을 사용하여 하나의 문단을 만드시오. (설명적으로 전개하는 방법)

① 우리의 삶은 고통의 연속이다.
② "정승 말 죽은 데는 가도 정승 죽은 데는 안 간다"는 속담이 있다.
③ 창업 보다는 수성이 어렵다.
④ 우리는 사랑 없이는 살 수가 없다.
⑤ 가장 높이 나는 새가 가장 멀리 본다.
⑥ 약속은 지킬 때 약속이다.

【문제 4】 다음 각각의 주제문을 "왜냐하면", "그 까닭은", "그 이유는", "그 원인은", "그러므로", '그래서', "그 결과로", "그리하여" 등을 사용하여 하나의 문단으로 만드시오.

(인과적으로 전개하는 방법)

① 남자는 여자보다 우월하다. 또는, (여자는 남자보다 우월하다)
② 우리는 표준어를 사용해야 한다.
③ 악법도 법이다./ 악법은 법이 아니다(이중명제)
④ "人이면 다 人이냐 人다운 人만이 人이다."
⑤ 개혁하지 않는 지성은 지성이 아니다.

【문제 5】 (문제 3)과 (문제 4)의 전개 방식을 각각 적용하여 다음 제시된 소주제문을 문단으로 만드시오.

① 역사는 되풀이할 뿐이다.

② 우리는 우리 삶에 만족할 뿐이다.

③ 무엇보다 중요한 것은 우리의 마음가짐이다.

④ 신은 존재하지 않는다.

⑤ 인간은 늘 외로움을 느낀다.

【문제 6】 다음 각각의 주제문을 사례를 들어 완성해 보라. (예시적으로 전개하는 방법)

① 부분을 보고 전체인 양 생각할 때가 있다.

② 적을 이기는 것보다 자기 자신을 이기는 것이 더 어렵다.

③ 우리가 저지른 잘못은 어떤 형태로든지 되돌아온다.

④ 나의 어머니는 헌신적이다.

⑤ 우리에게 신선한 공기는 매우 중요하다..

【문제 7】 다음 문단들에서 밑줄 친 부분에 알맞은 내용을 생각하고, 적어도 세 개 이상의 문장을 뒷받침하여 문단을 완성하시오.

① 현대의 과학문명은 우리의 생활을 과거보다도 윤택하고 편리하게 만들었다.
____
____
_______________________________이처럼 현대문명의 이기들이 주는 폐단으로 말미암아, 과거가 비록 물질적으로 가난하였지만 정신적으로는 행복했다고 말하는 사람이 많다.

② 한국 문화가 곡선에 비유되듯 우리의 길 또한 곡선이다. 가다가 논이 나오면 논을 돌아서, 나무가 나오면 나무를 비껴서 길이 이어진다. 사람의 힘을 가하여 파내거나 가까운 거리를 위해 쓸데없이 땅을 죽여 길을 만드는 법이 없다. 그러니 자연 우리의 길은 꾸불꾸불 할 수 밖에 없었다. 인위적이 아닌 자연적인 길이기에 거기엔 낭만과 정이 서려 있다. 오늘은 사정이 전혀 다르다. 길은______
____
____
_______________________________길들은 이제 너무나 기계적이고 추상적이며 비인간적인 것이 되어버렸기에, 운전사들은 자기 앞에 사람이 가고 있다는 생각은 전혀 하지 않고 다만 차가 앞에 가고 있다고 생각할 따름이다.

③____
____
____

________________________그렇지만 나의 경우는 다르다. 그냥 주는 것만으로는 사랑이 지속될 수 없다고 본다. 왜냐하면, 인간은 서로 주고받는 가운데 그 관계가 유지되기 때문이다. 따라서 주는 것만으로 사랑을 정의 내린다는 것은 이상적인 사랑이지 현실적으로는 맞지 않을 것이다.

12. 2 문단 구성

문단을 소주제문의 위치에 따라 두괄식, 미괄식, 양괄식, 중괄식으로 나눈다. 그러나 논술 쓰기에서는 중괄식을 잘 사용하지 않는다.

논술 쓰기에서는 두괄식, 미괄식, 양괄식 중에서도 양괄식을 주로 사용한다. 일반적이라고는 할 수 없으나, 서론과 결론에서는 두괄식을 주도적으로 사용하며 본론에서는 양괄식을 주로 사용한다. 대체적으로 양괄식은 두괄식의 변형으로 보인다. 그것은 우리 민족의 사고가 연역적이기 때문에 두괄식을 주로 사용하다가, 강조할 때에는 문단 말미에 소주제문의 핵심 내용을 다시 강조하기 때문으로 여겨진다.

글의 구체적인 구조를 띠게 되는 곳이 문단이므로 문단 쓰기 연습도 중요한 논술교육의 과제이다.

【문제 8】 다음을 소주제문으로 하여 두괄식 문단을 작성하시오.
① 인간은 다른 동물에 비하여 신체적으로 많은 결함을 가지고 있다.

② 사랑은 희생을 바탕으로 이루어진다.

【문제 9】 다음을 소주제문으로 하여 미괄식 문단을 작성하라.

① 과학은 더 이상 인류의 행복을 가져다 주지 않는다.

② 이처럼 모든 것은 인간이 생각하기에 달려있다.

【문제 10】 다음을 소주제로 하여 양괄식 문단을 작성하라.

① 결국 물을 아껴쓰는 방법 이외에는 다른 방도가 없다.

② 정치는 사기와 협작이 아니라 토론과 타협이다.

③ 어려운 이웃을 서로 돕던 우리의 전통의식을 되살려야 한다.

④ 자연과 인간이 공존할 때 지구는 멸망을 피할 수 있다.

【문제 11】 다음을 소주제문으로 하여 적당한 형식으로 문단을 작성하라.

① "진리란 변한다"는 말은 제외하고 모든 진리는 변한다.

② 선진국이 되는 길은 선진 문화시민이 되는 길 뿐이다.

③ 인간은 그 자체만으로도 소중하다.

④ 교육이 오히려 교육을 망치고 있다.

제13장 원고지 사용법

　논술고사의 답지는 일반적으로 원고지 형태를 띠고 있다. 따라서 원고지 사용법에 대한 학습도 논술교육에서 이루어져야 한다.
　원고지 사용법은 크게 기본 원리, 본문 쓰기, 문장 부호 표기 방법으로 나눌 수 있다.

1) 원고지 사용의 기본 원리

　① 원고지 한 칸에 한 자씩 쓴다.
　　단, 숫자와 알파벳 소문자는 한 칸에 두 자씩 쓰고, 경우에 따라 세 자씩 쓰는 것도 허용한다.
　② 띄어쓰기는 맞춤법 통일안에 따른다.
　③ 문단을 시작할 때, 또는 대화글, 인용글, 운문을 제외하고는 원고지 첫 칸은 비우지 않는다.
　④ 문장 부호는 작은따옴표(' '), 반점(,), 온점(.)을 제외하고는 한 칸에 하나씩 표기한다.

2) 본문 쓰기

가) 첫머리 쓰기

　① 종별 : 원고지 첫 행 두 번째 칸에서부터 쓴다. 가령 시일 경우 〈시〉로, 소설의 경우 〈소설〉이라고 쓴다. 그러나 논술고사에서는 종별을 표기하지 않는 것이 일반적이다.

② 제목 : 2행 중간에 쓴다. 제목이 짧을 때에는 두어 칸씩 띄어써 전체적으로 조화를 이루도록 한다. 제목이 길 때는 두 행을 잡아 쓴다. 이 때 첫 행은 왼쪽에 둘째행은 오른쪽에 치우쳐 쓴다.
  ㉠ 온점은 찍지 않는다.
  ㉡ 물음표, 느낌표, 말줄임표 등 문장 부호는 되도록 사용하지 않는다.
  ㉢ 같은 계열의 단어를 이어 쓸 때에는 가운데점을 사용한다.
③ 부제 : 제목 아래 행에 맞줄표(- -)를 사용하여 그 안에 쓴다.
④ 소속과 이름 : 제목 아래 행을 비우고 그 다음 네 번째행에 쓰는데 오른쪽 끝에서부터 2자 혹은 3자를 일률적으로 비우고 오른쪽에 치우쳐 쓴다. 단, 소속과 성명을 모두 쓸 때에는 제목 아래 행을 비우지 않고 소속은 세 번째 행에, 이름은 네번째 행에 쓴다.(성과 이름은 외자 이름, 복성(예 : 독고, 선우 등)을 제외하고는 붙여쓴다. 단, 원고지 행의 길이에 따라 두 칸 혹은 세 칸씩 띄어쓴다)

나) 본문 쓰기

① 글을 처음 시작할 때, 문단을 바꾸어 새로운 문단을 시작할 때에는 첫 칸을 띄우고 쓴다.
② 문장이 마지막 칸에서 끝날 때에는 띄어쓰기표(∨)를 표기한다.
③ 대화글이나 긴 인용글, 운문 등은 두 번째 칸에서 시작하여 끝날 때까지 첫 칸을 비워둔다. 긴 인용문과 산문 속의 운문은 한 행을 띄우고 쓴 다음, 끝난 후에 행을 띄운다.
④ 로마 숫자, 알파벳 대문자와 낱자로 쓰는 숫자, 알파벳 소문자 역시 한 칸에 한자씩 쓴다.

다) 문장 부호 쓰기

① 작은따옴표(' '), 반점(,), 온점(.)은 한 칸을 잡지 않는다.
② 맞줄표(-)는 두 칸을 잡아 표기한다.
③ 줄임표(......)는 한 칸에 세 개씩 두 칸을 잡아 표기한다.
④ 문장부호를 연달아 표기하거나 문장부호 다음에 숫자가 올 때에는 각각 다른 칸에 쓴다.
⑤ 행 끝에서 문장부호를 연달아 표기할 때에는 끝 칸을 비우고 다음 행 첫 칸부터 표기하여도 무방하다.

⑥ 문장부호를 표기할 자리가 다음 행으로 넘어 갈 때는 다음 행으로 넘기지 않고 끝 칸에 글자와 함께 표기한다.

⑦ 느낌표(!)나 물음표(?) 등은 칸의 가운데에 표기하고, 따옴표(" "), 반점(,), 온점(.) 등은 한쪽으로 치우쳐 표기한다.

【문제 1】 다음 보기의 제목, 부제, 소속, 이름을 원고지 사용법에 맞게 옮겨라.

> ┌─< 보 기 >─
>
> 제목 : "삼포(蔘圃)로 가는 길"을 읽고
> 부제 : -현대인의 고향상실감을 중심으로-
> 소속 : 국어국문학과 1학년
> 이름 : 홍 길 동

(원고지)

【문제 2】 원고지에 수를 적는 방법으로 잘못 된 것은?

(가)	1	억		23	45	만		67	86	명								
(나)	12	3,	45	6,	78	9	명											
(다)	1	,	23	45	,	67	89	명										
(라)	일	억		이	천	삼	백	사	십	오	만		육	천	칠	백	팔	십	구

【문제 3】 소설의 첫 부분을 원고지에 옮겨 쓴 것 중 맞은 것은?

(가)

	인	터	폰	을		통	하	여		교	장	이		나	를		불	렀	던
	모	양	이	다	.	내	가		화	장	실	에	서		들	어	오	자	,
	아	이	들	이		일	제	히		나	를		향	해	서		떠	들	었	다

(나)

인	터	폰	을		통	하	여		교	장	이		나	를		불	렀	던	
모	양	이	다	.	내	가		화	장	실	에	서		들	어	오	자	,	아
이	들	이		일	제	히		나	를		향	해	서		떠	들	었	다	.

(다)

	인	터	폰	을		통	하	여		교	장	이		나	를		불	렀	던
모	양	이	다	.	내	가		화	장	실	에	서		들	어	오	자	,	아	
이	들	이		일	제	히		나	를		향	해	서		떠	들	었	다	.	

(라)

	인	터	폰	을		통	하	여		교	장	이		나	를		불	렀	던
모	양	이	다	.		내	가		화	장	실	에	서		들	어	오	자	,
	아	이	들	이		일	제	히		나	를		향	해	서		떠	들	었	다

【문제 4】 다음 글을 원고지 사용법에 맞게 옮겨 써라.

(A)

> 산은
> " 아침밥 먹었니 ? "
> 하고 물으면,
> " 아침밥 먹었니 ~~~ ? "
> 하고 되물어 주었다.

(B)

> 그러자 선생은 소매에서 성냥을 꺼내더니 거기에다 불을 붙였다.
>
> "선생님, 어쩔 작정이십니까?"
>
> 그제서야 화급하게 묻는 그에게 석담선생은 냉엄하게 대답했다.
>
> "네 숙부의 부탁도 있고 하니 한 식객으로는 내 집에 붙여 주겠다. 그러나, 그 선생이라는 말은 앞으로 결코 입에 담지 말아라" 아침에 붓을 쥐기 시작하여 저녁에 자기 솜씨를 자랑하는 그런 보잘 것 없는 환쟁이를 나는 제자로 기른 적이 없다.

(C)

> 모두 가난한 집안의 아들딸들이었다. 다 눈물 젖은 밥을 먹어 보았다는 한 가지 공통점만으로도 우리는 가까워질 수 있었다.
>
> 우리는 그때 노래했다.
>
> 내가 굶주려 애쓸 때 너 있었나.
>
> 밥을 찾을 때 거기 있었나.
>
> 내가 목말라 애쓸 때 너 있었나.
>
> 물을 찾을 때 거기 있었나.
>
> 내가 병들어 누웠을 때 너 있었나.
>
> 돌봄 바랄 때 거기 있었나.
>
> 교육 과정을 끝마치고 헤어질 때 우리는 또 노래했다.

【문제 5】 다음은 소설 – 선우 휘, 『테러리스트』, (첫 부분 각색)–을 원고지에 옮겨 놓은 것이다. 이 중 원고지 사용법이 잘못 된 것들은?

		〈	소	설	〉															
(가)						테		러		리		스		트					
(나)																선		우		휘
		담	배		연	기	가		자	욱	한		다	방	은		연	방	'오
	리	엔	탈	'	곡	만		틀	어	대	고		있	었	다	.			
(다)		"	야	!		담	배		한		갑	"							
	하	고		길	주	는		소	리	쳤	다	.							

	학	구	는		담	배	를		가	져	오	는		레	지	를		흘	낏
(라)	바	라	보	고	는		콧	노	래	를		불	렀	다	.				
(마)		청	바	지	가		잘		어	울	리	는		여	자				
		밥	을		많	이		먹	어	도		배		안		나	오	는	
	여	자																	
		난		그	런		여	자	가		좋	더	라						

【문제 6】 다음의 논문 제목, 차례, 본문 등을 원고지에 바르게 옮겨 써라. (별지 원고지 3장으로)

< 보 기 >

제 목 : 대전지방 건축물의 외부 색채에 관한 조사 연구

부 제 : 환경미학적 측면에서

이 름 : 이 아 름

차 례 : Ⅰ. 머리말

      Ⅱ. 대전시 건축물의 색채 감각 현황

        1. 공공건물을 중심으로

        2. 금융기관을 중심으로

        3. 백화점을 중심으로

        4. 아파트 건물을 중심으로

      Ⅲ. 건축물의 색채와 환경미학

      Ⅳ. 맺음말

  Ⅰ. 머리말

  환경이라 원래 생물학의 용어로써 개체를 둘러싼 외계 모두의 호칭이다. 그러나 단지 인간의 주위에 있다는 것만으로 환경이라 할 수는 없다. 외계 중에서 인간의 의식, 행동을 가진 것, 즉, 인간의 의식이나 행동에 어떠한 영향을 주는 것만이 심리학적 입장에서 환경이라 할 수 있다.

【문제 7】 편지의 서두 부분을 원고지에 옮긴 것 중 <u>잘못</u> 된 것은?

(가)		선	생	님	께															
(나)		선	생	님	,	그		동	안		안	녕	하	셨	습	니	까	?		학
(다)	교	를		졸	업	한		지	도		벌	써		두		달	이		지	났

```
습니다.

(라)  계절은  벌써  노오란  개나리가  교정마
      다  한창이고, 아지랑이  하늘하늘  피어
      오르는  무르녹은  봄입니다.
```

【문제 8】 다음은 김영랑의 「除夜」를 원고지에 옮긴 것이다. 이 중 전체 균형을 고려할 때 <u>잘못</u>된 것은?

```
        〈시〉

(가)              除夜

                            김영랑


      제운밤  촛불이  찌르르  녹아버린다
(나)   못견디게  무거운  어느  별이  떨어지
      는가

      어둑한  골목골목에  수심은  떴다  가란
(다) 졌다
      제운아  이  한밤이  모질기도  하온가

(라) 히부얀  조히등불  수집은  걸음걸이
     샘물  정히  떠붓는  안스러운  마음결
```

【문제 9】 다음 원고지의 교정 부호 사용이 잘못 된 것은?

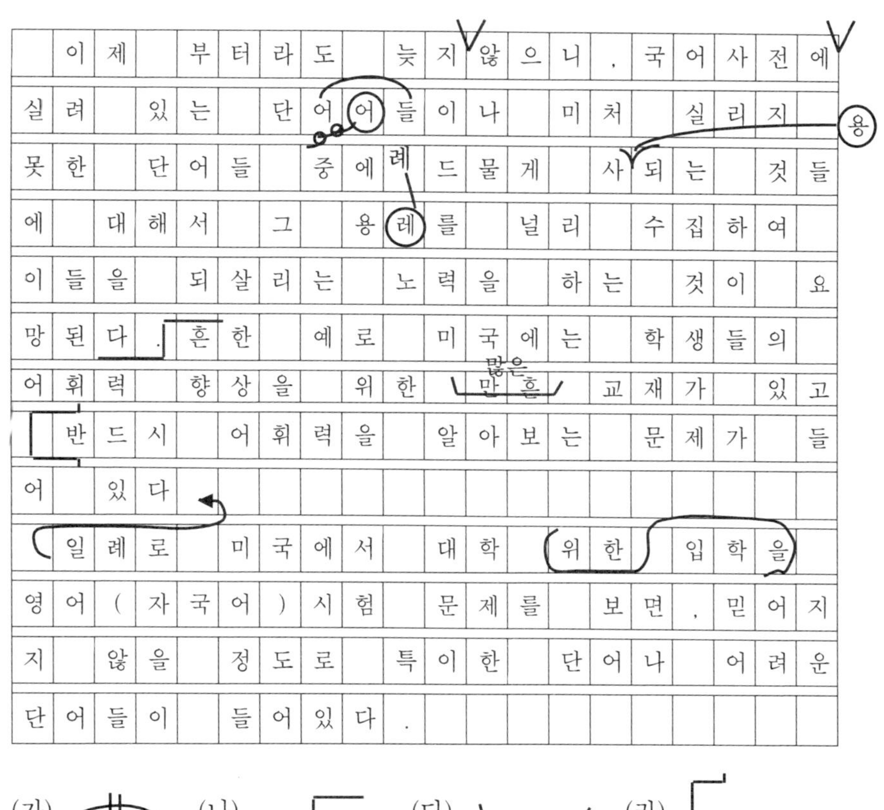

(가) ╫   (나) ⌐_   (다) ⌐   (라) ⌐

■ 교정의 부호

부호	교정 지시	부호	교정 지시
모욕하다	틀린 글자를 고쳐 바로잡아라	어리석다	빼라고 했던 글자를 다시 살려라
∨	떼어 써라.		줄을 바꾸어라.
(	붙여 써라.		앞줄로 연결하라.
히 막다	글자를 빼라.		글자 순서로 바꾸어라.
	표시한 글자를 더 넣어라.	견 - 명	명조체로 바꾸어라.
	엎어진 글자를 바로 잡아라.	전 - 고	고딕체로 바꾸어라.
	왼쪽으로 1자간 당겨라.		표시한 부분까지 왼쪽으로 옮겨라.
	오른쪽으로 1자간 물려라.		표시한 부분까지 오른쪽으로 옮겨라.
	나쁜 글자를 바꾸어라.	O.K	인쇄해도 좋다.
	단어나 문장 줄을 고르게 맞추어라		

제14장 첨삭지도

첨삭이란 쉽게 말해 '글다듬기'이다. 일단 완성된 학생의 논술문을 대상으로 충실하고 효율적인 글로 만들어 나가는 것이다. 첨삭지도의 기본적인 개념은 '넓게 보고 좁게 보기'이다. 즉, '전체 글 → 문단 → 문장 → 어휘' 순서로 첨삭지도를 한다.

먼저 글 전체적인 구조(서론-본론-결론)가 잘 되었는지, 단락은 잘 나누었는지를 보고 그 다음에 세부적인 문장과 어휘를 다루면 된다. 구체적인 첨삭지도의 내용과 순서는 ① 전체적으로 체계를 갖추고 있는가 ② 내용이 출제 의도에 맞는가 ③ 문단의 내용들이 글 전체 주제에 벗어나지는 않았는가(통일성) ④ 문단을 적절하게 나누었는가 ⑤ 주장의 논거는 정확하게 제시되어 있고 설득력이 있는가 ⑥ 내용 전개에 무리한 생략이나 비약은 없는가 ⑦ 문장을 문법에 맞게 그리고 효율적으로 표현하였는가 ⑧ 어휘의 선택을 정서법에 맞게 그리고 적절하게 하였는가 ⑨ 기타 원고지 사용법이 제대로 지켜졌는가 이다.

첨삭지도는 '토론하기'와 더불어 논술교육에서 시간을 많이 할애해 학습해야 한다. 물론 내용을 첨삭지도 할 때에는 교사의 생각을 고집하거나 그대로 전달하려 하지 말고 토론을 통해 가장 바람직한 내용을 선정하도록 해야 한다. 첨삭지도를 토론과 더불어 시행할 때 첨삭지도의 참 의미를 살릴 수 있다.

첨삭지도는 한 편의 논술문을 대상으로 할 때는 마지막 단계이지만 전체 논술교육의 차원에서 또 다른 교육의 시작이며 다음 논술문의 바탕이 된다는 것을 항상 염두에 두어야 한다.

14. 1 첨삭지도의 원칙

첨삭지도의 기본 원칙은 퇴고의 원칙과 동일하다. 먼저 퇴고의 원칙을 살펴보자.

(1) 삭제의 원칙 : 불필요하거나 쓸데없는 부분을 없애거나 간단히 줄이고 명료하게 한다.

(2) 부가의 원칙 : 내용이 불충분하거나 지나치게 생략된 부분은 보충하고 표현을 자세하게 한다.

(3) 재구성의 원칙 : 단락의 순서나 논리에 따른 전개 순서 등을 바로잡는다.

첨삭지도 역시 퇴고의 원칙에 준하여 이루어져야 한다.

14. 2 첨삭지도의 순서

1) 전체의 검토 : 무엇보다도 먼저 주제를 잘 정했는가?

(1) 출제 의도를 잘 따르고 있는가?

① 제시된 글의 내용을 정확하게 파악하였는가?

② 파악한 내용과 문제의 내용에 따라 출제 의도를 잘 따르고 있는가?

③ 출제 의도와 관계없는 내용은 없는가?

④ 출제 의도와 글의 내용은 얼마만큼 관련이 있는가?

(2) 글 전체가 명료하게 짜여져 있는가?

① 적절한 제목을 사용하였는가?

② 글 전체를 통하여 일관된 주장을 유지하고 있는가?

③ 유의 사항에 위배되는 것은 없는가?

④ 단락과 단락의 연결이 매끄러운가?

(3) 서론은 관심을 끌기에 충분하고 주제를 잘 제시하고 있는가?

① 도입부분과 문제 제기가 자연스럽게 결합되는가?

② 문제 제기에 주제가 명료하게 제시되어 있는가?

③ 글 전체의 목적과 방향이 제시되어 있는가?

(4) 글의 본론 부분이 체계적으로 배열되어 있는가?
　　① 본론의 첫머리에서 구체적인 문제 상황을 제시하였는가?
　　② 문제상황을 분석하고 대안을 제시하면서 객관적 논거를 충분히 제시했는가?
　　③ 사용된 논거가 객관적이고 타당성이 있으며, 주제에 적합한가?
　　④ 주장이 너무 추상적이거나 포괄적이지는 않은가?
　　⑤ 대립항을 잘 적용하고 있는가?
　　⑥ 다른 사람의 의견을 너무 평가 절하하고 있지는 않은가?
　　⑦ 현실 사회의 문제를 적절하게 대입하고 있는가?
　　⑧ 자기 주장을 내세울 때 극단적이고 감정적인 표현을 쓰고 있지 않은가?

(5) 결론 부분 앞부분에 서론과 본론 내용을 요약하고 있는가?
　　① 요약을 하며 지나치게 압축적으로 전개하여 불분명하지는 않은가?
　　② 전망이나 논의의 의의가 결론 내용의 전개 방향과 일치하는가?
　　③ 이 글의 목적, 글의 주제 등에 적절한가?
　　④ 글의 본론 부분에서 밟아온 논리로부터 빗나간 것은 없는가?
　　⑤ 새로운 내용이나 본론과 상관없는 내용들을 제시하지 않았는가?

2) 단락 검토
　(1) 각 단락은 논리적으로 전개되었는가?
　　① 자연스럽게 한 단계씩 전개되었는가?
　　② 단락의 구조는 적절한가?
　　③ 주제문과 뒷받침 문장으로 이루어졌는가?
　　④ 각 단락의 주제문과 뒷받침 문장의 결합 관계가 자연스러운가?

　(2) 각각의 단락은 글 전체에 대하여 논리 구조상 지니는 기능을 적절히 수행하고 있는가?
　　① 각 단락은 글의 통일성과 일관성의 원리를 지키고 있는가?
　　② 문단이나 문장간의 접속 관계에서 논리적인 모순은 없는가?

3)문장 검토
　(1) 문장의 구조 및 형식들을 적절하게 사용하였는가?
　　① 문장성분의 호응은 적절한가?
　　② 불필요한 의문문이나 부정문을 사용하지는 않았나?
　　③ 의미가 중복된 표현은 없는가?

④ 지나친 생략을 해서 의미를 파악할 수 없는 곳은 없는가?
⑤ 너무 많은 상징적인 표현을 하지는 않았는가?

(2) 중심적인 생각과 종속적인 생각들이 문법적으로 적절하게 연결되었는가?
① 주제문이 부정적 표현으로 제시된 것은 없는가?
② 각 문장들이 명백하게 진술되었는가?
③ 각 문장들 사이의 연결은 적절한가?

4) 어휘 검토
(1) 단어 사용이 명료하고 정확한가?
① 글의 문맥과 관련하여 단어 사용이 적절한가?
② 필요 이상으로 지시어를 남발하지는 않았는가?
③ 한자어나 외래어를 필요 이상 사용하지는 않았는가?

(2) 주장하고자 하는 내용을 응축된 개념으로 표현했는가?
① 모호하게 표현한 부분은 없는가?
② 이해하기 쉬운 단어로 표현했는가?

(3) 정서법을 잘 따르고 있는가?
① 맞춤법을 잘 지키고 있으며 표준어를 사용하고 있는가?
② 띄어쓰기는 잘 되었는가?
③ 원고지 사용법은 잘 지키고 있는가?

5) 최종적인 검토
(1) 어색하고 부자연스러운 곳은 없는가?
(2) 다시 읽었을 때 부족한 곳은 없는가?

6) 첨삭지도 시 유의할 점
① 될 수 있으면 소집단을 대상으로 한다.
② 낭독하면서 어색한 곳을 고친다.
③ 적어도 서너 번 정도 읽고 난 뒤 첨삭지도를 한다.
④ 내용을 다듬을 때는 교사의 생각을 강요하지 않는다.

이러한 원칙을 익혔다면 더욱 효과적인 첨삭지도를 위해 실제 논술문을 대상으로 같이 첨삭지도를 해본다.

14. 3 첨삭지도의 실제

【예문】 전체 평가:전체적으로 구성이 산만하다. 특히, 서론과 본론 첫 번째 단락은, 필요 이상 많은 내용이 들어있다. 전체적인 구성의 틀을 '체스 대결 상황에 따른 과학 발전에 대한 재인식의 필요성(서론)→과학이 인간 생활에 준 혜택(본론1)→해결방안:과학자들의 윤리적인 책임 강 조 등(본론4)→결론' 정도로 잡으면 될 것 같다.
① 최근, 몇 해전(논술문에서는 포괄적인 시간 개념의 단어를 피한다).
② 사람 이름이나 제품명(특히, 외국어일 때)에는 '' 표시.
③ 지고 말았다.
④ '무색해졌다' 정도가 좋을 듯.
⑤ 문장을 끊어야 한다.
⑥ 발명하였던.
⑦ '컴퓨터 기능은'(주어와 서술어의 호응).
⑧ 과학발전은 여기에 그치지 않는다(앞 문장 컴퓨터와 뒤문장 핵폭탄이 동일하지 않다).
⑨ 핵폭탄으로(*이 부분은 '인간 복제', '화상탐사'와는 다른 차원의 것으므로 삭제하는 것이 좋다).
⑩ 이런 표현은 좋지 않다. 이러한 표현을 쓰지 않고도 읽는 사람이 진리하게 생각할 수 있도록 해야 한다.
⑪ 말하려를 내용과 관계가 없는 말이다.
⑫ 만들어 제2차(문장을 연결한다).
⑬ 문단구분, 과학이 인류에게 준 이로운점을 더 보충.
⑭ 인류에.
⑮ 알프레드 노벨이 발명한 다이너마이트는 무고한 사람들의 목숨을 들의 목숨을 빼앗았다.
⑯ 문단구분, 과학이 인류에 끼친 폐혜 보충.
⑰ 과학 자체는 가치를 지니지 않는다. 다만 그것을 사용하는 사람들에 의해 인류에 이로움을 주기도 하고 인

【예문 1】

①얼마전 세계 체스 랭킹 1위인 ②'카스파로프'가 '딥 블루'라는 컴퓨터와의 체스 대결에서 ③졌다. 컴퓨터의 계산력은 인간의 창조력을 따라올 수 없다던 그의 장담은 ④무너졌고, ⑤단순히 계산의 편리성을 위해 발명⑥되었던 ⑦컴퓨터는 백년도 채 되기 전에 체스 대결에서 인간을 이길 정도로 발달하였다. ⑧이뿐만이 아니다. 전세계에 있는 핵폭탄⑨은 지구를 50번 폭발시킬 수 있고, 생물학자들은 인간 복제에 나서고 있으며, 미국 NASA에서는 화성 탐사가 이루어지고 있다. 단 한 세기전에만 해도 상상도 못했었던 일들이 현실로 나타나고 있다는 사실은 과학의 빠른 발전을 증명해 준다. 하지만 이처럼 빠른 과학 발전은 과학이 인간 사회에 미친 영향에 대해 진지하게 생각해 볼 여유조차 허락하지 않았던 것이 사실이다. ⑩따라서 지금이라도 이에 대해 진지하게 생각해보는 것이 필요하다.

1928년, 영국의 의학 교수였던 플레밍은 ⑪우연히 푸른 곰팡이가 세균을 죽이는 것을 관찰하고, 이로부터 페니실린을 ⑫만들었다. (플레밍은 이 약으로) 제2차 세계 대전때, 수많은 부상자들의 목숨을 살려냈다. ⑬하지만 과학이 이처럼 ⑭사회에 이로움만 준 것은 아니다. ⑮알프레드 노벨은 광부들을 돕기 위해 다이너마이트를 발명했지만, 이것이 전쟁에 이용되면서 많은 무고한 사람들의 목숨을 앗아가는 결과를 낳았다. ⑯「이처럼 과학은 인간 사회에 좋은 영향만 미치는 것은 아니며, 그렇다고 반대로 나쁜 영향만을 ⑰미치는 것 또한 아니다. 그 두 갈래길에서의 선택권은 과학을 이용하는 사람들이 쥐고 있다. 과학을 어디에, 어떻게 이용하는가에 따라 과학이 미치는 영향이 달라지는 것이다. 즉, 과학은 사회가 발전할 수 있는 가능성을 제시할 뿐이고, 발전하느냐 오히려 퇴보하느냐하는 것은 전적으로 그것을 이용하는 사람들에게 달려 있는 것이다.

⑱그러나 과학을 발전시키는 것도 과학자들이고, 과학을 이용하는 것 또한 대부분 과학자들이다. 페니실린을 발견한 것도 과학자였고, 그것을 실용화해서 많은 사람들을 살려낸 것 또한 과학자였다. 마찬가지로, 다이너마이트나 핵을 발명한 사람도 과학자였고, ⑲그것을 무기화하여 전쟁에 이용한 것도 또한 과학자였다. 따라서 사회의 발전 여부에 미치는 과학자들의 영향은 대단히 크며, 그만큼 과학자들의 올바른 가치관 또한 매우 중요하다.

먼저, 과학자들은 목적이 정당하고 윤리적이어야 한다. 자신이 지금 하고 있는 ⑳작업이 전 인류의 번영과 공생에 적합한지, 오히려 인류 파괴나 ㉑환경 오염 등의 원인이 되지는 않을지 신중하게 생각해야 하며, 그러한 자신의 일에 책임감을 가져야 한다.

그리고, 개인의 이익을 맹목적으로 좇아서는 안된다. 물론 부수적으로 따라오

류를 멸망으로 빠뜨릴 수도 있다.
⑱ ⑰번과 이어서, 과학을 이용하는 사람들의 중심에는 과학자가 있다.
⑲ 혹시, 과학을 악용하는 책임은 자기 자신의 이익을 목적으로 한 정치가나 기업가들에게 있는 것은 아닌가.
⑳ 연구가
㉑ 파멸
㉒ 근본적인 과학자의 목표가, 근본적인 과학연구 목적이
㉓ 본문의 내용과 관련이 없으므로 삭제, '미래 사회는 더욱더 과학에 의존할 수 밖에 없으므로'
㉔ 막중하다는 것을

는 이익을 막을 필요는 없지만, 그이익 자체가 ㉒근본적인 목적이 되어서는 안된다. 즉, 개인이나 조국의 이익을 위해 전인류의 행복에 위배되는 행동을 해서는 안된다는 말이다.

이제 ㉓육체 노동의 시대는 가고, 두뇌 노동의 시대가 오면서 과학자들의 역할이 더욱 커고 있다 그들의 발전적이고 창조적인 두뇌가 빠른 과학 발전을 주도하였고, 또 앞으로도 그럴 것이기 때문이다. 하지만 역할과 동시에 책임 또한 ㉔막중해지고 있다는 것을 알아야 한다. 역사상 많은 사례에서도 나타나듯이 그들의 목적이 정당하고 윤리적이어야 하며, 개인의 이익을 위해 행동해서는 안된다. 과학자들은 인류의 미래가 그들의 어깨에 달려있다는 것을 명심하고, 전인류의 번영과 행복, 공생을 위해 최선의 노력을 다해야 할 것이다.

【예문 2】

오래 전부터 문학과 종교는 한 사회의 문화에서 가장 핵심적인 부분을 차지하고 ①있었다. ②문자가 발명되고 인간의 의식이 성장하면서 문학과 종교는 ③인간의 삶과 뗄 수 없는 관계에 놓이게 되었다. 현대 사회에서도 이 두가지 부분은 문화의 중요한 부분에 자리잡고 있다. 그런데 현대 사회에 들어서면서 문학과 종교의 관계가 예전과 달라지고 있다. ④과거의 문학과 종교는 상호 보완적인, 불가분의 관계에 놓여 있었다. 그러나 현대 사회에서는 이들이 분리되면서 ⑤독자적인 형태를 가지게 되었다.

언뜻 보면 문학과 종교는 공통점이 전혀 없는 ⑥것으로 느껴진다. 문학은 인간의 생각이나 감정을 ⑦언어를 통하여 표현한다. 또한 그것을 단순히 표현만 하기보다는 언어가 가지는 미적 가치를 최대한 살리려고 한다. 반면에 종교는 절대자에 의한 믿음을 바탕으로 인간의 정신적 구원에 목적을 두고 있다. 이렇게 문학과 종교는 본질적으로 추구하는 ⑧목적이 다르기 때문에 연관성이 없어 보인다. ⑨(전자는 미를 추구하는 예술 세계이고, 후자는 그것을 뛰어넘는 초인간적인 신앙 세계이다. 그렇기 때문에 종교와 문학이 서로 분리되어 있는 것이 당연하게 느껴질 수 있는 것이다.)

⑩하지만 역사적으로 볼 때 문학과 종교는 서로 도움을 주고받는 상호보완적 ⑪관계에 놓여 있었다. ⑫(그 단적인 예가 성서이다.) 성서는 전 세계에 넓게 퍼져있는 종교인 크리스트교의 경전이다. ⑬따라서 성서의 내용이 종교적이고 교리적인 쪽에 치우치는 것은 당연한 일이다. ⑭하지만 성서는 인류 역사상 가장 훌륭한 문학 작품이라는 평가를 ⑮받을 정도로 문학적인 면도 뛰어나다. ⑯(성서는 종교적인 사상 뿐 아니라 인간의 삶에 대한 모든 것을 함축적으로 표현하고 있다. 이런 뛰어난 문학

⑨ 삭제. (앞 내용을 그대로 반복하고 있음)
⑩ 그러나
⑪ 관계였다.
⑫ (상호보완적 관계를 설명하는데 성서가 적합한 예일까?)
⑬ 성서는 경전이므로 그
⑭ 그러나 동시에
⑮ 받고 있다.
⑯ 삭제. (기독교 사상 외에 다른 종교를 편하하는 것으로 보일 수 있다)
⑰ (훌륭한 문학작품의 기준은 무엇인가. 내면의 경계는 어디인가. '훌륭한 문학작품=종교적'이라는 등식은 위험하다.)→훌륭한 많은 작품 중에는 종교의식을 바탕으로 하는 것들이 많다.
⑱ (한용운은 이 문맥에서 적당한 예가 아니다.)
⑲ 뒷받침하고 문학이 표현하고자 하는 인생관이나 세계관은 그 자체로서 종료다.
⑳ 삭제
㉑ 자신들의 세계에만 빠져들고 있다.
㉒ 관습에서 벗어나지 못하고 있다.
㉓ 또한 종교가 권련과 유착하면서 수많은 부정과 부패의 온상이 되고 있다.
㉔ 뿐만 아니라 종교가 본연의 역할을 하지 못하는 사이, 사이비 종교가 늘어나고 있다.
㉕ 문학 역시 사상적 뒷받침이었던 종교를 외면하고 있다. 문학이 종교를 외면한 결과 문학은 상업성과 독단에 빠지고 말았다.
㉖ 삭제
㉗ (단란삽입)-종교와 문학이 제 모습을 찾아갈 수 있는 내용 삽입.
㉘ 인류문화의 삶을 이루는 중요한 영역이 될 것이다.
㉙ 삭제 따라서 종교와 문학의 새로운 결합을 모섭하는 일은 무엇보다 중요하다.
㉚ 종교가 그 본성을 잃지 않고 문학이 그 순수성을 유지하고 있을 때에는 행복과 구원이 충만한 삶을 영예할 수 있을 것이다.

적 요소가 있기 때문에 성서가 주는 감동은 다른 사상의 그것에 비해 매우 높다.)

⑰성서 외에도 훌륭한 문학 작품의 상당 부분이 내면에 종교 의식을 깔고 있다. 예를 들어 ⑱승려이면서 독립운동가인 한용운은 시인으로서도 뛰어난 작품을 많이 남겼다. 그의 시에 담긴 뛰어난 문학 요소의 밑바탕에는 불교라는 종교 의식이 깔려 있다. 즉 종교는 문학을 사상적으로 ⑲뒷받침하는 역할을 하고 문학은 인생관이나 세계관을 종교를 바탕으로 아름답게 표현한다. ⑳(종교와 문학은 서로 상보적인 역할을 하며 서로를 발전시키는 운명적 결합성을 지니게 되는 것이다.)

그런데 현대 사회에 들어서면서 종교와 문학이 서로 독자적인 길을 걷고 있다. 종교는 종교대로 문학은 문학대로 ㉑자신들의 세계만을 추구한다. 그러다보니 폐단이 생기게 되었다. 종교는 그들의 권위를 내세우며 오랜 ㉒관습에 젖어있다. ㉓신성해야 할 종교계에서 부정과 부패가 일어나는 것이다. ㉔최근 많은 사이비 종교가 생기는 것이 그 예이다. 한편 문학은 사상적으로 뒷받침해주었던 종교를 배제한다. 그러면서 상업적이고 퇴색적인 것을 추구하는 문학이 많이 생겨났다. ㉕서로 상보적 역할을 해야하는 이 두가지 부분이 서로 등을 돌리고 있어 불완전한 상태에 놓이게 되면서 폐단이 점차 커져가는 것이다.)

㉗먼 옛날부터 지금까지 그래왔듯이 미래에도 종교와 문학은 인간 문화의 큰 축을 이룰 것이다. ㉘(그만큼 종교와 문학은 인간의 삶과 깊게 연관되어 있다. 그렇기 때문에 종교와 문학의 폐단을 하루빨리 없애야 한다.) 종교는 문학을 사상적으로 뒷받침하면서 본성을 잃지 말아야 한다. 또 문학은 밑바탕에 종교의 사상을 깔고 본래의 순수성을 유지해야 한다. ㉚이렇게 문학과 종교의 상호 보완적인 관계가 빨리 회복되어야 진정 한 문화의 발전이 이루어질 수 있다.

【문제】 다음 두 답안을 첨삭지도 하시오.

㈎ '보는 이 없는 시공에서 때로 울고 때로 기도 드린다'. 김남조님의 시 '정념의 기'의 일부분이다. 이 시를 감상하고 있으면, 절대자 앞에서 경건해 지려는 그녀의 태도가 느껴진다. 즉, 인간 본연의 종교성을 문학으로 표현하고 있다. 이렇게 문학과 종교는 상보적으로 존재해 왔으며 추구하는 가치의 공통점이 많았다. 그러나 오늘날 문학은 상업주의로 치달았고, 종교는 본래의 가치를 잃어 버렸다. 게다가 상보적이어야 하는 그 두가지가 독립노선을 추구하고 있다. 따라서, 사라져 가는 인간 본연의 가치를 찾기 위한 노력의 일환으로 종교와 문학의 문제점을 지적하고 그 둘의 지향점을 알아보려 한다.

먼저 앞에서 언급한 문학과 종교의 관계에 대해서 한번 더 짚어보자. 여기서는 문학과 종교의 상보된 형태를 '종교의 문학성'과 '문학의 종교성'으로 이원화 해 보려한다. 성경, 불경, 코란 등 세계 종교들은 모두 문학적인 표현을 사용하고 있다. 말하고자 하는 바는 달라도, 표현양식으로 감동적이고 함축적인 문학적 기법을 사용 한다는 공통점이 있다. 여기서 '종교의 문학성'을 확인 할 수 있다. 즉, 종교는 문학성을 잃어서는 본래 목적을 효과적으로 전달 할 수가 없다는 것이다. 문학과 종교의 또 다른 형태 '문학의 종교성'은 김남조, 김현승, 한용운 등과 같은 시인들의 작품에서 확인 할 수 있다. 시라고 하는 틀에 종교성을 부여하는 작업을 통해서 독자로 하여금 문학의 감동과 종교성을 느끼게 하였다. 비단 이들 뿐 아니라 고대의 향가나 시조, 서양의 수필에서도 종교의 색채가 짙은 작품들을 많이 찾아볼 수 있다. 이것은 '문학의 종교성'이 결코 종교의 정립 이후에 생겨난 것이 아니라는, 다시 말해 그것은 동서고금을 막론한 보편적인 성향이었다는 것을 증명해 준다.

산업사회가 형성되고 이기의 테크놀로지가 급격히 발달함에 따라 문학과 종교는 인간생활에서 절대적인 위치를 상실하고, 선택적으로 수용되는 존재가 되버렸다. 그런 과정에서 문학은 상업적인 성향을, 종교는 기호적인 성향을 띠게 되었다. 이런 변화는 문학과 종교를 본래 목적으로부터 유리시키고 독자노선을 택하게 만들었다.

문제는 이 두가지가 서로 떨어졌다는 데서 파생된다기 보다 그것들 자체에 있다. 문학이 상업적이 되어 버렸다는 것은 인간의 삶을 더 이상 표현 할 수 없게 되었다는 뜻이다. 나아가 이것은 사상의 기반조차 표현 할 수 없다는데 큰 문제이다. 또 종교가 기호적으로 변질되었다는 말은 이미 인간 구원의 기능을 상실했음을 알려준다.

이런 문제점을 해결하려면 문학과 종교가 새로 결탁해서 보완해 나가야 한다. 문학은 종교의 기호성을 표현하여 스스로 바로 설 수 있도록 도와주고, 종교는 문학의 순수성을 위해 사상의 기반을 제공해 주어야 한다. 그렇게 하려면 '인간의 삶'이라는 공통 목적을 정립해야 하는 과제를 우선 해결해야 한다. 이것은 문학인, 종교인 스스로가 현대 사회의 조류에 휘말리지 말고 자신의 자리를 지킴으로써 해결해 나갈 수 있다. 결국 문제의 핵심은 각 분야의 당사자에게 달려있다. 그들이 어떻게 처신하느냐에 따라 문학과 종교의 방향이 설정될 것이다.

문학과 종교는 인류의 출현 이래 오랫동안 인간 정신세계의 기반이자 표현수단으로서의 역할을 해 왔다. 세기가 거듭되면서 표면적으로는 그것들의 역할이 축소된 것처럼 보이지만인간이 어려움에 직면했을 때 찾게 되는 것이 바로 그 두가지이다. 종교에는 사사아이 들어있고 문학에는 삶의 가치가 들어있기 때문이다.

　　현대사회의 문제점을 해결해 주었던 문학과 종교가 변질되었다는 말은 인간 가치의식이 희박해지고 있다는 말과 같다. 이제 우리는 문학과 종교가 과거의 관계를 회복해서 인류에게 다시금 빛이 되어 줄 날을 기대해 보아야 할 것이다.

　　㈏ 요즘 한창 찬반 여론이 팽팽한 인간 복제 문제의 핵심은 '과연 인간이 인간의 생명을 만들어 내는 것이 허용될 수 있는 일인가'에 놓여있다 해도 과언이 아니다. 한편 사회의 또 다른 한편에서는 이와는 비슷하면서도 정반대 개념의 문제인 '과연 인간이 인간의 생명을 죽이는 것이 허용될 수 있는 일인가'를 놓고 치열하게 여론이 형성되고 있다. 이 사형 문제는 비단 한 국가에서만이 아니라 전 세계적으로도 국가 간의 찬반이 예리하게 맞서고 있다.

　　하지만 하나 꼭 기억해야 할 것은 사형은 인류가 인간의 존엄성이나 가치를 깨닫지 못했을 적에, 정부나 권력자에게 제공되던 잘못된 권력의 대표적인 상징물이라는 것이다. 즉, 노예제도에서 알 수 있는 것처럼 인간의 가치를 아직 제대로 알지 못했던 시절, 권력자가 자신의 뜻이나 사회의 뜻에 다르게 행동하려는 사람에 대한 가장 원시적인 복수의 표현이었던 것이다. 따라서 인간의 존엄성 존중을 가장 큰 목표로 추구하는 지금의 현대 사회에서의 사형이란, 그 사회의 존재 가치에 정면으로 위배되는 제도이다.

　　또한 사형수 중에는 살인 죄수들이 대부분이다. 즉, 국가는 살인을 가장 흉악하고 엄하게 처벌해야 할 범죄로 여기고 있다. 하지만 살인자를 사형에 처하는 행동은 살인을 막기 위해 저지르는 또 다른 살인일 뿐이다. 국가는 헌법에 보장된 생명권을 침해한다며 살인을 맹렬히 비난하면서도, 한편으로는 국가 또한 또 다른 절차로 살인을 저지르는 모순을 범하고 있는 것이다.

　　많은 국가들이 아직도 사형을 인정하고 있는 가장 큰 이유는 아마도 범죄 억제 효과일 것이다. 하지만 여러 연구나 조사에서 알 수 있는 결과는, 이 제도가 범죄 억제에 그리 커다란 영향을 미치지 못한다는 것이다. 범죄를 저지를 사람이 사형이 무서워서 저지르지 못하는 경우는 극히 드물다는 것이다.

　　오히려 이러한 사형 제도는 범죄자에게 반성과 회개의 길마저 원천 봉쇄한다. 범죄자 처벌의 궁극적인 목적은 범죄자의 교화와 재사회화에 있다. 범죄자가 비뚤어진 사고와 생활 방식을 바로 잡아가는데 도움을 주고, 바로 잡혔을 만큼의 시간이 흘렀다고 생각되면 그를 다시 사회인으로 돌려보내는 것이 처벌의 가장 이상적인 목적인 것이다. 하지만 사형은 범죄자에게 자신의 사고나 생활 방식에 대해 다시 생각해 볼 여유조차 주지 않고, 반성과 회개의 길마저 완전히 막아버린 채, 죽음의 길로만 걸어가기를 재촉하는 제도이다.

　　또한 사형의 대표적이며 심각한 부작용 중의 하나가 정치적 남용의 가능성이다. 역사적으로 독재자가 독재 통치로 가는 첫 발은 대부분 사형 제도를 이용하여 반대파의 숙청에서부터 내딛곤 했다. 현재 우리나라 대통령인 김대중 대통령 또한 그 피해자가 될 뻔한 좋은 예이다. 정치적 갈등으로 인하여 언도 받았던 사형을 그 때 만약 집행했다면, 지금의 대통령은커녕 우리나라 역사 자체가 크게 뒤바뀌었을 것이다. 아직도 전 세계 곳곳의 인권 후진국에서는 법의 엄격한 적용이라는 명목 아래 집행되는 사형의 정치적 남용으로, 많은 무고한 사람들이 목숨을 잃어가고 있으며, 이는 사형 제도가 이 땅에 남아있는 한 언제까지나 계속될 수 있다.

하지만 사형을 해서는 안 될 이런 여러 가지 이유 중에서도 가장 큰 이유는 한 번 시행하면 다시는 목숨을 되돌릴 수 없다는 점에 있다. 인간은 신이 아니므로 누구나 실수는 있을 수 있다. 판사 또한 인간이므로 충분히 실수를 할 가능성이 있다. 인간으로서 실수는 어쩔 수 없지만, 문제는 사형 제도에 있어서는 실수를 다시는 회복할 수 없다는 점이다. 제대로 알지도 못하고 정확한 증거도 없이, 오히려 죽은 자매를 살리려고 노력했던 '존 커피'를 사형시킨, 영화 '그린 마일'의 사람들과 판사들에게서, 유한한 인간에 의해 집행되는 사형 제도의 위험성을 절실히 깨달을 수 있다.

이렇듯 인간의 판단으로 같은 인간의 목숨을 빼앗는 행위인 사형 제도는 많은 모순점을 갖고 있다. 유럽을 비롯한 대부분의 인권 선진국들은 이를 절실히 깨닫고 사형 제도의 폐지에 앞장서고 있다. 인도주의를 옹호하고 지향하는 최근의 국제적 추세에도 정면으로 배치되는 사형 제도는, 유한한 인간들이 모여 사는 이 지구상에서 하루 빨리 없어져야 한다.

〔부 록〕 예상논술문제

【문제1】 다음 글을 읽고 외국광들이 심각성을 살피고, 그에 따른 서구 문화를 받아들이는 올바른 태도에 대한 자신의 의견을 쓰시오. (800자 내외)

> 외국광들이 숭배하고, 동경하고, 모방하고, 심취하며, 자기 나라 것을 비하, 경멸하는 비교 기준으로 삼는 대상은 말할 것도 없이 선진국이고, 강국이다. 그렇기 때문에, 이런 우리의 외국광들이 후진국을 여행하면서 보이는 경멸에 찬 불성실한 태도는 몹시도 눈에 거슬린다.
>
> 외국 것이라면 사람, 제도, 물건 할 것 없이 모두 우월하고, 자기 나라 것은 열등하게 보이는 것이 외국광이다. 국산 상품이 많이 수출되는 근자에, 외국 백화점에서 잡히는 대로 사들고 온 장갑, 외투, 우산 같은 물건 중에 국산품이 꽤 많이 끼어 있다는 사실은 웃지 못할 일이다.

【문제2】 올바른 민주주의 실현을 위해서 우리가 어떠한 자세를 가져야 할지 자신의 견해를 밝히시오. (단, 민주주의를 왜곡하고 그 성장을 저해하는 구체적인 예시를통해 자신의 주장을 전개할 것) (1,200자 내외)

> 우선 이 세상에 현존하는 정치 제도 쳐 놓고 민주주의라는 허울을 쓰지 않은 것이 없을 만큼 사이비 민주주의가 들끓고 있다.
>
> 1920 ~ 30년대에 '유럽'을 휩쓸었고 급기야는 세계를 피비린내 나는 대전의 도가니로 휘몰아 넣었던 '파시스트'의 독재 정치도 민주주의란 허울을 뒤집어썼고, 심지어 개인의 자유를 송두리채 무시하면서 '프롤레타리아'의 독재를 표방하고 있는 공산주의 체제도 자기네들이야말로 '진정한 민주주의'라고 우겨대고 있다. 그러나 '파시스트' 독재는 제2차 대전의 종료로 그 정체가 백일하에 드러남으로써 민주주의와는 동떨어진 것으로 밝혀졌다. 그리고, 공산주의 체제도 전후 30여 년간에 걸친 논쟁을 통해 민주주의와는 배치됨을 간파할 수 있게 되었다.

【문제3】 아래 글을 읽고 매스 미디어의 중요성을 논하고 매스 미디어의 폐단과 그 극복 방법을 제시하라. (1,200자 내외)

> 현대를 특징 짓는 중요한 사회 현상이 곧 매스 커뮤니케이션 현상이다. 매스 미디어가 그 수용자에게 얼마만한 영향을 미치고 있는지 계량화(計量化)하여 정확히 말할 수는 없지만 누적적(累積的)·장기적(長期的) 영향과 잠재적 영향을 감안한다면 전 인간적 변화의 원인이 된다고 해도 지나치지 않을 만큼 충격적인 영향을 작용하고 있는 것이 사실이다.

매스컴은 인간의 생활 행태를 바꾸어 놓았을 뿐 아니라 사고 방식, 태도 및 행위 유형을 결정하는 데 이르기까지 절대적인 영향을 작용하고 있는 것이 사실이다. 신문·라디오·TV와 같은 대중 매체가 없다고 가정한다면 인간의 생활 행태가 지금의 그것과는 사뭇 다를 수 있다는 것은 쉽게 상상할 수 있다. 그뿐 아니라 매스 미디어는 가정·학교·동료 집단·군대·종교와 같은 중요한 사회화의 기관이 되어 생각의 틀과 지각의 틀을 형성하는 한편 판단의 기준을 수용자에게 가르치고 있다. 다시 말해 매스미디어의 수용자들은 주위 환경에서 발생하는 사건과 현상을 매스 미디어가 가르쳐 준 시각에서 파악하고 또 매스 미디어가 가르쳐 준 기준에 따라 평가하고 있다는 것이다.

【문제4】 과학이 악용되는 사례가 점점 늘고 있다. 아래 글을 참조하여 과학이 악용되는 이유와 사례를 밝히고, '진정한 과학 발전 모색'이라는 제목으로 논술하라.

(1,200자 내외)

과학 연구가 일단 그 결과(성과)를 창출해 내면, 그 성과는 과학자의 손을 떠나 후원자에 의해 사용법이 결정되거나 혹은 응용되고, 혹은 무시된다. 과학의 응용이 선용인가 혹은 악용인가 에 대해 우리는 그 판단의 기준을 문제시하지 않으면 안 된다.
자본주의 국가의 경우에는 응용의 판단 기준은 그 응용이 보다 많은 이익의 수단이 될 수 있는가 없는가에 있다. 그래서 판단은 자본가에 의해 결정된다. 물론 돈벌이를 위해서는 국민의 생활에 어떤 영향을 끼치든 좋다라는 것은 아니다. 공공 이익과 국민 복지 등이 고려되지 않는 것은 아니지만, 그것은 이차적인 것으로 밀려나는 상황이다

【문제5】 아래 글을 바탕으로 전통적인 유교 정신이 현대에 어떻게 계승되고 있으며, 어떻게 계승되어야 할지에 대해 논술하라. (1,200자 내외)

사람들은 유교의 근검주의(勤儉主義), 성실성의 존중, 효제(孝悌) 사상의 강조, 선비 정신 등이 한국의 사회 발전의 저력(底力)이 되어 있다는 이야기들을 하기도 한다. 근자의 일간지에는 한국의 전통 - 엄격한 사회적 규율, 교육열, 지도자에 대한 존경심 등 -이 한국의 경제 성장[근대화]의 뒷받침이 되었고, 그러한 것이 모두 유교적 가치 규범에서 온 것이라는 외국인 기자의 분석 내용이 간략히 소개된 일이 있었다.

【문제6】 다음 글을 읽고 두 인물의 행위에 대해 그 문제점을 논하고, 인간이 가져야 할 성품에 대해 자신의 견해를 쓰시오. (1,600자 내외)

어떤 사람이 술을 한 잔 마시고 산길을 가는데, 어찌나 졸리든지 한쪽에서 좀 자려고 이리저리 자리를 보노라니 이상도 하지, 좋은 허리끈 하나가 있지 아니한가? 그 끈을 잡아보니 좀 이상했다. 다시 쥐어 보니까 스리슬쩍 빠져나가려고 하지 아니하는가?. 그래서 놓치지 않으려고 꽉 쥐어 보니까 이 끈이 더 힘을 주어 빠져나가려고 한다. 호랑이 꼬리였다.

"아이구머니나, 호랑이 꼬리로구나!"

호랑이는 앞으로 달려가려고 하고, 사람은 놓치면 안되니까 바위에 발을 버티고 뒤로 자빠지고… 호랑이 꼬리로 줄다리기를 하고 있는 시간이 오전, 오후가 지나 해질 때가 되었다. 놓을 수도 없고 계속 붙들고 늘어질 수도 없고. 천만다행이도 디때 중이 하나 지나갔다.

"여보시오 스님. 이 호랑이를 좀 때려잡아 주십시오. 저기 있는 몽둥이로 호랑이 대가리를 사정없이 때리시오. 자비가 많으신 스님이시여, 이왕이면 사람이 사람편을 드는 것이 자비가 아니리까? 어서 패소서."

스님이 고개를 흔들며 대답했다.

"아, 비록 호랑이라 하더라도 생명이 있는데 살계를 지켜야 할 중으로서 어찌 죽이리까?. 그러니 나는 가겠습니다. 다른 사람에게 패 죽여 달라고 하소서. 자비를 지키기 위함이니 나를 이해하십시오. 어찌 불제자인 내가 호랑이를 죽이리까?"

"잠깐! 그러면 임무 교대를 합시다. 스님이 호랑이 꼬리를 잡고 계시면 제가 몽둥이로 호랑이를 패죽이면 되지 않겠습니까?"

스님이 마지못해 호랑이 꼬리를 잡고 소리쳤다.

"자, 어서 그 몽둥이로 호랑이 대가리를 패 죽이십시오. 설때리면 우리 둘은 다 죽습니다."

사내는 놀리듯 말했다.

"아, 스님도 무정하셔라. 자비롭지 못하구려. 호랑이를 패 죽이라고 재촉하시다니. 나는 이제 스님을 본받아 불제자가 되려 합니다. 나무아미타불!"

【문제7】 현대인들은 자기 편한 데로만 사는, 이기주의적 생활 태도를 가지고 있다. 다음 우화를 읽고 함께 사는 삶의 중요성에 대해 논하라. (1.600자 내외)

두 사람이 눈보라 치는 벌판을 가고 있었다. 눈보라가 사정없이 치고 추위는 살을 에는 듯 하고, 인적도 없고 민가도 눈에 띠지 않는 외딴 길이 계속되고 있었다. 얼마쯤 가다가 두 사람은 눈 위에 쓰러져서 신음하고 있는 노인 한 사람을 발견하게 되었다. 두 사람 중 한 사람이 말했다.

두 사람이 눈보라 치는 벌판을 가고 있었다. 눈보라가 사정없이 치고 추위는 살을 에는 듯 하고, 인적도 없고 민가도 눈에 띠지 않는 외딴 길이 계속되고 있었다. 얼마쯤 가다가 두 사람은 눈 위에 쓰러져서 신음하고 있는 노인 한 사람을 발견하게 되었다. 두 사람 중 한 사람이 말했다.

"우리 이 사람을 같이 데려갑시다. 그냥 두면 죽고 말거요."

그러자 다른 사람이 화를 내며 말했다.

"무슨 얘깁니까?. 우리도 죽을지 살지 모르는 판국에 저런 노인네까지 끌고 가다가는 다 죽게 될 거요."

그러나 얘기를 꺼낸 사람은 불쌍한 노인을 그냥 둘 수는 없다고 판단하였다. 그는 노인을 업고 눈보라 속을 걷기 시작했다. 다른 한 사람은 앞서 가버리고 보이지 않았다. 노인을 업은 사람은 힘이 들어 견딜 수 없었다. 그렇지만 무거운 것을 꾹 참고 앞으로 나아갔다. 몸에서는 땀이 비오듯이 흘렀다. 더운 기운이 끼쳐서인지 등에 업힌 노인은 차츰 의식을 회복하기 시작했다. 두 사람은 서로의 체온으로 조금도 춥지 않았다.

마침내 이들은 마을에 이르렀다. 그리고 마을 입구에 한 남자가 꽁꽁 언 채로 쓰러져 죽어 있는 것을 보았다.

【문제8】 아래 (가)·(나)의 글을 읽고, 역사상 과학의 악용과 선용의 구체적인 예와 그 이유를 들어 과학과 사회의 관계 및 현대 사회에서의 바람직한 과학자상을 논술하라. (2,200자 내외)

(가) 제1차 세계대전은 화학전이었다. 제2차 세계대전은 과학을 무기로 변화시켰고, 그때서야 책임을 인식하기 시작한 것은 물리학자들이었다. 그들은 최악의 사태가 일어나기 전에 그들의 연구가 의미하는 바를 부분적이지만 사회에 알리는 데 성공했다. 그러나 전쟁에서 그들은 매우 귀중한 자산이었으므로 국가적으로 이단자나 반역자고 인식되면 가혹한 처벌을 받았다.

만일 제3차 세계대전이 일어난다면, 그것은 아마 생물학전이 될 것이다. 생물학자는 그들의 과학이 제2차 세계대전이 발발하기 수년 전에 핵물리학이 도달했던 것과 매우 유사한 단계에 있다고 경고하고 있다. 정상을 향해 무서운 속도로 치닫고 있는 이 과학 기술이 불행한 상황과 연결되면 가장 강력한 수단으로 사용될 수도 있을 것이다. 역사상 혁명적인 무기로 아직 전쟁에서 사용된 적이 없는 것은 단 한 가지밖에 없는데, 그것은 열핵폭탄으로 국가간 균형을 유지시켜 주는 주요 무기이기도 하다.

알프레드 노벨이 폭약으로 쌓아올린 재산으로 평화 공헌자에게 상금을 수여한다는 종소리를 환영했던 금세기가, 그 상을 받는 다른 과학자가 울리는 조종으로 끝나야만 한다는 것은 얼마나 기막힌 일인가?

(나) 프랑스의 알래 지방에서 누에가 원인모르는 질병으로 죽어갔다. 프랑스의 생사업계는 몰락 위기에 직면했다. 이 때 '파스퇴르'는 이 문제에 대한 조사와 더불어 가능하면 누에의 병을 퇴치해 달라는 요청을 프랑스 학사원으로부터 받았다. 그가 누에 병에 대하여 연구하던 중 세 아이가 차례로 세상을 떠났다. 그러나 그는 모든 슬픔을 잊고 인내하면서 계속 연구를 진해하였다. 그는 아침 5시부터 밤 11시까지 하루에 18시간씩 맡은 임무를 수행하는 데 몰두했다. 그러다가 그는 마비성 뇌졸중으로 쓰러졌다. 그렇지만 누워있으면서도 정신만은 활기가 있었다. 누에에 대한 해결 방법을 찾아낸 것은 바로 병석에서 쉬고 있었던 기간 중이었다.

그는 해결책을 찾아냈다. 병든 알이 세대를 거듭하므로 이것을 제거하면 건강한 누에를 생산할 수 있을 것이라고 보았다. 고마운 마음에 알래 지방 주민들은 그의 동상을 세웠다. 그러나 파스퇴르는 자신의 희생을 통해서 조국을 위협한 큰 불행을 물리쳤다는 것에 대해 더 큰 자부심을 가졌다. 당시 나폴레옹 3세 부부는 파스퇴르가 이룩한 업적이 금전적인 이익을 얻지 못했다는 사실에 놀랐다. 그러나 파스퇴르는 "프랑스에서 과학자가 개인의 영리를 목적으로 일한다면 스스로를 격하시키는 것"이라고 대답했다.

다음으로 그는 포도주가 변질되는 현상에 관하여, 역시 전혀 개인적인 이득 없이 일련의 실험을 했다. 포도주가 원인 모르게 시어지는 현상 때문에 프랑스의 포도주 산업이

단 1년만에 수백만 달러의 손해를 입었던 것이다. 변질된 포도주를 세밀히 조사한 결과 그는 이런 현상이 발효액에 있는 박테이라 때문이라는 것을 알아냈다. 그래서 그는 포도주의 질을 손상시키지 않고 박테리아만을 죽이는 방법을 개발하였다.
이것이 바로 오늘날 세계적으로 사용되는 저온 살균법이다. 이로써 그는 포도주 산업을 부활시켰고이것이 바로 오늘날 세계적으로 사용되는 저온 살균법이다. 이로써 그는 포도주 산, 또 한편으로 조국 경제 발전에 이바지 하였다.

【문제9】 아래 글을 읽고 정보화 시대의 미래를 예견하고, 그에 대한 자신의 견해를 논술하라. (2,200자 내외)

인간과 컴퓨터가 벌이는 세기의 체스 대결에서 컴퓨터가 이겼다. 한 신문은 컴퓨터의 미래 예측 능력이 증명되었다고 호들갑을 떨었다. 과연 컴퓨터는 그 창조자인 인간의 두뇌를 갖게 된 것일까?.

아직 수긍하기는 이르다. 카스파로프에게 패배를 안겨준 컴퓨터 디프 블루가 생각하고 판단하는 능력을 갖추었다고 보기는 어렵기 때문이다. 체스 경기의 단순성을 감안하면 일단 고성능 마이크로 프로세서의 '단순한' 승리로 봄직하다. 64칸 위에서 32개의 말이 싸우는 체스판을 훑어보자. 간단한 산술로도 체스의 수는 우리의 상상의 범위를 넘지 않는다. 64칸 체스 경기장에서 체스 말이 움직일 수 있는 경우의 수는 바둑의 무궁한 수에는 비길 수가 없다.

더구나 승부를 가늠한 6번째 판은 19수만에 끝났다. 디프 블루가 승리한 두 번째 판에서도 37수만에 크스파로프가 손을 들었다. 한국 장기라도 최고의 고수가 승부를 겨룬다면 이처럼 싱겁게 끝날 리 없다. 디프 블루가 1백 년에 걸친 주요 경기 내용을 기억하고 있다는 사실만으로도 체스의 단순성은 입증된다.

그럼에도 패배자 카스파로프의 반응이 마음에 걸린다. '살아 있는 전설'은 자신의 패배가 결정된 순간 판을 뒤엎고 경기장을 뛰쳐나갔다. "인간의 지식과 직관, 창조력과 상상력이 컴퓨터의 계산 능력을 완파할 수 있다는 사실을 증명해 보이겠다"는 그의 장담이 무너지는 순간이었다.

정보화 시대는 사실 정신을 미처 가다듬을 겨를이 없이 진전하고 있다. 무어의 법칙은 그 변화의 속도를 가늠케 한다. "18개월마다 마이크로 프로세서의 속도와 기억량은 두 배로 늘고 값은 반으로 떨어진다."

가속도가 붙은 정보화 시대는 공간과 시간을 혁명적으로 단축시키고 있다. 지구촌이라는 말은 어느새 옛말이 되었다. 기업도 정부도 시민들도 '정보 유토피아'를 향해 정신없이 달려가고 있다. 적어도 정보화 물결에 뒤진 사람은 이 시대를 살 자격이 없는 사람이라고 몰아 세우고 있다. 그러나 이 정보화 시대의 신화는 진실일까. 작은 지구촌의 환상은 꼭 찬란하기만 할까.

【문제10】 끔직한 사건이 일어날 때마다 우리 사회가 도덕적 위기 상황에 처해있다는 말을 듣게 된다. 그런데 이와 같은 말 속에서는 고도의 산업 사회로 접어들면서 더욱

만연하게 된 물질 만능주의를 비판하려는 의도가 짙게 깔려 있는 것으로 보인다. 이와 관련하여, 다음의 글은 오늘날 우리의 정신이 얼마나 피폐해졌는가를 단적으로 보여주는 좋은 예라고 할 수 있다.

먼저 이 글에서 그려내고 있는 문제가 어떻게 해서 발생하게 되었는가를 밝히고, 다음으로 그 문제를 극복할 수 있는 방안으로는 어떤 것이 있을 수 있는가에 대해 자신의 견해를 논술하라. (3,000자 내외)

> 나는 우리의 전셋집이 마땅찮았지만 그 놈의 전세 전화가 더 싫었다. 그래서 그런지 나는 좀처럼 내 서울 살림에 재미를 붙이지 못했다. 서울 살림이자 한창 깨가 쏟아질 신접 실림인데도 말이다. 나는 이 나이에 인제 신접 살림이었다. 나는 세 번이나 결혼을 했고, 지금의 남편이 내 세 번째 남편이니까 그럴 수밖에 없었다.
>
> 그래도 그 전세 전화 덕분에 이십여 년 만에 돌아온 서울에서 쉽사리 옛 동창들과 연락이 닿은 것이다. 연락이 닿았다기보다는 당했다고 하는 것이 옳겠다. 나는 누구에게 전화번호 한번 대준 적이 없는 데도 나를 찾는 전화가 걸려오기 시작했다.
>
> "어머머... 정말 너구나. 서울에 아주 왔다며? 어쩌면 서울에 와서도 그렇게 꼼짝 않고 들어앉아 있을 수 있니. 요런 깍쟁이, 얼마나 보고 싶었다고. 보고 싶다 보고 싶어."
>
> 정말 보고 싶어 죽겠다는 듯이 안달을 떠는 전화가 예서제서 걸려 오더니, 몇몇이 모여서 나를 만나기로 약속이 된 모양이다. 저희들 멋대로 정한 시일과 장소가 나에게 통고됐다. 나는 옛 동창을 만나는 일이 좀 뜨악하고 좀 귀찮았지만, 만나기가 아주 싫을 것도 없어서 그냥 찛고 까부는 대로 당하고 있을밖에 없었다.
>
> 나는 보고 싶다는 느낌, 특히 여자 친구끼리의 보고 싶다는 느낌을 암만해도 이해할 수 없었다. 되레 남편이 적극적이었다.
>
> "거 참 잘됐구려. 오래간만에 나가 바람 좀 쐬고 와요. 사람은 그저 사람을 많이 알아 봐야 되는 거야. 다 써먹을 데가 있다구. 있구말구. 줄이나 빽이 별건가. 그렇구 그런거지 당신 동창 중에라도 재벌이나 고관 사모님 없으란 법 없잖아. 하다못해 세리(稅吏) 마누라라도 있어 봐. 그게 어디게."
>
> 공연히 흥분해서 눈을 번쩍이고 삿대질까지 했다. 그리곤 엄숙하게 덧붙였다.
>
> "어떡허든 우리도 한 밑천 잡아 한번 잘 살아 봅시다."
>
> 나는 울컥 징그러운 생각이 났다. 그리곤 아아, 아아, 징그럽다고 생각했다. 내가 남편을 징그럽다고 생각하는 건 아주 나쁜 징조였다. 더 나쁜 것은 숨가쁘게 아아, 징그럽다고 생각하는 거였다. 첫 남편과 헤어질 때도 그랬었고, 두 번째 남편과 헤어질 때도 그랬었다. 남들이 알기로는, 내가 첫 남편과 헤어진 것은 애를 못 낳아서 쫓겨난 것으로, 두 번째 남편과 헤어진 것은 그까짓 일부종사 못한 팔자 두 번 고치난 세 번 고치나지 하는 팔자 사나운 헌 계집이며 으레 그렇게 하는 빤한 소행쯤으로 되어 있을 터였다. 내가 겪은 아아 징그럽다는 아무도 모른다.
>
> 그럼 나는 이번 남편과도 헤어지게 되려나 싶어 다시 콤팩트를 꺼내 얼굴을 비춰 본다. 또 한 번 시집을 가기에는 너무 늙었다는 확인으로 스스로를 겁주기 위해서다. 눈가의 뚜렷한 늙음보다 차라리 더 짙은 온 몸의 피로, 그냥저냥 안주하고 싶다는 생각이 새삼 간절하다.

【문제 11】 다음 글을 읽고 "다이어트전쟁"이 가져올 사회적 영향에 대하여 자신의 의견을
논술하시오. (3,000자 내외)

내 몸에 대한 '통제력' 나에겐 없다

변화하는 몸

몸이 문제다. 정신과 몸을 나누는 이분법이 쇠퇴하고, 몸이 곧 인간이라고 받아들여진다. 그러나 사이보그와 가상(Cyber) 몸의 등장을 앞둔 21세기 첫머리, 지금 우리 몸은 오락과 산업의 대상물로 전락하고 있다. 몸에 대한 질문을 정리해본다. /편집자

1년 만에 30kg을 뺀 이영자의 몸은 누구 것인가. 대량흡입술을 시행한 성형외과 의사는 이영자의 사진 찍힌 몸(살)과 현존하는 몸 사이에서 지적소유권을 주장하고 있다. 눈물을 흘리며 자기 '몸'에 가해진 수술과 살빼기 과정을 밝힌 이씨의 기자 회견은 역설적으로 그가 자기 몸의 소유권은 갖고 있을지 몰라도 통제권은 온전하게 행사하지 못한다는 것을 분명히 보여주고 있다.

근면한 노동을 위한 도구로서의 국내적인 몸, 고귀한 정신을 담는 그릇으로서의 고전적인 몸은 이제 없다. 지방 흡입술과 주입술, 뼈를 깎는 미용 성형 수술 같은 현대의 과학기술이 가세, 몸은 이제 하나의 '프로젝트'가 되었다. 몸이야말로 지각(perception)의 살아있는 현장(field)이며, 철학의 출발점도 의식(意識)이 아니라 몸이라는 주장이 등장했지만, 정신과 몸의 이분법이 사라진 상황에서 몸은 더욱 거센 권력 다툼의 현장이 되고 있다. 현대미술가 바버라 크루거가 "너의 몸은 전쟁터다"(Your body is a battleground) 라고 일찍이 (1989) 선언했듯, 몸을 둘러싼 소유와 통제의 싸움은 성적 욕망과 매력 같은 것을 생산해내는 자본주의 사회의 여러 장치들—미모 산업과 대중 문화, 미디어—덕에 더욱 치열해지고 있다.

이영자 스캔들은 바로 자기 몸에 대한 통제력을 잃어버린 오늘날 우리의 모습이다. '날씬해지고 아름다워지고 싶다'는 한 여성의 개인적 욕망은 그를 앞세워 이윤을 창출하려는 자본과 만나 가속이 붙었다. 비밀리에 '만들어' 새 상품으로 내놓은 이영자의 몸은 이미 자본에 귀속된 재화다. 몸을 훼손한(살 빼기) 덕에 방송·광고·상품 판매로 얻을 수 있는 수익이 1kg당 2000만원이 넘을 것이란 웃지 못할 추정치까지 나왔으니까.

몸을 상품과 서비스 소비의 각축장으로 만드는 첨병은 '미모(美貌)산업'이다. 국경을 넘어 글로벌화한 자본은 몸을 하나의 '볼거리'로 재구성, 전 세계 단일 표준을 이상의 극치에 올려둔다. 눈 깜짝할 새 전 세계로 퍼지는 인터넷, 위성TV, 그리고 '프랜차이즈' 방식으로 만들어지는 패션 잡지들은 앞다퉈 '이상적인 몸'을 고급 패션 상품화한다. 50대 나이를 가늠할 수 없게 만든 제인 폰다의 워크아웃(미용 체조) 비디오나 수퍼모델 신디 크로퍼드, 나오미 캠벨의 미용 비디오, 유산소 운동과 식이요법으로 130kg 넘는 통보 여인에서 미의 화신으로 변모한 수전 파우터의 90년대 신화는 바로 '이영자 몸 산업'의 전범(典範)이다.

> 상품과 서비스 소비대상으로 전락
> 왜곡된 미의식이 '성형美人' 낳아
> 21세기式 '몸 숭배'는 결국 '몸 학대'

21세기식 '몸 숭배'는 그러나 사실상 '몸 학대'와 동일어다. 균형잡힌 영양 공급 대신 사과나 포도만으로 버티는 식이요법은 차라리 애교다. 쾌락과 과시의 진열장 노릇을 하는 21세기의 몸은 문자 그대로 '뼈를 깎고' '살을 저미는' 노력을 마다 않는다. 20대 인기 여배우가 텔레비전 쇼에 나와 "턱을 깎았다"고 공공연하게 밝히는 것이 솔직한 태도라고 인정받는 게 지금 한국이다.

앉혀놓은 채 뇌를 떼내는 영화 '한니발'은 몸에 대한 통제력을 잃은 우리의 두려움을 담고 있다. 유혈 낭자한 '난도질' 영화는 온전하고 신성한 몸의 해체에 대한 공포를 신체 훼손이란 엽기를 통해 감추려 노력한다. 오를랑 같은 현대 미술가는 자기 얼굴을 뜯어 고치는 '성형 수술' 퍼포먼스를 벌이기도 했다. 몸을 자르고 부수고 꿰매고 고치는 것을 '예술 작품'으로 공유하는 마당에, 과연 우리 몸의 주인이 누구인지 고민하는 것이야말로 시대착오인가?

/차봉니기자 sunnyp@chosun.com

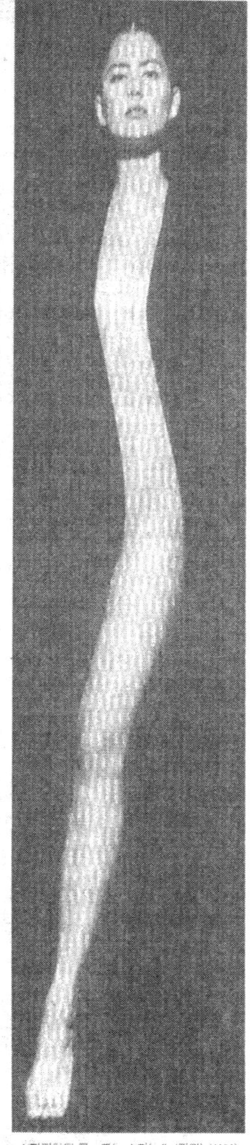

◇파편화된 몸…토노 스타노作 '감각' (1992)

지독한 '욕망의 끝'은 女性의 상품화

변화하는 몸

김규원

◀시리즈 싣는 순서▶
1. 내 몸은 나의 것이 아니다
2. 몸 - 미디어가 부추기는 욕망
3. 진정한 몸의 회복은 가능한가

◇한국에서 패션쇼 사회를 보고 있는 독일 출신 슈퍼모델 클라우디아 시퍼. 6척 장신 백인 미녀의 몸이 한국 땅에서도 '따라하기' 욕망의 대상이 된 것은 쉴새 없이 이들 소식을 전해준 미디어의 몫이 컸다.

최근 세상을 휘어잡고 있는 몸 담론에는 결정적인 요소가 있다. 우리가 관심을 갖고 있는 몸은 우리 하나하나가 가지고 있는 개성있고 평등한 몸이 아니라, 미디어라는 창(窓)을 통해 전시되고 욕망되는 '잘난 몸'이라는 것이다.

한국에만 약 200여개가 있는 각종 미인 대회, 유방과 성기 확대 수술, 이영자씨의 지방흡입술, 중학교 미술 교사의 알몸 사이트 등 미디어를 통해 매일 전달되는 소식들은 '몸'에 대한 관심을 분명하게 드러낸다. 평범한 동네 아줌마 아저씨

라하기를 강요받는다. 궁극적 메시지는 미디어와 공생 관계에 있는 몸 관련 산업의 생산품을 소비하라는 권유다. 그런 점에서, 미셸 푸코의 명령, "벗어라. 그러나 날씬하고 잘 생기고 햇볕에 잘 그을린 피부여야만 한다"는 말은 여전히 유효하다.

따라하기를 강요하기 위해서 미디어는 사람들을 좌절시킨다. 좌절시켜야 교육적 효과가 극대화되기 때문이다. 우리가 몸으로 해서 겪는 대표적인 좌절이 바로 일반인으로서는 꿈속에서도 불가능한 몸매다. 한국 여자에게 175㎝에 45㎏ 그리

미디어의 유혹… 미인대회만 200여개
이영자 파문은 또다른 大衆자극으로
'잘난 몸 따라하기'는 좌절감만 안겨줘

를 새벽과 밤 거리로 내모는 요즘의 마라톤 붐 역시 몸에 대한 자각과 관심이 꽃피우는 현상이다.

미디어를 통해 이렇게 우리 일상 생활의 중심에 들어온 '멋진 몸'은 우리의 평퍼짐하고 평범한 몸을 부정한다. 미디어가 우리에게 제시하는 멋진 몸은 상품화, 규격화되어 몸 서열의 꼭대기에 위치한 몸이다. 매일매일 시시각각 우리 앞에 전시되는 멋진 몸들은 그것이 만들어진 과정에 대한 설명없이, 누구나 그 같은 몸을 가질 수 있(고 가져야한)다고 욕망을 부채질하는 시청각적 메시지를 날려보낸다.

시청자는 미디어가 제공한 극도로 좁은 영역의 모범 답안을 통해 따

고 34-24-34인치의 몸이라니! 미스코리아의 사자 머리야 미용실에서 3만원에도 패러디가 가능하겠지만 통합적인 미의 질적 담보는 될 리가 없을 것이라고 사람들은 인식한다. 도대체 일반인들이 일상 속에서 미스코리아 수준의 몸 관리가 가능할 법한 일인가.

미디어는 보통 사람들에게 몸(체형과 미모)에 대한 좌절과 결핍감을 심어주고 불만과 불안에 떨게 한다. 미디어는 말한다, "보고 비교하라, 그러면 반성할 것이다." 이렇게 좌절과 불안을 통해 욕망을 자극하는 미디어와 몸 산업은 악어와 악어새 관계다.

최근 이영자씨의 지방 흡입술 시

행 여부를 둘러싸고 일어난 사람들의 분노는, "걷기만으로는 그 같은 몸매를 얻는 게 불가능하다"는 좌절감에서 비롯된 것이다. 그러나 한편으로 이러한 좌절감은 지방흡입술에 대한 집중적, 대량적 관심의 형태로 부활한다(K성형외과가 어딘지 묻는 독자 문의가 이를 반영한다). 좌절이 절망으로 이어지기보다는 조금의 희망이라도 있는 편이 현실에서는 나으니까.

21세기 디지털 시대에는 어떻게 될 것인가, 미디어는 '따라 하라!'는 압력을 더욱 강화할 것이다. 현실과 가상의 구분이 불분명해지는 한편으로 사람들의 미디어 소비와 의

존은 더욱 증가한다. 미디어가 확대하는 몸에 대한 관심과 '멋진 몸'에 대한 욕망은 여성 상품화라는 남성 중심의 사회적 합의를 여전히 유지할 뿐 아니라, 나아가서는 남성마저도 상품화의 길로 내몬다. 멋진 몸의 전시에는 남녀 모두가 포함되는 것이다.

서열화된 몸이 빚어내는 권력 관계야말로 미디어와 상품, 광고 산업이 공생하는 열쇠다.

/전남대학교 언론문화연구소 연구원

'완벽한 몸' 이란 신화를 극복하자

변화하는 몸

이 영 준

◀ 시리즈 싣는 순서 ▶
1. 내 몸은 나의 것이 아니다
2. 몸-미디어가 부추기는 욕망
3. 진정한 몸의 회복은 가능한가

진정한 몸의 회복은 가능한가? 우선, 몸이라는 것이 우리가 생각하는 그것이 아닐 수도 있다는 사실에서부터 출발하자.

우리는 몸이 자기 것이고, 물질로 된 어떤 것이며, 만질 수 있고 느낄 수 있는 것이라고 생각한다. 그러나 몸'이 우리에게 주어져 있는 방식은 그렇게 직접적이고 경험적인 것이 아니다. 몸은 여러 가지 감각적 차원 뿐 아니라, 관습, 문화, 역사 같은 것들에 의해 관통되어 있는 교차로 같은 것이며, 수시로 형태가 바뀌는 것이기에, 우리가 상상하듯이 고정되어 있는 실체가 있는 것은 아니다.

어린 아이 몸이 토막난 시체로 발견되는가 하면, 어떤 방법으로 살을 뺐느냐는 것 때문에 연예인이 홍역을 치르는 것, 여기 자본주의적 상품화라는 요소가 가세하는 등 몸에 대해서 크고 작은 사건들이 일어나는 것은 몸이라는 교차로가 좀 시끄러워지고 복잡해져가고 있음을 말해주는 것이다.

이론가들이 '신체의 정치(body politic)'라고 부르는 것도 몸이라는 교차로에서 여러 가지 갈등하는 양상들과 힘들을 어떻게 조절하느냐에 관한 일일 뿐이다. 그것은 이념과 정책과 노선이 작용하는 정치가 아니라 미세하고 일상적인 감각과 관습이 작용하는 정치이다. 신체의 정치는 몸과 몸이 부딪치는 운동 경기장에서, 여러 가지 치장으로 몸매를 과시하거나 감추는 도시적 일상의 공적-사적인 공간에서, 광고나 영화 등 이미지의 세계에서, 성적인 소통의 순간에 세세히 작용한다.

정치는 항상 유토피아를 꿈꾼다. 신체의 정치도 마찬가지다. 신체는 항상 완벽해지고 싶어하고, 더 튼튼

특정 몸매 집착하는 자학적 취미 버려야
건강한 방식으로 가꾸려는 노력 필요

해지고 싶어하고, 더 아름다워지고 싶어하고, 무엇보다도, 나의 신체는 나의 것이기를 항상 꿈꾼다. 그런 것들이 실현된 상태가 유토피아로서의 몸이다. 그러나 몸이 관습, 문화, 역사에 의해 관통되고 있다고 했듯, 몸은 나 자신만의 것이라고 하기에는 너무나 소유권이 복잡하게 얽혀 있는 영토다. 그것은 관습에도 저당잡혀 있고, 문화에도 저당잡혀 있으며, 역사에도 저당잡혀 있다.

따라서 이런 완전한 자기조절, 자기통제의 몸을 회복한다는 것이 가능한가 하는 물음에 앞서서, 그렇게 회복해야 할 몸이라는 것이 과연 있는가, 있다면 어디에 있는가 하는 물음부터 던져야 할 것이다. 그러한

'회복'은 몸에 대해서 영원히 떠도는 신화인지도 모른다. 그 신화는 이야기의 차원을 띠기도 하고, 이미지의 차원을 띠기도 한다. 우리가 배우 아무개의 완벽한 몸매를 이야기 할 때는 두 가지 차원이 얽혀 있는 것이지 배우의 물질적인 몸 자체를 얘기하는 것은 아니다. 우리가 텍스트나 이미지로 되어 있지 않은 '실제' 배우의 몸을 볼 가능성은 0(영)에 가깝기 때문이다.

따라서 우리는 완전한 몸을 회복한다는 신화가 위와 같이 저당잡혀 있는 상태로부터 몸을 풀어내어 온전한 자기 것을 만드는 것을 의미하는지, 아니면 그런 것에 묶여 있으면서도 자유롭고 완벽할 수 있는 상태를 꿈꾸는 것인지를 분간해야 할 것이다. 그런 후에야 우리가 회복하려 하는 것이 몸 그 자체인지, 아니면 몸에 대한 이야기, 텍스트, 이미지, 인식 등의 복잡한 차원인지에 대한 판단이 나올 것이다.

그런 판단을 할 수 있다면 '진정한 몸의 회복'이란 것이 무엇인지 가닥이 잡힐 것이다. 그 회복은 특정한 몸매에 대한 집착이나 강박, 거기서 나오는 온갖 자학적인 취미를 충족하는 것이 아니라, 교차로같이 얽혀 있는 스스로의 몸을 읽고 그것을 작동시키는 건강한 방식을 갖추려는 노력이 될 것이다.

/미술평론가

◇거하르트 리비케의 '도약하는 남자'. 1930년대 독일이 꿈꾸던 '완벽한 몸'을 표현했다.

중앙 포럼

홍은희

논설위원

최고 97kg을 기록했던 몸무게가 64kg으로 대변신. 텔레비전을 통해 '살아, 살아, 내 살들아'를 외치던 주인공이 균형 잡힌 몸매를 선보이는 순간 시청자들은 제 눈을 의심했다. 누구에게나 '나도 날씬한 몸매를 가질 수 있다'는 꿈을 심어준 '이영자 신화'는 그러나 전신에 걸쳐 세차례 지방흡입 수술을 했다는 그의 고백과 함께 종말을 고하는 듯했다.

'이영자 효과' 갈수록 커져

그런데 이게 웬일인가. 식사량은 절반, 밀가루 음식은 안먹기를 실천하며 매일 7km씩 걷거나 달렸다는 '비법'의 매력은 사라졌지만 '이영자 효과'는 조금도 줄어들지 않고 있다. 여성들은 달리기와 얼굴 밴드 구입에 나서는 대신 지방흡입술을 문의하거나 수술하려고 성형외과로 몰려들고 있다. 영락없는 '이영자 특수'다.

지금 이 순간에도 전국 각지에서 셀 수 없이 많은 여성이 매력적인 몸매를 얻기 위해 '눈물의 다이어트'를 한다. 사과·포도 등 한 가지만 먹는 원 푸드 다이어트, 동물성 순살코기만 먹는 황제 다이어트에 저녁 식사 거르기, 오후 6시 이후 금식 등 온갖 방법을 다 동원한다. 설마 하면서도 손가락 한 마디에 밴드를 감고서 신체의 특정 부위의 살이 빠지기를 고대하고, 특수제작한 랩으로 몸을 감으면 체온이 낮아져 체중이 줄어든다는 래핑 관리 업소를 기웃거리기도 한다. 훌라후프·에어로빅·달리기·이령 체조…. 살 빼는 방법이라면 무엇이든 일단 나서고 본다.

그러나 여간해서는 성공하기 힘들다. 어떤 방법이든 상당 기간 지속하기 어렵기 때문이다. 오죽하면 다이어트 방법도 성격 나름이라며 B형은 호기심을 자극하는 방법(음식은 골고루, 운동도 다양하게)을, O형은 단기집중으로 확실하게 결과를 얻는 방법(살코기를 위주로, 목표를 정해가며 하기)을 써야 실패하지 않는다는 혈액형 다이어트까지 등장했을까.

'쭉쭉빵빵'의 사회

공개하고 싶지 않은 비밀 1호가 나이보다 몸무게일 만큼 여성에게 몸매는 스트레스 덩어리다. 국내 한 회사가 직원을 대상으로 실시한 '몸매 관심도' 조사에서도 10명 중 7명 꼴로 몸매나 체중조절을 원할 정도다.

몸매 때문에 여자는 남자보다 거의 열배나 불행하게 살고 있다는 연구 결과까지 나오는 판이다. 영국 글래스고 대학 연구팀은 전문직도 예외가 아니어서 같은 직장동료 가운데 자신이 뚱뚱하다고 여기는 이들이 대해 종사하는 여성은 남성의 약 세배, 은행 여직원들은 남성의 약 열배나 된다고 보고했다. 물론 실제와는 거리가 멀다.

무엇 때문에 여성은 스스로 불행해지며 자신의 몸을 학대하는 것일까. 나는 그 답을 '미인-말라깽이'라는 여성의 고정관념과 사회적 압력에서 찾는다. 그 중에서도 진짜 문제는 사회적 압력이다. 여성의 고정관념 또한 사회적 압력을 통해 확대, 강화되고 있기 때문이다. 몸매 관심도 조사에 응답한 여사원들이 연령에 관계없이 비만의 가장 큰 문제로 대인관계 장애(37%)를 꼽고 있으며 건강 악영향(34.8%), 다음으로 사회적 편견(20.7%)을 들고 있다는 사실은 여성에게 가해지는 사회적 압력이 얼마나 큰가를 단적으로 보여준다. 한 극영상기금이 공모한 '딸들의 이야기' 최우수작으로 뽑힌 수기는 딸이라는 이유로 받는 차별을 이겨내려고 일류대에 진학했지만 소개팅은 물론 아르바이트 자리까지 외모로 좌우되자 결국 다이어트 등 몸매 가꾸기에 나서지 않을 수 없었음을 토로하고 있다.

'여성은 몸매' 인식 고쳐야

체중감량 방법을 둘러싸고 성형외과 의사와 개그우먼 이영자씨간에 벌어진 이번 사건의 본질은 돈과 거짓말이다. 그러나 그 이면엔 여성을 바라보는 사회의 시각이 숨어 있다. 날씬하면서 볼륨감이 넘치는 이른바 '쭉쭉빵빵'이라야 한다는 여성에 대한 편견을 등에 업고 여성의 상품화가 이뤄진 것이다. 여성의 가치를 판단하는 잣대 척도가 몸매가 되는 우리 사회에서 여성에게 말라깽이가 되는 것은 건강을 해칠 뿐이라고 말하는 것은 한갓 고담준론(高談峻論)에 지나지 않는다.

40대 중반을 넘긴 제인 폰다가 날씬한 몸매를 과시하며 에어로빅 비법을 소개한 '워크 아웃'으로 떼돈을 번 지 어언 십수년. 한국도 인기 여성연예인의 몸매관리법이 곧 돈이 되는 사회로 들어섰다. 아마도 지금 어디에선가 또다른 '이영자 신화'가 진행되고 있지 않으려나.

중앙 2001. 6. 7

【문제 12】 다음 글을 읽고 "건강한 남자"에서 "미모의 남자"로 변하게 된 사회적 동기를 살피고, "미모의 남자"에 대한 자신의 의견을 논술하시오. (3,000자 내외)

남성 외모가꾸기 어떻게 볼건가

세태 변화와 남성의 美

방학과 휴가철을 이용해 마음에 들지 않는 신체 부위를 고치려는 남성들이 늘고 있다. 대인관계·승진 등에서 불이익을 당하지 않으려는 중년남성과 취업을 대비하는 대학생들이 대다수다. 대입을 앞두고 얼굴을 손본 뒤 산뜻하게 캠퍼스 생활을 시작하려는 고등학생들도 있다. 과거 남성의 성형수술은 흉터·문신 제거, 모발 이식 등이 주류를 이뤘지만 지금은 쌍꺼풀 수술부터 코 높이기, 주름 제거 등까지 다양하다. 남성미란 무엇이고 미의 관점이 어떻게 변했나 알아본다. 편집자

◇외모 가꾸기 실태

신언서판(身言書判)은 원래 중국 당나라의 관리 선발 기준으로 외모·말씨·문필·판단력 등 네 가지다. 우리나라에도 전파돼 조선시대까지 인재 등용의 잣대였다. 인간적 자질·능력과 함께 외모를 그만큼 중요하게 여겼다는 얘기다.

능력 본위의 가치관이 확립된 현대사회에서도 외모에 대한 판단 기준만 달라졌을 뿐 그 중요성은 더욱 커졌다고 할 수 있다.

대한피부과 올 춘계학술대회 때 발표된 한 자료에 따르면 지난 6년간 성형수술환자 1천여명의 성별을 분석한 결과 1995년에 남성이 7%이던 것이 지난해엔 31%로 높아졌다. 연령별로는 여성의 경우 30대가 전체의 45%로 가장 많았으나 남성은 40~50대가 63%로 20~30대보다 두배 이상 됐다.

성형수술을 하는 목적이 아름다움을 찾기 위한 것에서 원만한 대인관계 유지 등으로 확대되면서 수요자의 연령층도 넓어지고 있다는 것이다. 전문가들은 외모에 너무 집착하는 것도 좋지 않지만 외모 콤플렉스로 사회생활에 지장이 생길 정도라면 수술을 통해 자신감을 회복하는 게 정신건강에 좋다고 말한다.

◇활동 주제

①남성의 외모 가꾸기는 옷을 잘 입거나 향수 사용·머리 염색 등 단순한 것부터 성형수술에 이르기까지 다양하다. 내가 외모에 신경쓰는 이유는 무엇인가?

②내 신체에서 불만인 부분은? 전신을 찍은 내 모습에 연예인들의 사진에서 마음에 드는 부위를 오려붙여 자신의 본래 모습과 비교한다. 인터넷에서 사진을 내려받아 합성해도 된다. 어린이라면 이 활동을 통해 자신의 본래 모습에 자긍심을 가질 수 있게 부모가 유도한다.

③가족·친구들끼리 상대방의 외모·내면의 모습을 칭찬하는 내용의 글을 e-메일로 주고받아 평소 몰랐던 자신의 장점을 파악하는 것도 좋다.

④남성을 보는 내 가치관은? 남성인 내가 추구하는 가치는? 학벌·재력·외모 등의 조건 중 다른 조건은 같고 한가지씩만 다르게 놓은 뒤 선택해 본다.

⑤우리나라의 성형수술 붐이 최근 미국의 월스트리트저널에 엽기적 화제 기사로 실렸다. 남성의 성형수술에 대해 학급 단위의 찬반 투표와 토론 활동을 한다. 토론은 학급 전체가 참여해 의견을 낼 수 있도록 찬반 동수의 모둠을 지어 하되 자기 편으로 많이 만드는 쪽에 상을 준다. 투표는 토론 전후에 한 차례씩 실시해 변화를 비교한다.

⑥미의 개념은 시대·사회 상황에 따라 변할 수 있다. 미국의 미래학자 앨빈 토플러(1928~)가 1980년 출판한 『제3의 물결』에 따르면 인류는 농경기술을 개발한 이래 1만년간의 '제1의 물결'을 거쳐 산업혁명에 의한 기술 혁신으로 3백년 동안 '제2의 물결'을 경험했고, 이제 고도로 발달한 과학기술에 의한 '제3의 물결'을 맞고 있다. 이러한 산업 발전과 남성미의 변화를 관련지어 본다. 그림으로 그리는 활동도 좋다(예: 수렵·채취를 생계 수단으로 삼았던 신석기시대 이후 농업혁명까지 '제1의 물결' 동안에는 여성적인 남성을 아름답다고 여겼으리라, 그런 남성들이 전쟁과 맹수들로부터 부족을 지키고 많은 식량을 마련할 수 있었기 때문이다).

⑦남성다움·여성다움·인간다움에 대해 생각해 본다. 남성에서 여성으로 성전환한 가수 하리수(25) 등의 등장으로 성전환이 우리 사회의 화제가 됐다. 상대방이 성전환한 사실을 모르고 사랑하다가 나중에 알았을 경우 나는 어떻게 할까?

⑧우리 사회엔 추해서 성형수술이 필요한 곳이 많다. 오늘 신분색시 수술이 필요한 관행이나 제도·인물을 골라 뜯어고쳐 본다. 그들 부분은 그 이유와 고친 후의 효과로 적는다. 인물을 성형할 경우 재료는 신문에서 찾는다(예: 나의 물건을 뽑은 사람의 손은 뇌사자의 손으로 교체하는 등). 이태훙 기자

<taejong@joongang.co.kr>

'내가 외모에 신경쓰는 이유' 발표
시대 따른 美의 기준과 가치 정리
성형수술 필요한 사회관행 토론도

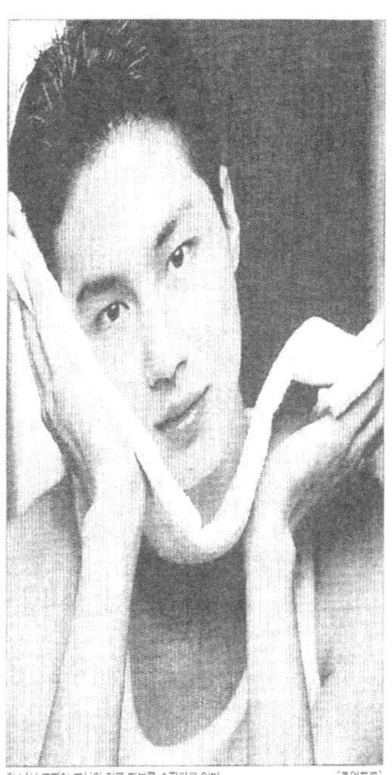

한 남성 모델이 자신의 얼굴 피부를 손질하고 있다. [중앙포토]

적절한 외모가꾸기 공부에 활력소

여름방학을 맞으며 선글라스를 사달라고 어머니를 조른 적이 있다. 어머니는 "고등학생이 선글라스를 쓸 일이 어디 있느냐"며 언짢아하셨다. 그래도 반 친구들 대다수가 선글라스를 가지고 있다며 떼를 썼다.

나를 포함해 요즘 많은 수의 또래 남학생들은 외모에 여간 신경쓰는 게 아니다. 깔끔하고 감각있는 옷차림과 머리 모양이 다른 사람들에게 호감을 주고 매력적으로 보이는 건 당연하다. 그래서 방학을 이용해 머리 염색을 하고 멋진 몸매를 만들려고 헬스장에 다니기도 한다.

하지만 어른들은 더 나은 미래를 위해 활동을 하는 게 공부에 방해가 될 뿐이라고 생각하는 것 같다.

그러나 적절한 외모 가꾸기는 공부하는 데 오히려 활력소가 될 수도 있다. 또 외모가 볼품없고 아무렇게나 차려입으면 여학생은 물론 친구들에게도 외면당하기 쉽다. 남학생들이 멋져 보이고 싶은 건 여학생과 다를 바 없다. 미래를 위해 무조건 현재를 희생할 수 없다는 게 우리들의 공통적인 생각이다.

남자 '예뻐지기'는 남녀평등 방증

과거 여성은 남성에게 선택받는 입장이어서 외모 가꾸기를 게을리 하지 않았다.

고대 이집트의 여왕 클레오파트라와 18세기 영국 여왕들은 잔뜩 화장을 했다고 한다. 우리나라 여염집 아낙네들도 봉숭아꽃의 씨를 빻아 얼굴에 바르는 등 궁색한 가운데서도 외모를 가꾸기 위해 노력했다.

그러나 최근 여성의 경제활동이 활발해지며 여권이 크게 신장되자 여성들은 더 미소년이 각광받는다. 인터넷의 미소년 사이트만도 30개가 넘는다. 사이트엔 수많은 남성들의 사진이 올려져 있어 여성 네티즌들의 눈요깃거리가 되고 있다.

세태가 이러한데 신세대 남성이 여성에게 잘 보이려면 외모를 가꾸지 않을 수 없게 됐다. 피부 관리나 쌍꺼풀 수술 등 성형수술은 이제 여성의 전유물만이 아니다.

얼마 전엔 서울 강남의 성형외과들이 방학을 이용해 얼굴을 고치려는 학생들로 문전성시를 이룬다는 보도도 있었다. 현대의 보편적인 가치관의 다원화·분중화가 낳은 또 하나의 사회현상이어서 흥미롭다.

【해설과 모범 답안】

제1장 논술과 논술고사

논술은 ① 항상 문제점을 지니고 있고 ② 삶의 진리를 바탕으로 한 원인 분석 능력과 ③ 자신의 주장을 논거화 한 해결 능력을 갖추고 있어야 한다. 그러나 무엇보다 중요한 것은 다양한 독서 체험을 바탕으로 한 토론을 통해서 사고력을 높이고 다른 사람의 생각을 용납하는 데 있다.

따라서 다양하고 깊이 있는 독서를 강조하여야 하며, 비판과 논쟁을 중심으로 한 토론으로 적극 유도하여야 한다.

특히 논술 쓰기는 논술 고사를 잘 보기 위한 것이 아니라 논술 쓰기를 통해 자신을 재발견하고 삶의 문제에 대해 앎의 시각을 넓히는 활동이라는 것을 인식시켜야 한다.

논술 고사를 통해 수험생의 '삶에 대한 영혼'을 보겠다는 취지는 바로 논술을 통해 수험생이 지니고 있는 삶에 대한 태도와 함께 수험생이 일상 생활을 통해 무엇을 느끼고 어떻게 생각하느냐 하는 것을 파악하겠다는 것이다.

따라서 논술 쓰기의 기술적인 측면보다는 세상을 바라보는 눈, 세상을 살아가는 태도뿐만 아니라 인간 관계 속에서 인간의 문제를 해결하는 정신의 힘을 키우도록 노력하여야 한다.

제2장 논술고사의 유형과 기술 요령

최근 논술 고사의 특징은 ① 자료 제시형이 늘고 있으며 ② 제시문이 길어지고 있고 ③ 요구하는 논술문의 분량이 늘고 있다는 것이다.

이러한 경향을 분석하면, 최근 논술 고사는 단편적인 창의력이나 지식보다는, 일정한 목적과 범위 안에서 얼마나 다양하고 깊이 있는 사고를 하는가를 평가하겠다는 것으로 파악할 수 있다.

그러나 자료 제시형 논술에 대한 연습만으로는 이와 같은 논술 고사의 취지를 달성할 수 없다. '요약하기'를 통해 글을 정확히 분석하여 이해하는 힘을 길러야 하고 '단독형' 논술 쓰기를 통해 하나의 문제를 창의적이면서도 깊이 있게 생각할 수 있는 힘을 길러야 한다.

따라서 요약하기를 꾸준히 연습하고, 단독형 논술 쓰기 연습을 통해 자료 제시형 논술 쓰기의 힘을 길러야만 한다.

제3장 논술쓰기 전략

이 장에서는 학습자의 배경 지식과 평상시 품고 있던 삶에 대한 생각을 적극적으로 끌어내는 훈련과 함께 사고력을 극대화하는 훈련을 주도적으로 수행한다. 이러한 내용의 훈련을 효과적으로 수행하기 위해서는 연상 훈련의 각 유형이 목적하는 것이 무엇인가를 정확하게 이해하여 교육하여야 하고, 자유작문 훈련의 유의사항을 철저하게 지켜야 한다. 그리고 자유작문 훈련의 목적이 학습자들의 머릿속에 잠재되어 있는 생각을, 말 그대로 생각할 겨를도 없이 표현하도록 하는 것임을 늘 기억하여야 한다.

자유작문 훈련 초기에는 학습자들의 글이 분명 엉망일 것이다. 그러나 자유작문 훈련을 꾸준히 진행하다 보면 학습자들의 글이 내용도 풍부해지고 체계도 잡혀가는 것을 경험하게 된다.

자유작문 훈련 초기에는 5줄(±1줄) 정도에 그치던 학습자들의 글이 2개월(매주 2회 실시) 후에는 평균 8줄(±1줄) 정도로 늘어나는 것을 알 수 있다. 이처럼 분량이 늘어나는 것뿐만 아니라 '그리고'의 사용 횟수도 현저하게 줄고, 내용도 풍부해지며 체계도 잘 잡히게 된다.

이는 글쓰는 속도는 볼펜을 움직이는 속도가 아니라 생각하는 힘에 좌우된다는 것을 의미한다. 따라서 훈련 초기에 예상하는 결과를 얻지 못했다해서 초조해할 것이 아니라 여유를 가지고 꾸준히 훈련해야 한다.

학습자들이 이러한 훈련에 익숙해지면, ① 계획하기 전략(언약문 쓰기, 목적표 만들기) ② 내용 생성 전략(연상훈련, 브레인스토밍, 마인드 맵) ③ 내용 조직하기 전략(개요작성하기, 다발 짓기) ④ 표현하기 전략(얼른 쓰기, 자유작문훈련, 토막글쓰기) ⑤ 고쳐 쓰기 전략(평가하기, 돌려읽기) ⑥ 조정하기 전략 등을 단계적으로 시행할 수 있다.

제4장 논증과 추론

논술은 논증의 하위 양식이기 때문에 논증력과 이를 위한 추론의 힘을 기를 필요가 있다. 그러나, 이를 독립적으로 교육하기보다는 문장 안에서, 문맥 안에서, 또는 글의 구조 안에서 학습하는 것이 효과적이다.

이미 발표한 모범 답안의 글을 통해 논거를 파악하고 그 논거들이 어떠한 사고 체계를 바탕으로 하는지도 살피고, 또 그 논거들이 무엇을 말하기 위해 마련된 것인지도 토론하게 한다.

즉, 논증과 추론의 힘은 단독적으로, 독립적으로 기를 수 있는 것이 아니라, 글의 문맥과 구조 속에서 파악되고 그 과정에서 기를 수 있는 것이다. 따라서 글을 통해, 특히, 학습자들이 쓴 논술을 대상으로 체계성을 익히고 비약한 부분과 모자라는 부분을 더 채우고 정교화하는 과정에서 기를 수 있다.

사실, 논술 쓰기에 필요한 논증과 추론은 철학적이기 보다 일상 생활에서 발견하고 체득할 수 있는 일상 생활적인 것이다.

학습자들이 쓴 글을 대상으로 논증과 추론의 힘을 기르게 하라.

제5장 여러 가지 논증문 쓰기

논술 교육에 앞서 논증력을 기를 수 있는 관련 글쓰기 훈련을 거칠 필요가 있다. 이러한 훈련은 첫째, 논술의 기본이 되는 논증을 익힐 수 있고 둘째, 논술 쓰기의 지루함에서 벗어날 수 있고 셋째, 다양한 글쓰기를 통해 풍부한 식견을 갖출 수 있다는 장점이 있다.

관련 글쓰기로는 우선 '기사문 쓰기'가 있다. 기사문은 주변 일상 생활에 관심을 갖게 해주고 주변의 일을 글쓰기의 소재로 삼아 기술함으로써 글쓰기 재미를 높일 수 있다. 뿐만 아니라 '기사문 쓰기'는 객관적인 자세로 간결하게 써야 하므로 사물을 바라보는 객관적인 자세와 함께 간결한 문체를 체득할 수 있다.

'기사문 쓰기'에서 가장 강조해야 할 점은 바로 '육하원칙'이다. 즉 "누가, 언제, 어디서, 왜, 무엇을, 어떻게"에 따라 자신의 생각과 경험을 잘 정리할 수 있도록 지도한다. 어떠한 사실과 현상, 그리고 그것들에 대한 자신의 생각을 6하 원칙과 같은 일정한 규칙에 따라 분류하고 정리하는 힘은 좀더 고차원적인 글을 쓰는데 훌륭한 바탕이 된다.

그 다음에는 '독자의 소리 쓰기'가 있다. 거의 모든 신문은 '독자의 소리'를 싣고 있다. '독자의 소리'에는 일상 생활에서 느끼는 '문제상황'과 그를 해결하기 위한 '자신의 주장'을 담고 있어서 훌륭한 논술 쓰기의 기초 훈련이 될 수 있다.

독자의 소리 쓰기에 목적은 크게 두 가지이다. 첫째는 주변의 일상사에 관심을 갖게 하는 것이고 둘째는 문제점과 자신의 주장, 그리고 주장에 대한 논거를 마련하는 일이다. 즉, 독자의 소리 쓰기는 주변에서 일어나는 일들에서 문제점을 찾고 그것이 왜 문제가 되는지, 그리고 그것을 왜 고쳐 나가야 되는지에 대한 자신의 생각과 주장(또는 객관적인 논거)을 세우는 데 목적이 있다.

'칼럼 쓰기' 역시 훌륭한 논술 쓰기 훈련이다. 칼럼을 쓰는 방법에는 여러 가지가 있어 자세한 소개를 하기에는 어려움이 있다. 하지만, 칼럼의 기본 형식인 '우화(일반화) + 자신의 주장'에 따라 학습자가 느낀 문제점과 그에 대한 자신의 주장을 잘 표현할 수 있는 우화(동화)를 선택하여 자신의 주장을 간접적으로, 비유적으로 표현할 수 있는 기회를 주도록 해야 한다.

또는, 학습자가 읽었던, 또는 기억하고 있는 동화나 우화를 먼저 말하거나 쓰게 하고 그 동화나 우화의 내용과 가장 근접한 현실의 문제를 말하거나 쓰게 해서 사회 문제에 대한 관심을 높이고 간접적, 비유적으로 표현하는 방식을 몸에 익히도록 한다.

사설 쓰기는 먼저 사설 읽기로 시작하는 편이 좋다. 하나의 사건에 대한 여러 신문의 사설을 비교하며 읽는 것은 객관적인 시각을 키우는 데 매우 효과적이다. 그리고 제2장에서 공부한 요약하기의 원리에 따라 사설을 내용 단락으로 나누고 글의 구조를 분석하여 전체 내용을 요약하며 읽는 것도 중요하다.

이러한 활동 외에도 "이것만 고치면 우리나라 행복한 나라 될 수 있다"는 제목으로 신문 기사를 모으게 하고 집단별, 혹은 학급 별로 발표하고 토론하고, 평가하는 것도 권할 만하다.

제6장 논술 교육과 토론

논술은 쓰기이다. 그러나 쓰기 이전에 ① 자신의 생각을 정리하고 ② 다른 사람의 생각을 충분히 고려하여야 하며 ③ 다른 사람의 의견을 듣는 동안 자신의 생각을 넓히고 ④ 다른 사람과 자신의 생각을 나누는 과정에서 자신의 생각을 좀더 정교하게 하고 ⑤ 다른 사람의 생각을 반박할 수 있는 힘을 길러야 한다.

이러한 모든 효과를 토론을 통해 얻을 수 있다. 그래서 토론은 논술 교육에서 가장 핵심적인 위치에 있다 할 것이다. 뿐만 아니라 글쓰기는 아무리 전문가라 할 지라도 부담을 갖게 마련이다. 특히, 아직 생각이 다 여물지 않은 학습자들에게 글쓰기는 상당한 부담이 될 수밖에 없다.

이러한 학습자들에게 토론은 더욱 중요한 활동이다. 학습자들은 토론이라는 말하기를 통해 글쓰기에 필요한 객관적인 지식을 확충하고 자신의 생각과 논거를 정리할 수 있다.

토론을 할 때, 토론의 중재자가 되어야 하는 교사의 역할과 위치가 중요하다. 교사는 멀찌감치 떨어져서 중재자의 역할을 하여야 하는데 이때 교사는 항상 중립적인 위치에 서야 한다. 간혹 어느 한 집단이 밀릴 경우가 있는 데 이때 교사는 밀리는 집단의 한 구성원으로 참가할 수는 있다.

토론 시 교사는 토론 후 마지막 정리자의 역할도 해야 한다. 이때에도 교사의 생각과 주장을 내세우려 해서는 안 되고, 학생들의 토론 과정과 결과에 대해 최대한 객관적으로 정리해야 한다. 간혹 토론의 내용과 과정이 미흡하여 교사의 생각을 말하여야 할 때에는 "이건 내 생각인데. ○○○ 부분에서는 ○○○한 점에 대해 더 깊이 생각하여야 하지 않을까 생각해" 정도로 가능한 방청객 정도의 위치에서 말하여야 한다.

토론을 쉽게 이끌기 위해서는 신문에서 두 가지 의견을 실은 기사를 사용하는 것이 좋다. 그러나 두 의견 중 어느 하나를 처음부터 옹호하는 태도를 갖지 않도록 하여야 한다.

두 의견을 모두 진지하게 검토하고 분석하여 두 의견의 장·단점을 따지고 부족한 점을 따진 다음 학습자의 의견을 정하게 하고 단점과 부족한 점을 고치고 채우게 한 다음 어느 한 의견 편에 서서 주장과 논거를 정리하도록 한 다음 토론을 진행하는 것이 좋다.

이미 6장에 글을 읽고 토론할 때 필요한 질문들이 제시되어 있으므로 그 질문들을 충분히 활용하는 것이 좋다.

제7장 주제 정하기

최근 논술 고사는 '에세이'적 경향을 띠고 있다. 즉, '삶'에 대한 문제를 주로 다루고 있다.

어느 논술 고사 관계자는 '논술 고사를 통해 학생의 삶에 대한 영혼'을 보겠다고 하였다. 따라서 논술 고사의 주제에 대한 핵심어는 "삶"이라고 해야 할 것이다.

어쩌면 관련이 없는 말처럼 들릴지 몰라도, 논술을 잘 쓰기 위해서는 '수필'을 많이 읽어야 한다. 그리고 신문 기사 중 사설보다는 칼럼을 많이 읽고 주의 깊게 읽어야 한다. 칼럼을 많이 읽어야 한다는 것은 우리 나라의 논술이 논제에 대해 학생들이 자신이 지니고 있는 삶에 대한 생각들을 조용조용 풀어내는 것을 원하고 있는 데 그 이유가 있다.

우리의 논술은 전투적이거나 직설적인 것을 추구하지 않고 부드럽고 비유적이면서도 현실 감각을 잃지 않는 것을 원한다. 따라서 남의 이야기, 남의 생각이 아닌 자신이 지니고 있는 삶에 대한 이야기를 가벼우면서도 진지하게 풀어내면 된다.

따라서 일상생활 속에서 '삶이란 무엇인가', '어떻게 살까?', '무엇이 우리를 진정 행복하게 하나' 등과 같은 질문을 마음속에 지니고 생활할 수 있도록 지도하여야 한다. 이러한 원리는 모든 글을 읽고 쓰는 데에도 적용하여 한다.

글을 읽을 때(논술을 위해서나 언어영역을 위해서나) 뚜렷한 목적(가령, 문제 풀기 위한 목적)을 가지고 읽기보다는 내 삶과 교통한다는 생각으로 천천히 읽는 것이 중요하다. 뚜렷한 목적을 가지고 읽으면 그 목적이 달성되면 글의 내용과 글이 주는 의미를 송두리째 잊기 쉽다. 시험 보기 위해 외웠던 글이나 글의 내용이 시험이라는 목적을 치르고 나면 다 잊혀지듯이 목적 의식을 강하게 갖고 읽는 글은 오래 가지 못한다. 따라서 모든 글을 읽고 쓸 때 천천히 삶의 의미를 되새기며 읽을 필요가 있다.

제8장 개요작성

개요 작성은 꼭 필요한 활동이다. 실제로 학생들을 교육하다보면 개요 작성을 중요하게 생각하지 않는 학생들이 있다. 그러나 개요 작성을 통해 글의 체계를 잡고 그를 통해 내용을 더욱 풍부하게 할 수 있다. 그리고 작성해 놓은 개요는 집필을 할 때 중요한 방향키가 된다. 개요를 작성하지 않은 경우 종종 처음에 의도했던 방향과 다른 내용을 쓰는 학생들을 본다. 그리고는 쓰는 중간에 바로 잡으려고 노력하지만 이미 쓴 글 때문에 바로 잡지 못하고 누더기 글을 쓰는 학생들이 많다. 따라서 중요치 않은 일에 시간이 걸린다 생각이 들어도 반드시 글쓰기 전에 개요 작성을 하도록 지도하여야 한다.

개요 작성은 글을 쓸 때에만 필요한 것이 아니다. 말을 할 때에도(가령, 구술 시험이나 심화 면접을 할 때에도) 반드시 머릿속에서 개요 작성을 하여야 한다.

개요 작성에 부담을 갖는 학습자에게는 '다발짓기'를 통해 내용을 조직하도록 하는 것도 좋다. 그리고 처음부터 문장식 개요를 작성하도록 하기보다는 '구상 메모'에서부터 시작하여 '화제식 개요' 작성을 거쳐 문장식 개요를 작성하도록 한다.

문장식 개요을 작성하는 것에 익숙해지면 논술 쓰기 훈련은 거의 마무리되었다고 보아도 무방하다. 물론, 소주제문을 구체적으로 풀어 하나의 문단을 만드는 고비가 남아있기는 하다. 그러나, 하나의 문단을 만들고 그 문단들을 연결하여 하나의 논술문으로 완성하는 일은 그리 힘든 일이 아니다.

문장식 개요를 작성하였다고 해서 곧바로 논술문 쓰기를 시작하는 것보다는 문장식 개요 작성을 가지고 토론의 과정을 거치는 것이 효과적이다. 이미 앞에서 지적했듯이 토론은 논술 교육의 핵심이다. 그러니 다양하고 깊이 있는 토론을 거친 다음 가장 적절한(또는 학습자가 마음에 들어하는) 문장식 개요를 가지고 논술문을 완성하도록 지도하자.

제9장 도입부와 종결부 쓰기

책에는 다양한 도입부와 종결부 쓰는 요령이 나와 있지만 사실, 실제 논술 쓰기에서는 다양한 방법을 동원하기는 어렵다.

도입부 쓰기에서 중요한 것은 ① 정확한 주제 파악과 제시 ② 문제 상황에 대한 올바른 지식 ③ 글을 쓰는 목적과 글의 가치 ④ 기술의 방식과 방법 등을 명확히 제시하여야 한다.

종결부 쓰기에서는 중요한 내용을 자신의 목소리에 담아서 이야기하는 것이 중요하다. 그래서 글에 자신의 생각과 주장이 깃들어 있음을 다시 한번 강조하는 것을 잊지 않아야 한다.

제10장 어 휘

10. 1 꼭 알아야 할 한글 맞춤법 통일안

한 글 맞 춤 법 문 제 답 안

(1)	④	(11)	④	(21)	④	(31)	④	(41)	③	(51)	①	(61)	②	(71)	②	(81)	①
(2)	④	(12)	①	(22)	②	(32)	②	(42)	②	(52)	①	(62)	②	(72)	①	(82)	③
(3)	③	(13)	③	(23)	④	(33)	②	(43)	①	(53)	④	(63)	④	(73)	②		
(4)	③	(14)	③	(24)	①	(34)	②	(44)	②	(54)	③	(64)	④	(74)	④		
(5)	③	(15)	①	(25)	④	(35)	③	(45)	①	(55)	②	(65)	④	(75)	②		
(6)	②	(16)	①	(26)	③	(36)	②	(46)	③	(56)	③	(66)	②	(76)	④		
(7)	②	(17)	②	(27)	④	(37)	③	(47)	①	(57)	②	(67)	④	(77)	③		
(8)	④	(18)	②	(28)	③	(38)	④	(48)	①	(58)	③	(68)	②	(78)	④		
(9)	②	(19)	④	(29)	③	(39)	①	(49)	④	(59)	②	(69)	③	(79)	③		
(10)	①	(20)	③	(30)	①	(40)	③	(50)	③	(60)	③	(70)	③	(80)	②		

10. 1. 2 표준어 규정

표 준 어 규 정 문 제 답 안

(1)	③	(11)	①	(21)	②	(31)	②
(2)	③	(12)	②	(22)	①	(32)	④
(3)	②	(13)	②	(23)	③	(33)	④
(4)	②	(14)	④	(24)	③	(34)	①
(5)	③	(15)	①	(25)	②	(35)	④
(6)	③	(16)	①	(26)	③	(36)	④
(7)	②	(17)	③	(27)	④	(37)	③
(8)	④	(18)	②	(28)	④	(38)	②
(9)	④	(19)	②	(29)	①	(39)	③
(10)	④	(20)	③	(30)	①	(40)	④

10. 2. 5 순우리말

【연습문제 8】

(1) ◆ 해설
  가) 눈총기 : "그 놈이 제법 눈총기가 있어서 쓸 만할 걸세"
  나) 영채(映彩) : "계속 졸다가 밥 애기 하니까 영채 도는 저 눈 좀 보게"
  다) 살별 : "맞은편 하늘에는 경오년 살별이 꼬리를 길게 뻗치고 있다."
  라) 돋을볕 : "앞에 큰 집이 들어서서 우리 집은 돋을볕을 받지 못하게 되었다."

☞정답 - 다)번

(2) ◆ 해설
  가) 호도깝스럽다 : "그 상황에서 네가 호도깝스럽게 웃는 바람에 모두 당황했잖아"
  나) 얼뜨다⇒ '얼뜨기'란 말도 있음.
     : "나이값을 해야지 그렇게 얼떠서 어디다 써먹겠어?"
  다) 메떨어지다. : "그토록 고운 그녀가 코를 골며 잔다니 정말 메떨어진다!"
  라) 미거하다 : "미거한 자식이지만 자네가 데려가 주게나."

☞정답 - 나)번

(3) ◆ 해설
  가) 마뜩하다 : "어쩐지 그 사람 종기 자국처럼 마음에 마뜩지 않더니만."
  나) 뚱기다 : "내친 걸음에 사무실로 달려가 그 사실을 살며시 뚱겨 주었다."

다) 탐탁하다: "그 일로 인해 내가 아무리 정성껏 일해도 탐탁지 않게 여기는 것이었다."
라) 울가망하다: "그 소식으로 나는 날이 새도록 마음이 울가망하였다."

☞정답 - 가)번

---

(4) ◆ 해설
가) 데퉁스럽다: "영식이는 내가 놀릴 때마다 데퉁스레 쏘았다."
나) 상없다: "단 한번 먼발치에서 보고 마음을 줘버리면 나를 상없게 보지 않을까?"
다) 기급하다: "금녀는 숲 속에서 숨어 보다가 나와 눈이 마주치자 기급하여 달아났다."
라) 귀거칠다: "동리 노인은 뻔찔 찾아와 귀거친 소리를 하곤 하였다."

☞정답 - 라)번

---

(5) ◆ 해설
가) 내대다: "도대체 우리가 이렇게 하는데도 당신 형 집에서 내대는 이유는 뭐죠?"
나) 퉁명스럽다: "너한테 잘못한 것도 없는데 요즘 왜 나한테 퉁명스럽게 구는 거니?"
다) 앵돌아지다: "그는 한 번 앵돌아지면 절대 화해할 사람 아니니 기대하지 마라!"
라) 뒤둥그러지다: "네 생각이 뒤둥그러져서 그렇게 응큼하게 보는 거지."

☞정답 - 다)번

---

(6) ◆ 해설
가) 어우르다 ⇒ '아우르다'보다 큰 말. 피동형 '어울리다'가 더 자주 쓰임.
　　　　　"윷놀이에서 두 바리의 말을 어우르면 한결 유리하다."
나) 울력 ⇒ ≠ 울력성당: 떼를 지어 협박하는 일
　　　　　" 이번 이사는 같은 과 친구들의 울력으로 어렵지 않게 치를 수 있었다."
다) 동아리: "나는 대학에 들어가면 가장 먼저 여행 동아리에 들고 싶어."
라) 두레 ⇒ 농촌에서 모내기나 김매기를 공동으로 협력하기 위해 이룬 모임
　　　　　" 황톳골 앞들에는 두레논을 매는 삼십여명 되는 사람이 구푸려 있고…"

☞정답 - 나)번

---

(7) ◆ 해설
가) 봄눈 슬듯: "뒤숭숭하던 생각이 뜨거운 눈물에 봄눈 슬 듯 스러지고…"
나) 곰살궂다: "한 조각 동정심이 이대도록 곰살궂고 살뜰하거든…"
다) 간대로: "사람이란 슬프다고 간대로 죽는 것은 아니다."
라) 고즈너기: "한 발자국 떼고 두 발자국 떼고 세 발자국 떼려다가 그는 고즈너기 돌아섰다."

☞정답 - 가)번

---

(8) ◆ 해설
가) 반려: "목숨이 끊어지는 날까지 너의 반려자가 되어줄게."
나) 너나들이: "성아와 나는 농담과 잡담을 무시로 넘기고 받고 하면서 너나들이로 지내게 되었다."

다) 의초: "그들 형제는 의초가 좋았다."

　　　⇒ 형제나 자매 사이의 정의를 '띠앗' '띠앗머리'라고도 함.

라) 지기(知己) = 지우(知友): "여러 해 사귀어온 지기와 같이 피차에 반가웠던 것이다."

☞정답 - 다)번

---

(9) ◆ 해설

가) 얼추: "얼추 다 되어 가니까 재촉하지 말고 기다려라!"

나) 모름지기: "청년은 모름지기 씩씩해야 한다."

다) 미상불(未嘗不): "말을 듣고 보니 미상불 그럴 듯하다."

라) 이루 ⇒ 이 말 뒤에는 언제나 부정이 옴.

　　　"그 참상은 이루 형언할 수 없었다."

☞정답 - 다)번

---

(10) ◆ 해설

가) 입매: "입매라도 해야지 다이어트 한다고 굶다가 쓰러질라."

나) 구쁘다: "한창 구쁘던 때라, 떫은 감이나마 맛있게 먹었다."

다) 게걸: "진짜 게걸스럽게 먹는데도 하나도 미워 보이지가 않아."

라) 주전부리: "큰누나가 결혼하니까 우리 손자는 주전부리할 게 많아서 좋겠구나."

☞정답: 가)번

---

(11) ◆ 해설

가) 샛바람 ⇒ 뱃사람들이나 어촌에서 쓰는 말로 '동쪽에서 부는 바람'이란 뜻. 농촌에서는 '동부새'
　　　라고 함.

나) 하늬바람: "북악산 꼭대기에 자루를 박고 석벽을 깎으며 내려지르는 하늬바람은 그 목소리를
　　　휩쓸어 공중에서 맴을 돌리다가는 흩어 버린다."

다) 마파람⇒ 음식을 빨리 먹어 버리는 것을 보고 "마파람에 게눈 감추듯한다"고 함.

라) 된바람⇒ 빠르고 센 바람

마) 소소리바람: "나무 가지 끝에 낙엽 한두 잎 달려 있고 소소리바람이 치는 벌써 가을이구려."

☞정답: 마)번

---

(12) ◆ 해설

가) 방불하다: "고교한 얼굴에 화경같은 눈은 꿈에서 보던 모습과 영락없이 방불했 다."

나) 버금: "너는 조수미에 버금가는 훌륭한 성악가가 될꺼야."

다) 어금지금하다.: "그 두 사람은 서로 어금지금하여 팽팽히 맞선다."

라) 비끼다: "비파 소리를 따라 천천히 달빛 비낀 복도를 걷는다."

☞정답: 다)번

---

(13) ◆ 해설

가) 중동무이: "그렇게 중동무이한 태도로써 할 요량이라면 애초에 그만 둬라!"

나) 뒷손없다: "뒷손없는 게 흠이기는 하지만, 추진력은 높이 살 만하네."
다) 기연미연: "기연미연한 일을 입밖에 꺼냈다가 망신당하지 말고 그냥 가만히 계세요."
라) 더덜뭇하다: "매사에 더덜뭇한 그가 많은 직원을 거느리는 자리에 앉게 되었다."

☞정답 - 다)번

---

(14) ◆ 해설
가) 그지없다: "죄송스럽기 그지없습니다.", "기쁘기 그지없습니다."⇒ "그지없는 바다, 그지없는 욕심"과 같이 쓰는 일도 있으나, '끝없는, 한없는'을 쓰는 것이 더 좋음.
나) 박쥐 구실; "다른 건 다 좋은데 박쥐구실 할 때는 정말 얄밉더라."
다) 오지랖이 넓다: "그 사람은 오지랖이 넓은 것이 탈이다."
  ⇒ '오지랖'은 웃옷이나 윗도리에 입는 겉옷의 앞자락
라) 어쭙지 않다: "우리 나라를 소중화(小中華)로 만든 것은 어쭙지않은 관료들의 죄요, 백성들의 허물은 아니었다."

☞정답 - 다)번

---

(15) ◆ 해설
가) 시나브로: "맨날 방탕하게 살더니만 물려받은 재산을 시나브로 다 없앴다."
나) 허투루: "그 사람은 허투루 볼 사람이 아니다." ⇒'아무렇게나'란 뜻으로도 쓰임.
다) 고즈너기: "햇살에 물든 그의 얼굴을 고즈너기 엿보았다."
라) 노상: "너는 노상 늦잠만 자고 게으르니 대체 뭐가 되려고 하는 거냐?"

☞정답 - 가)번

---

(16) ◆ 해설
가) 대중하다: "우리 집 살림살이가 아니라서 대중없이 골랐으니 이해하게나."
나) 어림: "2차 수정 작업은 따로 할테니까 자세히 할 것 없고 어림잡아 대충 끝내세요."
  ⇒ '눈어림, 손어림' 같은 명사와 '어림잡다, 어림치다'같은 동사가 있음.
다) 눈총기: "그 놈이 제법 손재주, 눈총기가 있어서…"
라) 겉볼안: "옷 입는 스타일을 보면 그 사람의 모든 것을 겉볼안하여 볼 수 있다.

☞ 정답 - 다)번

---

(17) ◆ 해설
가) 비키다: "다시 얼굴을 마주치기 싫어서 못 본 체하고 뒤로 비켜 서다."
나) 비기다: "창문에 비겨 서서 저무는 하늘을 바라보았다."
다) 쏠리다: "그에게 가버린 내 마음처럼 별이 쏠리는 밤이었다."
라) 비끼다: "어린아이들이 나무막대를 허리에 비껴 차고 골목을 뛰어다니고 있다."
  "달빛 비낀 뒤란"

☞정답 - 나)번

(18) ◆ 해설
　가) 이내: "그는 멀리 이내가 낀 하늘가를 응시하며 깊은 생각에 잠겨 있었다."
　나) 누리 = 우박(雨雹) :"집에 올 때 갑자기 강남콩 알만한 누리가 떨어지는 거 있지?"
　다) 무리 ⇒ 햇무리, 달무리 :"달무리가 저리도 큰 걸 보니 내일은 비가 올 모양이다."
　라) 성에: "새벽기차에 올라 유리창에 낀 하얀 성에 위에 너의 이름을 써 본다."

☞정답 – 나)번

(19) ◆ 해설
　가) 먼지잼: "긴 가뭄에 비 안 오는 날 없다더니, 오늘도 먼재잼이군."
　나) 웃비: "웃비가 걷히자 해가 반짝하고 비쳤다."
　다) 여우비: "맑은 날 난데없이 여우비가 내려 우산도 없이 흠뻑 젖었던 거 기억나니?"
　　　⇒ 비오는 날 잠깐 반짝 쬐다가 사라지는 볕을 여우볕이라 함.
　라) 는개: "는개에 옷 젖는 줄도 모르고 터벅터벅 길을 걸었다."

☞정답 – 다)번

(20) ◆ 해설
　가) 대롱대롱: "대롱대롱 매달린 조롱박이 고향집의 푸근함을 느끼게 해 주었다."
　나) 감실감실: "감실감실 갈매기 떼 수평선을 지우듯 나 또한 지워졌으면…"
　다) 올망졸망: "소풍가는 아이들이 재잘대며 올망졸망 선생님을 따라간다."
　라) 소록소록: "우리 아기 소록소록 잘도 잔다."

☞정답 – 나)번

(21) ◆ 해설
　가) 푸성귀: "푸성귀는 떡잎부터 알고 사람은 어렸을 때부터 안다."
　나) 푸서리: "그렇게 기름졌던 옥토가 이렇게 푸서리가 되어있을 줄이야."
　다) 숲정이: "우리 마을의 숲정이에는 가을까지 꽃이 피고 산새들이 와서 지저귄다."
　라) 등치: "내가 태어날 때 심었다던 버드나무의 밑둥치가 이젠 내 몸통의 세배나 된다."

☞정답 – 다)번

(22) ◆ 해설
　가) 뒷손: "싫다고 하면서도 뒷손을 내미는 그런 사람인데, 그냥 돌아오면 어떡하나?"
　나) 뒷마감: "무슨 일이든 뒷마감을 잘해야 빛이 나는 법이다."
　다) 그루 앉히다: "아내 행실은 다홍치마 적부터 그루를 앉힌다."
　라) 갈무리 ⇒흔히 '마무리'와 같은 뜻으로도 쓰임.
　　　　: "이 일을 오늘 안으로 갈무리하여 끝장을 냅시다."

☞정답 – 다)번

(23) ◆ 해설
　가) 손때 먹이다: "이것은 선친께서 오래 손때 먹인 물건이라 절대로 팔 수 없습니다."
　나) 손씻이: "이렇게 고생했으니 작지만 이 돈으로 손씻이나 하게."

다) 손끝 여물다: "하는 일마다 손끝 여물게 하는 품이 마음에 든다."
라) 손어림 = 손짐작: "서류의 두께를 손어림으로 헤아려 보니 평소보다 일거리가 훨씬 많음을 알 수 있었다."

☞정답 - 라)번

---

(24) ◆ 해설

가) 볼가심 ⇒ 음식이 적어 볼의 안쪽을 겨우 가신다는 뜻.
　　　　　먹을 것이 아무 것도 없을 때 "새앙쥐 볼가심 할 것도 없다."고 함.
나) 곧은불림 ⇒ 한자어로는 '직초(直招)'라 함.
　　　　　: "볼기를 몇 대 맞고서야 곧은불림을 하였다."
다) 지청구: "남의 지청구나 받으며 따라다니던 말단에서 내 의사껏 일을 해보게 된터라 절로 어깻바람이 났다."
라) 입씻이 ⇒ 자기에게 불리한 말을 못하도록 금품을 주는 것을 '입씻기다'라 함.
　　　　　: "미리 입씻이를 했는데도 일이 잘못되었다."

☞정답 - 라)번

---

(25) ◆ 해설

가) 도리기: "해마다 삼복이 되면 이 마을 사람들은 도리기를 하는 전통이 있다."
나) 도르리: "우리 패거리는 금요일 저녁이 되면 매주 모여 도르리로 막걸리를 마셨다."
다) 벼름질 ⇒ '벼름'은 '벼르다'(여러 몫으로 나누다)의 명사형.
　　　　　: "서로 많이 먹겠다고 싸우지 말고 엄마가 벼름질해 줄 때까지 기다려!"
라) 품앗이: "오뉴월 품앗이도 먼저 갚으랬다."

☞정답 - 가)번

---

(26) ◆ 해설

가) 비설거지: "애야! 마당에 말려놓은 콩 비설거지해야지 비 맞으면 큰일난다."
나) 빗밑 ⇒ 날이 빨리 갤 때 "빗밑이 가볍다"라 하며 날이 좀처럼 개지 않을 때는 "빗밑이 무겁다"라 함. : "그날따라 빗밑이 무거워서 소녀와 나는 아주 오래도록 그 처마 밑에서 함께 있을 수 있었다."
다) 비거스렁이: "그녀는 비가 온 뒤 잿빛하늘과 스산한 비거스렁이의 느낌을 좋아했다."
라) 상고대: "상고대가 긴 새벽 수풀의 풍경은 무엇에다 비길 수 없이 아름답다."

☞ 정답 - 다)번

---

(27) ◆ 해설

가) 팔뚝　　　나) 팔죽지　　　다) 팔오금　　　라) 팔목

☞ 정답 - 나)번

---

(28) ◆ 해설

가) 논틀밭틀: "아낙네가 세참 거리를 이고 좁은 논틀밭틀을 참 빨리도 걷는다."
나) 에움길 ⇒ '에우다'(딴 길로 돌리다)의 명사형 '에움'에 길이 붙어서 된 말. '지름길'의 반대말로 쓰임. : "인생의 탄탄대로를 걷는 것보다 에움길로 돌아가며 뒤돌아볼 수 있는 삶이 더 아름답다."

다) 굽이 ⇒ '굽잇길', '굽이지다', '굽이돌다', '굽이치다' 등 참고.
　　　　　"이 강은 굽이를 돌 때마다 절경이 펼쳐진다."
라) 우금: "사람의 발길이 끊긴 우금에 숨어서 산 지 이태…"

☞ 정답 - 라)번

---

(29) ◆ 해설
가) 정 ⇒ "모난 돌이 정 맞는다"는 속담이 있음. 성격이 강하면 미움을 산다는 뜻.
나) 줄: "쇠기둥에 슨 녹을 줄로 쓸어 버렸다."
다) 작두: "작두로 썬 여물을 구유에 넣었다."
라) 메 ⇒ 묵직한 나무 토막이나 쇠 토막에 구멍을 뚫고 자루를 박은 것.
　　　　떡을 치는 메를 '떡메', 쇠로 만든 메를 '쇠메'라 함.

☞ 정답 - 라)번

---

(30) ◆ 해설
가) 외곬: "외곬으로 생각하는 사람은 성공하기 어렵다."
나) 길섶: "버스에서 내려 고향집으로 들어가는 길섶에 코스모스가 마냥 하늘거렸다."
다) 도린곁: "내가 죽거들랑 바다가 보이는 언덕빼기, 도린곁에 묻어다오."
라) 고동 ⇒ '고동'의 본뜻은 기계를 움직이게 하는 장치.
　　　　: "그 사건이 생긴 고동을 한번 깊숙이 파고들어서 조사해보시오."

☞ 정답 - 다)번

---

(31) ◆ 해설
가) 대매 ⇒ 단 두 사람이 마지막으로 우열을 겨루는 대매를 '맞대매'라 함.
　　　　: "나는 그와의 대매에 나의 모든 것을 걸었다."
나) 고빗사위 ⇒ '고비'는 가장 중요한 기회 또는 막다른 절정을 뜻하는 말.
　　　　: "영화가 한창 재미나는 고빗사위에 전기가 나가다니…"
다) 고동 ⇒ (어떤 일을 하는 데)가장 중요한 점이나 계기
　　　　: "일이 시급하니 고동만 말해라."
라) 줄목: "그 학교를 운영은 젊은 이사장이 혼자서 줄목을 쥐고 있다."

☞정답 - 나)번

---

(32) ◆ 해설
가) 올차다: "올차고 야무져 당황하는 기색도 전혀 없던데?"
나) 옹골지다 ⇒ 옹골지고 기운찬 것을 '옹골차다'라고 함.
　　　　"옹골지게 익은 보리", "옹골진 연구 성과."
다) 진득하다: "나이에 비하여 진득한 데가 없다"
라) 안성맞춤 ⇒ 꼭 들어맞게 잘된 일. 경기도 안성에 유기를 맞추면 마음에 들에 잘 만들었으므로
　　　　생긴 말. : "인물 좋고 직장도 확실하니 신랑감으로는 안성맞춤이다."

☞정답 - 나)번

---

(33) ◆ 해설

가) 떠름하다: "마음에 떠름하나 네가 선택한 사람이니 받아들여야지 어쩌겠니?"

나) 고깝다: "나도 어찌할 수 없는 일이니 너무 고깝게 생각하지 마시오."

다) 살갑다 ⇒ 성질이 속으로 살가운 것을 '곰살갑다'라 함.
　　: "첫인상은 냉정하게 보였는데 만날수록 마음이 살가운 사람이라는 걸 느꼈어요."

라) 기껍다: "누가 부탁하신 일인데요, 기꺼이 해드려야죠."

　　　　　　　　　　　　　　　　　　　　　　　　　　☞정답 - 다)번

---

(34) ◆ 해설

가) 접: "사과 열 접 정도 사려는데 배달해 줄 수 있나요?"

나) 바리: "진상은 꼬치로 꿰고 인정은 바리로 싣는다'는 속담이 있음. '진상(進上)'은 옛날 지방에서 나라에 바친 소산물이요, '인정(人情)'은 벼슬아치들에게 준 뇌물임. 자기의 이해에 직접 관계되는 일에 더 정성을 들이는 인심을 잘 나타내고 있음.

다) 닢: "내 주머니에는 동전 한 닢 없으니 찾아서 나오면 다 가져가라."

라) 마지기 ⇒ 벼나 보리의 씨를 한 말 뿌릴 만한 넓이를 한 마지기라 함. 200평이나 300평에 해당함.

　　　　　　　　　　　　　　　　　　　　　　　　　　☞ 정답 - 나)번

---

(35) ◆ 해설

가) 함초롬하다: "그 말의 함초롬한 털."
　　⇒ 부사로 '함초롬이'가 자주 쓰임. "꽃이 함초롬이 이슬을 머금었다."

나) 소담스럽다: "소담스럽게 차린 음식을 놓고 먹고 마시니 가족의 소중함이 느껴졌다."

다) 깨끔하다: "온 집안을 깨끔하게 치우고 손님이 오시기를 기다렸다."

라) 살포시: "오호! 빛깔, 살포시 음영을 던진 갸륵한 빛깔아."

　　　　　　　　　　　　　　　　　　　　　　　　　　☞정답 - 가)번

---

(36) ◆ 해설

가) 닁큼 ⇒'냉큼'의 큰말. : "상대편을 닁큼 들어 어깨 뒤로 넘긴다."

나) 시거에: "적은 돈이지만 시거에 이거라도 써라."

다) 사부자기: "얼마나 부지런한지 일이 있으면 사부자기 해치워버린다."

라) 늘름 ⇒'날름'의 큰말.
　　: "어른과의 술자리에서 주는 술을 늘름 받아먹는 것도 예의가 아니다.."

　　　　　　　　　　　　　　　　　　　　　　　　　　☞ 정답 - 다)번

---

(37) ◆ 해설

가) 가람 ⇒ '강(江)'의 옛말.
　　: "진두강 가람가에 살던 누나는, 진두강 앞마을에 와서 웁니다." 〈김소월, 접동새〉

나) 누리: "깊은 밤, 별이 찬란하게 빛나는 누리 안에서 당신과 내가 서 있습니다."

다) 돋을볕: "앞에 아파트가 들어서면서 우리 집은 돋을볕을 받지 못하게 되었다."

라) 마음자리: "깨끗한 처녀의 마음자리에 진흙을 끼얹는 것 같아 일면 분하기도 했다."

　　　　　　　　　　　　　　　　　　　　　　　　　　☞정답 - 다)번

(38) ◆ 해설
가) 스러지다: "주렴 밖에 성긴 별이 하나 둘 스러지고 아침이 밝아왔다."
나) 이지러지다: "이지러진 달이 실낱 같고, 별에서도 봄이 흐를 듯이…"
다) 오롯하다: "그는 오직 오롯한 선녀, 무지개 다리를 건너고 있다."
라) 알토란 같다: "아름답고 알토란같은 청춘을 고스란히 지니고 있다. "
    ⇒ 살림이 오붓한 경우에도 쓰임.

☞정답 - 나)번

(39) ◆ 해설
가) 곱새기다 ⇒ '곱'은 본래 '곱다'(고부라져 위어 있다)의 어간임.
       : "남의 말을 곱새길 만큼 옹졸한 사람이 아니다."
나) 되뇌다: "그저 죄송하다는 말만 되뇌었다."
다) 되새기다 ⇒'되'는 '도리어, 다시 도로'의 뜻을 나타냄.
       : "어제 읽은 책의 한 구절을 되새겨 보았다."
라)되받다:"대답은 하지 않고 '그래서 어쨌단 말이요' 하고 되받았다."

☞ 정답 - 가)번

(40) ◆ 해설
가) 주책없다 ⇒ '주책'은 일정하게 자리잡힌 생각을 뜻함
    : "주책없이 실없는 말을 함부로 지껄인다."
나) 영락없다: "머리를 빡빡 깎으니 영락없는 중이었다."
다) 진배없다 ⇒ 무엇에 질 것이 없다
    : "이 물건은 외제나 진배없다."
     "직접 가서 보지는 못했지만, 여러 사람한테 자주 들어서 가본 거나 진배없다."
라) 대중없다 ⇒ 미리 헤아릴 수 없다.
    : "대중없는 그의 말은 믿을 수가 없다."

☞정답 - 다)번

(41) ◆ 해설
가) 호도깝스럽다: "호도깝스럽게 표정을 누그러뜨리면서 아무렇지 않다는 듯 웃는 것이었다."
나) 퉁명스럽다: "퉁명스러이 뻗댐에는 더 책하지 않고 돌아서 저리로 가며 보이지 않게 피익 웃
              고 마는…"
다) 뒤둥그러지다: "짓궂이 싱글싱글 웃으며 한번 더 뒤둥그러진 그리고 흘게 늦은 목소리로 '뭘,
              데련님허구 그랬대는데'하고 놀려 주었다."
라) 괴덕스럽다: "미란이 흘낏 세란을 바라보고 괴덕스럽게 꽃망울을 잡아 흔든다."

☞정답 - 라)번

(42) ◆ 해설
　가) 나비질 ⇒ 곡식에 섞인 검부러기를 날리려고 키를 부쳐 바람을 내는 일. 나비질을 하는 것을
　　　　　'나비치다'라 함.
　나) 까붐질 ⇒ 곡식을 키로 부쳐 잡것을 날리는 일.
　다) 벼름질 ⇒ '벼름'은 '벼르다'(여러 몫으로 나누다)의 명사형.
　라) 드레질: "사람을 앞에 앉혀 놓고 드레질을 하는 것 같아, 아니꼬운 생각이 들기도 하였다."
　　　　　　　　　　　　　　　　　　　　　　　　　　　　　　☞정답 – 라)번

(43) ◆ 해설
　가) 갈음하다: "쥐었던 것을 놓고 다른 것을 갈음하여 주다."
　나) 가리다: "가장 시급한 일을 가려서 그 일에 전력을 기울여야 한다."
　다) 마무르다 ⇒ 명사로는 '마무리'가 쓰임. 본뜻은 물건의 가장자리를 꾸며서 마치다.
　　　　　　　"시작한 일을 잘 마무르는 습관을 길러야 한다."
　라) 함초롬하다 ⇒ 부사로는 '함초롬이'가 쓰임.
　　　　　　　: "그 말의 함초롬한 털" "꽃이 함초롬이 이슬을 머금었다."
　　　　　　　　　　　　　　　　　　　　　　　　　　　　　　☞정답 – 가)번

(44) ◆ 해설
　가) 붓셈
　나) 부엉이 셈 ⇒ 부엉이가 수를 셀 때에는 반드시 짝으로 하므로 하나가 없어지는 것은 알아도
　　　　　　　짝으로 없어지는 것을 모른다하여 이르는 말.
　다) 속셈, 암산
　라) 독장수셈 ⇒ 실현성이 전혀 없는 계산.
　　　　　　　어떤 독장수가 짐을 지고 가다가 길가에서 잠이 들어 큰 부자가 된 꿈을 꾸고 좋
　　　　　　　아 날뛰다 깨어 보니 옆에 놓았던 독이 다 깨졌더라는 옛 이야기에서 온 말. '독
　　　　　　　장수 구구'라고도 함.
　　　　　　　　　　　　　　　　　　　　　　　　　　　　　　☞정답 – 나)번

【연습문제 1】 ① ㉠ 환멸　　㉡ 미련　　㉢ 무디어진　　㉣ 둔해진
　　　　　　　　㉤ 위안　　㉥ 허수아비　　㉦ 까지　　㉧ 여생
　　　　　　　② ㉠ 명철보신　　㉡ 수수방관　　㉢ 자포자기　　㉣ 살신성인　　㉤ 은인자중

【연습문제 2】 (1) ④　　(2) ③　　(3) ①　　(4) ①　　(5) ①　　(6) ②　　(7) ②

【연습문제 3】 (1) 연루　　(2) 미거　　(3) 공격　　(4) 중태　　(5) 체결　　(6) 팽배　　(7) 판막음

【연습문제 4】 〈예문가〉 건물, 가풍, 가문, 식구
　　　　　　　〈예문나〉 말타면 견마 잡힌다. 참새가 방앗간을 그냥 지나랴
　　　　　　　　　　　윗돌 잡으려다 잡돌 잃었다. 늙은 소 콩밭으로 간다. 미친척하고 떡 목판에 엎드
　　　　　　　　　　　린다.

【종 합 문 제】

◈ 정 답 ◈

1. 바라보고　　2. 우리나라　　3. 추위　　4. 주인공　　5. 수육
6. 똑같은　　7. 개구쟁이　　8. 독음, 한자음　　9. 막역한　　10. 신문
11. 비행기 삯, 비행기 요금 12. 엄두 13. 몹쓸　　14. 애끓는　　15. 빠뜨린
16. 들러　　17. 목돈　　18. 알맞은　　19. 멀리뛰기　　20. 들이켜고
21. 으스름　　22. 너머, 예부터 23. 곤욕　　24. 건너가다　　25. 멋쩍게
26. 푼푼이　　27. 치르고　　28. 글로써　　29. 모시고자　　30. 빌려
31. 둘째, 셋째　　32. 심상찮은　　33. 공부하느라고　　34. 누구시기에　　35. 강가에는
36. 바짓가랭이　　37. 주시구려　　38. 열심히　　39. 믿어지지　　40. 졸속한
41. 추접스럽게　　42. 드시고　　43. 딱따구리　　44. 언덕빼기　　45. 성실로써
46. 적이　　47. 장사치　　48. 작달막하지만 49. 꽁보리밥　　50. 두루뭉술
51. 티격태격　　52. 넌지시　　53. 올시다　　54. 옴쭉달싹　　55. 거추장-
56. 되레　　57. 나는　　58. 껍데기　　59. 오순도순, 괴나리봇짐　　60. 흐지부지
61. 곱빼기　　62. 칠칠찮게　　63. 두꺼운　　64. 좇아　　65. 제끼는
66. 비아냥거리는　　67. 놀란다　　68. 비추는　　69. 왠지　　70. 뻗칠
71. 내로라　　72. 안절부절 못하는 73. 주책없다는　　74. 황석어젓　　75. 쌍꺼풀
76. 으스스한　　77. 통틀어도　　78. 우레　　79. 죽음　　80. 나부랭이
81. 제비뽑기　　82. 꼬여, 꾀어　　83. 자선냄비　　84. 총각무　　85. 신출내기
86. 지루한　　87. 가리마　　88. 바람　　89. 귀이개　　90. 튀기
91. 이음매　　92. 업신여길게　　93. 푸름　　94. 겨루는　　95. 알조
96. 채비　　97. 조무래기　　98. 괄시　　99. 심보　　100. 잔돈
101. 적나라하게　　102. 허우대　　103. 살코기　　104. 끄나풀 105. 과반수, 반수 이상
106. 천둥벌거숭이 107. 채비, 준비　　108. 애창곡　　109. 하늘색　　110. 감색, 감청색
111. 포크커틀릿　　112. 비프커틀릿　　113. 골판지

제11장 문 장

11. 1. 2 비문법적인 문장

1) 단어 선택의 잘못

① → 그래, 가는 길에 들를게.
　(우리가 흔히 잘못 쓰는 말이 있다. '들리다'란 말은 '지나가는 길에 잠깐 거치다'를 뜻하는 말이다.

바른 말은 '들리다'가 아니다. '들르다'이다.)

② → 선거 분위기를 돋우려 했던 경선분위기
('돋구다'는 (안경의 도수 따위를) '더 높게 하다'라는 뜻으로 쓰는 말이다. 여기서처럼 구미를 돋우는 것은 '돋구다'가 아닌 '돋우다'라 한다)

③ → 지연이를 꼬여 영화를 봐야지.
(꾀다, 꼬이다 -달콤한 말이나 그럴듯한 짓으로 남을 속여 자기에게 이롭게 끌어들이다.)

④ → 술이라면 사족을 못쓴다.
('사죽'은 과실을 그릇에 괼 때 무너지지 않도록 꽂는 꼬챙이를 이르는 말로 틀린 표현이다. 무엇에 반해 꼼짝 못한다는 뜻의 '사족'이라고 써야 한다.)

⑤ → 오랫동안 생각해 봤는데…
(매우 긴 시간 동안이라는 의미로 쓰이는 말은 '오랫동안'이 맞고 '오래간만'의 줄인 말인 '오랜만'은 오랜 뒤, 오래된 끝의 의미로 쓰이는 말이다.)

⑥ → 그의 발언은 의제의 핵심에서 비켜간 것이다.
('비키다' - ① (있던 곳에서) 약간 자리를 옮기거나, 피하여 다른 곳으로 가다.
　　　　　② (방해가 되는 물건을) 있던 자리에서 약간 옮겨 놓다.
　　　　　③ (장애물을 피하기 위하여) 방향을 좀 바꾸다.
'비끼다' - ① (옆으로) 비스듬히 비치다.
　　　　　② 비스듬하게 놓이거나 늘어지다.
　　　　　③ 어떤 표정이 (얼굴에) 잠깐 나타나다.)

⑦ → 위치는 구 천안 소방서 뒤 두 번째 건물 3층

⑧ → 오늘이 대체 며칠이야?

⑨ → 일을 벌였으면 끝장을 보아야지.
(벌리다 - 둘 사이를 넓히다, 벌이다 - 일을 베풀어놓다)

⑩ → 그는 이웃 사람들과 발길을 일절 끊고 산다.
　*一切 -일체(모두,체): 사물의 범위가 명사가 나타내는 대상의 전부에 미침을 나타내는 말.
　　　　　　　　　　모두. 전부.
　　일절(끊을,절): 금지나 규제, 또는 부인(否認)이나 부정의 뜻을 가진 동사를 꾸며, 그 동사의 행동이나 작용을 절대적으로 강조하는 뜻을 나타내는 말. '전혀', ' 절대로' 등과 비슷한 쓰임을 가짐.

⑪ → 지금 시각이 몇 시입니까?
  (시간의 어떤 시각과 시각의 사이라는 뜻이므로 이 경우는 적합하지 않고 흐름의 한 순간인 시각이 맞는 표현이다.)

⑫ → 지나가는 길에 잠깐 들렀어요.
  ('들르다'는 '지나는 길에 잠시 거치다'의 뜻으로 '약방에 들러서 회사에 가다.'와 같이 쓰여진다. 반면 '들리다'는 '소리가 귀청을 울려 감각이 일어나다' 또는 '소문이 퍼져 남들이 듣게 되다'는 뜻으로 '천둥소리가 들리다' '들리는 소문에 의하면…'처럼 쓰인다.)

⑬ → "런던은 우리나라보다 9시간이나 늦은 거지."
  ('느리다'는 어떤 행동을 하는데 걸리는 시간이 빠르지 못하는 말이다 (속도))

⑭ → "너희 이모는 김치 담그는 법도 몰라."
  ('담다'는 그릇 안에 무엇을 넣거나 또는 그림이나 글, 말, 표정 속에 어떤 내용을 표현할 때 사용하는 말이다.)

⑮ → "미처 생각지도 못한 교수님의 질문에 곤혹스러웠어."
  ('곤욕'은 심한 모욕을 의미한다. 그러므로 곤란한 일을 당해서 어찌할 바를 모른다는 뜻인 '곤혹'이란 표현을 사용해야 한다.)

⑯ → "열쇠를 잃어버려서 복제하려구."
  ('복사'는 원본을 베껴 쓴다는 뜻이다. 열쇠는 베껴 만든다는 뜻이므로 원저작물을 재생하거나 표현하는 모든 행위를 뜻하는 '복제'라는 표현을 사용해야 한다.)

⑰ → 황사 현상으로 호흡기 질환이 발생할 우려가 큽니다.
  ('우려'는 '걱정·근심' 등을 나타내는 말이니, '높다'가 아닌 '크다'로.)

⑱ → 포도, 구기자 달입니다.
  ('다린다'는 것은 다리미로 의류나 기타 섬유를 다리는 것을 이야기한다. 하지만 이것은 어떤 약초나 음식을 물에 넣고 오래 끓인다는 말이다.)

⑲ → 그 소년은 이불에 싸여 불안할 듯 떨고 있었다.
  ('쌓이다'는 무슨 물체를 차곡차곡 포개어 놓는다는 뜻으로 여기서 말하는 무언가로 물체를 감싼다는 뜻과는 다르다.)

⑳ → 노약자나 임신부는 관람하실 수 없습니다.
  ('임산부'는 임신한 사람과 낳은 사람 모두를 가리키는 말이다. 따라서 '임신부'라고 해야 현재 임신한 사람만을 가리킬 수 있다.)

㉑ → 꿈은 좇는 자의 몫이다.
   ('좇다'는 '(어떤 사람을) 뒤따라간다'든가, '도둑을 쫓다, 파리를 쫓다'등의 경우에 쓰는 말이다.)

㉒ → 지난번에 샀던 옷하고는 색상이 다르네.
   ('다르다' - ① 같지 아니하다. ② 변함이 있다.
    '틀리다' - ① 셈이나 사실 따위가 그르게 되거나 어긋나다.
            ② 사이나 감정이 나쁘게 되다. ③ 바라거나 하려는 일이 순조롭지 못하게 되다.
   위와 같이 분명한 뜻의 차이를 가지고 있음에도 불구하고 대부분의 사람들은 뜻 구별이 없이 두낱
   말 사이를 넘나들며 쓰고 있습니다.)

㉓ → 한자말식 이름을 고운 우리말 이름으로 고쳤다.
   ('바꾸다' - ① 어떤 물건을 주고 그 대신 딴 물건을 받다. ② 본디의 것이 딴 것으로 되게 하다.
    '고치다' - ① 낡거나 헐거나 고장이 나거나 한 물건을 손질하여 제대로 되게 하다. ② 그릇되거
            나 틀리거나 한 것을 바로 잡다. ③ 모양이나 태도 따위를 다시 새롭게 가지다. ④ 이름,
            명칭, 형식 따위를 다르게 바꾸다.
   특히, '바꾸다②'와 '고치다②③④'의 뜻이 서로 넘나들어 잘못 표현되는 경우가 있다. 역시 '이름을
   다르게 바꾼' 경우이므로 '고쳤다'로 표현해야 한다.)

㉔ → 철수가 실수를 많이 했기 때문에 우리 조가 꼴찌를 했다.
   ('덕분(德分)'이라는 말은 '어질고 고마운 행동'을 뜻할 때 사용하는 말이다. '덕분'보다 '때문'을 사용
   해야 매끄럽다.)

㉕ → 망치를 사용하여 못을 박다.
   (망치로 못을 박는다면 망치는 못을 박는 도구이기 때문에 '사용하는' 것이 된다.)

㉖ → 한창 일할 나이에 죽다
   (여기서 '참'이란 길을 가다 쉬는 곳, 일을 하다 쉬는 시간을 뜻하므로 '한창'이라고 해야 한다.)

㉗ → 파손율이 낮은 유연한 탄력의 해동 보론 낚싯대 - 달인트로
   (통상, 비율은 '높다(크다), 낮다(작다)'라고 표현되는 것이다.)

㉘ → 흡연을 삼갑시다.
   (으뜸꼴이 '삼가다'이기 때문에 '삼갑시다'의 오기가 된다.)

㉙ → 보일러는 펌프를 부착함으로써 완제품이 됩니다.
   (어미 '-(으)므로'에 '서'가 붙는 형식은 없다.)

㉚ → 컴퓨터를 켜지 마세요.
   ('키지'는 표준어가 아니다. '끄다'의 반대말은 '켜다'지 '키다'가 아니다.)

2) 잘못된 표현

① → 보일러 온도 좀 높여 놓아라.
  (불을 올릴 수가 없고 여기서 의도는 온도이다)

② → 택시 세워!
  (택시를 잡는 게 아니라 세워서 타는 것)

③ → 그런데 수십 명의 승객을 태운 운전 기사가 혼잡한 도심이나 고속도로를 달리며 통화를 하느라
   고 한 손으로 운전을 한다는 것은 위험한 일이다.
  (도심이나 고속도로를 달리며 운전하다가 생긴 사고가 끔찍할 수는 있어도 운전하는 행위 자체가
  끔찍할 수는 없다. 그러므로 '끔찍한'은 '위험한'으로 바꾸는 것이 좋겠다.
  또 여기서 문제 삼으려고 하는 것은 한 손으로 통화하는 것이 아니라 통화를 하느라고 한 손으
  로 운전하는 것이므로 '한 손으로 통화를'은 '통화를 하느라고 한 손으로 운전을'로 바꾸는 것이
  좋다.)

④ →그녀는 말을 하다말고 눈꼬리를 치켜 떴다.
  (눈썹을 올릴 수는 있으나 치켜 뜬다는 것은 말이 안됨.)

⑤ → 오늘 목욕탕 엽니다.
  (이 문장은 목욕탕이 목욕을 한다는 의미로 해석될 수 있다.)

⑥ → 나는 어제 원서를 냈다.
  (접수는 받는 사람의 입장에서 접수라고 한다.)

⑦ → 신랑, 신부를 박수로 맞아 주시기 바랍니다.
  ('바라다'는 소원대로 되기를 기다리는 정신적 행동으로 그 자체에 '의지'가 담겨있고, 말하는 순간에
  하는 것이므로 '의지'나 '미래'의 뜻을 지닌 '겠'이 끼어들 여지가 없다.)

⑧ → 미안해. 길이 막혀서 늦었어.
  (막히는 것은 차가 아니라 길이다)

⑨ → 천년간의 사랑
  (기간을 나타내는 말이지, 소유의 의미는 아니다.)

⑩ → 내리기 전 벨을 눌러주시고 뒷문으로 내리세요.
  (벨을 누르는 데 뒷문으로 내리는 것보다 먼저 해야하는 행동이다.)

⑪ → '전국 노래 자랑'을 사랑해 주시는 여러분, 고맙습니다.

　　'전국 노래 자랑'을 사랑해 주시는 여러분께 감사합니다.

⑫ → 운동 중에 발이 입을 수 있는 부상을 방지하거나 줄일 수 있다.
　　('발의 부상을 개선시킨다'는 것은 무슨 뜻인가? 부상을 어떻게 개선시킬 수가 있나? 발의 부상을
　　악화시킨다는 뜻은 아닐 것이고, 그렇다고 발의 부상을 치료해서 고친다는 뜻도 아닐 것이다. 운동
　　화가 발의 부상을 치료할 수는 없을 테니까.)

⑬ → 더 멀리, 더 정확하게!!
　　(우리말에서 '보다'는 체언 뒤에 붙여 두 사물을 서로 비교할 때 쓰는 부사격 조사이다.)

⑭ → "이 기쁨을 여러분과 함께 나누고 싶습니다."
　　('–을 하고 싶다'란 말은 어떤 행동을 하자는 의미이다. 그러나 기쁨에는 행동을 할 수 없다. 그러므
　　로 기쁨은 '나누다'란 표현이 옳다. '같이'와 '함께'는 다른 의미이다.)

⑮ → 상무대 정치 자금이 조계사 사태와 깊은 관련을 갖는데도, 국정 조사가 표류한다면, 정부와 여
　　　당의 정치적 처지나 태도에 대한 본질적으로 의문이 생긴다. 이는 현정권이 6공 사람들을 증인
　　　으로 채택하기가 버겁고 어렵다는 처지를 방증한다. 현정부가 과거의 잘못을 조사하지도 못하
　　　면서, 어찌 개혁을 내세울 수 있을까 하는 의문을 불러 일으킨다.
　　(입장은 일본식 한자어이므로 쓰지 않아야 한다. '것, 것이다'가 너무 많다.)

⑯ → 처참한 세계대전이 연이어 일어났고 많은 사람들이 발달된 과학의 산물인 무기로 인해 죽었다.
　　(위 문장은 번역투 표현을 사용한 것이다. '죽게 만드는 데 큰 공헌을 하였다'라는 표현은 간단히
　　'죽게 만들었다'로 하는 것이 좋다. '죽음'은 일반적으로 긍정적 의미로 받아들여지지 않으므로 '공헌'
　　이라는 말과 함께 쓸 수 없기 때문이다. 그리고 '무기'보다 '사람'을 주어로 삼는 것이 의미전달에 있
　　어 보다 효과적이다.)

⑰ → 기분이 참 좋아요.
　　(자기 느낌을 말하면서 남의 일처럼 추정하는 것은 옳지 않다.)

⑱ → "작게 말해!"
　　('조용히'라는 말은 말을 아예 하지 않을 때 쓰이는 말이기 때문에 적절하지 않다.)

⑲ → 환경 보호를 위하여 쓰레기 분리를 생활화하자.
　　(시민들이 수거해 가는 것이 아니기 때문에 분리는 할 수 있지만 수거는 나중에 한꺼번에 가져가는
　　것이 아닌가 싶다.)

⑳ → 냉방중이오니 들어오신 후에는 문을 닫아 주세요.
　　('문을 열다'와 '들어오다' 중에서 '들어오다'가 먼저 일어난 사건이므로 '들어오다'가 먼저 나온 후 '문
　　을 열다'가 나와야 한다.)

㉑ → 안전모를 쓰지 않은 사람은 현장출입을 할 수 없습니다.
(안전모는 사람이 착용하는 것이기 때문에 주어가 '안전모를 쓰지 않은 사람'이어야 한다.)

㉒ → 자기 쓰레기는 가져 옵시다.
('되가져온다'는 말은 가져 갔다가 다시 가져 오는 것을 뜻하는데 가져갈 때에는 쓰레기가 아니었으므로 되가져온다는 말은 틀리다.)

㉓ → 자기 쓰레기는 다 치워
(쓰레기는 먹는 것이 아니라 음식물을 먹어서 생기는 것이므로 틀리다.)

㉔ → 승객 50여명을 태우고 가던 버스가 추락해 10여명이 중경상을 입었습니다.
('싣다'라는 말은 물건을 얹어 놓은 것을 의미한다. 승객은 사람이므로 '탈 것이나 짐승의 몸 위에 사람을 얹게 하다'라는 의미의 '태우다'로 바꿔야 한다.)

㉕ → 머리가 맑아지니 공부가 잘돼요.
(공부 : 학문이나 기술을 배우고 익힘)

㉖ → 한쪽지폐(한면 인쇄지폐)

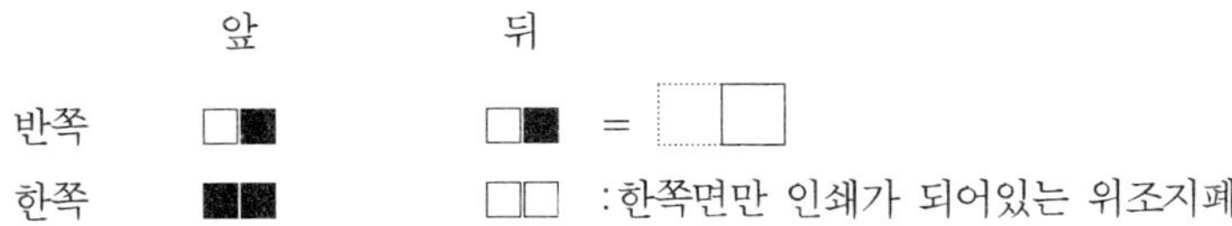

㉗ → 선배님들, 차례대로 한마디씩 해주세요.
('돌아가시면서'란 표현이 '돌아서 가면서' 또는 '죽음'의 의미가 내포, 조금 어색한 표현)

㉘ → 내리기 전에 뒤에 오는 오토바이를 조심하세요.
 → 문을 열기 전에 뒤에 오토바이가 오는지 확인하십시오.

㉙ → 터널 이용 불법 이민자 급증
(터널을 이용하여 불법 이민자가 늘고 있다는 뜻인데 '횡단'은 가로지르는 것을 말한다.)

㉚ → 담배 잠시 참아 주세요.
('조금'이라는 말은 양적으로 적다라는 뜻을 나타낸다. 하지만 이 글을 쓴 사람은 금연구역을 나타내기 위해서 쓴 것으로 본다. 그러므로, 시간적으로 잠깐 동안을 나타내는 말을 써야 한다고 생각한다. (학생회관 지하 식당))

㉛ → 한 소방관이 죽음을 무릅쓰고 지하실에서 가스누출 사고로 질식한

3) 모호한 표현

① → 아빠의 귀여운 딸
   (아빠가 귀여운지 아빠의 딸이 귀여운지 명확한 구분이 되어 있지가 않다.)

② → 한 사람이 웃고 가면 열 사람이 오게 된다.
     한 사람이 웃고 가면 열 사람이 찾아 온다.
   (외국 관광객들에게 친절하게 서비스를 잘 하라는 뜻으로 붙였던 표어다. '한 사람'이 웃고 갔는데
   '열 사람'이 '다시 온다'는 것은 숫자가 맞지 않다.)

③ → 이것은 어머니가 소유하고 있는 책이야. / 이것은 어머니가 쓰신 책이야.
   (어머니가 소유주체인지, 행위주체인지, 아니면 표현대상인지 모호하다.)

④ → 그 착한, 수정이의 삼촌은 사람들을 도우면서 살아가신데….
   (문장의 중의적 표현이다.)

⑤ → 그녀는 빗속에서 떨면서 있었다.
     그녀는 빗속에서 떨며서 있었다.
   (그녀가 빗속에서 떨면서 있는지, 떨면서 서 있는지의 두가지 의미가 되므로)

⑥ → 장애인, 집에서 투표한다.
   (장애인 집에서 투표하는 것이 아니고 장애인들이 집에서 투표할 수 있게 되었다는 내용이다.)

4) 비속어적 표현

① → 밥 한 끼 사라.
   (총을 쏘는 것도 아닌데 무엇을 쏘라는 거죠?)

② → 나 끼었어.
   ('낑겼어'는 방언이다.)

③ → 오늘 우리 죽어 버립시다!
   ('주거'는 사는 장소를 뜻한다. 주거를 버리자는 것은 사는 장소를 버리자는 뜻이다. 여기서는 다 함
   께 죽을만큼 즐겨 보자는 뜻이다.)

④ → 내일 무엇을 할것인가요?
   (언어의 축약 - 문법의 무시)

⑤ → 오늘 저녁에 전화 할께.
　(전화기를 때린다고 해서 전화를 할 수 있는 것은 아니다.)

　5) 문장 성분의 호응

(가) 주어와 서술어의 호응

① → 귀중품은 업주에게 맡기십시오. 맡기시지 않으셨을 경우 분실시 책임지지 않습니다.
　('만일 분실 시'라는 말에 해당하는 주어가 없다.)

② → 현재 기온은 18도입니다.
　(공기의 온도는 보이지 않는 존재)

③ → 내일은 비가 올 것으로 예상됩니다.
　(문장 성분간의 호응이 이루어지지 않았다.)

④ → 운전 기사와 잡담을 하거나 과속하는 것을 금지한다.
　('운전 기사와 잡담을 하거나'라는 구절과 '과속'이라는 단어가 병렬로 연결되어 있기 때문에 비문법
　적인 문장이다.)

⑤ → 앞으로 다가구 주택 소유자도 취득세를 내게 되었다.
　(행동을 하는 것은 사물이 아니다.)

⑥ → 어린이들 가운데에는 과자나 사탕 같은 단것만을 즐겨 먹고 식사를 걸러서 건강을 해치는 아이
　들도 있습니다.
　(처음과 끝의 대상이 같지 않음)

⑦ → 이 사진은 지난 4일 종로 5가 전철역 근처를 지나던 행인들이 임시로 설치된 월드컵 복권 판매
　대에서 즉석복권을 사 당첨 여부를 확인하고 있는 모습이다.
　(주어, 서술어 목적어가 일치되지 않았다.)

⑧ → 자동발매기의 이용 순서는 먼저 동전 및 지폐를 투입한 후 해당 목적지의 운임 버튼을 누르시는
　순입니다. 그러면 승차권 및 거스름돈이 지불됩니다.
　(위 문장은 주어에 해당하는 '이용 순서는'과 서술어 '지불됩니다'가 호응되지 않는 비문이다. 주로
　문장을 길게 쓸 때 범하기 쉬운 잘못이다.)

⑨ → 체육진흥기금 마련을 구실로 국민체육진흥공단이 복권을 발행하고 있는데, 이 복권이 사행심을
　부추기고 있다고 시민들이 비난하고 있다. 아울러 복권 수익사업으로 생기는 수익금의 내용도

(국민체육진흥공단은) 공개해야 한다고 지적 받고 있다.
(주어, 서술어, 목적어가 일치되지 않았다.)

(나) 목적어와 서술어의 호응

① → 그 소방관은 생명의 위험을 무릅쓰고, 불로 뛰어들어 사람을 구출하였다.

② → 그 비싼 한국음식점을 찾아 시간과 돈을 낭비하느니, 현지의 음식문화 체험 또한 여행의 중요한 부분이므로 현지의 음식에 적응하려고 애쓰는 게 나을 것이다.
(무엇에 적응 한다는 말인가? 현지의 음식문화 체험에 적응하다고? 이 문장에는 '현지의 음식에'라는 목적어가 빠져있다. 또 보통 '~하느니'라는 말은 '~하는게 낫다'라는 말과 호응을 이룬다.)

③ → 우리 성이는 모름지기 열심히 공부해야만 한다.
(부사와 서술어가 일치하지 않는다.)

④ → 승자다운 면모를 보여주다.
('발휘하다'의 목적어로는 '힘'이나 '능력'이 어울리고, '면모'의 서술어로는 '보여주다'가 어울림)

(다) 부사어와 서술어의 호응

① → 기분이 매우 좋다.
(너무 – 보통의 정도나 일정한 기준에서 지나칠 만큼 벗어나게 '너무'는 부정적인 어감이 들어 있는 말임.)

② → 그는 내키지 않는 일은 절대로 하지 않는다. ('반드시'는 긍정문에서 쓰인다)

③ → 나는 이 일을 하고야 말겠어! 나는 결코 이 일을 하지 않을 꺼야!
('결코'와 호응이 이루어지지 않았다)

④ → 오곡이 들어 있으니 흔들어 드세요.
(우선 문장을 처음 읽었을 때 자연스러움이 느껴져야 되는데 이 문장은 그렇지가 않았다. 이 문장을 풀어 보면 "오곡이 들어있다. 그러니까 흔들어 먹어야 한다."라는 두 문장이 된다. 오곡이 들어 있으니까 흔들어 먹으라는 것인데 원래의 문장은 오곡이 들어있다는 것만을 강조해서 침전물이 있다는 내용을 포함시켜 주지 않고 있다. 그리고 무엇보다도 전체적으로 자연스럽지 않은 것 같다.)

6) 문장 성분의 생략 : 필요한 문장 성분을 생략한 경우

(가) 주어 생략

① → 그는 값비싼 보석을 가지고
　　 왔지만, 그 사실을 숨기었다.
　　 ('그것'이 지시하는 바가 불명확)

(나) 서술어 생략

① → 전나무 숲이 끝나면 단풍길이 있고, 그 앞으로 300년 된 보리수가 서 있다.
　 ('단풍길이'의 서술어가 보이지 않는다. '서 있다'는 '보리수가'의 서술어는 될 수 있지만 '단풍길이'의
　 서술어는 될 수 없다. '단풍길이"의 서술어로 '있고'를 넣어 주어야 한다)

② → 맛도 좋고 영양도 많다.
　 ('맛도 영양도'가 서술어 '많다'와의 호응이 어색하다.)

③ → 이 배는 사람을 태우거나 짐을 싣고 하루에 다섯 번씩 운행한다.
　 ('사람'이 목적어일 경우, 서술어를 '싣다' 대신 '태우다'를 써야 한다.)

④ → 이 타이어는 소음을 줄이고 제동성을 높이기 위해 개발된 제품입니다.
　 (문장접속 규칙을 어겼다.)

(다) 조사생략

① → "충남 최초로 학생, 일반인 고등교육을 실시합니다."

(라) 부사어 생략

① → 길을 다니거나 길에서 놀 때 사고 위험이 많다.
　 ('길을' 다음에 서술어가 병렬되어 나타났는데, '다니거나'와는 호응하지만 '놀 때'의 '놀다'라는 호응
　 이 어색하다.)

7) 수식어와 피수식어의 거리

① → 해결되지 않은 큰 문제 중 하나이다.
　 (최상급과 그것들의 선택함은 함께 쓰기 부적절하다)

② → 커피 자동 판매기
   (커피가 자동으로 나오는 판매기)

③ → 안전을 위하여 꼭 손잡이를 잡읍시다.

④ → 비밀 절대 보장, 다른 차 절대 출입 금지, 거짓말을 절대로 하지 않는다.
   (수식어가 수식 받는 말(피수식어)에서 멀리 떨어져 있으면, 수식 피수식어 관계가 분명치 않고 수
   식어가 피수식어와는 상관없이, 엉뚱한 말을 꾸며주는 것같이 되어 문장이 이상해진다.)

  8) 의미 겹침(중복)

① → 어제 집을 계약했다.
   ('계'자와 '맺'자는 같은 의미므로 중복 사용)

② → ○일 ○○시경에 ○○○동의 k양이 살해되었습니다.
   ('피'는 피동의 뜻, '되'도 누군가에 의해 되었다는 피동의 뜻, 피동의 의미가 겹쳐서 사용되었다.)

③ → 나는 한달 가량 영국에 가 있었다.
   ('약'과 '가량'이 겹쳐 사용되었다.)

④ → 직장인 남자의 절반쯤(대략 절반)은 담배를 피우지 않는다.
   (의미가 같은 말을 겹쳐서 썼다.)

⑤ → 원고를 많이 보내 주세요. 그러나 보내준 원고는 돌려주지 않습니다.
   (의미가 겹쳤다.)

⑥ → 서오릉이나 동구릉, 북한산, 관악산 등도 나무가 무성하며, 이보다 다소 떨어진 곳으로는 경기
     도 양평군 용문산 송림이 적당한 산림욕장이 될 수 있다.
   ('숲'은 나무가 무성한 곳을 이르는 말이다.)

  9) 높임법

① → 아버지께서 신문을 읽고 계셨다.
   (우리말의 경어법은 다른 언어보다 복잡해 적절한 말을 골라 쓰는 데 세심한 주의가 필요하다. 우
   리가 자주 쓰는 '왔다가 가셨다'는 '오셨다가 가셨다'가, '읽으시고 계시다'는 '읽고 계시다'가 더 적
   절하다.)

② → 저는 손님을 내 가족처럼 모시겠습니다.

③ → 아버지 둘째형이 오늘 서울에 도착한대요.
   (높임법이 어긋남)

10) 필요없이 늘여 쓴 문장

① → 양선수에게 기념패를 전달하겠습니다.
   (이런 표현은 다분히 봉건 잔재와 권위주의적 풍토가 자아낸 아부성 표현이고, 다음과 같은 표현은
   일본 말투다.)

② → 이것은 사회 분화에 따라 언어도 분화해 오고 있음을 의미한다.
   ('분화해 가다'라는 말을 억지로 만든 말이다. 과거에서 현재로 언어가 계속 분화해 오고 있다는 말
   을 가능하지만 '분화해 갔다'라는 표현은 어색하다. 주어인 '이것은'과 서술어 '볼 수 있다'가 어색하
   게 엮여 있다. 물론 '볼 수 있다'의 주체가 생략된 형태지만 옹졸하다. 단순하게 '의미한다'로 끝내면
   된다.)

③ → 보리차가 가장 좋습니다.
   (말버릇대로 쓰지말고 명사문을 줄여야 한다.)

11) 변화있는 문장

① → 어린이들이 갖고 노는 장난감 중 모양이 조잡하고 페인트 색깔이 현란하며 조악한 것은 납 성분
     이 들어 있을 가능성이 높다.
   ('모양이 조잡하고 페인트 색깔이 현란하고'보다는 '~하고, ~하며'가 조금 더 부드럽다.)

12) 올바른 인용 표현

① → 검찰 관계자에 따르면 마약 상습 투약자는 20여 만 명에 이르는 것으로 추산된다고 한다.
   ('…에 따르면'은 '-고 하다' 구성과 함께 쓰이는 것이 일반적이다. 그러므로 '추산된다'는 '추산된다
   고 한다'로 바꾸어 주어야 한다.)

② → 다만 감사원 발표 중 법원의 허가 기준을 벗어난 감청이 성행하고 있다는 지적 내용은 하루빨리
     시정돼야 할 대목이다.
   (시정되어야 할 것은 감사원의 지적 자체가 아니라 감사원이 지적한. 법원의 허가 기준을 벗어난
   감청이 성행하고 있다는 사실이다. 그러므로 '지적'을 '지적 내용'으로 바꾸어야 한다.)

13) 영어 직역투

(1) '이루어지다' 형 문장

⑯ → 하게

⑰ → 고발할 수 있다는 게

⑱ → 고발도 할 수 있다.

⑲ → 사측은 단체협약과 노사협의에 행하게 명시되어 있는 전환배치를 일방적으로 강요했습니다. (주어는 앞에 위치하는 것이 좋다. 그리고 '단체 협약에 노사협의 속에'라는 말에서 '에'는 '과'라는 나열을 나타내는 조사를 써주는 것이 더 올바른 말인 것 같다.)

⑳ → 공정하게 법을 집행해야 한다.

① → 정부 부처가 서류를 제출하지 않아

(2) '주어지다'형 문장

① → 부상을 드립니다 또는 특별한 부상을 드립니다.
  ('주어지다'한 말은 어떤 기회나 행운이 자신에게 돌아옴을 나타내는 말이다. 그러므로 물체를 주는 것에는 드린다. 또는 주다의 표현이 옳다)

② → 세금을 감면해 준다. 세금감면 혜택을 준다.

③ → 정해준 또는 허락한

(3) '가지다'형 문장

① → 의미의 최소 단위이다.

② → 흥미와 관심이 다양해지는 과정에서 인간과 세계를 이해하게 되면 궁극적으로 자아가 성장한다.

③ → 학생을 대하는 교사의

(4) '요구되다'형 문장

① → 필요하다
  ('요구된다'는 말은 영어의 수동문을 직역하는데 쓰이다가 잘못 퍼진 표현이므로 '들여다보는 노력이 필요하다'나 '들여다 보도록 노력해야 한다'로 고쳐야 맞다)

② → 감싸안도록 변신해야 한다.

③ → 댐을 건설해야 한다고

④ → 있기 때문은 아니다

(5) '필요로 한다'형 문장

① → 창의력 학습을 하여야 한다

② → 모음이 있어야 한다

③ → 세계에 가장 필요한

④ → 우리에게 필요한 건 또는 것은

(6) '~에 의하여'형 문장
① → 우리 학생들 덕분에 그 일을 처리하였다.
② → 저 책은 우리 출판사가 만들었다.
③ → 강도 2명에게 살해되었다고 발표했다.

(7) '~(으로, 로)부터'형 문장
① → 아직 떼도둑에 대해서는 또는 떼도둑에게 피해를 당할 염려는 없다.(염려가 적다)
② → 세계 각지에서
　　→ '약속의 땅'인 미국에,　약속의 땅: 미국에
③ → 광고사에게(서)
④ → 공포에서
⑤ → 테러의 위협을 피할 수 있는

　14) 일어 직역투

가) 관형격조사 '의'를 오용한 기형문

(1) '의' 단독형
(가) 주격
① → 미국 테러 참사의 또는 미국이 테러 참사로 혼란을 겪고 있음에도 불구하고
② → 이처럼 내용이 다양한 글을 읽어 정보를 .....
③ → 자신의 말하기 능력도
④ → 신부가 입장하겠습니다.

(나) 목적격
① → 사실을 나열하는데
② → 면모를 발휘해야 합니다.
③ → 개재 사항을 정정하거나

(다) 관형격
① → 뜻이 같은 말을
② → 어머님이 기도하신 덕분에 또는 어머님의 기도 덕분에
③ → 반성하고 자괴하는 심경으로

(2) '여느 조사 + 의'형
(가) ~과의, ~와의
① → 그와 자신의

② → 다른 말과
③ → 장면에 따라 (다른 장면과 관계에 따라)

(나) ～에의
① → 법집행에서 또는 법집행에서 공정성이 없었다.
② → 고통 분담에 동참하도록

(다) ～에서의
① → 의미에서
② → 정치에서 이상은
③ → 학교에 있을 때　　 → 집에 있을 때

(라) ～으로의
① → 앞으로 (장차) 해결할 과제다.
　　→ 독서 교육의 중요성을 알리는 일이 앞으로 해야할 일이다.
　　→ (우리가) 앞으로 해결해야 할 과제는 독서 교육의 중요성을 알리는 것이다.
② → 장차 또는 앞으로
③ → 백화점 왕래가 또는 백화점 왕래가 어려운 자가용 운전자들이……

(마) ～으로서의
① → 구비문학의
② → 교양인이 갖추어야 할
③ → 생산기지라는

(바) ～에 있어서의
① → 사회에서
② → 표현의

(사) 나름대로의
① → 나름의
② → 나름의

(아) 마다의
① → 저마다　 → 다르게 살고 있다.
② → 색채마다

(자) 부터의
① → 오래된

(차) 으로부터의
① → 빈라덴의
② → 서쪽에서 접근한 후,

(3) '~에 있어서'
① → 실종에 대해
② → 당시에는
③ → 출입할 때

(4) 일본말 '~임에'를 직역한 말투로 쓴 기형문
① → 자살테러가
② → 불법이다.
③ → 사건에

(5) 일본말 '~나고 있는'을 흉내낸 말
① → 높임법이 발달한 것도 우리말의 두드러진 특질이다.
② → 일어나는

(6) '있으시다'
① → 자치 단체장이 인사 말씀 하시겠습니다.
② → 주례 선생님께서 주례사를 하시겠습니다.

(7) '~시키다'형 사동문
① → 소개하겠습니다
② → 개선해야 한다.
③ → 교육합니다 또는 가르쳐 드립니다.
④ → 연결해 주었다.

(8) '~되다'형 문장
① → 신장한다.
② → 어린 생명들을 살해한다.
③ → 이 물건은 3,500원입니다
④ → 즐거운 주말을 보내십시오.
⑤ → 치료할 수 있습니다.

(9) '~어지다'형 문장

① → 길든

② → 보인다.

③ → 뒤집혔다.

④ → 비쳐질까

⑤ → 진상을 반드시 밝혀야 합니다.

⑥ → 우리 조상의 손으로 만든 청자

⑦ → 많은 사람들이 사이비 종교를 믿고 있다.

(10) '쓰이다'형 문장

① → 경영에 쓰고 있다면

② → 쓰는 또는 넣는

③ → 쓰지 않지만, → 쓰는

(11) '~되어지다'형 문장

① → 이런 점이 극복되어야 합니다.
　　 이런 점을 극복해야 합니다.

② → 시정해야 한다.

(12) '~화(化)하다'형 문장

① → 세분하여

② → 기업이 도산해 은행 부실이 가속한다.

③ → 정보 시대에내용과 도표를 좀 더 세분화하여 구체적으로 제시하였다.

(13) '~화 시키다'형 문장

① → 최소화하는, 최소로 하는

② → 약하게 하고

③ → 이번 사고는 경제 발전을 악화했다.

(14) '~화 되다'형 문장

① →널리 퍼졌다 또는 보편화 했다.

② → 현실화 할

③ → 공항에 대한 검문검색을 더욱 강화했다.

(15) '~곤 하다'형 문장

① → 술에 취했다.

② → 돌아보던

(16) '~도록하다'형 문장
① → 상상해 보자.
② → 구성했다.

(17) '~기로 하다'형 문장
① → 조사한다.
② → 고객이 만족하는 맥주 전문점을 열겠습니다.

(18) '~이 아닐 수 없다'형 문장
① → 논리이다.
② → 경악할 일이다.
③ → 명작이다.

(19) '~이 아닐까 싶다'형 문장
① → 이상 차이 때문이었을 법하다.

(20) '그렇게 ~ㄹ 수가 없다'형 문장
① → 참 좋았어요 또는 더 할 수 없이 좋았어요.

(21) '~이지 않아?'형 문장
① → 개성적이 아니냐고

　15) 동사를 형용사로 알고 잘못 쓰는 경우

① → 모자라지 않는다.
② → 피곤하다.
③ → 빛나는

　16) 형용사를 동사로 잘못 알고 쓰는 경우

① → 급급해 있다.
② → 대수롭지 않은 일로
③ → 위하는
④ → 연연해 하고 있는
⑤ → 인색히 하지(굴지) 말아라.

17) 타동사를 자동사로 잘못 알고 쓰는 일

① → 간주해
② → 태어난 지
③ → 옮아가고
④ → 도피시켰다는(빼돌렸다는)
⑤ → 눈을 뜨고
⑥ → 정 선생님과 바꿔시오. 예, 바꿨었습니다.

18) 주동과 사동의 혼동

① → 내리게 해 주세요.
② → 공개해야 할 의무가 있다는 지적을 받고 있다.
③ → 창의력을 키우고 자연과 사물의 이치를 발견하게 하는 책
④ → 풀게 해 달라고

11.2.3 문장의 결합

정확한 답은 없다. 하지만 우리말의 느낌과 화자의 의도를 잘 살린다면 다음과 같은 문장이 가장 바람직한 문장이다.
　㉠ 그는 미술 분야에 취미는 있지만, 그 분야의 전문가는 아니다.
　　(이 문장은 부정문맥의 문장이고 전문가가 아니라는 것을 드러내야 하므로 '미술분야'를 생략하는 것보다는 다시 부려 쓰는 것이 좋다. 그러나 반복을 피해서 '그'로 표기하는 것이 제일 좋다.)
　㉡ 착한 심성을 그린 흥부전은 우리 어린이들의 영원한 교과서가 되어야 할 것이다.
　　(되도록이면 짧은 문장으로 결합하자)
　㉢ 그는 심성이 착할 뿐만 아니라 사려가 깊어 남의 존경을 받는 것이다.
　　(나타내고자 하는 것은 존경받는 이유이다. 이유를 강조하기 위해서 '뿐만 아니라'를 썼다)

제12장 문 단

　문장식 개요 작성에 익숙해지면 하나의 소주제문을 구체적으로 풀어서 하나의 문단을 완성하는 훈련을 거쳐야 한다. 특히, 설명적으로 전개하는 방식에 익숙하도록 지도할 필요가 있다. 흔히 논술은 논증의 하위 양식이기에 논증적인 글쓰기 중요하다고 생각할지도 모르나,

논술 역시 75% 이상이 설명 방식을 바탕으로 기술된다. 따라서 설명적으로 전개하는 방식에 익숙해지도록 지도한다.

그 다음, 하나의 소주제문을 설명적으로 전개하는 방법과 더불어 인과적으로 전개하는 방법으로 기술하게 하여 설명적으로 전개하는 방법과 인과적으로 전개하는 방법의 차이를 직접 느끼도록 유도하는 것도 중요하다.

제13장 원고지 사용법

【문제 1】

	“	삼	포	(	參	圖	)	로		가	는		길	”	을		읽	고	
	–	현	대	인	의		고	향	상	실	감	을		중	심	으	로	–	
						국	어	국	문	학	과		1	학	년				
									홍		길		동						

【문제 2】 (다)
【문제 3】 (다)
【문제 4】 (A)

산	은																		
	‘	아	침	밥		먹	었	니	?	”									
하	고		물	으	며	,													
	‘	아	침	밥		먹	었	니	~	~	~	?	”						
하	고		되	물	어		주	었	다	.									

【문제 4】 (B)

그러자 선생은 소매에서 성냥을 꺼내더니 거래에다 불을 붙였다.

"선생님, 어쩔 작정이십니까?"

그제서야 화급하게 묻는 그에게 석담선생은 냉엄하게 대답했다.

"네 숙부의 부탁도 있고 하니 한 식객으로는 내 집에 붙여 주겠다. 그러나, 그 선생이라는 말은 앞으로 결코 입에 담지 말아라. 아침에 붓을 쥐기 시작하여 저녁에 자기 솜씨를 자랑하는 그런 보잘 것 없는 환쟁이를 나는 제자로 기른 적이 없다."

【문제 4】 (C)

모두 가난한 집안의 아들딸들이었다. 다 눈물 젖은 밥을 먹어 보았다는 한 가지 공통점만으로도 우리는 가까워질 수 있었다.

우리는 그때 노래했다.

내가 굶주려 애쓸 때 너 있었나.
밥을 찾을 때 거기 있었나.
내가 목말라 애쓸 때 너 있었나.
물을 찾을 때 거기 있었나.
내가 병들어 누웠을 때 너 있었나.
돌봄 바랄 때 거기 있었나.

교육 과정을 끝마치고 헤어질 때 우리는 또 노래했다.

【문제 5】 (라), (마)
【문제 7】 (가)
【문제 8】 (라)

〈참 고 문 헌〉

김경주. 「과제분석전략을 이용한 쓰기능력신장방안 연구」, 서울대학교 석사학위 논문, 1998

김광수. 논리와 비판적 사고』, 철학과 현실사, 1995

김도남. 「문제 해결 중심의 작문 지도 방법 연구」, 한국교원대학교 석사학위 논문, 1997

김동식 외. 「문제 해결 학습을 위한 CIA프로그램 전형(Prototype) 개발」, 연구 보고 RR 92-17, 한국교육개발원, 1992

김민애. 「쓰기 지도를 위한 과제 진술 방법 연구」, 서울대학교 국어교육과 석사학위 논문, 1993

김상희. 「국어과 수업 담화 분석을 통한 교수전략 연구-말하기/듣기, 언어 영역을 중심으로」, 서울대학교 석사학위 논문, 1995

김열규. 『김열규 교수의 새로운 대입 통합 특강』, 기린운, 1996

김원석. 「질문 생성 전략이 논술 과제 수행 능력에 미치는 효과」, 서울대학교 석사학위 논문, 1997

김장수. 「아이디어 생성 훈련이 문단 작문 능력에 미치는 효과」, 한국 교원대학교 석사학위 논문, 1997

김창호. 『홀로서기 논술 길잡이』, 문학수첩, 1996

남기심 외. 『당신은 우리말을 새롭고 바르게 쓰고 있습니까?』, 샘터, 1995

노명화 외. 『국어과 교육론』, 갑을 출판사, 1988

리오도. 『말을잘하고글을잘쓰려면꼭알아야할것들』, 석필, 1997

마란 번즈. 『논리는 내 친구』, 경원각, 1993

박갑수. 『국어문체론』, 대한교과서, 1994

박갑수. 『올바른 언어생활』, 한샘출판사, 1994

박갑수. 『우리말, 바로 써야 한다.』, 집문당, 1995

박갑수. 『한국 방송언어론』, 집문당, 1996

박기현. 『책 읽기 소프트』, 새길, 1996

박미희. 「아이디어 생성 훈련이 작문의 질에 미치는 효과」, 이화여자대학교 석사학위 논문, 1994

박영목, 한철우, 윤희원. 『국어과 교수 학습 방법 탐구』, 교학사, 1995

박영목. 「의미의 구성에 관한 설명 방식」, 선청어문 제 22집, 서울대학교 국어교육연구회, 1994

박종훈. 「메타커뮤니케이션의 분석을 통한 국어 교수·학습 내용 탐구-소집단 토론담화를 중심으로」, 서울대학교 석사학위논문, 1996

박태호. 「사회구성주의 패러다임에 따른 작문교육이론 연구」, 한국교원대학교 석사학위논문, 1996

밖갑수. 『우리말, 바로 써야 한다.』, 집문당, 1995

서정수. 『글쓰기의 기본 이론과 서사문/기술문 쓰기』, 정음문화사, 1995

서정수. 『놀리적인 글쓰기 설명문과 논술문』, 정음사, 1995

서정수. 『생각하는 힘을 기르는 문장력 향상의 길잡이』, 한강문학사, 1991

서정수. 『작문의 이론과 방법』, 새문사, 1985

성일제 외. 「사고와 교육」, 한국교육개발연구원, 1989

손영애 외. 「국어 표현력 신장방안 연구-작문력을 중심으로」, 한국교육개발원, 1992

송석중. 『한국어 문법의 새 조명』, 지식사업사, 1969

송석중. 『한국어 문법의 새 조명』, 지식사업사, 1993

신헌재, 이재승. 『학습자 중심의 국어교육』, 서광학술 자료사, 1994

엄훈. 「전략 중심의 쓰기 교수 학습 방법 연구」, 서울대학교 석사학위논문, 1996

오동환. 『한국인은 한국말을 못 한다』, 세시, 1997

원진숙. 『논술교육론』, 박이정, 1995

위기철. 『논리야 놀자』, 사계절, 1992

위기철. 『고맙다, 논리야』, 사계절, 1992

위기철. 『반갑다, 논리야』, 사계절, 1992

유동엽. 「대화 참여자의 대화 전략에 관한 연구」, 서울대학교 석사학위논문, 1997

육우균. 「논술문 쓰기 지도 방법 연구-전략 지도를 」, 고려대학교 교육대학원 석사학위논문, 1996

이대규. 『수사학』, 신구문화사, 1995

이민섭. 『문 열어라! 논리적 사고력』, 도서출판, 1993

이성구. 『띄어쓰기 실무 사전』, 애플기획, 1997

이세천. 「모둠 토론을 통한 논술문 지도 연구」, 전남대학교 교육대학원 석사학위논문, 1997

이승훈. 『글을 어떻게 쓸 것인가』, 문학아카데미, 1994

이오덕. 『우리 문장 쓰기』, 한길사, 1992

이용숙 외. 「교수-학습 활용 실태 및 교수-학습 방법에 관한 인류학적 국제 비교 연구」, 한국교육
　　　개발원 연구보고 RR86-39

이용숙 외. 「국민학교 교육현상에 대한 문화기술적 연구」, 한국교육개발원 연구보고 RR90-4, 1990

이용숙. 「국민학교 수업 방법의 개선을 위한 문화기술적 연구(Ⅰ, Ⅱ)」, 한국교육개발원, 1988

이응백 외. 『말을 어떻게 할 것인가』, 현대문학, 1992

이재기. 「소집단 협동적 작문활동에 관한 고찰」, 청람어문학 제 17집, 청람어문학회, 1997

이재기. 「작문학습에서의 동료평가활동 과정 분석」, 한국교원대학교 석사학위논문, 1997

이재승. 『국어교육의 원리와 방법』, 박이정, 1997

이정숙. 「인지적 도제를 통한 작문교육 연구」, 한국교원대학교 석사학위논문, 1997

이호근. 「사전쓰기 지도 방법 연구」, 한국교원대학교 석사학위논문, 1998

이희승 외. 『한글 맞춤법 강의』, 신구문화사, 1989

인혜련. 「쓰기 학습 과정에 대한 질적 연구」, 서울대학교 석사학위논문, 1998

임천택. 「쓰기 포트폴리오를 통한 초등학생의 자기 평가 반응에 관한 연구」, 한국교원대학교 석사
　　　학위논문, 1998

전영우. 『바른 말 고운 말』, 집문당, 1994

전영우. 『신국어 화법론』, 태학사, 1998

조은수. 「작문 능력 발달에 영향을 미치는 요인 연구」, 한국교원대학교 석사학위논문, 1996

지화영. 「창의적인 논설문 쓰기 지도의 효과 연구-초등학교에서의 다양한 논지 주장 쓰기를 통하
　　　여」, 한국교원대학교 석사학위논문, 1996

천소영 외.『우리말의 속살』, 창해, 2000
최기호.『사전에 없는 토박이말 2400』, 토담, 1995
최병흔.「쓰기 수행 평가에 관한 연구-쓰기 활동철 평가를 중심으로」, 한국교원대학교 석사학위
논   문, 1998
최창렬.『어원의 오솔길』, 한샘, 1987
최현섭 외.『국어교육학의 이론화 탐색』, 일지사, 1995
하희주.『바른 말 바른 글』, 을지출판공사, 1990
한효석.『이렇게 해야 바로 쓴다』, 한겨레신문사, 1995
황경식.『재미있는 논리와 논술이야기』, 열림원, 1993
황희숙.「초인지적 학습 전략 훈련이 학습 전략의 사용 및 독해 과제 수행에 미치는 효과」, 부산
대학교 박사학위논문, 1993

지은이 소개

정 기 철

문학박사 / 독서·글쓰기 교육 전공
한남대학교 문예창작학과 교수
한남대학교 영재교육연구소 소장
대전교원연수원·경북교원연수원 강사

■ 저서 및 논문

읽기 교육의 이론과 실제(2000, 『2001년 문화관광부 우수학술도서』)
한국 기행가사의 새로운 조명(2001)
문장의 기초(2001, 『2003년 교사들이 선정한 중등부 문학 추천도서』)
창의력 개발을 위한 독서 지도법과 독서 신문 만들기(2001)
인성교육과 국어교육(2001, 『2002년 대한민국학술원 우수학술도서』)
전래동화의 교육적 가치와 미래(2002)
논술교육과 토론(2003)
고전시가 퍼 올리기(2005)
교과서로 통하는 논술 1-1·1-2·2-1·2-2·3-1·3-2(2006) 외 다수

* 「Daum/카페/정기철」에 들어가시면 독서와 글쓰기 교육에 대한 자료를 보실 수 있습니다.

논술교육과 토론 [개정·증보판]

◆ 개정증보판 1쇄 발행 2003년 9월 15일
◆ 개정증보판 5쇄 발행 2007년 8월 10일

◆ 저 자 정기철
◆ 발행인 이대현
◆ 편 집 이태곤·권분옥·이소희·김주헌·양지숙·김지향·허윤희
◆ 제 작 안현진
◆ 관 리 정태윤
◆ 표 지 OM 디자인 장재호
◆ 발행처 역락출판사 / 서울 서초구 반포4동 577-25 문창빌딩 2층(우137-807)
◆ 전 화 대표·영업 02-3409-2058 편집부 02-3409-2060 팩스 02-3409-2059
◆ 홈페이지 http://www.youkrack.com
◆ 전자우편 youkrack@hanmail.net
◆ 등 록 1999년 4월 19일 제303-2002-000014호
◆ 정 가 18,000원
◆ ISBN 89-5556-129-6-93710

* 잘못된 책은 교환해 드립니다.